FIVE YEARS
2009～2014

谨以此书纪念

中国林业信息化全面推进五周年

中国林业信息化丛书（Ⅱ）

中国林业信息化政策研究

POLICY RESEARCH OF CHINA FORESTRY INFORMATIZATION

李世东 ▣ 主编

中国林业出版社

图书在版编目(CIP)数据

中国林业信息化政策研究 / 李世东主编. —北京：中国林业出版社，2014. 10
(中国林业信息化丛书 . 第 2 辑)

ISBN 978-7-5038-7707-0

Ⅰ. ①中… Ⅱ. ①李… Ⅲ. ①林业 - 信息化 - 林业政策 - 研究 - 中国
Ⅳ. ①F326. 2-39

中国版本图书馆 CIP 数据核字(2014)第 250691 号

中国林业出版社·生态保护出版中心

策划编辑：刘家玲

责任编辑：温 晋 刘家玲

出 版：中国林业出版社(100009 北京西城刘海胡同 7 号)

E-mail：wildlife_ cfph@163. com 电话：83225836

发 行：新华书店北京发行所

印 刷：北京中科印刷有限公司

版 次：2014 年 11 月第 1 版

印 次：2014 年 11 月第 1 次

开 本：787mm×1092mm 1/16

字 数：400 千字

印 张：18. 75

定 价：58. 00 元

《中国林业信息化》丛书编纂委员会

《中国林业信息化政策研究》编辑委员会

序

党的十八大做出了新型工业化、信息化、城镇化、农业现代化“四化”同步发展战略决策。2014 年 2 月 27 日，习近平总书记在中央网络安全和信息化领导小组第一次会议上指出“没有信息化，就没有现代化”、“没有网络安全，就没有国家安全”，再次将信息化提升到前所未有的战略高度。

建设生态文明是林业的总目标，发展生态林业民生林业是林业的总任务。建设生态文明，迫切需要切实转变经济发展方式、优化调整产业结构，着力推进绿色发展、循环发展、低碳发展，这些都要依靠信息科技为支撑，实现更透彻的感知、更全面的互联、更深入的智能、更高效的利用、更科学的决策。发展生态林业民生林业，改善生态改善民生，迫切需要利用信息技术对林业各种资源要素和生产过程进行精细化、智能化控制，加强专业化、科学化管理，充分挖掘林地潜力，全面提升质量效益，为经济社会发展提供更多更好的生态产品、物质产品和生态文化产品。改善生态，我们必须加快信息化；改善民生，我们必须强化信息化；建设生态文明，我们必须依靠信息化。没有林业信息化，就没有林业治理能力现代化。

国家林业局高度重视林业信息化工作，将其作为创新发展的重要平台、提升效益的重要抓手、服务基层的重要途径、展示形象的重要窗口，重点部署、全面推进。各级林业部门按照“加快林业信息化，带动林业现代化”的总要求，认真落实《全国林业信息化建设纲要》，坚持五个统一，努力融合创新，秉承智慧引领，在迎接挑战中前行，在克服困难中成长，林业信息化取得了一系列重大突破，结出了一串串丰硕成果，呈现出全面提升的良好态势，整体水平位列部委先进行列，对提升林业地位和影响力发挥了重要作用，为生态林业民生林业发展做出了重要贡献。

2014 年是林业信息化全面推进五周年，也是国家林业局信息化管理办公室成立五周年，为了更好地指导各地林业信息化建设，推广林业信息化优秀案例，提升林业信息化影响力，将五年来林业信息化建设各类成果进行了系统总结和全面梳理，编著了中国林业信息化丛书，包括《中国林业信息化政策解读》、《中国林业信息化标准规范》、《中国林业信息化示范建设》、《中国林业信息化绩效评估》、《中国林业信息化政策研究》等。相信丛书的出版，将为全国林业信息化建设提供有益借鉴，为发展生态林业和民生林业、建设美丽中国和生态文明做出新贡献。

全国绿化委员会副主任
国家林业局党组书记、局长 赵树丛

2014 年 11 月 15 日

凝聚智慧　成就梦想

（代前言）

五年前的2009年1月，《全国林业信息化建设纲要》颁布实施，国家林业局信息办正式成立，掀开了林业信息化全面推进的新篇章。五年后的今天，我们满怀自豪地回顾一起走过的峥嵘岁月，共同展望令人向往的美好明天。

过去的五年，是充满艰辛和汗水的五年，是共享成功和喜悦的五年，是值得每一位林业信息人引以为荣的五年。五年激情岁月，我们共同走过；五年创业诗篇，我们共同谱写；五年辉煌成就，我们共同拥有！五年来，我们怀着光荣与梦想，在迎接挑战中奋进，在克服困难中成长，取得了“五大跨越”的骄人业绩，在林业现代化征程上谱写出精彩华章！

五年来，我们实现了从被动落后到部委领先的跨越。五年前，林业信息化默默无闻，鲜为人知，部委排序几十名以后，大家都在摸着石头过河，跌跌撞撞前行。五年来，我们先后印发了《建设纲要》、《技术指南》、《指导意见》等多个纲领性文件，连续召开了三届工作会议和三届主任会议，从上到下领导小组全面建立，专职机构日趋健全，标准制度接连出台，重点项目纷纷上马。尤其是我们打造了纵向到底、横向到边，集数千个子站于一体的中国林业网站群，2011年首次进入部委网站前十名，2012年首次进入部委网站前五名，2013年首次进入部委网站前三名，在发展水平上实现了从落后到领先的跨越，前来调研学习者络绎不绝，演讲台上林业人频频登场。

五年来，我们实现了从分散无序到集约统一的跨越。五年前，林业信息化网出多路、机房散乱，“烟囱”林立、各自为政，“信息孤岛”遍布、共享“堪比登天”。五年来，我们始终坚持“五个统一”，贯通内外、扬弃结合，以示范省建设和全国林业一张图建设为抓手，强力推进信息资源整合，大力完善信息基础设施，信息高速公路不断延伸，国家和省级统一平台成效显著，“平台上移、应用下移”、“统一开发、分级部署”等理念深入人心，互联互通局面显著改观，集中运维体系不断完善，信息化规模优势日益凸显，在建设方式上实现了整体加快推进、节约集约发展。

五年来，我们实现了从外围低端到核心高端的跨越。五年前，林业信息人的工作被认为是查网线、装电脑、搞维修，对管理和决策的显性支撑作用很小，可以说都是一些边边角角的工作。五年来，我们的工作重点转向了摸需求、搞设计、做系统、定标准、建制度上来，信息技术广泛渗透到各业务环节，森林、湿地、荒漠、野生动植物资源监管和营造林管理系统、林业灾害监测防控系统、林权管理系统等支撑林业核心业务的信息系统纷纷建成上线，信息化与林业核心业务实现了深度融合，服务功能得到了充分发挥，奏响了信息服务林业、信息支撑林业、信息改变林业的主旋律。

五年来，我们实现了从电子政务到“三位一体”的跨越。五年前，林业信息化仅局限于电子政务的部分零星应用，电子商务、电子林区只是一个模糊概念。五年来，我们在大力推进电子政务的同时，通过政策引导和资金扶持，林业电子商务实现了从无到有、从弱到强，涌现出了南方等林权交易市场、“义乌购”等林产品交易平台，信息技术应用已逐步拓展到林业种植养殖、林产品加工、林产品检疫追溯、森林旅游等产业领域。同时，在各级政府的支持下，电子林区建设取得了重要进展，也带动了相关产业的发展。在工作领域上，林业信息化实现了电子政务、电子商务、电子林区“三位一体”全面发展的新局面。

五年来，我们实现了从数字林业到智慧林业的跨越。五年前，数字化是林业信息化的建设主题，技术基础主要是计算机、互联网、数据库等现代信息技术。五年来，我们先后启动了智能林业物联网应用示范、云计算平台建设试点、电子标签等物联网应用、林木测土配方移动应用、移动办公系统、移动客户端、微博微信、在线植树、智慧果园、智慧花木、智慧旅游、中国信息林、中国林业数据库等项目建设，云计算、物联网、移动互联网、大数据、智慧城市等新一代信息技术广泛应用，显著改变着人们的思维方式和工作模式。以《中国智慧林业发展指导意见》发布和第三届工作会议召开为标志，林业信息化由“数字林业”步入“智慧林业”发展新阶段。

伟大的事业孕育伟大的精神，伟大的精神推动伟大的事业。林业信息化是破解林业发展难题、创新林业发展平台、转变林业发展方式、提升林业质量效益的突破口，没有林业信息化，就没有林业现代化。在推进林业信息化进程中，我们历尽艰辛，众志成城，凝聚了“雷厉风行，甘于奉献，坚持不懈，敢为人先，追求卓越”的林业信息化“五大精神”。

雷厉风行是我们实现五大跨越之要。五年前，林业信息化沉寂角落，群龙无首，百业待举，有限的条件能否突破困境？能否开创新局？这一切都是未知数。五年来，我们丢掉拖泥带水的陋习，树立立说立行的新风，完成了一个又一个看似无法完成的任务。我们不会忘记，用不到一年的时间，筹划、建设、培训、启用了OA系统，开创了林业无纸化办公新时代；用不到一月的时间，成功筹备、组织召开了首届工作会议，开启了林业信息化建设新阶段；用不到一周的时间，构思、制作、演出了《2020》精彩剧目，打造了一道靓丽的新风景。雷厉风行作风的历练与养成，使我们具备了强大的执行力，使我们用5年时间走完了通常需要10年甚至20年的征程，提前跨入了

“三步走”战略的第二阶段。

甘于奉献是我们实现五大跨越之源。林业信息化服务性强、技术性高、涉及面广、协调难度大，工作任务十分繁重，人手却普遍严重不足。五年来，我们默默承受、无私奉献、甘于寂寞、勇于担当，才撑起了这片蔚蓝的天空。我们不会忘记，夜晚长明的孤灯；我们不会忘记，假期加班的独影；我们不会忘记，家人心疼的抱怨；我们不会忘记，孩子期盼的目光。一路走来，我们对家人有太多的亏欠，对朋友有太多的愧疚，但为了信息大树的茁壮成长，我们义无反顾，无怨无悔。

坚持不懈是我们实现五大跨越之基。林业信息化的道路布满了荆棘和坎坷，如同登山探险，一山放过一山拦，一山更比一山高。五年来，我们经历了无数的困难，遭遇了无数的挫折，同时也清晰地认识到林业信息化巨大的发展潜力。正是这种对美好梦想的期待，对光辉未来的憧憬，对国家事业的责任，使我们始终坚信“沉舟侧畔千帆过，病树前头万木春”；正是我们坚持不懈的努力，百折不挠的开拓，持之以恒的奋进，才成就了今天的辉煌。

敢为人先是我们实现五大跨越之本。激情是创新的源泉，创新是发展的源泉。没有激情和创新，就不会有信息化。林业信息化是一个多学科交叉的领域，是一项极富开拓性的工作，激情无时不需、无人不需，创新无处不在、无时不在。五年来的实践证明，正是我们不断地唤醒每个人心底的创业激情，不断地激发每个人敢为人先的潜能，想别人没有想过的理，做别人没有做过的事，走别人没有走过的路，激情致力于创新驱动，才取得了几十项突破，获得了几十项第一。

追求卓越是我们实现五大跨越之魂。质量就是生命，细节决定成败，这是千百年来人类实践悟出的哲理。五年来，我们坚持“向质量要任务，向质量要效益”，把精益求精的理念深植于每人的心中，努力做到“凡事有章可循、凡事有人负责、凡事有人监督、凡事有据可查”，既实现了精品迭出，又培养了复合型人才。正是精益求精、质量至上、追求卓越，才使我们先后荣获了上百项殊荣，先后涌现出辽宁、北京、湖南、广东、浙江、江西、福建、湖北、四川、吉林、上海、河南、山东、内蒙古、甘肃等“全国林业信息化建设十佳单位”，福建、北京、上海、四川、湖北、江苏、广东、辽宁、湖南、浙江、河南、江西、甘肃、黑龙江、河北等“全国林业十佳网站”，以及众多单项荣誉，立起了林业信息化座座丰碑！

林业信息化“五大精神”，是以自强不息为核心的民族精神和以改革创新为核心的时代精神的有机融合和生动体现，是我们五年来披荆斩棘形成的最为宝贵的精神财富，是我们召之即来、来之能战、战之能胜的重要法宝，是我们继往开来、取之不尽、用之不竭的最大内生动力！

放眼21世纪的全球发展，一个不争的事实是：信息化是新世纪的主要特征，是推动经济社会变革的主要力量，是国家间竞争的主要阵地，是行业发展的强大动力。纵观“五个层面”的发展形势，信息革命已成为时代的最强音，信息化已成为时髦的代名词，信息人已成为时尚的领跑者，信息引领未来的趋势锐不可挡。

从全球层面看，人类已经进入信息社会。继原始社会、农业社会、工业社会之后，在信息革命的强力推动下，人类已进入充满希望的信息社会。在信息社会，信息资源正成为推动社会发展的第一资源，信息技术正成为促进社会进步的第一技术，信息产业正成为支撑社会成长的第一产业，信息文化正成为引领社会进步的第一文化，信息生产力正成为带动社会前进的第一生产力，信息工作者正成为担当社会繁荣的第一群体。抢占信息高地，建设信息社会，是时代的呼唤，人类的共鸣，历史的必然。

从全国层面看，信息化已成为核心发展路径。党的十八大做出了“新四化”、“五位一体”、“两个百年”的重大决策，把“信息化水平大幅提升”上升为国家战略。信息化是“四化同步”的节拍器，是“五位一体”的融合器，是实现“两个百年”目标的加速器，更是生态文明建设的金钥匙。加快推进信息化，是国家和民族的复兴之路，是实现中国梦的必由之路。

从行业层面看，信息化已成为林业“三大支柱”之一。当前，林业正处在加快发展方式转变、破除体制机制深层次矛盾、实现林业现代化的关键时期。信息化、科学化、机械化已成为林业发展的三大支柱，信息化又是切入点和突破口，如何正确理解信息化要义、科学把握信息化规律，是关系林业科学发展，尽早实现林业现代化的大问题。改善生态，我们必须加快信息化；改善民生，我们必须强化信息化；建设生态文明，我们必须依靠信息化。

从信息化层面看，现在已进入第六次信息革命新时代。回望历史，以语言产生为代表的第一次信息革命，以文字发明为代表的第二次信息革命，以造纸印刷术为代表的第三次信息革命，以电报电话电视为代表的第四次信息革命，以计算机和互联网为代表的第五次信息革命，先后推动了人类文明大踏步前进。今天，以“云物移大智”为代表的新一代信息技术，正以前所未有的力量推动全球进入大融合、大发展、大变革的新时期，形成第六次信息革命，“智慧”离我们已经越来越近、触手可及。

从自身层面看，林业信息化已进入智慧林业新阶段。云计算、物联网等智慧技术已经在林业多个领域得到应用，体系化、规模化、集成化的发展趋势不可阻挡。第三届工作会议发布的《中国智慧林业发展指导意见》，吹响了智慧林业建设的号角，智慧林业建设犹如离弦之箭。我们只有牢牢抓住这一战略机遇，求真务实，埋头苦干，不畏艰难，开拓创新，才能立足于不败之地，才能无愧于时代使命。

“雄关漫道真如铁，而今迈步从头越”。五年后的今天，智慧林业的大门已经打开，绚丽多彩的明天正向我们招手。今后五年，我们要紧紧围绕生态林业和民生林业，坚持“五个统一”，应用“五大技术”，建设“五大体系”，把握“五个环节”，突出“五项重点”，为建设生态文明和美丽中国，实现中华民族伟大复兴的中国梦做出新贡献。

在发展理念上，我们要坚持“五个统一”，形成强大发展合力。统一规划、统一标准、统一制式、统一平台、统一管理是林业信息化建设的基本原则，必须深刻认识，长期坚持，认真执行。一要坚持统一规划。突出共性、兼顾个性，构建有机衔接的规划体系，奠定全国一盘棋的根基。二要坚持统一标准。突出抓好标准立项，加快标准编制进程，搞好标准验收把关，加强标准宣贯施行。三要坚持统一制式。强化共性软件的统一开发与分级部署，减少重复建设，消除信息孤岛，增进业务协同。四要坚持统一平台。大力推进信息资源整合，着力打造国家和省级统一平台。五要坚持统一管理。努力完善体制机制，逐步推行CIO制度，着力构建权责对称、运转协调、激励有效、惩罚有力的运行机制。

在建设实践上，我们要应用“五大技术”，支撑智慧林业大厦。云计算、物联网、移动互联网、大数据、智慧城市是新一代信息技术的“杰出代表”，是智慧林业建设的“重要支柱”，必须充分应用，融会贯通。一要创新应用云计算技术。推进云管端建设，构建虚拟化、高可靠性、高可扩展性的林业信息基础设施和弹性服务模式。二要创新应用物联网技术。以“神经末梢”建设为重点，提高林业感知化、实时化、可视化、智能化水平。三要创新应用移动互联网技术。以服务对象为中心，促进林业业务流程再造和资源优化配置。四要创新应用大数据技术。充分发挥其“方法集”和“工具箱”的独特作用，挖掘林业数据“金矿”，推动林业管理决策科学化、精细化。五要创新应用智慧城市技术。加强集成创新应用，建立林业“智慧之魂”。

在重点任务上，我们要建设“五大体系”，实现完美转型升级。智慧林业是数字林业的升级版，必须以人性化的设计理念，在继承中构筑新的体系聚合体。一要建设智慧感知体系。统筹天、空、地、人资源，加快天、地、人、林四网建设，着力提高立体化的感知能力。二要建设智慧协同体系。推进林业云、网站群和智慧管理决策平台建设，着力提升一体化的管理服务水平。三要建设智慧生态体系。建立完善林业资源监管、营造林管理等核心业务系统，着力保护和改善生态。四要建设智慧民生体系。深化两化融合，扶持电子商务，建设智慧林区，着力发展绿色低碳经济。五要建设智慧保障体系。加强综合保障能力建设，着力消除不平衡、不协调、不可持续的发展顽疾。

在方法步骤上，我们要把握“五个环节”，开启新的文明之旅。从数字林业到智慧林业，是一场深刻的思想变革、技术变革和实践变革，是一轮新的信息文明之旅，必须抓好关键环节。一要抓好顶层设计。各省(区、市)要贯彻《中国智慧林业发展指导意见》，尽快出台本地智慧林业发展规划或指导意见，挖掘潜力、调动智力、激发活力，为掀起新一轮建设高潮做好顶层设计。二要抓好动员部署。各省区市要积极筹备，尽快召开全省(区、市)林业信息化工作会议，对智慧林业建设进行全面动员部署。三要抓好机构队伍。路线确定之后，干部是决定性因素。各省(区、市)要按照《国家林业局关于进一步加快林业信息化发展的指导意见》，健全决策管理机构，配足配强工作人员，提高组织协调和综合服务能力。四要抓好项目建设。争取“金林工程”等重大项目尽早批复启动。各地在推进在建项目的同时，也要积极争取新的建设项目。五要抓好制度保障。要按照简洁实用、相互配套的原则，不断完善、着力构建适应智慧林业发展要求的制度体系。

在近期工作上，我们要突出“五项重点”，夯实科学发展基础。2014年是全面推进智慧林业建设的开局之年，贯彻全国林业厅局长会和第三届全国林业信息化工作会要求，除以上总体工作外，还要重点抓好五项工作。一要抓落实。加强调研，摸清实情，接地气、沾泥土，感受基层味道，倾听群众呼声。加强政策解读，细化工作安排，加强督促指导，确保工作落实。二要抓网站。实施中国林业网站群扩建和智慧化提升工程，努力打造规模最大、效率最高、影响最强的一流政府网站。三要抓示范。第一批示范省要巩固建设成果，推广成功经验，攀登新的高峰。第二批示范省和第一批示范市、示范县，要加快建设进度，争取早见成效。适时启动第二批示范市县和示范基地建设。四要抓培训。各省(区、市)要尽快全面完成各级各类林业网站群培训，迅速扩大网站群规模。五要抓安全。开展信息安全检查，加强安全应急演练。出台安全定级指导意见，开展信息系统定级备案。

五年的光阴，1800多个日夜，时光带走了我们的稚嫩，岁月磨砺了我们的意志，年华增强了我们的信心；五年的故事，留下难忘的美好记忆；五年的历程，定格动容的精彩瞬间；五年的积累，奠定坚实的发展基础。

光荣已属过去，梦想催人奋进。今天，我们共同选择了智慧林业发展道路，站在新的历史起点，我们的事业崇高而神圣，我们的责任重大而光荣，我们的理想远大而明确。让我们在党的十八大精神指引下，紧紧围绕生态林业民生林业，抢抓机遇，凝聚智慧，真抓实干，奋勇前进，努力开创林业信息化更加灿烂的明天，铸就无愧于时代的新的辉煌！

李世东
2014年1月6日

目 录
CONTENTS

特辑

TE JI

林业信息化
Forestry Informatization

国家林业局关于进一步加快林业信息化发展的指导意见

林信发〔2013〕130 号

各省、自治区、直辖市林业局(厅)，内蒙古、吉林、龙江、大兴安岭森工(林业)集团公司，新疆生产建设兵团林业局，各计划单列市林业局，国家林业局各司局、各直属单位：

为全面贯彻落实党的十八大和全国林业厅局长会议、全国林业信息化工作会议精神，进一步加快林业信息化发展步伐，更好地推进生态林业民生林业建设，现提出如下意见。

一、统一思想认识，把握总体要求

(一)充分认识林业信息化的战略地位与重要作用。林业信息化是破解林业发展难题、创新林业发展平台、促进林业发展方式转变、全面提升林业质量效益的关键抓手。在林业改革发展进程中，林业信息化发挥着基础性、支柱性、先导性的作用，没有林业信息化，就没有林业现代化。将信息化融入林业建设全局，进一步加快发展步伐，是顺应世界信息时代发展潮流，构建国际竞争新优势的必然选择；是贯彻落实党的十八大等中央决策部署，开创林业发展新局面的重要举措；是建设生态林业和民生林业，实现林业现代化的迫切需要。

(二)准确把握林业信息化建设的总体要求。当前和今后一个时期，林业信息化建设的总体要求是：以邓小平理论、“三个代表”重要思想、科学发展观为指导，深入贯彻落实党的十八大精神，以统一思想为前提，以应用需求为导向，以融合创新为动力，以重点工程为抓手，以新一代信息技术为支撑，全面启动智慧林业建设，为提高生态林业和民生林业现代化水平、建设生态文明和美丽中国做出新贡献。

二、优化顶层设计，完善基础设施

(三)优化林业信息化顶层设计。以国家信息化宏观规划为指导，加快编制或完善区域性、专题性林业信息化发展规划，并将其纳入同级林业发展总体规划。加强新一代信息技术应用需求调研，科学谋划先进信息技术应用方略，切实增强规划的前瞻性、科学性和实用性。采用系统的观点和全局的视角，对林业进行综合分析与抽象，构建信息资源共享与业务协同的规范框架，形成指导信息资源建设、业务系统建设、运行支撑与安全系统建设的技术指南、标准规范、规章制度。

（四）完善林业信息化基础设施。按照国家统一部署，加快完善覆盖国家、省、市、县和重点乡镇的信息网络，提高信息的共享利用及安全保障水平。完善和充分利用林业专网资源，降低行政成本，提高工作效率。着力推进偏远林区、基层单位的网络建设，破解林业信息交互"最后一公里"难题。租建结合，多措并举，提高林业应急通信保障能力。不断充实完善软硬件设施设备，有效改善林业信息基础设施条件，为发展各类政务和业务应用奠定坚实基础。

（五）强化林业信息资源整合。按照集约化的理念，着力开展国家林业数据中心和省级林业数据中心建设，建立和完善林业信息资源目录体系与交换体系，促进数据的大集中、共建共享和业务协同。市、县级已建林业数据中心，要按照所有权和管理权、使用权适度分离的原则，尽快交由省级林业数据中心托管，今后原则上不再批准建设新的市、县级林业数据中心。依托门户网、办公网和涉密网平台，加强系统级林业信息资源整合，促进信息资源管理和利用。按照"平台上移、应用下移"的理念，国家和省级林业主管部门要加强现有应用系统的整合优化和新建应用系统的统一开发，市、县级林业主管部门按使用权限应用各类业务系统。

三、加强网站建设，推动职能转变

（六）加强林业网站群建设。依托中国林业网，大力推进网站整合，加快地方林业网站建设，打造纵向到底的林业门户网站群。按照业务领域，协同推进各类林业专题网站建设，打造横向到边的林业专业网站群，实现网站服务对象由内部向外部、由部门向社会的重大转变。按照"四个服务"、"四大功能"的要求，优化网站设计，丰富网站功能，强化信息保障，深化绩效评估，促进各级各类林业网站建设。积极推进林业微门户、微博、微信等信息发布和互动交流平台建设，努力开创林业网站发展新局面。开展网上林业政务大厅与电子监察系统建设，强化外网受理、内网办理、外网反馈机制，提高行政审批效率和信息公开水平，促进廉洁型、服务型、效能型、法制型政府建设。

（七）推进林业办公网站群建设。以架构优化、共享协同为导向，继续完善国家林业局办公网，逐步扩大移动办公使用范围。加快省级林业办公网建设，逐步覆盖辖区内各级用户，并实现与国家林业局办公网的互联互通。市、县级林业主管部门将重点放在深化业务应用和提高服务水平上来。强化办公网信息更新、综合办公、数据共享、业务协同、在线学习、互动交流等动能，不断提高网站的实用性。

四、深化业务应用，开展示范建设

（八）加强重大业务应用系统建设。着力推进林业资源监管系统、营造林管理系统、林业灾害监控与应急系统、林改综合监管系统、林农信息服务系统、林业产业发展与林业经济运行系统、生态文化与教育培训系统等重点业务系统建设，加快建设智慧林业立体感知体系，着力打造智慧林业管理协同体系，全面完善智慧林业民生服务体系，积极构建智慧林业生态价值体系，努力实现林业立体化感知体系全覆盖、林业智能化管理体系协同高效、林业一体化服务体系更加完善、林业生态化价值体系不断深化、林业规范化保障体系支撑有力的发展目标。

（九）推进林业信息化示范省市县建设。对照示范主题和示范方案，认真组织开展全国林业信息化示范省、示范市和示范县建设，确保工作进度和质量。既要强调典型应用和技术突破，又要注重理念创新、政策创新、管理创新和机制创新。加大对示范工作的政策、技术和资金支持，加强检查指导和总结推广，完善动态评估与激励机制，切实提高示范成效，充分发挥示范的引领带动作用。鼓励各（自治区、直辖市）[以下简称省（区、市）]结合本辖区实际，推进林业信息化示范点建设。

（十）开展先进信息技术应用示范建设。以实施国家物联网应用示范工程为契机，推动林业物联网应用，逐步建设实用先进的中国林业物联网。以实施国家林业云计算平台建设项目为切入点，深化林业云计算技术应用，推动绿色节能数据中心建设，逐步建成统一高效的中国林业云。以实施国家林业北斗应用示范工程为先导，带动国产对地观测系统和卫星通信系统等在林业行业的广泛应用。抓住国家开展林业电子商务试点建设的机会，推动大数据、移动互联等新一代信息技术的集成应用。各地要积极争取各类信息化应用示范项目，不断提高先进信息技术对林业改革发展的贡献率。

五、深化数据挖掘，促进兴林富民

（十一）加强林业政务信息资源开发利用。加快公共基础数据库和林业基础数据库建设，拓展相关应用服务。信息化主管部门负责统一管理公共基础数据、政务管理数据以及各类业务成果数据，并按照相关使用权限提供数据支持和共享交换服务。依托中国林业网和国家林业局办公网，建设全国林业政务数据统一发布平台，促进政务数据挖掘和共享利用。充分利用各类载体，加大向农村、欠发达地区和社会困难群体提供林业公益性信息服务的力度。对有益的和有重要经济、科学研究价值的林业政务信息资源，引导和规范社会化增值开发利用。

（十二）深化林业商务信息资源开发利用。加快建立和完善林业商务信息资源采集管理与开发利用体系。加强林产品生产、流通、销售以及林权交易、碳汇交易、林业旅游与休闲服务等商务信息的实时采集、综合分析与权威发布，促进林业产业持续健康发展。完善知识产权保护制度，大力发展以数字化、网络化、智能化为主要特征的现代信息服务业，优化林业资源配置。鼓励企事业单位、个人和其他组织参与林业商务信息资源采集与开发利用，带动林业信息消费。扶持发展若干林业电子商务龙头企业，组织开展农村林业商务信息服务试点，加快培育农村林业电子商务市场，促进林业经济转型升级。

六、加快标准建设，提高质量效益

（十三）加快林业信息化标准体系建设。按照急用先行的原则，加快标准制修订步伐，建立健全以国家标准和行业标准为主体，地方标准和项目标准为补充的林业信息化标准体系。动态调整标准制修订项目储备库，加强复杂重大标准项目的预研究，提高标准立项和编制质量。深化与行业内外相关专业标准团体的交流合作，共同推进林业信息化标准建设。定期梳理国际国内信息化相关标准，建立林业信息化标准参考目录。加强全国林业信息数据标委会建设与管理，充分发挥其桥梁纽带作用。

（十四）推进林业信息化标准化建设。依托国家和省级林业办公网，建设林业信息化标准专题数据库，方便用户在线检索和阅览。加强标准宣贯工作，提高全行业的标准化意识和执行能力。强化项目立项的技术审查和项目实施的技术指导，确保相关标准得到贯彻执行。加大业务系统统一开发和合作共建的力度，避免低水平重复开发等造成的标准制式不统一问题。开展信息标准化建设示范工作，加快推进全行业信息标准化进程。加强标准实施情况跟踪评估，不断改进标准工作。

七、健全安全体系，保障信息安全

（十五）建立健全信息安全责任体系。从维护国家安全大局出发，充分认识加强信息安全工作的重要性和紧迫性，切实加强组织领导，强化领导责任，严格责任追究。充实工作力量，完善规章制度，落实工作经费，为信息安全工作创造必要条件。加强安全与保密部门的协作联动，强化重点领域、关键岗位、敏感环节的安全保密专项审查，切实执行信息安全“一票否决制”。坚持日常巡检与定期检查、不定期抽查相结合，严格落实岗位责任制。完善信息安全集中监控体系，加强运维人员安全技能培训，提高信息安全事件监测预警能力。开展全员信息安全教育，提高广大干部职工的安全意识、责任意识和防范能力。充分发挥有关专家、相关组织在信息安全工作中的支撑作用。

（十六）落实风险评估和等级保护制度。加强信息安全风险评估，及时研究整改发现的问题。强化外包服务安全风险意识，切实加强外包风险管理与防范，涉密信息系统不得外包。充分应用密码保护、身份认证、内容过滤、跟踪审计等安全防护技术，科学划分网络安全域，有效规避信息安全漏洞。开展重要信息系统调查工作，编制林业信息安全规划，解决重要信息系统安全保护中存在的突出问题。出台林业信息系统安全定级指导意见，组织开展系统定级及备案，开展第三级以上信息系统等级测评。加强灾难恢复系统建设，国家林业数据中心应采用同城和异地灾难备份与恢复策略，省级林业数据中心可采用同城或异地灾难备份与恢复策略。制定和完善信息安全应急预案，加强值班备勤与应急演练，提高突发安全事件处置能力。

八、增强创新能力，夯实发展基础

（十七）推进关键技术研发和成果转化。瞄准国际国内发展趋势，实施林业信息技术自主创新行动，不断增强自主研发能力和引进消化吸收再创新能力。依托具有较强创新研发实力的教学科研单位，推进林业信息化工程技术研究中心、研究所和重点实验室建设。支持有关 IT 企业、教学科研单位、技术测评单位等联合组建林业信息化产业技术创新联盟。加强科研力量的组织协调，围绕智能感知、快速传输、智能分析、共享交换、辅助决策等关键领域，开展研发与产业化。加强信息技术科普推广，提高现代信息技术应用水平。

（十八）加强林业信息化软科学研究。高度重视软科学研究在林业信息化持续健康发展中的重要作用，不断加大政策扶持力度。以林业信息化发展战略为指导，围绕方案、政策、措施、制度、人才培养、交流合作、绩效评估等议题，深入开展研究工作。以完善顶层设计、促进整体发展为目标，持续开展战略需求、规划设计、推进路线图等研究，为林业信息化发展提供理论指导和政策支撑。

九、理顺投资机制，加大资金支持

（十九）建立行之有效的财政支持机制。积极争取各级政府财政投资，建立健全林业信息化预算定额标准体系，确保项目有投入、运维有资金、建设有保障，完善林业信息化长效投入机制。建立健全合力共建的投入机制，加大林业建设项目中信息化投资的整合力度，各地各单位要在现有林业建设项目总投资中，提取一定比例用于信息化建设，实行统筹安排、专款专用，确保资金落到实处。明晰中央和地方在林业信息化建设中的事权、财权划分，做到权责对称并兼顾区域发展水平差异。属于中央和地方共同管理的事务，应区别不同情况，明确各自的管理范围和筹资责任。

（二十）积极吸收社会资本参与建设。鼓励探索多方合作的新机制，充分发挥市场在资源配置中的基础性作用，积极支持和引导社会力量投资林业信息化，不断赋予林业信息化建设新的生机与活力。着力完善市场准入、技术培训、财政补贴、税收减免、投融资等优惠政策，为社会资本参与林业电子商务、信息资源开发利用、关键技术及设备研发等营造良好的创业环境。

十、加强组织领导，提高队伍素质

（二十一）创新管理体制和运行机制。巩固林业信息化“一把手工程”的定位，充分发挥各级林业信息化工作领导小组的作用。国家和省级林业主管部门必须建立独立的信息化管理机构，市、县级林业主管部门应结合本地实际，尽快建立独立管理机构。按照德才兼备的原则，足额配备专职工作人员。在试点的基础上，逐步推行首席信息官制度，着力构建权责对称、运转协调、激励有效、惩罚有力的信息化运行机制。建立健全共建共赢的发展模式和协调配合的工作机制，信息化主管部门切实担负起组织、协调、指导、监督、管理的职责，完成好综合性、整体性、公共性信息化建设任务，组织制定统一的规划、标准、接口、平台等；各业务部门应在“五个统一”原则下，组织完成好各自业务范围内的信息化建设任务。建立健全成果互通的共享模式，信息化主管部门负责提供统一服务平台和信息发布工作，统一管理基础数据资源；各业务部门承担本单位业务信息的内容保障工作，将生产的数据提供给统一服务平台，供有关部门依职责权限共享使用。完善林业信息化测评机制，强化绩效考核。组建和发挥专家咨询团队的作用，积极引入社会化支撑力量，不断开创交流合作新局面。

（二十二）加大教育培训和人才培养力度。加强岗前和在岗信息化教育培训，提高广大干部职工的信息化意识和信息技术应用能力。专题培训与远程教育相结合，有序推进林业信息化复合型人才培养。发挥林业教育、培训、科研等单位的主渠道作用，建立林业信息化多层次人才培养基地。建立持证上岗制度，完善林业信息化岗位人才引进、培养、使用和激励机制。依法依规开展服务外包，弥补人力资源不足困难，优化林业信息化从业人员知识结构。

国家林业局

2013 年 8 月 12 日

国家林业局关于加强网站建设和管理工作的通知

林信发〔2014〕21号

各省、自治区、直辖市林业厅(局)，内蒙古、吉林、龙江、大兴安岭森工(林业)集团公司，新疆生产建设兵团林业局，各计划单列市林业局，国家林业局各司局、各直属单位：

为深入贯彻《国务院办公厅关于进一步加强政府信息公开回应社会关切提升政府公信力的意见》(国办发〔2013〕100号)精神，充分发挥政府网站在信息公开中的平台作用，着力建设基于新媒体的政务信息发布和互动交流新渠道，提升政府公信力，提高为民办事效率，降低政府管理成本，为公众提供优质的服务，促进生态林业民生林业建设，现就加强林业系统政府网站建设和管理工作通知如下：

一、充分认识办好林业网站的重要意义

党的十八大明确提出建设“服务型政府”。《中华人民共和国国民经济和社会发展第十二个五年规划纲要》明确提出，未来5年要大力推进国家电子政务网络建设，整合提升政府公共服务和管理能力。政府网站作为电子政务的前台和门户，是各级政府履行职能、提供服务、信息发布的重要平台和窗口，是构建服务型政府的重要手段和渠道，是提高工作效率的重要方式，更是一项政府管理和服务方式的创新，办好林业网站意义重大。

二、建立健全林业网站领先发展体系

(一)网站集群体系。要深入推进“中国林业智慧网站群”建设模式，丰富网站内容，增强网站功能，把网站建成各级林业主管部门利用信息技术履行职能的重要途径。

1. 创新建设理念。按照网站群建设思路，树立“信息化引领、一体化集成、智慧化创新”的理念，全面融合各领域、各渠道的服务资源，扩充功能，完善系统，构建中国林业智慧门户网站群。

2. 强化顶层设计。按照智慧林业门户网站的目标要求，结合国家、行业信息化发展现状、发展趋势与用户需求，进行全面、综合、长远规划，统一开发共享共用的网站集群

软硬件资源，将各站点连为一体，通过统一平台，实现主站与子站的互联互通、信息共享。

3. 加强板块建设。顺应国内外政府网站发展趋势，借鉴先进政府网站建设经验，主动听取用户意见，有效组织栏目资源，突出重点内容，加强逻辑关联，提高服务易用性，使主站与子站、子站与子站之间形成一个有机整体，增强板块设置的人性化。

4. 创新技术应用。加强网站移动性、宽带化和视频化等创新应用，集成云计算、移动互联网、无障碍访问等先进技术，加快平台优化改造，拓宽网站访问渠道和访问人群。

5. 逐步优化升级。深化网站管理，提升网站服务，对网站内容、功能等进行定期诊断并及时有针对性的调整，使网站栏目架构更为合理、逻辑更为清晰，提升网站服务能力和影响力。不断优化网站页面风格、颜色搭配、版面布局、文字图片等方面的设计，改善用户体验。

（二）信息发布体系。从社会公众需求出发，建立健全网上信息公开内容框架体系和保障机制，有效满足社会公众需求。

1. 加大公开力度。加强政府信息上网发布工作，梳理相关专题，充实公开内容，拓展公开深度和广度，对办事指南、统计数据、人事任免、财政预算、政策解读、政府采购和项目投资等信息要增加发布深度，增强信息公开性、原创性、时效性、准确性、连续性、权威性。

2. 加强信息协同。各级林业网站要以子站为支撑，分解任务，明晰责任，协同共建，形成内容保障的合力。建立健全网站内容保障工作机制，畅通信息报送渠道。加强所属子站管理，建立主站与子站间的联系反馈机制，避免出现无效链接。

3. 丰富公开形式。综合采用数字、图表、音频、视频等方式，增强网站亲和力。对社会关注度高、涉及群众切身利益的政府重大决策和重要举措，开展多种形式的政策解读，深化公开内容。针对突发公共事件处置，建立回应社会关注热点的栏目，及时主动发布权威信息，建立信息发布的快速反应机制。

4. 做好信息整合。认真梳理政务信息，合理划分栏目设置。加强政府网站数据库建设，方便公众查询。加大信息汇聚程度，完善信息公开目录，形成信息公开目录体系。

（三）在线服务体系。深入推进网上政务服务建设，提升在线服务能力，满足社会公众的行政办事和民生服务需求。

1. 建立“一站式”服务。从公众需求角度梳理业务，制定在线办事目录体系，全面提供用户所需服务。突破常规行政办事空间、时间的束缚，提供深度、集成服务，使用户可以随时、随地查询需要的办事资料、便民服务信息，下载相应表格，实现在线申请、在线办理，并获得相应结果信息。

2. 加强公共服务。不断拓展服务形式和服务渠道，明确服务主题，充分展示林业核心业务、重点业务，增加公共服务资源比重，为社会公众提供更加广泛、深入的服务。

3. 做好共享服务。加强资源整合，实现网站群之间的资源共享和有效互动，在办事结果反馈、网络问政等方面做到快速、及时，使公众咨询、投诉或留言得到及时有效的受理和反馈。

4. 注重创新服务。在拓宽信息采集渠道、创新信息采集方式的基础上，建立统一的资源目录体系，进行统一数据库建设，增加决策支持系统的信息量，提高信息分析能力，提供智能化信息服务。

（四）互动交流体系。以提高行政效能为目标，搭建政民互动交流平台，构建服务型网站，通过互动渠道的多样化和服务形式的多元化，满足公众需要。

1. 做好栏目建设。对目前各站点互动交流栏目进行梳理，对一些公众参与度不高、互动性不强的栏目及时调整。围绕政府重要决策和与公众利益密切相关的事项，设置热点解答、网上咨询等栏目。各子站每年至少开展一次在线调查活动，做好政策宣传和舆论引导。

2. 建立联动机制。采取主站与子站联动机制，逐步实现在线访谈制度化、形式多样化、服务对象多元化，吸引社会公众广泛参与。建立“统一受理、及时转办督办、统一答复公开”的公众咨询平台，按照“谁主管、谁负责”的原则，使领导信箱、公众问题答复工作常态化。

3. 搭建交流渠道。积极搭建政民互动的新平台，根据业务发展需求增设部门信箱、政务微博、微信等新的互动交流渠道，及时发布各类权威政务信息，统一管理互动交流渠道平台。

4. 加强主题策划。围绕林业重点工作和公众关注热点，加强互动主题策划和互动反馈，广泛征集公众的意见和建议，为决策提供参考，提升互动交流效果，提高科学民主决策水平。

（五）生态文化体系。加强网站生态文化建设和管理，唱响网上思想文化主旋律，推进生态文明建设，发展健康向上的网络生态文化，使之成为传播生态文化的新途径、提供公共文化服务的新平台、丰富人们文化生活的新空间。

1. 构建绿色网络环境。以弘扬生态文化、倡导绿色生活为宗旨，提升生态文明的参与度，增强珍惜自然资源、建设生态民生林业的社会影响力，提高传播能力，占领网上舆论制高点。

2. 开展网络主题活动。大力开展网络生态文化公益活动，为人们提供丰富多样的生态文化服务，开展全国生态作品大赛及征文大赛，鼓励创作格调健康、形式多样、质量上乘的网络文化作品。

3. 引领网络舆论导向。充分利用移动互联等技术，发展运用微博微信等新媒体，弘扬时代主旋律，把握网上舆论方向，运用“网言网语”，在交流沟通中凝聚共识。对一些错误的声音，也要“网来网去”，形成正能量、主舆论。

4. 扩大网络交流合作。利用互联网的开放特点，采取跨行业、跨部门的横向合作及林业网站群间的纵向协作，密切配合，建立多层次、多渠道的合作机制，逐步形成广泛参与、普遍受益的网络生态文化新格局。

三、建立健全林业网站良性运行机制

要进一步建立健全智慧林业网站运行管理机制，加强对网站工作的领导，协调解决网站建设工作中的难题，建立起有效的支撑保障手段，确保服务能力实现持续提升。

（一）组织队伍保障机制。各级林业主管部门要把林业网站建设和管理作为转变工作作风、提高行政效能的一项重要措施，列入重要议事日程，主要领导要亲自过问，分管领导抓好落实。要搞好统筹协调，把网站建设管理工作纳入本级电子政务发展规划，加强指导和监督，及时研究解决出现的问题。

1. 完善管理机制。围绕网站服务能力建设，完善管理机制，合理配备人员，明确运行维护单位、内容保障单位。进一步健全网站工作机制，设立网站编辑委员会，落实工作职责。积极探索委托管理、服务外包等多元化的保障工作机制，促进网站建设。

2. 建立信息主管制度。全面推进电子政务建设，迫切需要建立信息主管制度。要培养具有领导能力、规划远见能力、综合协调能力和项目执行能力，能够在技术、制度和组织等方面把握发展方向的林业网站优秀管理者。

3. 加强队伍建设。把人员队伍培养放在第一位，依托林业信息化教育培训基地，开展多种形式的业务培训，提高网站工作人员的政治素养和业务水平，培养建立一支政治素质高、业务能力强、具有创新意识的网站策划、技术支撑和内容保障队伍。

（二）制度标准保障机制。制度标准保障是网站服务能力建设的基础性保障，网站制度标准的建立健全对林业网站的建设起着统筹作用，是保障网站持续发展的动力，要不断完善林业网站各项管理制度。

1. 内容保障制度。明确各部门和单位的内容保障要求，明确上网信息范围、信息采集规范、信息编辑规范、信息发布规范、相关人员职责等。建立健全信息采集报送制度、信息审核发布制度，扩大信息数量，提高信息质量，丰富网站内容。

2. 绩效评估制度。对林业网站的建设、运行、维护等情况进行检查、通报，将绩效评估与工作业绩挂钩，增强网站建设管理人员的积极性、主动性、创造性。

3. 标准建设制度。按照网站资源标准化、规范化等方面的要求，加快信息公开类、办事服务类、交流互动类标准体系建设，不断规范服务，提高服务质量。

（三）资金投入保障机制。加大各级林业网站经费投入，将运行维护经费纳入相关部门综合预算。各级林业主管部门要统筹解决网站建设和管理经费，确保网站高效运转。

1. 进行统一管理。加大现有林业建设项目中信息建设资金的投入力度，统筹安排，专款专用，将林业网站管理经费和运维经费纳入预算管理。

2. 实行分级保障。要根据工作需要，将网站建设纳入本级财政预算。其中中国林业网由国家林业局信息中心统一规划网站建设资金，各地网站由本级信息中心统筹规划建设资金。

3. 投入共建资金。中国林业网由国家林业局统一投入建设和运维资金，对各省(区、市)林业网站建设给予适当支持，用于网站建设管理、人才培训等，以更好地共建林业系统网站。

(四)信息安全保障机制。要提高信息安全意识，研究构建完整的信息安全保障体系，严格执行网站管理的各项规章制度，加强信息发布管理工作，提高网站信息安全水平，确保林业网站系统的安全稳定运行。

1. 严格审核制度。根据“谁主管谁负责、谁运行谁负责、谁使用谁负责”和“谁提供谁负责”、“谁发布谁负责”的原则，加强信息审核工作。指定专人负责网站管理维护、内容更新、审核发布等工作，上网信息需经保密审查并保存审查记录，子站管理员账户要设置复杂程度较高的密码并定期更换。

2. 加强日常监测。加强对网站信息的日常检查，实时对网站进行扫描，检查潜在的运行风险，确保网站信息安全。运行维护单位按期提供网站日常运维情况报告。要建设人工防范和智能扫描相结合的网站纠错平台，及时发现和纠正错误、虚假信息，防止网站被非法链接和恶意修改。

3. 强化监督检查。定期对系统进行自查，及时升级系统和安装软件补丁，杜绝安全隐患。对自行建设维护网站的单位，各系统上线前必须报国家林业局信息中心进行安全检测，未通过安全检测的系统一律不得上线运行。

国家林业局
2014 年 2 月 25 日

国家林业局关于全面加强林业信息安全工作的通知

林信发〔2013〕205 号

各省、自治区、直辖市林业厅(局)，内蒙古、吉林、龙江、大兴安岭森工(林业)集团公司，新疆生产建设兵团林业局，各计划单列市林业局，国家林业局各司局、各直属单位：

为深入贯彻落实《国务院关于大力推进信息化发展和切实保障信息安全的若干意见》(国发〔2012〕23 号)，大力推进林业信息化发展，进一步增强林业行业各单位网络与信息安全保障能力，确保林业行业信息系统安全稳定高效运行，现就全面加强林业行业信息安全保障工作通知如下，请各单位认真贯彻执行。

一、统一工作思路，明确工作目标

以打造智慧林业、建设生态文明为总体思路，加强统筹协调和顶层设计，全面提高林业信息化发展水平。坚持依法管理，确保安全，建立和完善与林业行业各级单位信息化发展相适应的信息安全保障体系，满足各级单位业务发展的安全性要求，保证信息系统和相关基础设施功能的正常发挥，有效防范、控制和化解信息技术风险，增强信息系统安全预警、应急处置和灾难恢复能力，加强服务外包风险管理与防范，落实国家信息安全等级保护要求，显著提高各级单位业务持续运行保障水平。

二、建立信息安全组织保障体系，落实责任制度

建立健全信息安全领导协调小组。在国家林业局保密委员会领导下，建立由各单位主要负责人负责、相关部门负责人组成的信息安全领导协调小组，建立上下联动工作机制，形成国家、省、市、县四级信息安全组织体系，理顺关系，增进部门间协同配合，优化资源配置，提高信息安全管理决策的效率和科学性，决策、指挥信息安全重大事宜，切实保障智慧林业建设与发展。

建立健全各级信息安全管理机构。林业行业各级单位应设立信息安全管理岗位，进一步明确信息安全管理部门、运营部门和应用部门的信息安全管理职责分工，科学制定安全

规划，有效组织实施安全策略，加大安全监督检查工作力度。

加强信息安全人才队伍建设。林业行业各级单位要选拔素质高、技能强、具有一定管理经验的人才从事信息安全工作。结合新技术新形势的变化，开展信息安全技术人员培训，加大人才培养力度，建立良好的用人机制、培训制度和奖惩机制。加强与国内外的合作交流，学习国内外智慧林业建设中信息安全保障的成功经验和做法，切实提高广大从业人员的信息安全意识和信息安全保障水平。

三、健全标准规范与制度体系，加大监督检查力度

加快标准规范和制度体系建设工作步伐。统筹规划、突出重点，加紧研究制定适应智慧林业建设发展需要的信息安全相关标准规范。密切结合智慧林业发展实际，借鉴国内外先进经验和做法，加紧建立和完善数据中心运营规范和制度体系，整合信息安全各项规章制度，健全岗位责任制度，全面落实“让标准说话、按制度办事”的信息安全管理准则。

加大监督检查工作力度。依据已确立的技术法规、标准与制度，定期开展信息安全检查工作，确保信息安全保障工作落到实处。建立责任通报制度，对检查中发现的违规行为，按规定处罚相关责任人，对检查中发现的安全问题和隐患，明确责任部门和责任人，限期整改。在开展合规性检查的同时，应综合运用检测工具，明确安全控制目标，加强深度的专项安全检查工作，保证检查工作的针对性、深入性和时效性。

建立信息安全审查制度。在信息系统生命周期关键环节进行安全性专项审查，项目立项未通过安全性审查的不予立项，系统正式运行前未通过安全性测试的不得上线运行，不符合运行条件的系统，运维部门不予接受运行，全面落实信息安全“一票否决制”。

四、建立运行维护管理体系，有效提升保障能力

各级数据中心应根据智慧林业发展进程及时调整原有运维管理模式，通过体制创新、机制创新，优化资源配置，积累经验，增加技术储备，建立健全与智慧林业发展相适应的运行维护管理体系，同时严格落实信息安全维护经费预算，保证信息安全维护经费投入。实施流程化管理，借鉴信息技术基础框架库等国际管理规范，建立标准统一的服务管理流程，做到“事前有计划、事中有管控、事后有评估”，严格过程控制和操作规程，完善内控机制。

落实岗位责任制，要采取主动预防措施，加强日常巡检，定期进行重要设备的深度可用性检查，关键运行设备应从高可用性要求上升到高可靠性要求，合理确定淘汰预期；要实施自动化管理，加强系统及网络的安全审计，实现数据中心各项操作的有效稽核，提升操作控制力，减少人为误操作，实现管理制度的强制执行，集中监控运行状况，实现对数据中心运行全局性把握和有效指挥；要从信息系统立项规划开始，有效提高信息系统安全保障水平。

五、充分运用安全技术，强化网络安全

在云计算、物联网、移动互联网、大数据、智慧地球等新一代信息技术条件下，根据国家信息安全相关管理规定，合理运用密码和其他信息安全先进技术及产品，规范和加强以身份认证、授权管理、跟踪审计等为主要内容的网络信任体系建设。对重要信息的传输、存储要采取严格的加密措施，规范和强化密钥管理。通过身份认证、访问控制、内容过滤、信息加密、网络隔离等措施，防范来源于内部和外部的网络威胁。严格网络安全配置管理，制定合理的网络服务策略和强制路径策略，强化外部连接用户认证，加强远程诊断接口的保护，优化网络结构，划分网络安全域，利用国际互联网提供服务的信息系统要与办公网实现安全隔离，加强网络边界防护，保证重要信息不被泄露、篡改或非法利用，加快技术攻关，研究应对措施，科学解决新技术、新应用带来的安全问题。

六、合理引入服务外包机制，加强服务外包风险控制

建立并严格执行信息技术外包服务安全管理制度，统筹兼顾，综合考虑自我能力、价值成本和风险控制等因素，合理引入服务外包机制。加强服务外包风险管理与防范，涉密系统不得外包。要加强服务外包全过程的跟踪管理，适时对外包服务的实施过程风险和完成情况进行评估，确保预期工作目标。根据国家有关部门信息安全相关规定，审慎选择外包服务商，签订信息安全和保密协议，并将信息技术外包服务安全管理纳入年度信息安全检查范围。

七、积极推进信息安全风险评估，实施等级保护

根据国家风险评估有关标准，采取以自评估为主、委托评估和检查评估为辅的方式，在信息系统方案设计、建设上线和运行维护各个阶段实施必要的风险评估，加强对信息系统上线运行和重大应用变更前的风险评估。要综合运用评估工具，在常规评估内容的基础上，加强渗透性验证测试和密码脆弱性测试，重视对系统结构与配置的安全评估。要适时、有效开展风险评估，重要信息系统至少每1年进行一次评估，根据评估结果，及时研究整改存在的问题，实施安全加固。要严格控制风险评估过程，规避评估风险，采取预防性应对措施，做好评估全过程的安全保密工作。

根据信息资产重要程度，合理定级，实施信息安全等级保护。对于新建信息系统，应按照国家等级保护的管理规范和技术标准，进行规划设计、建设施工；对于已有信息系统，应采购和使用相应等级的信息安全产品，建设安全设施，落实安全技术措施，完成系统整改；对于包含多个子系统的信息系统，在保障信息系统安全互联和有效信息共享的前提下，按照信息系统内各子系统的不同重要程度，分别确定安全保护等级；对于跨地域的大系统，实行纵向保护和属地保护相结合的方式。

八、加强灾难恢复系统建设，提高持续运营能力

林业行业各单位应同步规划、同步建设、同步运行灾难恢复系统。灾难备份中心的规划建设应综合考虑平衡风险与成本、运维管理与灾难恢复力量等因素，可采取自建、联合共建或利用外部组织的灾难备份设施等方式。国家级数据中心原则上应同时采用同城和异地灾难备份和恢复策略，省级数据中心可采用同城或异地灾难备份和恢复策略。对于核心业务系统，应实施应用级备份，以保证灾难发生时，能尽快恢复业务运营，对于其他应用系统，可实施系统级或数据级备份。灾难备份中心的选址要从国家整体安全出发，合理规划布局，不要过度集中于个别地区。

要适时备份和安全保存业务数据，定期对冗余备份系统、备份介质进行深度可用性检查，建立应急预案演练制度，定期组织有关业务部门参与的桌面演练和实战演练，定期对双机热备系统进行切换演练，已建立灾难备份系统的单位，原则上备份系统与运行系统的切换至少每年要演练一次。林业行业各单位要结合本单位实际，根据上述要求制定信息安全应急预案，并建立灾难备份系统。

国家林业局

2013 年 12 月 3 日

研究概况

YANJIU GAIKUANG

林业信息化
Forestry Informatization

第一章　研究背景与意义

当今世界，信息技术革命日新月异，深刻改变着人们的生产方式、生活方式和思维方式，推动着人类从工业社会大步迈向信息社会。大力推进信息化，是我国主动顺应世界发展潮流的理性选择，是贯彻落实党的十八大精神的具体实践，是抢占国际经济科技制高点的战略抉择。林业信息化是国家信息化的重要组成部分，由于主客观等多方面的原因，虽经几十年的努力发展，目前却是国家信息化中最突出的“短板”。根据新时期党中央国务院的一系列决策部署，结合林业行业自身实际，深入开展林业信息化体制机制研究，不仅有助于加快林业信息化发展进程，为生态林业民生林业建设提供有力支撑，同时也给予其他行业信息化发展以借鉴。

一、研究背景

从管理学的角度来说，“体制”是指国家机关、企事业单位在机构设置、领导隶属关系和管理权限划分等方面的体系、制度、方法、形式等的总称。从历史唯物主义的角度来说，体制是联系社会有机体三大子系统——生产力、生产关系和上层建筑之间的结合点，是三者之间发生相互联系和作用的桥梁与纽带。就体制和制度的关系来看，体制通常指体制制度，是制度形之于外的具体表现和实施形式，是管理经济、政治、文化等社会生活各个方面事务的规范体系。比如国家领导体制、经济体制、军事体制、教育体制、科技体制等。制度决定体制内容并由体制表现出来，体制的形成和发展要受制度的制约。一种制度可以通过不同的体制表现出来。基本制度具有相对稳定性和单一性，而体制则具有多样性和灵活性。

“机制”一词最早源于希腊文，原指机器的构造和工作原理，借指事物的内在工作方式，包括有关组成部分的相互关系以及各种变化的相互联系。现已广泛应用于自然现象和社会现象，指其内部组织和运行变化的规律。就机制和制度的关系来看，机制通常指制度机制，机制是从属于制度的。机制通过制度系统内部组成要素，按照一定方式的相互作用实现其特定的功能。制度机制运行规则都是人为设定的，具有强烈的社会性。比如竞争机制、市场机制、激励机制等。在任何一个系统中，机制都起着基础性的、根本性的作用。在理想状态下，有了良好的机制甚至可以使一个社会系统接近于一个自适应系统——在外部条件发生不确定变化时，能自动地迅速做出反应，调整原定的策略和措施，实现优化目标。

由于体制机制的极端重要性，古往今来，体制机制建设受到了各行各业的高度重视。林业信息化是现代林业建设的重要组成部分，是发展生态林业民生林业的重要支撑力量。林业信息化体制机制建设不仅关乎林业信息化的持续健康发展，而且关乎整个林业的改革发展，关乎我国信息化水平的大幅提升。开展中国林业信息化体制机制专题研究是顺应世界信息化发展潮流的重要选择，是贯彻党的十八大等中央决策部署的有力举措，是推进生态林业民生林业建设的迫切需要。

(一)人类社会正在快步进入信息社会，林业信息化必须加快发展。人类社会的发展离不开技术进步，重大技术革命使人类文明发展呈现出阶段性的特征。回顾人类社会的发展历程，先后经历了农业革命、工业革命、信息革命三次重大的技术革命，也先后出现了原始文明、农业文明和工业文明三个阶段，目前正在向生态文明迈进。

1946 年第一台电子数字计算机的发明揭开了当代信息技术革命的序幕。1971 年第一个微处理芯片的发明，强化和加速了这场信息革命。20 世纪 80 年代末 90 年代初互联网的出现并在世界范围迅速普及和广泛应用，打破了人们的时空界限，使全球更加紧密地联系在一起。进入 21 世纪后，信息技术革新步伐进一步加快，各类新业务新应用层出不穷，推动着信息革命不断向经济社会的各领域渗透。以计算机和互联网发明为代表的当代信息革命，使人类文明开始了“信息化”的进程，人类社会开始由工业社会进入信息社会，以计算机和网络技术为基础的，以信息和知识的生产、传播和利用为内涵的现代服务业成为信息社会的支柱产业。当前，各国政府都在积极寻求能够实现“低碳、绿色、可持续发展”的新增长点，以求刺激经济增长、扩大社会就业、改善人民生活，信息化成为首要选择。特别是以云计算、物联网、下一代互联网、移动互联网、大数据等为代表的新一代信息技术的快速发展和推广应用，更加深刻地改变着人们的生产方式和生活方式，推动着信息产业迅速发展壮大。以美国、德国、新加坡、韩国等为代表的发达国家正在大踏步迈入信息社会。

林业是国民经济的重要行业，是维护全球生态安全的主力军。面对汹涌前行的信息化浪潮，林业必须加快信息化进程，才能适应信息社会的要求，才不会被信息时代所抛弃。理顺管理体制，完善运行机制，是确保林业信息化又好又快发展的基本条件。

(二)信息化已成为我国一项基本国策，林业信息化必须与时俱进。进入 21 世纪以来，面对信息化与全球化加速推进的趋势，党和国家对信息化工作日益重视，先后做出了一系列重大战略决策。2000 年，党的十五届五中全会指出，“大力推进国民经济和社会信息化，是覆盖现代化建设全局的战略举措。以信息化带动工业化，发挥后发优势，实现社会生产力的跨越式发展”。2002 年，党的十六大指出，“信息化是我国加快实现工业化和现代化的必然选择。坚持以信息化带动工业化，以工业化促进信息化，走出一条科技含量高、经济效益好、资源消耗低、环境污染少、人力资源优势得到充分发挥的新型工业化路子。”2006 年，中办、国办印发《2006 ~ 2020 年国家信息化发展战略》，这是我国信息化发展进程中的重要里程碑。2007 年，党的十七大提出，“全面认识工业化、信息化、城镇化、市场化、国际化深入发展的新形势新任务”，“发展现代产业体系，大力推进信息化与工业化融合，促进工业由大变强，振兴装备制造业，淘汰落后生产能力”。2012 年，党的十八大提出，“坚持走中国特色新型工业化、信息化、城镇化、农业现代化道路，推动信息化和工业化深度融合、工业化和城镇化良性互动、城镇化和农业现代化相互协调，促进工业化、信息化、城镇化、农业现代化同步发展。”可以看出，党中央、国务院对信息化的认识日益深刻，信息化在国民经济发展中的地位不断提升。以党的十八大提出新“四化”为标志，信息化已不只是一种手段，而是上升为我国的一项长期基本国策，成为现代化建设的核心内容和目标。

林业信息化是国家信息化的有机组成部分，国家信息化的决策和部署为林业信息化发展指明了方向，明确了目标，营造了环境，提供了动力。没有林业信息化，就没有林业现代化。理顺管理体制，完善运行机制，是确保林业信息化不掉队的基本条件。

（三）生态林业民生林业呼唤改革创新，林业信息化必须先行先试。林业既是一项重要的公益事业，也是一项重要的基础产业，在经济社会发展中发挥着不可替代的作用。作为生态建设的主体和生态产品的最大提供者，林业直接关乎人民群众的生态需求和福祉；作为重要的基础产业和最大的绿色经济体，林业直接关乎人民群众的物质需求和福祉；作为精神家园的建设者和精神服务的提供者，林业直接关乎人民群众的精神需求和福祉；作为文化的记载传承者和发展繁荣的推动者，林业直接关乎人民群众的文化需求和福祉。党的十八大把建设生态文明纳入中国特色社会主义事业“五位一体”总体布局，指出“面对资源约束趋紧、环境污染严重、生态系统退化的严峻形势，必须树立尊重自然、顺应自然、保护自然的生态文明理念，把生态文明建设放在突出地位，融入经济建设、政治建设、文化建设、社会建设各方面和全过程，努力建设美丽中国，实现中华民族永续发展”。党中央国务院多次强调，要把发展林业作为建设生态文明的首要任务。因此，在新的历史时期，林业部门承担的责任更加重大，任务更加艰巨。

在 2013 年全国林业厅局长会议上，赵树丛局长着重指出，当前和今后一个时期全国林业工作的总体思路是：高举中国特色社会主义伟大旗帜，以邓小平理论、“三个代表”重要思想、科学发展观为指导，全面落实党的十八大精神，紧紧围绕主题主线，深入实施以生态建设为主的林业发展战略，以建设生态文明为总目标，以改善生态改善民生为总任务，加快发展现代林业，着力构建六大体系，努力建设美丽中国，推动我国走向社会主义生态文明新时代。在谈到学习党的十八届三中全会精神体会时，赵局长强调，林业系统学习贯彻十八届三中全会精神，就是要进一步解放思想，增强大局意识、责任意识、紧迫意识，以更大的政治勇气和更实的工作举措，加快推进各项林业改革，创新林业体制机制，完善生态文明制度体系，全面提升生态林业民生林业发展水平。

林业信息化是现代林业建设的重要组成部分，在加强林业资源管理、推进政府信息公开、提高政府工作效能、改善林业公共服务、促进林业产业发展、繁荣林业生态文化等方面发挥着日益重要的作用。全面深化林业改革，创新林业体制机制，完善生态文明制度体系等，都离不开林业信息化的支撑和引领。理顺管理体制，完善运行机制，既是林业信息化自身发展的需要，也是林业改革发展的需要。

基于以上背景，国家林业局信息化管理办公室（以下简称国家林业局信息办）在局科技司的支持下，着手启动了中国林业信息化体制机制研究项目。研究工作由国家林业局信息办和复旦大学国际关系与公共事务学院的专家共同完成。

二、研究意义

国家林业局信息办组织开展中国林业信息化体制机制研究的目的，主要在于更好地贯彻落实党的十八大会议、中央林业工作会议、全国林业厅局长会议、全国林业信息化工作会议精神以及《全国林业信息化建设纲要（2008～2020年）》、《全国林业信息化“十二五”发展规划》等的要求，推动林业信息化全面加快发展，支撑生态林业民生林业建设。其意义主要表现在以下几个方面：

（一）**及时总结历史经验**。古人云：以史为鉴，可以知兴衰。只有不断总结、善于总结的人才能眼观六路、耳听八方，时刻保持清醒的头脑。林业信息化历经30多年的发展，从无到有、从点到面、从弱到强，虽然与先进行业之间仍然存在很大差距，但也有很多经验积累。通过开展本项研究，可以及时吸取教训、推广经验、发扬成绩，进一步完善林业信息化管理体制和运行机制，推动林业信息化科学发展，为发展生态林业民生林业、全面实现林业现代化做出新贡献。

（二）**科学指导管理实践**。本项研究具有很强的目的性和实证性，通过对林业信息化发展历史及现状的梳理和剖析，可以更清楚地认识现行管理体制和运行机制的优点与不足，进而提出有针对性的改进措施和建议，以指导行业信息化管理实践。林业信息化现行体制机制存在的一些问题和不足，在当前我国各行业中是带有普遍性的，需要国家从顶层设计层面入手逐步加以解决。因此，本项研究的成果对国家及其他行业加强信息化管理也会有参考价值。

（三）**丰富完善理论体系**。信息化是个典型的多学科交叉的领域，目前正处在加速发展的时期，其自身的理论体系还很不完善，开展本项研究有助于完善信息化理论体系，并为各相关学科的发展持续提供理论和实践层面的鲜活素材。就林业来看，已知的林业信息化研究工作主要集中在技术层面上，围绕管理体制和运行机制开展的研究较少，符合现代林业发展要求的林业信息化理论体系尚未建立。同时，林业信息化作为现代林业大厦的三大支柱之一，其理论也是现代林业理论体系的重要组成部分。因此，开展本项研究有助于建立和完善林业信息化理论体系，有助于丰富和发展现代林业理论体系，并为同类研究以及其他学科的研究提供学术参考。

第二章　研究内容与方法

目标决定内容，方法影响成败。本课题紧紧围绕我国林业信息化体制机制建设，按照突出重点，有所为、有所不为的原则，设定了政策措施、管理体制、运行机制、标准规范四个方面的研究内容，采用文献分析法、问卷调查法、态势分析法等研究方法，力图通过对现状的梳理、分析与评价，提出合理化的政策建议。本项研究工作于 2011 年初正式启动，2013 年底基本成稿，2014 年根据国家及林业新的发展形势，对研究报告做了进一步充实完善。

一、研究内容

根据我国林业信息化的发展实际、管理需求以及本课题的研究目标，设定了以下四个方面的研究内容：

（一）林业信息化政策措施。调查掌握国家及地方各级林业主管部门出台的林业信息化相关政策，包括林业电子政务、林业电子商务、电子林区、投融资、信息产业、信息安全、标准规范以及管理机构、人才队伍建设等诸多方面的政策。在此基础上，开展执行效果评估和政策空缺分析，进而提出完善我国林业信息化政策体系的建议。

（二）林业信息化管理体制。调查掌握国家及地方各级林业主管部门信息化管理体制的演变历程和人员配备情况，以历史和辩证的方法，分析评估现行管理体制的优点、缺点及面临的新形势新任务。在广泛借鉴国内外先进理念和成功经验的基础上，提出深化我国林业信息化管理体制改革、全面落实“五个统一”原则、大幅提升林业信息化队伍素质的建议。

（三）林业信息化运行机制。调查掌握国家及地方各级林业主管部门已出台的林业信息化制度，分析评估现行制度的实际执行效果和优缺点，进行制度空缺分析。根据党的十八大和十八届二中、三中全会精神，结合林业信息化发展实际，围绕加强资源整合、促进信息共享、深化数据挖掘、提高服务水平、增强创新能力、健全长效机制、完善激励机制、保障信息安全等方面，提出规范工作制度、优化运行机制、提升整体功能的建议。

（四）林业信息化标准规范。调查掌握国家及地方各级林业主管部门在林业信息化标准规范制修订和贯彻执行等方面所做的工作，分析其面临的形势和存在的问题。根据我国现行标准化工作的管理体制和运行机制，并借鉴国内外先进理念和成功经验，提出落实"五个统一"原则、进一步加强林业信息化标准化工作的建议。

二、研究方法

采用的研究方法主要有以下几种：

（一）文献分析法。占有文献资料是做好研究工作的基础和前提。为此，课题组成员查阅了大量信息化以及行政体制改革等方面的文献资料，包括发展规划、发展战略、发展纲要、发展报告、研究报告、法律法规、政策文件、领导讲话、专家发言、工作总结、标准规范、论文专著、案例选编等，并对这些文献资料进行了认真梳理分析和归纳总结。

（二）座谈讨论法。面对面半结构式的座谈讨论是获取一手研究数据的重要途径。在研究过程中，课题组开展了多次集中座谈交流，座谈对象包括国家林业局有关司局和直属单位、地方林业部门、国家有关部委、教学科研单位、有关领域的专家以及IT公司的管理和技术人员等。其中深度访谈的单位包括国家林业局信息办、中国林业科学研究院、国家林业局调查规划设计院、国家林业局管理干部学院、重庆市林业局宣传信息处、湖南省林业厅信息中心、江苏省林业局办公室信息宣传科、辽宁省林业厅信息中心、北京市园林绿化局信息中心、上海市绿化和市容管理局信息中心、江西省林业厅信息中心、山西省林业厅信息中心、河南省林业厅信息中心、福建省林业厅信息中心、吉林森工集团信息中心等。利用参加国际研讨会或到国外培训考察的机会，还与英国、美国、加拿大、俄罗斯、澳大利亚、德国等国的信息化同行进行了交流讨论。通过该方法，集中听取了大家的意见和建议，收集了大量一手资料，在很多方面取得了共识。

（三）问卷调查法。为系统收集与林业信息化体制机制建设有关的专题信息，课题组设计了管理机构调查表、人员队伍调查表、标准规范调查表、培训需求调查表、网站建设调查表等多份简明扼要的调查表格，在国家林业局各司局、各直属单位，各省级林业主管部门，各计划单列市林业主管部门，开展了建设现状、发展思路及意见建议等方面的调查。在初次问卷调查的基础上，对部分具有典型代表意义的单位又进行了补充问卷调查。

（四）态势分析法。态势分析法又称SWOT分析法，最早由Learned等人于1965年提出，在战略管理领域中被广泛运用。SWOT四个英文字母分别代表优势（Strength）、劣势（Weakness）、机会（Opportunity）、威胁（Threat），其中S、W是内部因素，O、T是外部因素。课题组利用2011年7月在清华大学举办的首届林业CIO高级研修班以及此后的年度林业信息办主任协作组会，在各省林业厅（局）信息中心主任中开展了林业信息化发展优势、劣势、机遇与挑战的集中调研，为提出科学可行的政策建议提供了重要参考。

（五）案例分析法。案例分析是一种重要的研究方法。通过不同国家、地区和行业的信息化典型案例，可以从中找到规律性的东西或产生问题的根源，进而找出解决问题和改进工作的方法。课题组先后收集了多个国家、地区和行业的信息化典型案例，为研究提出我国林业信息化体制机制建设策略提供了重要参考。

FIVE YEARS 2009~2014

发展现状

FAZHAN XIANZHUANG

林业信息化
Forestry Informatization

第三章　林业信息化政策措施建设现状

按照我国现行的管理体系，林业信息化政策由国家和地方两个层面的政策组成。由于当前市、县两级的林业信息化管理机构很不健全，信息化建设和应用水平相对较低，因此地方层面的政策主要是省级林业主管部门出台的相关政策。通过梳理林业信息化政策，可以一窥我国林业信息化在宏观管理和微观操作方面所做的主要工作，及时总结工作经验，明确发展差距，进而构建更加科学、更加完善、更加有效的政策体系。

一、国家层面的政策

近年来，国家林业局通过召开工作会议、出台相关文件等形式，不断完善全国林业信息化发展政策，为又好又快地推动林业信息化事业发展提供了重要指导。

（一）会议精神。2000 年以来，国家林业局先后召开多次会议，专题研究林业信息化和电子政务建设重大问题，对全行业统一思想认识、明确工作步骤、加大工作力度发挥了重要作用。以 2009 年 1 月国家林业局信息办成立作为时间划分节点，2009 年以前主要有 4 次，2009 年以后主要有 8 次，主要会议精神如下：

1. 全国林业政务信息工作座谈会。2004 年 4 月 12～14 日，国家林业局办公室在北京组织召开了全国林业政务信息工作座谈会，会议的主要任务是：总结近几年来林业政务信息工作取得的成绩，交流经验，分析形势，研究问题，部署下一步工作，使政务信息工作更好地为领导决策服务，为加快林业发展的大局服务。

时任国家林业局局长、国家林业局信息化工作领导小组组长周生贤为会议做了长篇批示：近几年来，林业政务信息和电子政务建设稳步推进，取得了可喜成绩，为各级林业部门科学决策、转变职能、转变作风、提高效率发挥了积极而重要的作用。希望各级林业部门进一步加强领导，精心组织，科学规划，确保安全，认真做好政务信息工作，加快推进电子政务建设，以高质量的政务信息推动林业的科学决策，以高效的电子政务促进林业管理方式的转变，实现林业管理水平的跨越，为林业全面、协调、可持续发展做出新贡献。

国家林业局办公室副主任李世东做了题为《突破数量，提升质量，推动林业政务信息工作再上一个新台阶的报告》。报告对5年来的林业政务信息工作进行了简要回顾，对新形势下政务信息工作的主要特点和重要作用进行了分析，提出了今后一个时期林业政务信息工作的基本思路和工作要求：一要大力推进一个转变。就是要大力推进政务信息从为领导一般性服务到为领导决策性服务的转变。二要努力实现四个突破。即要实现信息数量上的突破、信息质量上的突破、信息种类上的突破、信息来源上的突破。三要建立健全六项制度。即要建立健全信息约稿制度、信息激励制度、信息调研制度、信息沟通会商制度、信息培训制度和信息员制度。四要加强对政务信息工作的组织领导。本次会议对推进全国林业政务信息工作，更好地为领导决策服务发挥了积极作用。

2. 国家林业局信息化与电子政务工作领导小组第一次扩大会议。2006年9月28日，国家林业局信息化与电子政务工作领导小组第一次扩大会议在北京召开。时任国家林业局局长贾治邦出席会议并发表了题为《加强电子政务建设，提升公共服务水平，努力推进林业又快又好发展》的重要讲话。讲话强调，要深刻认识加强电子政务建设的重大意义，切实增强推进林业电子政务的责任感和紧迫感。讲话指出，信息化是当今时代的最新特征，是社会进步与科技发展的集中体现；电子政务是信息化建设的重要内容，是现代办公的集中体现；推进电子政务建设是加快现代林业发展的迫切需要，要清醒地认识到，林业电子政务不是搞不搞的问题，而是必须搞好的问题。讲话明确了“十一五”林业电子政务工作任务，要求从五个方面扎实做好各项工作：一是统一思想认识，加强组织领导；二是加强基础建设，改善运行环境；三是强化共建共享，实现业务协同；四是制定统一规划，提升建设水平；五是狠抓内容保障，注重工作实效。本次会议对扎实推进“十一五”期间的林业电子政务工作发挥了重要作用。

3. 第二次全国林业信息化工作座谈会。2007年4月26～27日，第二次全国林业信息化工作座谈会在江西南昌召开。时任国家林业局局长、国家林业局信息化与电子政务工作领导小组组长贾治邦致会议全体同志贺信，强调指出：信息化是当今时代的重要特征，是现代社会的重要标志。做好林业政务信息和政务公开工作、加强电子政务建设和督查督办，是转变林业管理方式、推进现代林业建设的重要基础，对于建立科学决策、务实高效、公开透明、勤政为民的林业行政部门，促进兴林富民具有重要作用。近年来，这些工作取得了可喜成绩，林业行业现代化管理水平持续提高。希望各级林业部门积极运用现代管理理念，采用现代信息手段，利用现代技术装备，加大政务信息报送力度，加快电子政务建设步伐，加强大事要事督察督办，提升政务公开工作水平，为全面推进现代林业建设做出新的贡献。

国家林业局办公室副主任李世东在会上做了题为《提升信息化水平，提供高质量服务，为全面推进现代林业建设做出新贡献》的报告。报告在总结工作、分析形势的基础上，提出了今后工作的基本思路。其中在谈及不断加快电子政务建设步伐时，报告指出，林业电子政务建设要以需求为导向，以应用为基础，以增强服务为目标，以网络安全为保障，努力推动外网建设从信息上网向服务上网转变，推动专网建设从功能单一型向功能多元型转变，推动数据库建设从封闭式向开放式转变，争取到2010年，建成信息贯通，互为依托，功能完善，安全可靠的覆盖全行业的林业电子政务共享平台。主要推动五个方面的建设：一是加强林业门户网站体系建设；二是加强电子办公系统建设；三是加强政府专网建设；四是加强数据库建设；五是加强共建共享机制等基础建设。

4. 第三次全国林业信息化工作座谈会暨政务公开业务培训班。2008年4月21～23日，国家林业局办公室在昆明主办了第三次全国林业信息化工作座谈会暨政务公开业务培训班。国家林业局办公室副主任李世东、闫立民出席会议并分别发表重要讲话。

本次会议重点围绕政务公开及政务信息等工作形势、问题、思路和对策；《〈政府信息公开条例〉实施办法》出台背景、条文解析和落实措施；政务信息的起草、报送和组织工作；电子政务和政府网站建设；保密工作警示教育和现代办公设备安全使用演示等方面内容进行培训和交流。全体学员分组讨论，结合各自工作实际和单位具体情况提出许多有价值的意见和建议，并对会议的组织和举办效果给予高度评价。

参加本次会议的代表主要来自各省（区、市）林业厅局，四大森工集团公司，新疆生产建设兵团林业局，各计划单列市林业局办公室负责同志；国家林业局各司局、有关直属单位办公室（综合处）负责同志。

5. 首届全国林业信息化工作会议。为认真贯彻落实党中央、国务院关于大力推进信息化建设的重大决策和战略部署，全面落实《全国林业信息化建设纲要（2008～2020年）》，2009年3月25～26日，国家林业局在北京召开了首届全国林业信息化工作会议。本次会议也是国家林业局信息办成立后组织召开的第一个重要会议，会议的主要任务是：深刻分析林业信息化建设面临的新形势，研究部署当前和今后一个时期的林业信息化工作，统一思想，提高认识，交流经验，全面加快林业信息化建设步伐，为促进现代林业科学发展提供强大支撑。

时任国家林业局局长贾治邦从四个方面总结了林业信息化取得的成绩：一是网络建设稳步推进，林业信息化发展架构初步形成；二是应用领域不断拓展，林业重点业务工作能力明显提高；三是电子办公快速发展，林业服务社会能力日益增强；四是组织管理体系初步建立，林业信息化保障能力逐步增强。同时指出林业信息化工作存在的突出问题：一是认识不到位，领导重视不够；二是各自为政，低水平重复建设；三是投入不足，基础设施落后；四是标准制度与网络安全问题突出。

会议提出了当前和今后一个时期林业信息化建设的总体思路：以邓小平理论和“三个代表”重要思想为指导，深入贯彻落实科学发展观，按照现代林业建设总体部署和《全国林业信息化建设纲要》的要求，以全面实现林业信息化为目标，以电子政务建设为重点，以“四横两纵”为架构，以信息资源开发利用为中心，以资源整合为突破口，以完善体制机制为保障，统一规划，统一标准，统一管理，分工负责，尽快形成布局合理、科学高效、先进实用、安全稳定的林业信息化格局，充分发挥信息化支撑发展、推动改革、引领未来的重大作用，为发展现代林业、建设生态文明、促进科学发展做出新的更大贡献。概括为一句话，就是“加快林业信息化，带动林业现代化”。

林业信息化建设的总体目标是：到2020年，建立起覆盖全国林业系统的信息化体系，建成国内领先的信息化平台，基础设施明显改善，信息安全保障能力大幅增强，林业信息化发展制度、标准体系基本形成，资源共享和应用水平全面提升，实现林业决策科学化、办公电子化、服务便捷化，为建设现代林业提供强大支撑。按照这一总体目标，分“三步走”：第一步到2010年，完成省级以上单位各类林业监测信息及专业基础数据的标准化改造和整合，省级林业信息化基础平台等各项建设任务完成50%。第二步到2015年，省级林业信息化基础平台等各项建设任务完成80%。第三步到2020年，全面完成各项建设任务，基本形成技术先进、功能完备、国内一流的林业信息化体系。

林业信息化建设的主要任务是：认真落实《全国林业信息化建设纲要》总体要求，按照林业信息化建设“四横两纵”的总体框架，实施林业资源监管系统、营造林管理系统、林业灾害监控与应急系统、林业综合办公系统、林业信息化基础平台、林业产业发展与林业经济运行系统、生态文化与教育培训系统、林业信息技术自主创新等八大行动计划，统筹规划、协调推进，逐步建成齐备的基础设施、强大的数据库、强效的应用支撑、实用的应用系统、健全的标准规范体系、完善的安全与综合管理体系，满足林业信息化建设的各种需求，为发展现代林业提供强大支撑。

当前要重点抓好六项工作：一是搞好统一规划，确保建设质量效益；二是加大整合力度，促进信息资源共享；三是加强基础建设，夯实系统运行平台；四是加快重点应用系统建设，提高科学管理水平；五是强化教育培训，切实提升应用水平；六是抓好标准和安全工作，提供坚实有力保障。在切实加强组织领导，确保林业信息化各项工作取得实效方面，贾局长提出了六条要求：一是加强组织机构建设；二是加大资金投入力度；三是建立健全相关制度；四是加强工作检查督导；五是抓好典型示范带动；六是领导带头做好表率。

本次会议是全面贯彻落实《全国林业信息化建设纲要》的一次动员会、部署会，会议把林业信息化提升到了支撑现代林业大厦三大支柱之一的地位，提出了“加快林业信息化，带动林业现代化”的总体思路，吹响了全面加快林业信息化发展的号角，是21世纪前10年召开的最为重要、最为成功、具有里程碑意义的一次林业信息化工作会议。会议开启了林业信息化全面加快发展的新阶段。

6. 第二届全国林业信息化工作会议。2011年5月9日，第二届全国林业信息化工作会议在辽宁省沈阳市召开，会议的主要任务是：认真总结“十一五”全国林业信息化工作，全面展示林业信息化建设新成果，学习借鉴辽宁省和沈阳市等林业信息化建设经验，科学分析林业信息化发展面临的新形势，安排部署“十二五”及2011年林业信息化工作，充分发挥林业信息化的带动作用，为推进现代林业科学发展做出新贡献。时任国家林业局局长贾治邦出席会议并做了题为《加快林业信息化，带动林业现代化》的报告。

会议从七个方面充分肯定了“十一五”期间全国林业信息化取得的突破性进展，一是首抓顶层设计，科学谋划了林业信息化发展蓝图；二是加强基础建设，建成了全国林业信息高速公路主干网；三是强化政务应用，林业开始迈入无纸化办公时代；四是狠抓网站整合，打造了中国林业统一的对外服务窗口；五是优化资源配置，基本建成共建共享的统一平台；六是积极争取支持，取得了金林工程立项等重大突破；七是完善保障体系，形成了林业信息化良好的运行机制。会议同时指出，当前林业信息化仍面临着一些突出问题：一是有些单位特别是领导同志对林业信息化工作的认识还不到位，重视程度还不够，思想上认为信息化工作可轻可重，行动上对信息化工作时抓时放；二是资源整合进展较慢，一些单位只看到自身利益，配合不积极，或讲条件，或有抵触情绪，影响了林业信息化的顺利推进；三是应用系统不健全，制式不统一，与林业核心业务的要求还有较大差距；四是基础建设薄弱，基本投资不足，不少地方网络体系不健全，设施设备落后或缺失，网络安全防范能力不强，有些单位还未建成统一基础平台。

“十二五”时期林业信息化建设的总体要求是：高举中国特色社会主义伟大旗帜，围绕“发展现代林业、建设生态文明、推动科学发展”这个中心，按照“加快林业信息化，带动林业现代化”的总体思路，坚持工程带动，强化应用服务，推进资源整合，拓展工作领域，完善体制机制，努力形成“统一规划、统一标准、统一制式、统一平台、统一管理”的建设格局，大力提升林业信息化水平，为加快转变林业发展方式、全面推动现代林业科学发展做出新贡献。“十二五”时期林业信息化建设的基本原则：一是坚持统一规划；二是坚持统一标准；三是坚持统一制式；四是坚持统一平台；五是坚持统一管理。

按照林业信息化发展思路和“五个统一”的要求，“十二五”时期要重点抓好三项工作：一是全面加快业务系统建设；二是着力推进支撑系统建设；三是突出抓好基础建设。

在切实加强组织领导，全面提升林业信息化建设保障能力方面，贾局长提出了六点要求：一是提高认识，统一思想；二是强化机构，健全队伍；三是加大投资，积极支持；四是充分协作，密切配合；五是科技引领，强化培训；六是典型示范，整体推进。

第二届全国林业信息化工作会议是在国家“十二五”开局之年召开的一次重要会议，会议确定的“十二五”时期林业信息化建设的总体要求和必须坚持的“五个统一”基本原则，是会议最重要的成果，对全国林业信息化工作具有长期的指导意义。

7. 第三届全国林业信息化工作会议。2013 年 8 月 27 日，第三届全国林业信息化工作会议在吉林省长春市召开。国家林业局副局长孙扎根出席会议并做了题为《全面提升林业信息化水平，为发展生态林业民生林业做出新贡献》的讲话。孙扎根指出，各地各单位要高度重视林业信息化工作，扎实推进智慧林业建设，全面提升林业信息化水平，为发展生态林业民生林业做出新贡献。

会议充分肯定了全国林业信息化工作取得的成绩，并要求各地各单位要加快建设智慧林业网络平台，为智慧林业发展提供基础条件；要切实加强智慧林业协同管理，建立资源共享的林业信息系统，为各类林业工作者提供网络化、智能化的信息服务；要努力构建智慧林业生态服务体系，建设智慧林业营造林管理系统、资源监管系统、野生动植物保护管理系统、重点工程监督管理平台；要积极打造智慧林业民生服务体系，建设智慧林业产业培育工程、生态旅游工程、商务拓展工程、社区工程，努力提升公共服务水平。

会议要求，各地要加强组织领导，将信息化工作纳入重要议事日程，重点部署，全力推进。各级林业主管部门要建立健全信息化管理机构，进一步理顺职能、明确责任；要把信息化建设资金纳入林业各级财政预算，理顺投资渠道，建立智慧林业发展的资金保障体系；要充分发挥信息化部门的专业优势，建立信息系统共建共赢的发展模式，实现应用集成，促进资源共享，避免重复建设和信息孤岛；要建立高水平信息化人才引进机制，加强人员培训，提升队伍素质；要发挥林业信息化“全领域覆盖、全过程融入、全方位支撑”的作用，在林业项目规划建设中要推进前沿技术、领先成果的应用，在林业管理生产过程中要促进最智慧、最高效手段的应用，在林业绩效考评中要把信息化建设成果作为重要指标；要大力推进标准建设，尽快构建智慧林业标准体系；要加强重点领域、关键岗位的安全保密专项审查，确保林业信息安全。

会议发布了国家林业局《关于进一步加快林业信息化发展的指导意见》和《中国智慧林业发展指导意见》，并启动了中国林业网站群、中国林业数据云和美丽中国行公益活动。

第三届全国林业信息化工作会议是在党的十八大提出全面建成小康社会的目标和推进新“四化”建设要求之后，召开的一次承上启下的重要会议。会议的主要成果是，发布了两个《指导意见》，开启了智慧林业建设新征程。

8. 首批全国林业信息化示范省建设工作座谈会。2010 年 12 月 27 日，全国林业信息化示范省建设工作座谈会在京召开，时任国家林业局副局长祝列克做了题为《大力推进林业信息化示范建设，带动现代林业又好又快发展》的讲话。

会议指出，按照现代林业建设的总体部署，今后要以全面实现林业信息化为目标，统一规划、统一标准、统一平台、统一管理，尽快形成布局科学、高效便捷、先进实用、稳定安全的全国林业信息化格局，为加强林业资源监管，优化森林生态系统结构，增强林业灾害监测预警和应急能力提供手段，力争在六个方面取得重点突破：一是尽快编制完成国家和地方林业信息化“十二五”发展规划；二是努力做好林业信息资源整合改造，大力推动物联网应用；三是加快林业核心业务信息化步伐，争取“金林工程”尽快实施；四是进一步做好林业信息化示范省建设，引领全国林业信息化迈上新台阶；五是共同推动理顺林业信息化投资渠道，为信息化建设提供资金保障；六是加强林业信息化组织机构和队伍建设，重视信息化标准和信息安全工作。

贾治邦局长出席本次会议并做重要指示。他说，国内外的实践、行业内外的实践都充分证明，搞好林业信息化，必须避免各自为政，实行“五个统一”，即统一规划，统一标准，统一制式，统一平台，统一管理。局信息办的主要任务，就是搞好组织、协调、指导、监督和管理工作，落实好“五个统一”。

本次会议对推动全国林业信息化示范省建设工作产生了重要的推动作用，同时为第二届全国林业信息化工作会议的召开做了重要铺垫。

9. 首届全国林业信息办主任协作组会。2012 年 8 月 3 日，首届全国林业信息办主任协作组会在内蒙古赤峰市召开，国家林业局信息办主任李世东做了题为《融合与创新》的讲话，阐释了融合与创新这一会议主题的时代意义和工作要求。

会议指出，融合与创新是全球信息化发展的新特征，是我国信息化发展的主旋律，是林业信息化科学发展的新要求。实践证明，没有全面融合，就不会有林业信息化的快速发展；没有全面创新，林业信息化就会失去发展的活力。

会议强调，今后一个时期，林业信息化只有不断深化内涵、扩展外延、突破传统、融合创新，才能为现代林业提供更好的支撑保障，引领现代林业转型升级。为此，要努力做到：一是融合提升，创造林业信息化发展新格局。要通过整合项目建设，夯实发展基础；通过整合投资渠道，增强发展动力；通过整合信息资源，拓展服务平台。二是开拓创新，建立林业信息化发展新机制。要通过融合各方优势，创新管理机制；通过融合信息特色，创新会议机制；通过融合信息资源，创新评测机制；通过融合信息技术，创新文化机制。三是融合创新，实现林业信息化发展新跨越。要充分发挥大家的聪明才智，力争做到三年转变上台阶，五年规划促跨越，长远谋划大发展。

会议指出，2012 年和今后一个时期，林业信息化的总体要求是：紧紧围绕“发展现代林业，建设生态文明，推动科学发展”这个中心，按照“加快林业信息化，带动林业现代化”的总体思路和统一规划、统一标准、统一制式、统一平台、统一管理“五个统一”的基本原则，突出建设、应用、保障三个重点，坚持强化基础、提升水平、拓展领域、深化合作、规范管理五项要求，努力推动四大转变：一是推动林业信息化发展阶段由互联网向物联网推进。紧紧抓住信息化从“互联时代”向“物联时代”发展的良好契机，组织实施好智能林业物联网应用示范项目，科学制定林业物联网发展规划，积极推进物联网建设，从“数字林业”到“智慧林业”，使林业尽快实现物联世界。二是建设领域由电子政务向电子商务拓展。在强化林业电子政务建设的同时，积极向林业电子商务、电子社区等领域拓展，建设中国林业电子商务大平台、大基地、大产业，促进信息化与林业生产服务全面深度融合，充分发挥信息化的引领、带动和支撑保障作用。三是技术手段由现代信息技术向下一代信息技术提升，积极建设中国林业云、中国林业物联网，大力推动发射中国林业星，努力做好北斗卫星应用示范等工程建设，促进物联网、云计算、IPv6、新一代移动通信等信息技术在林业行业的普及应用，大幅提升林业信息化的建设和应用水平。四是应用服务由局部向整体延伸，努力使林业信息化实现新的突破。以提高服务保障能力为目标，加快林业信息化八大行动计划实施进程，在广度上推动信息化应用从点向面延伸，在深度上推动信息化应用由公共办公向核心业务推进。

10. 第二届全国林业信息办主任协作组会暨全国林业信息化示范建设交流会。2013 年 1 月 12 日，第二届全国林业信息办主任协作组会暨全国林业信息化示范建设交流会在广东省广州市召开，国家林业局信息办主任李世东做了题为《加快信息进程，服务生态民生，建设生态文明》的讲话。

会议从理论和实践两个层面，科学分析了信息革命与生态文明的关系，总结了 2012 年林业信息化取得的新成效，部署了 2013 年的主要工作。他说，2013 年全国林业信息化工作的基本思路是：以邓小平理论、“三个代表”重要思想、科学发展观为指导，以服务生态民生、建设生态文明为目标，再动员、再部署、再加力，召开一次会议，出台两个文件，抓好建设、应用、运维三个重点，强化服务大局、服务司局、服务基层、服务林农四项服务，提升信息服务、辅助决策、提质增效、安全保障、社会影响五大能力，努力使林业信息化取得新成效、实现新突破、做出新贡献。重点抓好六个方面的工作：一是深化顶层设计，完善发展思路，服务生态文明；二是召开工作会议，进行全面部署，推动生态文明；三是坚持项目带动，夯实发展基础，建设生态文明；四是加强网站建设，提升服务水平，传播生态文明；五是强化示范建设，努力带动全局，引领生态文明；六是加强组织管理，提升保障能力，支撑生态文明。

11. 第三届全国林业信息办主任协作组会暨智慧林业培训班。2014 年 1 月 6 日，第三届全国林业信息办主任会暨智慧林业培训班在陕西西安召开，国家林业局信息办主任李世东做了《凝聚智慧　成就梦想》的主题报告，全面回顾了国家林业局信息办成立五年来全国林业信息化建设取得的成就，分析了当前林业信息化面临的新形势新任务，对今后一个时期林业信息化工作进行了部署。

李世东说，过去的五年，是充满艰辛和汗水的五年，是共享成功和喜悦的五年，是值得每一位林业信息人引以为荣的五年。五年来，我们怀着光荣与梦想，在迎接挑战中奋进，在克服困难中成长，取得了从被动落后到部委领先、从分散无序到集约统一、从外围低端到核心高端、从电子政务到“三位一体”、从数字林业到智慧林业的“五大跨越”，在林业现代化征程上谱写了精彩华章，同时铸就了“雷厉风行，甘于奉献，坚持不懈，敢为人先，追求卓越”的林业信息化“五大精神”！

会议指出，放眼 21 世纪的全球发展，一个不争的事实是：信息化是新世纪的主要特征，是推动经济社会变革的主要力量，是国家间竞争的主要阵地，是行业发展的强大动力。纵观全球、全国、行业、信息化和林业信息化自身“五个层面”的发展形势，信息革命已成为时代的最强音，信息化已成为时髦的代名词，信息人已成为时尚的领跑者，信息引领未来的趋势锐不可当，我们只有牢牢抓住这一战略机遇，求真务实，埋头苦干，不畏艰难，开拓创新，才能立足于不败之地，才能无愧于时代使命。

会议强调，五年后的今天，智慧林业的大门已经打开，绚丽多彩的明天正向我们招手。今后五年，我们要紧紧围绕生态林业和民生林业，坚持“五个统一”，应用“五大技术”，建设“五大体系”，把握“五个环节”，突出“五项重点”，为建设生态文明和美丽中国，实现中华民族伟大复兴的中国梦做出新贡献。

12. 全国林业信息化工作座谈会暨国家林业局信息办成立三周年总结会。2012 年 1 月 9 日，全国林业信息化工作座谈会暨国家林业局信息办成立三周年总结会在北京召开。国家林业局信息办主任李世东做了题为《我们有一个梦想》的报告。会议认真总结了三年来全国林业信息化工作，座谈交流了林业信息化发展面临的新形势，安排部署了 2012 年林业信息化工作，号召各级林业信息化部门扎实做好本地林业信息化工作，充分发挥林业信息化的带动作用，为推进现代林业科学发展做出新的贡献。李世东对今后三年的工作进行了展望，指出，各级林业信息化部门应该紧紧围绕“发展现代林业，建设生态文明，推动科学发展”这个中心，突出建设、应用、运维三个重点，坚持强化基础、提升水平、拓展领域、深化合作、规范管理，推动林业信息化发展阶段由互联网向物联网推进，建设领域由电子政务向电子商务拓展，技术手段由现代信息技术向下一代信息技术提升，应用服务由局部向整体延伸，努力使林业信息化实现新的突破。“一推进、一拓展、一提升、一延伸”高度浓缩了全国林业信息化的发展思路。

（二）政策文件。近年来，国家林业局先后出台了一系列政策文件，有力地推动了林业信息化和电子政务的快速发展。以 2009 年 1 月国家林业局信息办成立作为时间划分节点，印发的主要政策文件如下。

1. 2009 年之前印发的政策文件。2001 年，国家林业局办公室印发《关于调整信息化工作领导小组的通知》（办发字〔2001〕130 号），明确由周生贤局长担任领导小组组长，确立了信息化的“一把手工程”地位。

2003 年 6 月，国家林业局印发《关于建设全国林业视频会议系统的通知》（林办发〔2003〕82 号），部署视频会议系统建设工作。

2004 年 12 月，国家林业局印发《关于建设林业综合办公电子传输系统的通知》（林办发〔2004〕215 号），部署综合办公电子传输系统建设工作。

2005 年 6 月，国家林业局办公室印发《关于进一步加强林业综合办公电子传输系统建设的通知》（办信函〔2005〕13 号），再次部署综合办公电子传输系统建设工作。

2006 年 8 月，国家林业局办公室印发《关于调整信息化与电子政务工作领导小组的通知》（办发字〔2006〕63 号），明确将原局信息化工作领导小组调整为局信息化与电子政务工作领导小组，贾治邦局长任组长，延续了信息化的“一把手工程”地位。

2. 2009 年之后印发的政策文件。2009 年以来，国家林业局印发的林业信息化政策文件明显增多。据《中国林业信息化政策制度》和《中国林业信息化发展报告 2013》显示，2009 年印发文件 23 个，2010 年印发文件 21 个，2011 年印发文件 22 个，2012 年印发文件 17 个。据不完全统计，2013 年印发的文件也在 16 个左右。这从一个侧面说明，国家林业局信息办成立后，国家林业局对全国林业信息化工作日益重视，工作力度不断加大。其中比较重要的文件有：

2009 年 1 月，《国家林业局关于成立国家林业局信息化管理办公室的通知》(林办发〔2009〕21 号)印发，标志着全国林业信息化自此有了专门的管理机构。

2009 年 1 月，《国家林业局关于印发〈全国林业信息化建设纲要〉和〈全国林业信息化建设技术指南〉的通知》(林办发〔2009〕23 号)印发，标志着全国林业信息化建设有了明确的工作指针。

2009 年 2 月，《国家林业局办公室关于印发〈国家林业局 2009 年信息化与电子政务工作要点〉的通知》(办信字〔2009〕23 号)印发，明确了全年的重点工作及任务分工。

2009 年 3 月，《国家林业局关于成立全国林业信息化工作领导小组的通知》(林信发〔2009〕68 号)印发，明确国家林业局局长任组长，并首次把各省级林业主管部门主要负责人列为领导小组成员。

2009 年 7 月，《国家林业局办公室关于开展林业信息化示范省(区、市)建设工作的通知》(办信字〔2009〕113 号)印发，启动了首批林业信息化示范省(区、市)遴选工作。

2009 年 12 月，《国家林业局办公室关于认真贯彻落实贾治邦局长重要批示精神的通知》(办发字〔2009〕204 号)印发，要求各地认真学习领会，切实增强做好林业信息化工作的责任感和紧迫感；加大信息资源整合力度，提升信息资源共建共享水平；科学编制总体规划，认真谋划“十二五”举措；加快新工程立项，持续拓展应用领域；加强标准规范建设，确保互联互通；扩大交流与合作，增强发展活力；积极开展战略研究等工作，大力推进示范省建设；强化机构队伍建设，提供坚强组织保障；召开专门会议，研究落实各项工作。

2009 年 12 月，《国家林业局关于组织开展首批林业信息化示范省建设工作的通知》(林信发〔2009〕284 号)印发，明确了辽宁、福建、湖南、吉林森工四个首批林业信息化示范省的示范主题及建设要求。

2009 年 12 月，《国家林业局关于推荐使用林业信息化相关标准规范的通知》(林信发〔2009〕311 号)印发，提出了推荐使用标准 152 个，参考使用标准 113 个，要遵循的标准编写规则和标准化法律法规 32 个，要求各地各单位结合工作实际，认真贯彻执行。

2010 年 1 月，《国家林业局办公室关于开通运行中国林业网和国家林业局办公网有关事宜的通知》(办信字〔2010〕15 号)印发，明确了两网开通运行阶段安排和具体工作要求，开启了林业无纸化办公新阶段。

2010 年 3 月，《国家林业局办公室关于印发〈国家林业局 2010 年信息化与电子政务工作要点〉的通知》(办信字〔2010〕31 号)印发，明确了全年的重点工作及任务分工。

2010 年 6 月，《国家林业局关于成立国家林业局信息中心的通知》(林人发〔2010〕156 号)印发，明确了信息中心的工作职责、职级及人员编制等事项。

2010 年 7 月，《国家林业局关于印发〈中国林业网管理办法〉等五项信息管理制度的通知》（林办发〔2010〕185 号）印发，要求各地各单位结合工作实际，认真贯彻执行《中国林业网管理办法》、《国家林业局办公网管理办法》、《全国林业专网管理办法》、《国家林业局中心机房管理办法》、《国家林业局网络信息安全应急处置预案》。这标志着国家林业局信息办成立后，在林业信息化制度建设方面迈出了坚实的第一步。

2010 年 7 月，《国家林业局关于印发〈全国林业信息化工作管理办法〉的通知》（林办发〔2010〕187 号）印发。《全国林业信息化工作管理办法》明确了全国林业信息化的管理体制、职能定位、运行机制和工作流程等，填补了历史空白，具有里程碑的意义，标志着林业信息化在法制化、制度化、规范化、科学化管理方面迈出了关键性的一步。

2010 年 11 月，《国家林业局信息办关于印发〈办公计算机安全管理办法〉等八项信息安全管理办法的通知》（林信函〔2010〕27 号）印发，使林业信息安全管理工作有据可依，对提高林业信息安全保障水平具有重要意义。

2010 年 12 月，《国家林业局办公室关于印发〈全国林业网站绩效评估标准（试行）〉和〈全国林业网站绩效评估办法（试行）〉的通知》（办信字〔2010〕187 号）印发，填补了林业网站绩效评估的空白，建立了林业网站建设的激励机制，对引导林业网站健康发展，逐步完善林业信息化以评促建、以评促管、以评促用的激励机制具有重要意义。

2011 年 1 月，《国家林业局信息办关于认真贯彻落实全国林业信息化示范省建设工作座谈会会议精神的通知》（信综发〔2011〕1 号）印发，要求认真学习领会和贯彻执行贾治邦局长、祝列克副局长的讲话精神。

2011 年 1 月，《国家林业局办公室关于印发〈国家林业局移动办公管理办法（试行）〉的通知》（办发字〔2011〕10 号）印发，明确了移动办公系统的应用范围、管理体制、运行机制、安全保障等事项，对促进应用、规范管理等具有重要意义。

2011 年 2 月，《国家林业局办公室关于印发〈国家林业局 2011 年信息化与电子政务工作要点〉的通知》（办发字〔2011〕16 号）印发，明确了全年的重点工作及任务分工。

2011 年 3 月，《国家林业局关于印发〈全国林业信息化发展“十二五”规划（20112015 年）〉的通知》（林规发〔2011〕58 号）印发，《规划》明确了“十二五”时期全国林业信息化发展的指导思想、基本原则、建设目标、总体框架、建设任务、建设重点、保障措施等，是重要的指导性文件。

2011 年 5 月，《国家林业局关于启动第二批全国林业信息化示范省建设工作的通知》（林办发〔2011〕112 号）印发，明确了北京、山西、内蒙古、江西、山东、河南、广东、陕西、沈阳等九个林业信息化示范省、区、市的示范主题及建设要求。

2011 年 5 月，《国家林业局办公室关于印发〈全国林业信息化发展水平评测报告〉的通知》（办信字〔2011〕70 号）印发，公布了首次全国林业信息化发展水平评测的目的意义、方法步骤和评测结果，进一步完善了林业信息化评测激励机制，发挥了良好的导向作用。

2011 年 5 月，《国家林业局办公室关于成立全国林业信息化专家咨询委员会的通知》(办信字〔2011〕71 号)印发，明确了专家委组成及其工作制度，标志着国家林业局在林业信息化科技支撑体系建设方面迈出了重要一步。

2011 年 6 月，《国家林业局办公室关于深入贯彻落实第二届全国林业信息化工作会议精神的通知》(办发字〔2011〕87 号)印发，要求各地认真学习贯彻贾治邦局长、张永利副局长的讲话精神。

2011 年 6 月，《国家林业局信息办关于举办森林公园等网站群信息维护培训班的通知》(信项发〔2011〕28 号)印发，标志着森林公园、国有林场、种苗基地、自然保护区等中国林业网专业子站群建设开始提速。

2011 年 7 月，《国家林业局信息办关于印发〈国家林业局信息办工作规则(试行)〉的通知》(信项发〔2011〕28 号)印发，《工作规则》对办文制度、办会制度、办事制度、印章制度、学习制度、请假制度、廉政制度、安保制度、考核制度等进行了规定，标志着国家林业局信息办内部工作制度基本确立，对各级林业信息化主管部门建立廉洁务实高效的队伍具有重要示范意义。

2012 年 2 月，《国家林业局办公室关于印发〈2012 年林业信息化与电子政务工作要点〉的通知》(办信字〔2012〕35 号)印发，明确了全年的重点工作及任务分工。

2012 年 4 月，《国家林业局办公室关于成立中国林业网编辑委员会的通知》(办信字〔2012〕71 号)印发，文件明确了编辑委员会的人员组成、工作职责和工作要求，从而完善了中国林业网的管理架构和工作机制。

2012 年 5 月，《国家林业局信息办关于印发〈全国林业系统信息办主任协作组会议制度〉的通知》(信综发〔2012〕46 号)印发，明确了协作组会议的主要任务、成员单位、工作规则和工作要求，从制度上确立了上下联动、协作推进林业信息化的工作机制。

2012 年 9 月，《国家林业局信息办关于印发〈中国林业网运行维护管理制度〉等 10 项管理制度的通知》(信网发〔2012〕70 号)印发，林业信息化制度建设又迈出了坚实一步(专栏 3-1、3-2、3-3)。

专栏 3-1

中国林业网运行维护管理制度

第一章　总　则

第一条　为加强和规范中国林业网的建设及运维管理，确保安全、稳定、高效的运行，根据有关规定，结合国家林业局实际情况，制定本制度。

第二条　中国林业网(以下简称外网)是国家林业局电子政务网络的重要组成部分，是用于支撑对外信息发布、其他业务应用等的基础网络。

第三条 外网运行维护和管理遵循“统一标准、统一监控、统一运维、统一管理”的原则。

第四条 本制度适用于外网管理单位、业务系统主管单位、网络运行维护单位、网络接入单位及其行政主管单位。

第二章 运行维护管理制度

第五条 国家林业局信息化管理办公室(信息中心)(以下简称国家林业局信息办)作为国家林业局电子政务网络的规划管理单位，负责以下工作：

(一)外网的整体规划。

(二)外网相关制度、标准的审核。

第六条 国家林业局信息办网络安全与运维管理处作为外网的运维管理单位，在国家林业局信息办的领导下，负责以下工作：

(一)外网建设及运维的管理工作，对各级接入链路、网络设备及安全认证设备进行管理和维护，组织确定外网网络接入服务商资质。

(二)制定外网网络管理制度和相应考评体系，实施外网运维服务评价和考核；负责外网网络地址和域名的统筹规划和管理工作。

(三)负责外网接入单位的分级管理，对外网接入单位的网络接入和维护工作进行技术指导和人员培训。

(四)完成业务系统的备案工作。

第七条 外网接入单位及其行政主管单位作为外网重要应用单位，负责以下工作：

(一) 提供外网接入环境，协调相关部门，满足外网接入要求。

(二)负责本单位局域网及接入外网设备的运维管理。

(三)接入单位的行政主管单位负责接入单位网络接入和运维相关工作的监督管理。

第八条 外网运行维护单位作为网络服务保障机构，负责以下工作：

(一)做好网络建设和运维的具体工作，为各接入单位提供可靠网络接入服务。

(二)进行网络资源的监测，及时排除网络故障，提供网络应急保障，定期提供网络运行状况报告。

(三)做好网络升级改造和优化的相关工作。

(四)设置24小时值班电话并安排专人值守，做好电话记录。

(五)计划对外网相关链路及设备进行调整时，应提前1个工作日向国家林业局信息办提出书面申请，经批准后方可实施。

第九条 外网接入需求单位在新增网络接入时，由该业务系统的主管单位统一向国家林业局信息办提出网络接入申请，经审核通过后方可实施接入。

第十条 外网业务系统的新增、更改和撤销，应根据以下要求进行：

(一)由业务系统主管单位向国家林业局信息办提出相关申请，经审核通过后方可实施。

(二)涉及网络接入工作的，应遵照第九条相关规定。

（三）以下情况不允许接入外网：

1. 未经过安全检测的业务系统。

2. 与安全保护等级不匹配的专用网络。

3. 其他情况不能接入外网的。

第十一条 凡因接入单位原因导致外网无法完成接入的，当次接入申请作废。待接入条件具备后，由原申请单位重新提出接入申请。

第十二条 外网各相关单位应明确联系人及有效联系方式，人员发生改变后，要及时通知国家林业局信息办。

第十三条 外网发生网络故障时，故障处理流程如下：

运行维护单位按相关要求报送网络故障及处理信息，判断故障类型并进行维修，同时负责将故障信息通知相关单位。

第十四条 机房值班人员必须坚守值班岗位，认真完成外网的相关检查作业计划、严格执行操作规程，及时、准确、完整地填写值班日志和各种规定的记录文档，并每月上报国家林业局信息办。

第十五条 系统管理员负责定期检查系统状态，确保系统正常运行；证书操作员的日常操作要定期进行安全审计，并向主管部门汇报情况；作废的文档与介质要及时销毁。密钥管理员要定期生成并维护用户密钥，保障证书申请正常进行。网络管理员要定期检查网络运行状况，及时安装系统补丁、更新病毒库。

第十六条 机房运维人员应严格遵守各自职责和操作流程，妥善保管用户信息，未经允许不得以任何形式带出用户信息，不得违规操作，未经许可不得越权。其他人员不得翻阅、查看用户信息。

第十七条 外网的所有主机与业务终端必须安装防病毒软件，并及时为计算机系统安装补丁。

第三章 附 则

第十八条 本制度由国家林业局信息办负责解释。

第十九条 本制度自发布之日起执行。

资料来源：《中国林业信息化发展报告》编纂委员会．中国林业信息化发展报告2013. 北京：中国林业出版社，2013.

专栏3-2

国家林业局办公网运行维护管理制度

第一章 总 则

第一条 为加强和规范国家林业局办公网的建设及运维管理，确保安全、稳定、高效的运行，根据有关规定，结合国家林业局实际情况，制定本制度。

第二条 国家林业局办公网（以下简称内网）是国家林业局电子政务网络的重要组成部分，是用于支撑内部信息发布、办公业务系统、其他业务应用等的基础网络。

第三条 内网运行维护和管理遵循“统一标准、统一监控、统一运维、统一管理”的原则。

第四条 本制度适用于内网管理单位、业务系统主管单位、网络运行维护单位、网络接入单位及其行政主管单位。

第二章 运行维护管理制度

第五条 国家林业局信息化管理办公室(信息中心)(以下简称国家林业局信息办)作为国家林业局办公网的规划管理单位，负责以下工作：

(一)内网的整体规划。

(二)内网相关制度、标准的审核。

第六条 国家林业局信息办网络安全与运维管理处(以下简称局信息办网络处)作为内网的运维管理单位，在国家林业局信息办的领导下，负责以下工作：

(一)内网建设及运维的管理工作，对各级接入链路、网络设备及安全认证设备进行管理和维护，组织确定内网网络接入服务商资质。

(二)制定内网网络管理制度和相应考评体系，实施内网运维服务评价和考核；负责内网网络地址和域名的统筹规划和管理工作。

(三)负责内网接入单位的分级管理，对内网接入单位的网络接入和维护工作进行技术指导和人员培训。

(四)完成业务系统的备案工作。

第七条 内网接入单位及其行政主管单位作为内网重要应用单位，负责以下工作：

(一) 提供内网接入环境，协调相关部门，满足内网接入要求。

(二)负责本单位局域网及接入内网设备的运维管理。

(三)接入单位的行政主管单位负责接入单位网络接入和运维相关工作的监督管理。

第八条 内网运行维护单位作为网络服务保障机构，负责以下工作：

(一)做好网络建设和运维的具体工作，为各接入单位提供可靠网络接入服务。

(二)进行网络资源的监测，及时排除网络故障，提供网络应急保障，定期提供网络运行状况报告。

(三)做好网络升级改造和优化的相关工作。

(四)设置24小时值班电话并安排专人值守，做好电话记录。

(五)计划对内网相关链路及设备进行调整时，应提前1个工作日向国家林业局信息办提出书面申请，经批准后方可实施。

第九条 内网的网络接入需满足以下条件：

(一)接入单位与内网相连的局域网须与互联网物理隔离，并通过与内网安全等级保护级别相符的认证。

(二)网络接入服务商须具备内网网络接入资质。

第十条 接入需求单位在新增网络接入或接入已有业务系统时，须明确要访问的内网业务系统，由该业务系统的主管单位统一向局信息办网络处提出网络接入申请，经审核通过后方可实施接入。

第十一条 已接入单位进行网络迁移、改造和拆除时，由原接入申请单位向局信息办网络处提出申请，经审核通过后方可实施。

第十二条 内网业务系统的新增、更改和撤销，应根据以下要求进行：

（一）由业务系统主管单位向局信息办网络处提出相关申请，经审核通过后方可实施。

（二）涉及网络接入工作的，应遵照第十条、第十一条相关规定。

（三）以下情况不允许接入内网：

1. 影响已有内网业务系统正常运行的业务系统。

2. 与安全保护等级不匹配的专用网络。

3. 其他情况不能接入内网的。

第十三条 凡因接入单位原因导致内网无法完成接入的，当次接入申请作废。待接入条件具备后，由原申请单位重新提出接入申请。

第十四条 内网各相关单位应明确联系人及有效联系方式，并结合自身情况制定相关管理规定，做好培训等各项工作落实。

第十五条 内网接入单位应确保专用机房环境和供电。

第十六条 各接入单位不得私自更改内网相关链路及设备的物理位置和设备配置。接入单位对内网相关环境进行调整时，应提前48小时书面报告局信息办网络处。

第十七条 接入单位发生内网网络故障时，应按照如下处理流程进行：

（一）接入单位向内网运行维护单位报告故障情况。

（二）内网运行维护单位按相关要求报送网络故障及处理信息，判断故障类型并进行维修，同时负责将故障信息通知相关单位。故障处理完毕后，内网运行维护单位应向接入单位核实网络恢复情况。

第十八条 局信息办网络处、内网运行维护单位及接入单位应建立本级的应急保障预案，并根据本单位实际工作情况及时修订。

第十九条 内网运行维护单位应将应急保障预案报局信息办网络处备案并定期组织演练。

第二十条 内网相关业务系统主管单位、各接入单位及其行政主管单位应积极做好内网网络应急保障工作。

第二十一条 出现以下情况的，国家林业局信息办应当联合其行政主管单位进行通报批评，情节严重或造成严重后果的，由有关部门依法追究相关单位和责任人的法律责任：

（一）因接入单位原因造成网络故障并产生严重后果的。

（二）未经允许，擅自更改内网的连接线路、网络接入设备配置或网络地址的。

（三）未经允许，擅自将内网与其他网络连接的。

（四）未经允许，擅自在内网上开通业务系统的。

第二十二条 机房值班人员必须坚守值班岗位，认真完成内网的相关检查作业计划、严格执行操作规程，及时、准确、完整地填写值班日志和各种规定的记录文档，并每月上报局信息办网络处。

第二十三条 系统管理员负责定期检查系统状态，确保系统正常运行；证书操作员的日常操作要定期进行安全审计，并向主管部门汇报情况；作废的敏感文档与介质要及时销毁。密钥管理员要定期生成并维护用户密钥，保障证书申请正常进行。网络管理员要定期检查网络运行状况，及时安装系统补丁、更新病毒库。

第二十四条 证书持有者所在单位负责审批和监管证书的申请、更新、停用、撤销、补发及使用。

第二十五条 机房运维人员应严格遵守各自职责和操作流程，妥善保管用户信息，未经允许不得以任何形式带出用户信息，不得违规操作，未经许可不得越权。其他人员不得翻阅、查看用户信息。

第二十六条 系统内所有计算机设备专机、专网专用，不得进行与本系统无关的操作；严禁在系统主机上设置信息共享；系统内所有主机与业务终端必须安装防病毒软件，并及时为计算机系统安装补丁。

第三章 附 则

第二十七条 本制度由国家林业局信息办负责解释。

第二十八条 本制度自发布之日起执行。

资料来源：《中国林业信息化发展报告》编纂委员会．中国林业信息化发展报告2013. 北京：中国林业出版社，2013.

专栏3-3

国家林业局专网运行维护管理制度

第一章 总 则

第一条 为加强和规范国家林业局专网的建设及运维管理，确保安全、稳定、高效的运行，根据有关规定，结合国家林业局实际情况，制定本制度。

第二条 国家林业局专网（以下简称专网）是国家林业局电子政务网络的重要组成部分，是用于支撑林业信息发布、公文传输、视频会议等业务应用的基础网络。

第三条 专网运行维护和管理遵循“统一标准、统一监控、统一运维、统一管理”的原则。

第四条 本制度适用于专网管理单位、业务系统主管单位、网络运行维护单位、专网接入单位及其行政主管单位。

第五条 国家林业局信息化管理办公室（信息中心）（以下简称国家林业局信息办）负责专网的建设和管理。

第二章 运行维护管理制度

第六条 专网实行全网统一管理，国家林业局信息办对全网设备与线路状况进行监控、网络设备配置实施与调整。各节点单位在维护网络设备时，应主动接受国家林业局信息办的指导，不得擅自更改专网设备的配置。

第七条 各节点单位必须依照有关法律和本制度规定接受国家林业局信息办的监督和检查。

第八条 为保障专网全天不间断运行，各节点单位应当建立值班制度，由专人负责专网设备的管理，确保专网设备的正常运行。

第九条 各节点单位应对专网设备建立设备档案和运行工作日志，运行工作日志应定期向国家林业局信息办报告。

第十条 各节点单位和维护人员必须做到：

（一）保证各节点设备24小时开机运行，不得随意关机或退出专网系统。

（二）认真记录专网设备运行工作日志，填写设备运行档案。

（三）及时处理各类告警和故障。

第十一条 各节点单位应当采取有效的防火、防灾、防盗措施，发现问题应当做好现场保护工作，并立即报告相关单位。

第十二条 国家林业局信息办负责组织专网巡检，并根据各节点单位实际情况，进行安全检查评估。

第十三条 各节点单位应对专网设备建立设备档案和运行工作日志的定期填写制度，运行工作日志应定期向国家林业局信息办报告。

第三章 附 则

第十四条 本制度由国家林业局信息办负责解释。

第十五条 本制度自发布之日起执行。

资料来源：《中国林业信息化发展报告》编纂委员会．中国林业信息化发展报告2013. 北京：中国林业出版社，2013.

2012年9月，《国家林业局信息办关于将市县林业主管部门网站纳入中国林业网站群的通知》（信站发〔2012〕67号）印发，标志着市县林业主管部门网站建设得到国家林业局的重视，“纵向到底”的中国林业网站群扩容进一步提速。

2012年10月，《国家林业局办公室关于印发〈林业信息网络项目资金管理办法（试行）〉的通知》（办规字〔2012〕179号）印发，《办法》规定林业信息网络项目支出预算实行归口管理和运行维护定额标准指导下的申报制度，国家林业局各预算单位应当根据林业信息化工作计划，编制下一年度林业信息网络项目支出预算，报国家林业局信息办统一归口审核。这为今后实现林业信息化资金统筹安排提供了制度保障。

2013年2月，《国家林业局办公室关于印发〈2013年林业信息化与电子政务工作要点〉的通知》（办信字〔2013〕11号）印发，明确了全年的重点工作及任务分工。

2013年8月，《国家林业局关于进一步加快林业信息化发展的指导意见》（林信发

〔2013〕130 号）印发，这是我国林业发展史上第一次专门就林业信息化发展出台综合性的指导意见，具有里程碑的意义。《指导意见》共分十个方面二十二条，提出了富有针对性和前瞻性的发展思路，是多年来林业信息化发展经验的总结和智慧的结晶。

2013 年 8 月，《国家林业局关于印发〈中国智慧林业发展指导意见〉的通知》（林信发〔2013〕131 号）印发，号召全国林业系统同心协力，推动我国林业信息化发展阶段从“数字林业”向“智慧林业”跨越。《指导意见》共分四章，分别阐释了智慧林业内涵与重要意义、总体发展思路、主要建设任务与重点工程以及推进策略，具有重要指导价值。

2013 年 10 月，全国林业信息化工作领导小组办公室《关于贯彻落实第三届全国林业信息化工作会议精神的通知》（林信办发〔2013〕1 号）印发，要求各地各单位深入学习会议精神，进一步统一思想认识，采取有力措施，加快智慧林业建设步伐，加强组织领导，进一步强化责任落实。

2013 年 11 月，全国林业信息化工作领导小组办公室《关于做好〈林业数据库设计总体规范〉等林业信息化标准宣贯工作的通知》（林信办字〔2013〕3 号）印发，要求各地各单位充分认识林业信息化标准的重要性，大力宣传林业信息化标准内容，认真执行林业信息化标准规定。这是国家林业局信息办成立后发布的第一批林业信息化标准，标志着林业信息化标准化工作迈出了坚实可喜的一步。

2013 年 11 月，全国林业信息化工作领导小组办公室《关于印发〈林业信息化标准体系〉的通知》（林信办字〔2013〕4 号）印发，要求各地各单位结合实际参照执行。这是国家林业局信息办成立后首次发布比较全面系统的林业信息化标准体系表，对科学有序地推进林业信息化标准建设具有重要意义。

2013 年 12 月，《国家林业局关于全面加强林业信息安全工作的通知》（林信发〔2013〕205 号）印发，从统一工作思路，明确工作目标；充分运用安全技术，强化网络安全；积极推进信息安全风险评估，实施等级保护等八个方面，提出了明确要求。

2014 年 2 月，《国家林业局关于加强网站建设和管理工作的通知》（林信发〔2014〕21 号）印发，文件从充分认识办好林业网站的重要意义、建立健全林业网站领先发展体系、建立健全林业网站良性运行机制三个方面，明确了新时期网站建设和管理工作的主要要求。

2014 年 3 月，《国家林业局关于印发〈2014 年林业信息化工作要点〉的通知》（林信发〔2014〕33 号）印发，明确了全年的重点工作及任务分工。

2014 年 3 月，《全国林业信息化工作领导小组办公室关于建立林业行业信息安全等级保护联络员制度的通知》（林信办发〔2014〕3 号）印发，对建立常态化的林业信息安全等级保护工作机制、联络员的职责任务等进行了明确。

二、地方层面的政策

近年来，地方各级林业主管部门按照国家林业局的统一部署，加快推进林业信息化建设，信息化水平不断提高，较好地支撑了林业核心业务的开展，部分省份的发展思路、政策举措和工作方法值得学习借鉴。

（一）会议精神。2009 年以来，各省级林业信息化主管部门召开会议，认真传达学习中央林业工作会议、全国林业厅局长会议、全国林业信息化工作会议精神，积极推进林业信息化建设与应用。辽宁、湖南、河南、江西、甘肃、湖北等多个省份专门召开了全省林业信息化工作会议，专题部署林业信息化工作，起到了重要的推动作用。

1. 辽宁省林业信息化工作会议。辽宁省林业厅高度重视林业信息化工作，截至目前，已先后召开了三届全省林业信息化工作会议，有力地推动全省林业信息化工作，使辽宁在全国各省（区、市）中长期保持了领先地位。

2009 年 5 月 19～20 日，辽宁省林业厅在朝阳、本溪两市以拉练的形式，召开了首届全省林业信息化工作会议，学习贯彻首届全国林业信息化工作会议精神，研究部署全省“数字林业”建设工作。国家林业局信息办主任李世东出席会议并作了题为《认真落实全国林业信息化工作会议精神，全面加快辽宁林业信息化建设步伐》的重要讲话。他指出，首届全国林业信息化工作会议提出的总体思路是指导当前和今后一个时期林业信息化建设的总要求，把握这个总体思路，做好林业信息化工作，重点是抓住六个关键，做好六项工作，强化六项保障。六个关键是：一是以全面实现林业信息化为目标；二是以电子政务建设为重点；三是以“四横两纵”为架构；四是以信息资源开发利用为中心；五是以资源整合为突破口。六项工作是：一是搞好统一规划；二是加大整合力度；三是加强基础建设；四是加快应用系统建设；五是强化教育培训；六是抓好标准和安全工作。六项保障是：一是建立健全组织机构；二是加大资金投入力度；三是建立健全相关制度；四是加强工作检查督导；五是抓好典型带动；六是领导带头做好表率。

省林业厅党组副书记、副厅长侯喜丰作了题为《抓住机遇，开拓创新，实现我省林业信息化建设新跨越》的工作报告。报告全面总结分析了几年来辽宁省林业信息化建设取得的成就、经验和存在的问题，对下一步林业信息化工作进行了具体安排和部署，提出了全省林业信息化发展的总体目标、任务和措施。

省林业厅党组书记、厅长曹元作了会议总结。他强调，林业信息化建设是现代林业建设的重要组成部分，是实现林业科学发展的重要支撑，是衡量林业管理水平的重要标志，是科普和信息交流的重要渠道，是促进资源流转有效服务林农的平台，是促进政务公开廉政建设的有效举措，是统筹城乡发展整合林业资源的重要举措，全省要按照国家林业局提出的抓住六个关键、做好六项工作、强化六项保障的要求，同心协力、脚踏实地，推动全省林业信息化工作快速发展。

2010 年 5 月 31 日至 6 月 1 日，辽宁省第二届全省林业信息化工作会议在沈阳市召开，会议的主要目的是总结工作，交流经验，全面部署林业信息化示范省建设任务。国家林业局信息办主任李世东出席会议并作了题为《总结经验，继往开来，充分发挥示范省引领带动作用》的重要讲话。他对辽宁省的林业信息化建设给予了充分肯定，认为辽宁作为全国首批林业信息化示范省，为全国林业信息化建设发挥了很好的示范带头作用。他要求，辽宁省要进一步落实《全国林业信息化建设纲要》和首届全国林业信息化工作会议精神，以这次会议为新的起点，抓住机遇，加快发展，为全国林业信息化建设积累经验，为支撑现代林业科学发展做出更大贡献。

省林业厅党组书记、厅长曹元做了工作报告。他指出，一年来厅党组把信息化建设作为提升林业现代化水平，建设现代林业的重要措施，纳入了重要议事日程，进一步加大了组织领导、资金投入和基础建设的力度，已经形成了门户网站群和“四横两纵”的框架格局，应用领域快速拓展，数字林业核心平台等六项信息化建设成果部分已经接近或达到国际较为先进水平，社会服务能力显著增强，林业部门形象显著提升。他要求，下一步全省要按照国家林业局关于示范省建设的工作部署，在全面推进信息化建设的基础上，进一步加快外网和基础平台建设，尽快推出国际先进、国内领先的示范成果，推动全省林业信息化建设又好又快发展，并为全国林业信息化建设提供经验借鉴。

2011 年 7 月 13 日，辽宁省林业厅在沈阳市召开了第三届全省林业信息化工作会议，会议的主要任务是认真贯彻落实贾治邦局长在第二届全国林业信息化工作会议上的重要讲话精神和会议的各项部署，交流林业信息化工作经验，查找差距，分析形势，明确目标，强化措施，突出重点，注重实效，着力抓好信息化的普及和应用，推动林业信息化示范省和林业信息化示范市建设再上新台阶，再创新局面。省林业厅侯喜丰副厅长传达了第二届全国林业信息化工作会议精神，沈阳市林业局、本溪市林业局、新宾县林业局等几个单位做了典型经验介绍。省林业厅曹元厅长作了总结讲话，他说，“十一五”期间，全省林业信息化建设经历了从落后到先进、从封闭到开放、从单一到多元的发展历程。特别是近几年网络规模、技术层次、应用领域、服务水平等都有了长足发展。目前，全省外网商务功能、内网核心平台、林业专网带宽、物联网应用技术和掌上林业等在全国处于领先位置，取得了历史性突破。存在的差距主要有五个方面：一是领导重视不够，二是机构队伍不健全，三是网络系统不完善，四是系统开发应用不够，五是信息资源整合共享不够。他强调，辽宁省林业信息化建设已进入以普及应用为重点的、从感性认识走向理性决策的、新的更高阶段，要站在提高管理水平、拓展服务功能、提升管理效能的高度，抓好五项重点工作：一是进一步提高认识，把加速发展林业信息化作为带动全省林业现代化的重大举措，全力抓好；二是进一步加强领导，健全机构，充实力量，强化信息化队伍建设；三是进一步加大投入力度，完善基础设施建设，健全网络体系；四是进一步加大应用系统的研发力度，提高实际应用效能；五是广泛开展达标创优活动，深入扎实地推进林业信息化工作跃上新台阶。

2. 湖南省林业信息化工作会议。2011 年 8 月 17 日，湖南省林业信息化工作会议在长沙召开。国家林业局信息办主任李世东出席会议并作重要讲话，湖南省林业厅党组书记、厅长邓三龙作工作报告。

李世东对湖南省在“十二五”开局之年，专门召开会议贯彻落实第二届全国林业信息化工作会议精神以及近年来全省林业信息化取得的成绩给予了高度评价和充分肯定。他要求，湖南各级林业部门要认真落实《全国林业信息化建设纲要》、《全国林业信息化发展“十二五”规划》、全国林业信息化工作会议精神与有关要求，按照林业信息化建设“五个统一”的原则，进一步加强林业信息化工作的组织领导，进一步推动信息化机构队伍建设，进一步加大信息资源整合力度，进一步理顺信息化建设投资渠道，进一步注重新科技在林业信息化建设中的应用，确保湖南林业信息化建设的全国示范和技术领先地位，为发展现代林业、推进经济社会持续发展提供强有力的支撑。

邓三龙指出，林业信息化建设作为“数字湖南”的重要组成部分，全省上下要从思想上高度认识、高度重视林业信息化工作，充分了解林业信息化建设的内涵和重大意义，把握林业信息化工作的建设力度，本着“会议有要求、‘数字湖南’建设有部署、自身工作有需求”的实际情况，做好林业信息化建设工作。他要求，湖南林业系统要认真推广“服务林业是方向，领导重视是关键，科学规划是前提，深化应用是根本，加强保障是条件”的宝贵经验，不断做好林业信息化建设工作。各级林业部门要全面理清思路，按照全省林业工作总体思路和“十二五”林业信息化规划要求，大力实施“五个一工程”：即突出一项重点，全力建好全省林权权属数据库；用好一个系统，继续推进无纸化办公；完善一个网络，努力实现林业电子政务网络全覆盖；建好一支队伍，切实加强对信息化的组织领导；构建一项机制，不断加大对信息化的资金投入，努力开创林业信息化工作新局面。要在思想上高度重视，在保障上真正投入，在行动上真抓实干，切实提高林业信息化水平。

3. 河南省林业信息化工作会议。2011 年 5 月 20 日，河南省林业厅召开首届全省林业信息化工作会议，在更大范围对第二届全国林业信息化工作会议精神进行再学习再贯彻。厅机关各处室、厅直各单位信息化主管领导和信息化工作人员在主会场参加会议，各省辖市、县(市、区)林业局主管信息化工作的负责人及信息化工作人员在 142 个分会场参加会议。省林业厅副厅长刘有富在会上作了题为《创机遇 抓先机 强力推进河南林业信息化》的讲话，总结了全省林业信息化工作，安排部署当前及今后一个时期的工作任务。刘有富指出，要对河南林业信息化再认识。“十一五”期间，全省林业信息化取得了突破性进展，编制了《河南林业信息化中长期规划(20102020 年)》及一期建设方案；建成了覆盖 18 个省辖市和 124 个县(市、区)林业局的河南林业信息高速公路主干网，开发了视频会议和电子公文系统；建成了以省厅主站为龙头，各省辖市林业局、厅直各单位共 31 个子站为主体的河南省林业网站群，获得了 10 余个奖项；OA 协同办公系统完成升级改造并投入使用；森林资源数据库及管理平台开发完成，系统功能完善；完善了保障体系，成立了系统建设专家咨询组，完善了20余项信息化规章制度。刘有富要求，要对河南林业信息化再思考。认真学习先进省份的经验，对照自身找差距，在思考林业信息化建设的过程中认真算好五笔账，即算好人民肯否账、算好工作先后账、算好系统统分账、算好经济盈亏账、算好士气涨落账。刘有富强调，要对河南林业信息化再给力。在坚持"五个统一"基本原则的前提下，尽快对现有应用系统整合升级，同时抓紧实施全省示范主题项目建设，强化教育培训，切实提升应用水平，努力强化队伍和资金保障。

2012年3月14日，河南省林业厅召开第二届全省林业信息化工作会议，省林业厅副厅长刘有富在会上作了题为《提高认识 注重应用 强力推进河南林业信息化》的讲话。刘有富从五个方面总结了2011年河南林业信息化建设取得的成绩，强调从三个方面提高认识，为做好2012年林业信息化工作奠定基础，要求全省狠抓落实，积极推进2012年信息化示范省建设：一是贯彻落实好"五个统一"原则；二是确保年内完成全省示范主题项目建设；三是尽快提高网站的质量和水平；四是做好信息化的各项统筹工作；五是加强领导，确保2012年林业信息化工作再上新台阶。

4. 江西省林业信息化工作会议。2011年9月30日，江西省林业信息化工作会议在南昌召开。会议的主要任务是贯彻落实第二届全国林业信息化工作会议精神，研究部署下一阶段林业信息化工作，加快推进全省林业信息化建设步伐。会议由省林业厅党组成员、巡视员肖河主持，省林业厅党组成员、副厅长郭家传达了第二届全国林业信息化工作会议精神，省林业厅党组书记、厅长刘礼祖出席会议并作重要讲话。

刘礼祖强调，当前及下一步全省林业信息化工作重点要抓好五件大事：一是要举全省之力，争取用两年时间建立森林资源管理地理信息系统；二是要按照省委、省政府的要求，认真做好网上审批与电子监察系统建设工作；三是要扩大全省森林防火电子监控系统建设范围，各市、县(区)都要建立森林防火指挥中心，各自然保护区、森林公园和重点风景名胜区要加密布设监控摄像头，建立健全森林防火监控系统；四是要加快推进林业无纸化办公系统建设；五是要加强全省林业视频会议系统运行维护工作，各市、县(区)林业局要安排专人负责此项工作。

5. 甘肃省林业信息化工作会议。2011年10月26日，甘肃省林业信息化工作会议在兰州召开。国家林业局信息办主任李世东出席会议并作重要讲话，甘肃省林业厅厅长高清和作工作报告，省政府电子政务办公室主任李景相到会并讲话。会议由省林业厅副厅长赵建林主持。

李世东说，甘肃隆重召开全省林业信息化工作会议，并现场直播到全省林业系统，深入贯彻落实第二届全国林业信息化工作会议精神，对全省林业信息化工作进行全面动员部署，这充分体现了甘肃对林业信息化工作的高度重视，凸显了全省上下加快推进林业信息化建设的坚定决心。李世东指出，经过多年的建设和发展，甘肃省林业信息化取得了长足发展，正逐步成为推动甘肃林业科学发展的重要推手。特别是第二届全国林业信息化工作会议之后，甘肃省认真分析林业信息化面临的新形势、新任务和新要求，全面梳理林业信息化建设中存在的突出问题，有针对性地提出林业信息化的发展思路和建设路径，并将林业信息化建设作为全省林业五大重点工作之一，明确由一把手亲自抓，分管领导具体抓，整合资金，抽调人员，采取有力措施，狠抓工作落实，全面推动林业信息化向纵深发展，开局良好，进展顺利，对全国林业信息化发展具有重要的借鉴意义。今后一个时期，甘肃省要按照现代林业建设的总体部署，认真落实《全国林业信息化建设纲要》、《全国林业信息化发展“十二五”规划》和全国林业信息化工作会议精神，坚持“五个统一”的基本原则，把推进林业信息化放在优先位置，有继承，有发展，有突破，力争尽快形成布局科学、高效便捷、先进实用、稳定安全的甘肃林业信息化格局，为发展现代林业提供强有力的支撑。要重点做到：一是加强组织领导，健全林业信息化机构与队伍；二是搞好顶层设计，加大信息资源整合力度；三是稳定投资渠道，打牢信息化发展基础；四是强化标准制度安全工作，提升信息技术应用水平。

高清和厅长全面分析了甘肃省林业信息化的现状，阐述了林业信息化在推进全省林业建设中的重要作用，提出了全省林业信息化建设的总体思路、建设原则、建设规划和发展目标，并明确要求，林业信息化工作是今年全省林业五大工作之一，全省林业工作者要从思想上高度认识、高度重视林业信息化工作，充分理解林业信息化建设的内涵和重要性，正确认识信息化在林业建设中的作用与地位，把握林业信息化工作的建设力度，结合甘肃信息化发展相对落后的实际情况，以全新的视角认识信息化，以改革创新的胆魄建设信息化，以与时俱进的思维运用信息化，切实以实际行动，加快林业信息化，带动林业现代化。要做到：一是准确把握发展方向，引领全省林业信息化又好又快发展；二是科学分析发展形势，增强建设全省林业信息化的紧迫感和责任感；三是认真梳理发展思路，加快全省林业信息化建设步伐；四是切实加强组织领导，保障全省林业信息化建设有序开展。

6. 湖北省林业信息化工作会议。2013 年 7 月 9 日，湖北省林业厅在武汉召开全省林业信息化工作会议，省林业厅党组书记、厅长刘新池主持会议，党组成员、副厅长刘晓洪代表厅党组作重要讲话。

刘晓洪副厅长在讲话中强调了五个方面的问题：一是深化对林业信息化建设的认识。加强林业信息化建设是重要的政治责任，是时代进步的必然要求，是湖北现代林业发展的迫切需要。重视不重视林业信息化，是检验地方林业部门领导班子前瞻意识强不强、大局观念浓不浓、驾驭水平高不高的重要标尺。二是分析全省林业信息化现状。近年来，湖北林业信息化工作取得了突出进展：建设了连通国家、省、市的林业专网，建成了一定规模和特色的林业网站，制定了比较规范的信息管理制度体系，打造了较强的信息支撑服务能力。认识不足，基础设施建设滞后，建设不统一，信息利用率不高是当前全省林业信息化存在的主要问题。三是强调湖北林业信息化的目标任务。今后一个时期，要修建便捷先进、覆盖全省的林业信息高速公路，建好功能齐全、管理精细的林业门户网站，搭建便捷高效的林业电子政务平台，构建功能强大的林业综合数据平台，基本实现林业社会服务信息化。四是落实林业信息化的关键措施。要加强领导，统一行动；整合资金，加大投入；协作配合，整体联动；完善制度，规范管理。五是打好林业信息化攻坚战。为加快湖北林业信息化进程，省厅决定，由省厅投资，全面实施全省三级林业专网、林业行政审批系统、林业综合办公平台三项工程建设。要采取有力措施，务必于2014年12月前完成工程建设任务。

省林业厅党组书记、厅长刘新池进一步强调：发展信息化，中央有要求，省里有部署，群众有呼声，林业有需求，必须从政治建设、生态建设、民生建设的高度抓好林业信息化；要把林业信息化纳入林业能力建设的重要内容来抓；加快建成覆盖全省的林业专网，完善各类数据信息和管理软件，确保所有的信息资料能在网上共享，所有的林业业务能在网上办理，努力实现林业管理的信息化、现代化；抓紧实施好林业信息化重点工程，达到“价格最低、质量最好、服务最优”的目标要求。

(二)政策文件。近年来，大部分省份按照国家林业局的规定，相继编制出台了《林业信息化发展“十二五”规划》，北京、湖南、山东、吉林、四川等省(区、市)结合本地实际，先后出台了多项支持林业信息化发展的政策，完善了全国林业信息化建设的政策体系。

1. 北京市园林绿化局。为深入贯彻落实第二届全国林业信息化工作会议精神，大力推动首都园林绿化信息化建设，2011年7月，北京市园林绿化局出台了《关于进一步加强园林绿化行业信息化工作的意见》(京绿办发〔2011〕14号)，确定了“统一规划，统一标准；突出重点，分步实施；整合资源，促进共享；注重实用，突出创新”的基本原则和五项主要建设任务，明确了将各单位的信息化建设项目交信息中心统一报建，避免了重复建设、资金浪费，有效地促进了资源整合和信息共享(专栏3-4)。

专栏3-4

北京市园林绿化局(首都绿化委员会办公室)关于加强园林绿化行业信息化建设的意见

京绿办发〔2011〕14号

局属各单位，机关各处室：

为深入贯彻落实第二届全国林业信息化工作会议精神，进一步加强北京市园林绿化行业信息化建设，确保“十二五”时期信息化建设目标的顺利实现，就我局信息化建设提出如下意见：

一、指导思想、基本原则和发展目标

（一）指导思想。按照“加快园林信息化，带动园林现代化”的总体思路，深入贯彻落实科学发展观，以信息化建设促进管理方式的转变，提升管理和公众服务水平。围绕“生态园林、科技园林、人文园林”三个园林建设，以核心业务的信息化需求为重点，努力实现信息资源整合和信息共享，完善数据建设和更新机制。运用网格化管理理念，实现园林绿化行业的科学化、精细化管理，全面提升北京市园林绿化行业现代化管理水平。

（二）基本原则

1. 统一规划，统一标准。信息化建设要树立全局意识、长远意识，要统筹规划，强化顶层设计，统一数据采集规范，统一数据交换模式，做到全局建信息、全局办信息，全局用信息，避免各自为政、重复建设。

2. 突出重点，分步实施。以业务管理需求为导向，以核心业务应用为重点，从基础建设向应用推进，从简单应用向综合业务推进。

3. 整合资源，促进共享。努力破除信息资源应用壁垒，挖掘数据资源应用价值，加快园林绿化基础性及专题性数据的开发利用，优化信息资源配置，实现信息资源的共建共享。

4. 注重实用，突出创新。采用成熟、可靠的信息技术，注重信息系统的实用性、可操作性，确保系统安全、可靠、高效运行。同时，要深入研究和实践前沿技术在多个领域的拓展应用，适度超前，突出创新。

（三）发展目标。“十二五”时期，园林绿化行业信息化建设的发展目标是借鉴网格化管理理念建立功能完善的园林绿化资源动态监督管理服务体系，对城市绿地主要对象网格化管理覆盖率达100%，对林地资源网格化管理信息化支撑率达到100%；依托北京市政务外网，完善市、区县、街道和乡镇三级园林绿化专网建设，实现对区县、街道和乡镇园林绿化部门的100%覆盖；大力推进各单位内部办公系统及核心业务系统建设，实现核心业务信息化支撑率80%；积极推行办公自动化，无纸化办公率达到85%。

二、信息化建设的主要任务

（一）努力搭建网格化管理平台，提升精细化管理水平。积极推进园林绿化网格化管理，建立园林绿化网格化管理与办事服务相结合的信息平台，实现业务事件的“有人报、有人接、有人管、有反馈”的闭环管理，使园林绿化管理工作精细化、科学化。

（二）继续完善网上办公系统，提升现代化办公水平。在继续完善现有网上办公系统的基础上，努力推进无纸化办公。同时积极搭建移动办公平台，建立基于3G通讯技术的移动办公系统，提高办公效率。

（三）切实加强内外网门户建设，提升信息化服务水平。组建以“首都园林绿化政务网”为基础的网站群，形成“一站式”园林绿化应用和信息服务窗口。进一步增强政务网站信息公开、办事服务和政民互动交流功能，提高网上办事应用效果和服务质量，提升公共服务水平。按照统一标准、统一平台、统一管理的要求，应用统一用户认证系统将网上办公、网格化管理等主要系统的常用功能模块整合到综合信息平台，提高对内的服务功能与服务支持能力，实现内网门户的集中展示、集中发布和信息共享功能。

（四）着力推进应用系统建设，提升核心业务支撑水平。建设功能完备的园林绿化业务系统支撑平台，包括北京市绿地资源动态监管与服务系统、公园及风景区数字化管理系统、集体林权信息管理系统、园林绿化工程管理系统、义务植树管理系统等核心业务管理系统。不断推进业务工作的信息化应用水平，努力建设现代园林。

（五）认真抓好基础设施建设，提升信息安全保障水平。继续完善北京市园林绿化局办公网络及行业专网，全面提升网络带宽，进一步促进直属单位和各区县园林绿化局的网络应用。结合云计算平台的建设，进一步完善园林绿化局机房基础设施。建立园林绿化数据中心，实现园林绿化信息资源的采集、存储和发布的规范管理。

三、保障措施

（一）完善信息化组织机构。信息化建设作为实现园林绿化现代化发展的关键点和突破口，各级领导要提高认识，统一思想，要把信息化建设作为“一把手”工程，切实加强对信息化工作的领导。局属各单位、区县园林绿化部门要建立信息化工作领导小组，明确主管领导和主管部门，建立健全各级信息化组织机构，加强对园林绿化行业信息化统筹规划与指导。

（二）加强信息化项目统筹管理。为提高项目建设效能，实现信息系统互联互通，促进信息共享和业务协同，机关各处室、局属各单位申报信息化建设项目时，申报材料要由局信息中心出具审查意见，否则计划部门不予立项。项目建设要坚持统一标准、统一平台、统一接口、信息共享的建设原则。信息化建设项目竣工验收要有局信息中心人员参与，同时应进行安全测评后再投入使用。

（三）保证信息化项目建设经费的必要投入。由于信息化建设要有必要的经费投入作保障，各单位应建立长效的信息化建设经费投入和使用机制，保证资金投入力度。要积极争取国家和市财政的政策和资金扶持，多渠道筹措信息化建设资金，专款专用，确保资金落到实处，用出实效。资金投入要“建设和运行”并重，信息系统的长期运转和维护需要持续的经费支撑，在申请信息化建设投资时，要考虑保障系统运行维护、应用系统升级以及培训工作的需要。

（四）加强信息安全管理。网络信息传播具有影响大，扩散快的特点，保障信息内容与网络安全是信息化工作的重中之重。各级领导要强化安全意识，做好信息安全保障工作。要按照要求开展现有信息系统等级测评、风险评估和安全加固工作。坚持“谁建设、谁主管、谁负责”的原则，切实提高全市园林绿化信息安全保障工作水平。

（五）加强专业人才队伍建设。为保障园林绿化行业信息化建设持续健康的发展，需加大信息化人才培养力度，建立有利于吸引人才、留住人才的激励机制和用人机制。积极探索适合的培训模式，努力打造一支既精通园林绿化业务、又具备先进信息管理理念和技术技能的复合型专业人才队伍。组建园林绿化信息化科技咨询委员会，定期对信息化建设规划、重大技术问题以及重大项目等进行前期论证、决策咨询和技术指导。

（六）强化监督考核。要建立健全园林绿化行业信息化工作的监督考核制度，对各单位在系统建设、信息共享、内容更新和信息安全等方面开展绩效考核。各单位应明确专人对相关的网站和业务数据进行定期更新和维护，确保信息数据的及时性和准确性。由于措施不当，管理不善出现重大信息安全事故要追究相关部门主要领导人的责任。对信息化建设成效突出的单位予以表彰。

北京市园林绿化局

二〇一一年七月二十五日

资料来源：北京市园林绿化局．2011－08－02. 北京市园林绿化局（首都绿化委员会办公室）关于加强园林绿化行业信息化建设的意见．http：//www. bjyl. gov. cn/zwgk/fgwj/qtwj/201108/t20110805_93776. html.

2. 湖南省林业厅。为深入贯彻落实第二届全国林业信息化工作会议精神，2011 年 8 月，湖南省林业厅结合本省实际，印发了《湖南省林业厅关于加快林业信息化建设推进现代林业发展的决定》（湘林信〔2011〕5 号），要求“十二五”时期全省林业信息化必须大力实施“五个一工程”，推动现代林业发展和绿色湖南建设（专栏 3-5）。就林业信息化建设专门出台《决定》，这在全国各省（区、市）中尚属首例，也是迄今为止唯一的一个，充分说明了湖南省林业厅党组对林业信息化建设的高度重视。

专栏 3-5

湖南省林业厅关于加快林业信息化建设推进现代林业发展的决定

湘林信〔2011〕5 号

各市州林业局：

根据省委、省政府建设“四化两型”社会的总体要求以及《全国林业信息化建设纲要》精神，结合全省林业实际，就加快推进我省林业信息化做出如下决定：

一、提高对推进林业信息化的重要性和紧迫性的认识

发展现代林业，建设生态文明，推动科学发展，既是林业改革和发展的核心和主题，也是今后林业发展的旗帜和方向。发展现代林业是林业工作的总任务，建设生态文明是林业工作的总目标，推动科学发展是林业工作的总要求，三者相互联系，相互促进，均与林业信息化紧密相连，也赋予了林业信息化建设广阔的空间、光荣的使命和艰巨的任务。

信息化是改进林业管理的必然选择。落后的管理是人治、科学的管理是法治、先进的管理是数字化。林业工作点多面广，涉及千山万水，只有借助信息技术手段，才能实现管理动态化、现代化、科学化。信息化是帮助林农致富的有效途径。只有加强林业信息化建设，才能把服务网络迅速延伸到千家万户，让广大林农在家门口就可享受优质高效的林业科技、市场信息、行政审批等服务。信息化是确保廉洁从政的重要平台。在林业建设快速发展的新形势下，传统管理模式不仅效率低、费用

高，而且无法及时监控和管理。实行电子办证，各个环节公开透明，各类证件环环相扣，各种报表自动生成，实现了自由裁量的“零弹性”，有效防止了弄虚作假和暗箱操作，传统办证过程中的超额办证、重复办证等难题迎刃而解。信息化是打造林业强省的重要引擎。信息化正成为抢占科学发展制高点的利器，林业强省建设只有在信息化上先人一步、快人一拍、高人一筹，才能在激烈的竞争中抢占先机、赢得主动。可以说，没有信息化的强势，就不会有林业发展的强劲。实现林业大省向林业强省跨越，迫切需要信息化的有力支撑。

当前，各省围绕林业信息化竞相发力，各行业为加快信息化进程争先恐后。我省作为全国林业信息化示范省，面临着不进则退、慢进亦退的竞争局面，承担着扩面提质、筑基增效、兴林富民等艰巨建设任务，必须不断夯实基础，继续发挥优势，确保始终走在全国前列。

二、明确林业信息化的指导思想和总体目标

全省林业信息化的指导思想是：深入贯彻落实科学发展观，按照省委、省政府建设“四化两型”社会的总体要求和《全国林业信息化建设纲要》精神，围绕厅党组的工作部署，以全国林业信息化示范省和数字湖南建设为契机，以林权权属数据库建设为重点，以林木测土配方信息系统推广应用为中心，以资源整合为突破口，以完善体制机制为保障，统一规划、统一标准、统一制式、统一平台、统一管理，基本形成布局合理、科学高效、先进实用、安全稳定的林业信息化格局，充分发挥信息化支撑发展、推动改革、引领未来的重大作用，为发展现代林业、建设生态文明、促进科学发展新的更大贡献。

全省林业信息化的总体目标是：“十二五”期间，完成全省林权权属数据库建设；完成森林资源、营造林、森林防火、森林病虫害监测和林木测土配方等信息资源融合；以此为依托，基本建成林业资源监管、综合营造林管理、林业灾害监控与应急等重点应用系统；建成省、市、县、乡四级上下互联互通的林业电子政务网络；建立健全全省各级林业信息化工作机构，完善全省各级林业管理部门综合办公系统，实现全省无纸化办公。

三、推进林业信息化“五个一工程”

按照我省“一二三四”的林业工作总体思路和“十二五”林业信息化规划要求，“十二五”我省林业信息化必须大力实施“五个一工程”，推动现代林业发展和绿色湖南建设。

（一）突出一项重点，全力建好全省林权权属数据库。这既是对集体林权制度改革进程的深化，又是对集体林权制度改革成果的巩固，意义十分重大。项目建设分三年完成。2011 年主要是林权小班数据入库工作试点示范，分为 PDA 及纸质图矢量化两种形式，努力实现全省有 1 个林权建库试点示范市，其余市州有 12 个试点示范县的目标；2012 年在全省全面推开，完成 80% 的工作量，同时启动并完成全省林权管理系统研发工作；2013 年全面完成。整个项目的经费开支实行分级负责制，其中省本级负责公共基础平台建设、系统软件开发、技术指导培训以及数据最终入库工作，各市州县负责本辖区内林权数据采集、纸质图矢量化及数据入库工作。在此基础上，从 2012 年开始，以“十二五”二类森林资源清查为契机，完成森林资源、营造林、森林防火、有害生物防治、林权信息和测土配方各个环节数据的融合，确保将全省林业基础数据落实到山头地块、细化到千家万户，实

现全省林业“一张图、一套数”。

（二）用好一个系统，继续推进无纸化办公。大力推进无纸化办公，对于实现林业管理现代化、构建节约型社会、提升林业行政管理能力和公众服务水平都具有重要意义。各市州县一定要认真落实省厅《关于深入推进无纸化办公有关事项的通知》（湘林办〔2010〕5号）文件精神，加紧做好本单位无纸化办公的推广应用工作。今后，除涉密文件、信息外，林业系统所有文件、信息都通过综合办公系统进行网上流转，实现文件、信息在线起草、审核、会签、签批、排版、发送、归档。省厅不再受理各市州县林业局、厅直各单位上报的纸质文件、信息；不再印发纸质文件、信息。由此造成各地工作上的被动失误或者经济上的损失，概由各地自行负责。全省林业系统各级领导务必身先士卒，率先垂范，带头学习和使用无纸化办公系统。要加大县、乡镇层面无纸化办公的推广应用力度，一级带一级，一级抓一级，一级促一级，力争在全国林业系统率先实现全省无纸化办公。

（三）完善一个网络，努力实现林业电子政务网络全覆盖。网络既是林业信息化的基础，也是各应用系统运行的先决条件。根据省政府绩效评估指标管理和省政府对各市州政府“湘林杯”林业建设目标管理考核的要求，全省各乡镇林木测土配方信息系统可查询率年内必须达到100%。为此，全省乡镇林业站务必在今年11月底之前全部完成与全省林业电子政务专网的对接。对不能按时完成任务的县市区，将进行省级林业专项资金投入调控，并取消责任单位和个人当年评先评优资格。要采取一切必要措施，加大省市县三级专网运维力度，确保网络平均接通率达到99%以上。同时，按照“谁主管、谁负责，谁使用、谁负责”的原则，各单位的主管领导必须切实承担起本地区的网络与信息安全保密责任。专网必须与互联网严格实行物理隔离。各单位不得以任何方式（包括组建虚拟网）将全省林业电子政务专网与互联网实现对接，不得一网两用（即内外网共用）。凡不按规定办理，造成网络与信息安全泄密事件的，将依据国家和省里有关规定进行处理，追究相关单位领导的责任。要大力加强门户网站建设，充分发挥其在信息发布、公众互动、了解民情、汇聚民智方面的重要功能，展示林业系统开放开明和亲民爱民的良好形象。各级林业部门要提高认识，加强领导，确保“十二五”期间各市州、县市区林业局均有自己的门户网站。

（四）建好一支队伍，切实加强对信息化的组织领导。重视信息化是现代型领导的重要标志。全省各级林业部门主要领导要始终将信息化当作“一把手”工程，亲自动员、亲自部署，亲自参与，亲自检查。要建立健全林业信息化工作领导小组，各市州、县市区均应尽快成立与信息化工作任务相适应的独立的信息化工作机构，明确分管领导，制定专人负责，配备敬业精神强、专业水平高的信息化人才，并确保管理和技术人员相对稳定，为信息化建设提供强有力组织保障。要加大人才培养的力度，采取切实有效措施，努力提高全省林业信息化管理人员的政治素质和技术水平，努力造就一支规模、结构、水平能够完全适应管理现代林业所需要的电子政务技术队伍。要开展形式多样的林业信息化的宣传培训，推动全行业迅速掀起学习、使用信息化知识的热潮。各地也应将林业信息化纳入年度考核指标体系，建立健全相应的奖惩措施，以加快林业信息化建设步伐。省厅将开展林业信息化试点县市区建设，引导和支持各地在夯实信息化基础工作的前提下，开创性的开展林业信息化建设，开拓新领域，摸索新经验，为全省林业信息化工作提供样板示范。

（五）构建一项机制，不断加大对信息化的资金投入。信息化是高科技，离不开高强度和持续稳定的投入。要将信息化建设纳入常规工作轨道，形成强有力、稳定的信息化建设经费投入保障机制。

要重视系统运行维护、基础设施和应用系统升级换代以及培训等年度专项投资，为信息化建设成果的长期稳定运行提供必要保障。要鼓励林业科研教育部门、企事业单位积极申请国家、地方相关科研课题和信息化生产项目，拓展林业信息化投入渠道。要强化信息化建设的规划研究，防止出现部门各自为政、重复投资和低水平应用等问题。要建立健全林业信息化资金管理制度，特别是应用软件研发和设备采购中的招投标制度，确保专款专用，提高资金使用效益。

没有林业信息化，就没有林业现代化。加快林业信息化，带动林业现代化，是林业发展的需要，也是时代前进的必然。对于信息化建设，全省各级林业部门领导尤其是"一把手"一要真重视、二要真投入、三要真实干。努力将信息化打造成帮助广大林农兴林增收致富的服务平台，确保林业部门规范廉洁从政的管理平台，促进各级林业部门科学决策的咨询平台，推动我省现代林业建设再上新台阶。

湖南省林业厅

二〇一一年八月十五日

资料来源：湖南省林业厅．2011－08－18．湖南省林业厅关于加快林业信息化建设 推进现代林业发展的决定．http：//www.forestry.gov.cn/portal/xxb/s/2522/content－497095.html.

3. 山东省林业局(现山东省林业厅)。2012年2月，山东省林业局印发了《山东省林业局关于加快林业信息化建设的指导意见》(鲁林信发〔2012〕21号)，明确了全省林业信息化工作的指导思想、基本原则、目标任务、建设内容和重点以及保障措施(专栏3-6)。这是山东省林业局为深入贯彻落实全国林业信息化工作会议精神而采取的一项重要举措。就林业信息化工做出台专门的《指导意见》，山东省在全国各省(区、市)中是第一个，值得其他省份学习。

专栏3-6

山东省林业局关于加快林业信息化建设的指导意见

鲁林信发〔2012〕21号

各市林业局：

21世纪是信息化时代，迅猛发展的信息技术深刻影响着人类社会、剧烈改变着整个世界，信息化水平的高低已经成为衡量一个国家综合实力、一个行业发展水平的重要标志。林业信息化建设是现代林业建设的重要组成部分，是促进林业科学发展的重要手段，是关系林业工作全局的战略举措。加快推进林业信息化建设，逐步建立布局科学、高效便捷、先进实用、安全稳定的林业信息化体系，对促进林业决策科学化、办公智能化、管理规范化、监督透明化和服务便捷化具有十分重要的意义。"十二五"期间乃至今后一个时期，是我省加快推进现代林业发展的重要战略机遇期，以信息化带动林业现代化尤为重要迫切。为深入贯彻落实全国林业信息化建设工作会议精神，进一步加快我省林业信息化建设进程，现提出以下意见。

一、建设现状

近年来，国家林业局高度重视林业信息化建设，把林业信息化和电子政务建设列入《林业发展“十一五”和中长期规划》，把推进林业信息化作为重点抓好的二十件大事之一。山东是全国第二批林业信息化建设示范省，全省各级林业部门信息化建设特别是综合办公系统、信息网站建设等，起步比较早，县级以上林业部门基本实现了与当地政府办公系统的互联互通，山东省开发的一些应用系统也建成并投入使用，大多数市级以上林业部门建立了独立的门户网站，林业信息化在推进林业各项工作中发挥了重要作用。但是，我省林业信息化建设整体进展不快，建设重复、标准多样，设备陈旧、系统老化，信息共享困难、资源浪费较重，建设和运维资金短缺，信息安全存在隐患。总的来看，加快推进我省林业信息化建设，具备了必要的基础条件，但面临的任务十分艰巨。各级林业主管部门要立足当地林业信息化建设实际，认真查找和分析薄弱环节，科学总结信息化建设的实践经验，力争在“十二五”期间创造性地开展工作，不断实现我省信息化建设的新突破。

二、指导思想、基本原则

（一）指导思想。以邓小平理论和“三个代表”重要思想为指导，深入贯彻落实科学发展观，按照现代林业建设的总体部署，以全面实现林业信息化为目标，以电子政务建设为重点，以信息资源开发利用和核心业务信息化为中心，以资源整合和信息共享为突破口，以完善体制机制为保障，统一规划、统一标准、统一制式、统一平台、统一管理，尽快形成布局科学、高效便捷、先进实用、稳定安全的林业信息化格局，为发展现代林业、建设生态文明、促进科学发展做出新贡献。

（二）基本原则。一是统一规划、统一标准。防止自成体系、重复建设和低水平应用，实现资源共享和协同作业；二是统一管理、分级负责。在国家林业局的统筹安排下，省林业局负责全省林业信息化基础性、公共性项目建设，各地林业部门分级负责当地林业信息化基础平台和应用系统建设；三是注重实用、适度超前。围绕和服务林业中心任务开展信息化建设，注重实用性、可操作性和先进性相结合；四是整合资源、信息共享。坚持统一平台、统一制式，加速基础性林业专题数据的标准化改造，促进互联互通，优化信息资源配置、提高信息资源效益；五是突出重点、稳步推进。优先抓好基础性、急用性项目建设，同时选择条件成熟的单位、领域进行重点突破，积累经验，指导全省乃至全国，带动林业信息化全面进步和发展。

三、目标任务

（一）总体目标。健全林业信息化管理和运行机制，建立覆盖全省林业部门的信息化体系，建成国内领先的信息化平台，全面提高林业信息化应用水平，实现林业信息资源共享，提供全面、快捷、准确的信息服务，增强决策支持和应急处理能力，提升林业管理水平。

（二）“十二五”期间目标任务。建成国家、省、市三级上下互联互通的林业电子政务系统和视频会议系统，全面提高省、市两级林业核心业务信息化覆盖率和林业部门无纸化办公率；加强林业信息网站建设管理，把全省各级林业部门的各专门网站、地方网站，作为省林业局门户网站的子网站进行集成，建成纵横互联互通的山东林业信息网站群；积极开展林业信息化示范省建设，探索和创新能够指导全国的应用系统，着力推进林业行政许可和行政审批项目实现网上咨询、在线处理；基本建成符合林业发展规律和实际需要的信息化标准体系、网络信息安全保障体系，全面提高林业网络信息安全应急处置能力、舆情监控能力；积极推进林业资源基础数据库和专项数据库建设，逐步实现资源整合和信息共享。到"十二五"末，基本完成我省林业信息化平台建设任务，为我省林业建设全面实现信息化奠定基础。

四、建设内容和重点

（一）林业信息化基础平台建设。各级林业部门要根据统一规划和标准，建立起统一的支持数据服务、业务应用及数据存储的高效稳定的主机及存储设备、基础应用系统，统一规划和分配网络地址，建成林业信息化的主要网络环境；加强数据标准化改造和整合，消除信息孤岛、实现资源共享；省和有条件的市级林业部门，要建立专门机房，保障机房能够在物理空间、配电系统、专用消防、防尘除电、结构化布线、机房屏蔽等方面，符合国家机房建设标准、信息安全等级保护的要求和信息化发展的需要。

（二）林业电子政务建设。各级林业部门应建立健全和进一步完善林业综合办公系统、公文传输系统，规范办公流程；省、市积极推进视频会议系统建设，提高落实上级决策部署的效能，逐步建成全省上下互动、全国纵横联通的我省林业综合办公的大平台。同时，做好林业部门门户网站升级改造和建设工作，逐步建成以省林业信息网为全省林业部门总门户网站，以各处室单位和各级林业部门专门网站为子网站，集信息公开、网上办事、互动交流等综合服务于一体的山东省林业网站群平台。

（三）林业资源监管系统建设。按照国家统一标准和应用软件，加快推进地理信息系统建设和公益林、沙化荒漠化、湿地及自然保护区等资源动态监测系统建设，逐步建立全省林业资源基础数据库，并实现与国家级系统间的无缝衔接。加快建立健全林业行政许可和林政管理、造林营林管理、林地林权管理、林业科研管理、林业有害生物防控、林业重点工程和项目资金监督管理、森林防火监控、林业种苗花卉和种质资源管理、林业场圃管理等应用系统和相关数据库，健全信息收集、处理、更新、交换机制。

（四）林业产业发展服务管理系统建设。建立公开、透明、开放的林业产业信息交流平台，做好重点企业动态监控和重点林产品的监测分析，建立并不断丰富全省林业产业基础数据库，为促进林业产业发展提供信息支持和决策依据。

（五）生态文化与远程教育培训系统建设。各级林业主管部门通过门户网站和内部办公网络，建立健全现代林业远程教育培训系统，为林业干部职工和林农学习了解林业科技知识搭建互动平台；加快以林业数字图书馆、森林文化网上博物馆、网上博览会和生态文化图片音像资料、生态基础知识等为重点内容的森林文化数据库和互动应用系统建设。

（六）林业信息化管理规范和安全标准体系建设。参照国家发布的信息化标准和国家林业局制定的林业信息化标准规范体系，合理编制和完善全省林业信息化建设标准和技术规范。按照"谁主管谁负责、谁运行谁负责”的要求，建立信息发布审批等各项管理制度，明确层级和岗位职责；紧跟信息技术发展，定期进行安全知识和管理技能培训，健全覆盖全省林业部门的信息安全体系，确保林业信息化建设顺利进行，确保网络、设备、系统、应用、数据安全。

五、保障措施

（一）强化组织领导。各级林业部门要从战略、全局高度来认识、支持和重视林业信息化建设，进一步增强加快我省林业信息化建设的责任感、使命感和紧迫感，切实把林业信息化作为发展现代林业、建设生态文明、实现林业科学发展的首要任务，摆上重要议事日程。要逐级成立主要领导为组长的林业信息化建设领导小组，部署和督导当地林业信息化建设工作，协调解决信息化发展中的实际困难和突出问题，为加快林业信息化发展提供有力的组织保障。

（二）加强组织机构建设。各级林业主管部门要积极协调当地组织人事部门，尽快成立林业信息化工作专职机构，明确职能编制，落实工作人员；暂时不能成立专门工作机构的，也要明确职能管理机构和专职管理人员。要理顺工作关系，形成信息化工作归口管理、上下联动的工作机制。防止出现各自为政、重复投资和低水平建设等问题。

（三）加大资金投入力度。各级林业主管部门要积极争取财政、发改、经信等有关部门的支持，把林业信息化建设纳入地方信息化建设总体规划和财政投资范围，有条件的地方要积极争取设立林业信息化建设专项资金。要积极开辟各种资金渠道，鼓励林业科研教育部门、企事业单位积极申请国家、地方相关科研课题和信息化建设项目，扩大各级各类建设经费支持。要妥善安排系统运行维护、基础设施、应用系统升级换代及培训等年度专项投资，为信息化建设成果的长期稳定运行提供必要保障。

（四）健全政策保障机制。要坚持“建、管、用”并重原则，健全建设、管理、应用推广和运行维护等方面管理机制，为林业信息化的可持续发展提供政策保障。要建立健全林业信息化建设与运行考核评估机制，按照国家有关考评标准，对各级林业部门建设和运行的信息化系统，从标准规范性、格式统一性、系统稳定性、服务多样性、资源共享性等方面进行综合考核评比。对信息化建设严重滞后、考核评比不合格的，要通报批评并采取其他调控措施，确保我省林业信息化建设整体水平走在全国前列。

（五）加快人才队伍建设，加强合作与交流。要注重技术队伍建设，加大人才教育培养力度，健全吸引人才、留住人才的激励机制和用人机制，吸引高水平信息技术和高素质管理人才，鼓励信息化高科技企业参与林业信息化建设，不断提高林业信息化管理和技术水平。要下大力气普及信息技术知识，整体提高林业部门干部职工信息化工作技能和素养。要结合林业工作需要和信息技术特点，加强与其他行业、省内外林业部门间的交流与合作，提高对关键技术、先进经验的消化吸收能力和自主创新能力。

（六）健全工作协作机制。林业信息化事关现代林业发展大局，事关各级林业主管部门及其内部机构的长远利益。各级林业部门及有关单位要牢固树立一盘棋的思想，加强沟通、全力配合、密切协作，坚决打破资源分散、数据封闭和信息垄断的状况，严格按照统一规划和建设标准，进行资源优化配置和信息有效共享，形成创新林业信息化工作的合力，不断推进全省林业信息化建设又好又快发展。

山东省林业局

二〇一二年二月二十七日

资料来源：山东省林业局．2012－03－27. 山东省林业局关于加快林业信息化建设的指导意见［EB/OL］. http://www.sdly.gov.cn/channels/ch00163/201203/80982916－e300－4f0d－a41e－21773ad57d23.htm

4. 吉林省林业厅。吉林省林业厅十分重视林业信息化政策建设，先后出台了多个重要政策文件，为全省林业信息化全面加快发展提供了重要指导和有力保证。2012 年 3 月，印发了《吉林省林业厅关于启动吉林省林业信息化示范县建设工作的通知》(吉林信〔2012〕78 号)。2012 年 10 月，印发了《吉林省林业厅关于加强网络和信息安全管理工作的通知》(吉林信〔2012〕545 号)，提出了建立健全网络和信息安全管理制度、加强网站信息发布审查监管等五个方面的工作要求。

为深入贯彻落实第三届全国林业信息化工作会议精神和《国家林业局关于进一步加快林业信息化发展的指导意见》，积极推进吉林省智慧林业建设，2013 年 9 月，吉林省林业厅印发了《加快吉林省林业信息化发展的实施意见》(吉林信〔2013〕459 号)，明确了当前和今后一个时期全省林业信息化建设的指导思想和主要任务，提出了五个方面的具体措施和工作要求(专栏 3-7)。

专栏 3-7

吉林省林业厅关于印发《加快吉林省林业信息化发展的实施意见》的通知

吉林信〔2013〕459 号

各市(州)林业(管、芦苇)局、长白山开发区林业局、吉林森工集团，各县(市、区)林业(芦苇)局，各国有林业局、森林经营局，林业厅各事业单位，厅机关各处室：

《加快吉林省林业信息化发展的实施意见》已经厅党组讨论通过。现印发给你们，请结合实际，认真贯彻落实。

吉林省林业厅

2013 年 9 月 6 日

加快吉林省林业信息化发展的实施意见

为充分发挥信息化在林业改革发展进程中的基础性、支柱性、先导性地位和作用，加快吉林省林业信息化建设步伐，切实保障现代林业科学发展，更好地服务于全省生态建设和林业民生改善，推进生态文明和美丽吉林建设，依据有关法律法规及规定，提出如下实施意见。

一、指导思想和主要任务

(一)信息化建设指导思想。以科学发展观为指导，深入贯彻落实省委省政府电子政务建设总体部署和《全国林业信息化建设纲要》、《中国智慧林业发展指导意见》、《国家林业局关于进一步加快林业信息化发展的指导意见》等林业信息化建设要求，紧紧围绕全省林业中心工作，突出提升林业资源监管和公共服务能力，加快资源整合和融合创新，按需开展信息资源开发利用，健全信息化发展长效保障机制，建成互联互通、布局合理、智能感知、科学高效、安全稳定的信息化发展新格局，努力推进“数字林业、智慧林业、泛在林业”三步走发展战略，为发展现代林业，建设美丽吉林做出更大贡献。

(二)信息化建设主要任务。按照全省林业信息化建设指导思想，遵循林业信息化建设“统一规划、统一标准、统一制式、统一平台、统一管理”的基本原则，加速推进“十二五”和中长期发展规划全面实施，按照国家关于“平台上移、应用下移”的信息化建设要求，引进云计算、物联网、大数据、移动互联等新一代信息技术，强化顶层设计，实施多元投入、分工协作、集约建设模式，全面开展林业信息化“四大”项目建设，建成全省统一大应急指挥中心、大数据库、大办公平台、大网站群，推进全省林业信息化早日实现感知化、物联化、智能化的智慧林业建设目标。

二、加强项目建设和管理

(三)畅通全省林业信息化高速公路。加速推进吉林省林业专网和外网网络建设，加强具有基础性、公共性意义的信息化基础设施建设，完善吉林省林业核心应用支撑平台体系建设，构建覆盖全省林业的信息高速公路，实现各级林业行政主管部门和林业企事业单位信息化资源融合、共享。除涉及国家秘密或者法律法规另有规定的，建设林业信息化应用系统、基础数据库和网站必须统一集成于吉林省林业专网或外网服务器，在统一平台上经授权后管理使用。

(四)努力建设全省林业应急指挥中心。以提高林业行业灾害应急管理水平为目的，建设省级林业应急指挥中心，逐级完善森林防火监控与应急指挥系统、林业有害生物监测与防控管理系统、野生动物疫源疫病监测与防控管理系统和沙尘暴监测与防控管理系统。

(五)努力建设吉林林业大数据库。遵循统一标准、资源共享，互联互通、安全可靠的管理原则，建设吉林林业统一数据库。加强新建林业数据库顶层设计；推进以传统载体保存的公文、档案、资料等信息资源的政务办公数字化进程；做好已有公共基础、林业基础、森林工程管理、森林保护、综合管理类数据资源标准化改造、资源整合和开发利用。打造林业数据资源整合优势，杜绝各自为政、重复建设，市、县级林业主管部门已经建设的数据中心，要统一整合到省级林业数据分中心，逐步取消市、县级林业数据中心。对于具有经济和社会价值、允许加工利用的数据资源，有序组织进行合理开发利用，鼓励社会力量参与进行增值开发利用，深度挖掘数据资源价值。

（六）**努力建设吉林林业大办公平台**。以国家和省级林业专网平台为依托，打造全业务、全流程信息共享和业务协同统一办公平台，加强综合办公、信息发布、在线学习、互动交流和网上审批等功能建设，建设森林资源、荒漠化土地资源、湿地资源、生物多样性资源等林业资源监管系统，推进营造林管理、林业灾害防控与应急、林权改革管理、林业经济运行服务等各类业务应用系统的无缝对接，促进各层级、各单位综合办公信息共享和业务协同。市、县级林业主管部门原则上不再建设独立办公平台，逐步转变为系统终端用户。

（七）**努力建设吉林林业大网站群**。以国家林业局和吉林省林业厅门户网站为依托，加强市、县级林业行政主管部门子网站建设，加强森林公园、自然保护区等专项网站资源整合，加快打造业务面广、时效性强、功能完善、方便快捷的吉林林业门户网站群。依法依规做好信息公开工作，加强林业生态监测、林业灾害监测与预报预警、林产品质量安全检验检测、林业经济运行监测和宏观调控等公益性信息的实时采集与发布。加大向农村、欠发达地区和社会困难群体提供林业公益性信息服务的力度，确保公众的知情权、监督权和利用权。坚持及时准确、公开透明原则，强化外网受理、内网办理、外网反馈机制，提高行政审批效率和信息公开水平。搭建吉林林业电子商务交易平台，开展林产品交易、林权流转、森林资源转让等电子商务试点，推进林业电子商务快速发展。

（八）**建立吉林林业信息化标准体系**。稳步推进已建数据库和应用系统的标准化改造，扎实开展新建数据库和应用系统的标准化建设，建立健全以行业和地方标准为主体，企业标准为补充，涵盖林业信息化建设、应用、管理全过程的全省林业信息化标准体系。

（九）**加强全省林业信息化建设项目管理**。吉林省林业信息化建设项目应当符合《全国林业信息化建设纲要》、《全国林业信息化建设技术指南》和吉林省林业信息化发展规划精神，并基于全省林业信息化统一平台，统一标准建设。

吉林省林业信息化建设项目主要包括：林业网站、应用系统、应用支撑、数据库、信息化基础设施、标准规范体系、安全与综合管理体系、林业信息资源开发利用项目的建设、运维、升级改造等。

吉林省林业信息化建设项目的立项、建设、验收等严格执行国家和吉林省基本建设程序有关规定。

（十）**信息化建设项目立项管理**。各级林业行政主管部门和林业企事业单位按照吉林省林业信息化建设发展规划有关要求，结合本地、本单位工作实际，组织开展本地、本单位林业信息化项目立项申请工作，按照基本建设程序报有关部门批准后组织实施。拟报国家和省级重大信息化建设项目应于每年 2 月底前提出下一年度本地、本单位需求，报吉林省林业信息化工作领导小组。

（十一）**省级重大林业信息化建设项目管理**。省级重大林业信息化建设项目是指建设资金额度超过 100 万元，或对林业信息化建设具有特殊推进意义的项目。要加强省级重大林业信息化项目的立项审查和验收评估。

省级重大林业信息化建设项目要符合全省林业信息化建设发展规划要求，立项申请由吉林省林业信息中心组织起草，经专家评审，报吉林省林业信息化工作领导小组审定，按基本建设程序报批后组织实施。

省级重大林业信息化建设项目验收评估要严格按照国家有关要求，组织技术、财务和管理专家，以集中会议或现场验收方式，对计划期内项目整体完成情况进行评估和验收，形成项目成果总结和推广应用方案后，视为验收通过。

（十二）涉密信息化建设项目管理。涉及国家秘密的林业信息化建设项目，需同步制定保密方案，报吉林省林业厅保密管理部门或者当地保密局审批同意后申报立项。

涉密信息系统应当由具有国家和吉林省保密局认可的具有相应涉密资质的机构设计开发，建设必须选用国家和吉林省保密局、国家和吉林省密码管理局认定的产品，建成后应当由国家和吉林省保密局或者其认定的测评机构进行测评。未经测评或者测评未通过的，不得交付使用。

三、强化体制机制的建立

（十三）建立全省林业信息化重大问题科学决策咨询制度和日常会商制度。成立吉林省林业信息化决策咨询委员会，建立咨询委员信息库。定期、不定期地开展日常会商和重大问题科学决策咨询会商。

（十四）建立全省林业信息化发展水平评测和吉林林业网子站绩效评估机制。每年组织开展一次全省林业信息化发展水平评测和吉林林业网网站绩效评估工作，评估结果作为林业信息化建设项目投资考核内容之一，以评促建、以评促管、以评促用，推进全省林业信息化科学化、规范化发展。

（十五）建立技术应用创新机制。建立林业信息化交流合作机制，拓宽与科研院所的合作领域，开展林业信息化基础应用和标准化建设科学研究，努力形成多渠道、多层次、多形式、全方位的交流合作格局。推进林业信息化工程技术研究所和重点实验室建设，加快关键技术研发和成果转化。加强移动性、宽带化和视频化等技术创新应用，集成云计算、移动互联网、无障碍访问等先进技术，加快林业信息化技术平台优化改造，提高林业系统公共服务能力。

（十六）健全网络运行管理分工负责制。吉林省林业厅网络系统的运行维护工作，按照《吉林林业网管理办法》、《吉林省林业厅办公网管理办法》、《吉林省林业专网管理办法》和《吉林省林业厅中心机房管理办法》等规范性文件要求实行分工负责制，强化协作共享，提高整体效能。

（十七）建立网站内容保障机制。吉林林业网以子站为内容保障支撑，综合采用文字、图片、音视频等形式依法公开林业信息；建立吉林林业新闻发言人和网站首席信息官制度，及时主动发布权威信息，对涉及吉林林业的重大事项、重要活动、社会关注的热点问题、公共政策、公共服务、政府决策等与公众利益直接相关的问题，开展多种形式的政策解读，深化公开内容，推进服务型政府职能转变。

（十八）建立网络舆情引导处置机制。加强网上舆情分析研判，通过吉林林业网络舆情研判导控平台，及时发现、掌握、处置网上敏感热点舆情；建立重大突发事件信息公开快速响应机制，建设官方微信、微博，积极主动正向引导网上舆论；实行网上咨询服务分工协作机制，通过网上政民互动平台，实现林业部门与社会公众的及时沟通。

四、加大政策扶持力度

(十九)建立林业信息化发展专项资金。强化信息化建设财政投资的主体地位，统筹资金、分步推进吉林省林业信息化中长期发展规划。建立林业信息化发展专项资金，专项用于信息化建设和推广应用，并确保年度投入稳中有升。

(二十)加大信息化示范单位的政策性资金投入。鼓励各地、各单位积极推广共建信息化系统、共享信息化成果的“滚雪球”建设模式。对纳入国家林业信息化示范单位、省级林业信息化试点单位的重大信息化建设项目，优先给予政策性资金扶持。

(二十一)建立专项资金管理长效机制。积极争取财政部门支持，将吉林林业网络系统运行管理和维护所需费用列入省级部门预算。各级林业行政主管部门和林业企事业单位信息系统的维护和管理，所需费用列入本地、本单位财务支出计划，切实保障林业信息化建设资金需要。建立健全专项资金测算标准，做到有据可依、有据必依、应保尽保、科学使用。

(二十二)积极吸收社会资本参与建设。按照“政府主导、社会参与、市场运作、林农受益”的基本思路，积极扶持和引导社会力量参与林业信息化建设。着力完善市场准入、财政补贴、税收减免、投融资政策等一系列优惠政策。鼓励各类实体和公众投资林业信息资源开发利用领域，推动林业信息服务的社会化。积极探索多方合作新机制，不断赋予林业信息化新的生机与活力。

五、健全信息化安全保障体系

(二十三)加强林业信息安全基础设施建设。加强林业中心机房、林业专网及其相关设施设备的物理安全、网络安全基础设施建设。林业专网应用单位要配备网络安全员，负责日常网络安全隐患自查，发现问题及时报告处理。

(二十四)落实信息安全等级保护制度。按照国家信息安全等级保护相关要求开展信息系统等级保护定级、测评、整改，以信息安全等级保护标准加固林业信息化建设安全防御，每年按照规定进行测评、备案和检查，公布相关结果。

(二十五)建立信息安全应急管理制度。成立吉林省林业信息化安全应急管理机构，建立长效工作机制，落实各级林业信息化建设安全责任。建立完善日常信息安全监测和预警响应制度，不断提升容灾、备灾能力。定期开展林业信息化系统平台、专业应用、数据资源安全隐患排查和网络安全应急演练，加强值班备勤，提高对突发信息安全事件(事故)的处置、管控能力。

六、加强信息化工作领导

(二十六)加强信息化建设行业指导。各级林业行政主管部门要将林业信息化建设作为“一把手工程”列入重要议事日程。吉林省林业厅成立吉林省林业信息化工作领导小组，厅长任信息化工作领导小组组长，作为全省林业信息化工作的领导决策机构，负责吉林省林业信息化发展战略、信息化工程和重大举措的决策部署和监督指导。

吉林省林业信息化工作领导小组下设办公室，设在吉林省林业信息中心，为领导小组日常办事机构，具体负责组织、协调、管理、指导、监督、实施吉林省林业信息化工作，承办领导小组日常工作及领导小组交办的其他工作。

（二十七）健全林业信息化组织机构。吉林省林业信息化遵循统一领导、分级管理原则，按照决策、管理、执行、监督四位一体运行模式架构。各级林业行政主管部门都要成立林业信息化工作组织机构，负责综合协调、指导监督并具体实施本地区林业信息化发展，配齐配强信息化管理工作人员，健全省、市、县三级林业信息化组织保障体系。全省林业各企、事业单位组织落实本单位林业信息化建设任务，接受直接主管林业行政部门的指导和监督。

（二十八）统筹规划协作发展。吉林省林业信息化发展规划根据国家信息化发展方针、政策、规划和现代林业发展要求，以融合创新、互联共享为目标制定。吉林省林业信息化建设发展近期规划每五年为一周期，中长期发展规划每十年为一周期。由吉林省林业信息中心会同省林业厅相关处室制定，按照相关规定组织专家论证，经吉林省信息化工作领导小组审定上报国家林业局、省政府审批同意后实施。

各级林业行政主管部门和林业企事业单位按照国家、省信息化建设要求，组织编制本地、本单位林业信息化建设发展规划，并报吉林省林业信息中心备案。

为避免重复建设和资源浪费，吉林省林业厅组织编制的其他行业性发展规划、计划，如涉及林业信息化建设内容，应会同吉林省林业信息中心组织进行专家论证。相关规划、计划经会商确定后抄送吉林省林业信息中心备案。

各级林业行政主管部门组织编制的其他行业性发展规划、计划，如涉及林业信息化建设内容，应征求本单位信息化管理部门意见。相关规划、计划经批准后抄送本单位信息化管理部门备案。

资料来源：吉林省林业厅. 2013－12－13. 吉林省林业厅关于印发《加快吉林省林业信息化发展的实施意见》的通知. http：//bgs. jlforestry. gov. cn/gzdt/gcgl/201312/t20131213_ 8205. html.

5. 四川省林业厅。近年来，四川省林业厅十分重视林业信息化建设，继出台《四川省林业信息化工作管理办法》之后，2014 年 3 月又印发了《四川省林业厅关于进一步规范发展林业信息化的指导意见》（川林发〔2014〕21 号），为全省林业信息化全面加快发展提供了重要指导和有力保证（专栏 3-8）。

专栏 3-8

四川省林业厅关于进一步规范发展林业信息化的指导意见

川林发〔2014〕21 号

各市、州林业（林业和园林）局，各扩权强县试点县林业（林业和园林）局，厅直属有关单位，厅机关各处室：

为全面贯彻落实党的十八大和全国林业厅局长会议、第三届全国林业信息化工作会议精神，根据国家林业局发布的《关于进一步加快林业信息化发展的指导意见》和《中国智慧林业发展指导意见》，为进一步加快四川林业信息化发展，科学、高效地推动四川林业“162”发展思路，现提出如下意见。

一、林业信息化建设的总体要求

当前和今后一个时期，林业信息化建设的总体要求是：认真贯彻落实国家林业局《关于进一步加快林业信息化发展的指导意见》和《中国智慧林业发展指导意见》，以应用需求为导向，以融合创新为动力，以重点工程为抓手，以新一代信息技术为支撑，全面推动四川林业信息化建设，努力服务六个林业、实现两个跨越，为建设生态文明、美丽四川做出新贡献。

二、林业信息化建设框架和原则

强化规范、标准和统一，我省全面实施“12345”林业信息化建设框架和原则。

（一）“1”即坚持全省只建一个林业数据中心（包括一个灾备中心）。已建数据中心要进行整合，逐步实现共享，确保所有业务系统的互联互通，降低建设和运维成本，减轻市州、区县的负担，避免重复投资、重复建设。

（二）“2”即坚持以内网平台和外网平台两大平台为顶层架构，搭载全省林业相关业务系统。各业务系统在项目设计、申报和建设时要统筹兼顾与这两大平台的可兼容性、可连续性和可延伸性，确保互联互通，高效运行。

（三）“3”即按照《四川省林业信息化工作管理办法》，坚持在同一项目建设中软硬件、系统运维、网络安全三项标准和要求，同步设计、同步实施、同步运行。项目申报和实施要把建设经费和运维经费一起纳入预算，确保系统建设后能运行，有维护。

（四）“4”即建设林业信息化的主体和路径是省、市（州）、县（区）、镇（乡）四级林业部门融汇贯通和一脉相承，坚持业务系统落实到林间山头地块。林业信息化项目建设要坚持这一路径，避免层级分割、覆盖不全。

（五）“5”即“统一规划、统一标准、统一制式、统一平台、统一管理”。按照国家林业局信息化建设的要求和标准，“五个统一”要贯穿信息化建设始终，避免“信息孤岛”，造成浪费和损失。

三、业务应用系统建设方向和途径

根据全省林业“162”发展思路和目标，各业务系统要紧紧围绕建设六个林业进行科学化建设。

（一）构建智慧生态价值体系，打造生态林业。进一步加大新一代信息技术在天然林保护、退耕还林、野生动植物保护、湿地保护恢复、森林公园、防沙治沙和石漠化综合治理、灾区生态修复、国家和省级生态功能区等重点生态工程中的应用，争取实现对林业资源的全面、实时监控。一是依托云计算等技术，加快推进营造林管理改革步伐，争取实现营造林数字化管理。二是利用物联网技术，构建完善的森林资源、湿地资源、野生动植物资源监管体系，推进自然保护区和森林公园现代化建设。三是利用3S及北斗导航技术，实时监控森林防火、川西北地区林地沙化及岩溶地区石漠化动态变化，全面掌握地震和洪涝灾区生态修复状况，不断提升能力水平，着力彰显林业的生态建设主体地位。

（二）完善智慧林业产业体系，建设民生林业。围绕发展木竹、特色经济林、林下种养、苗木花卉、野生动物繁育利用、生态旅游等六大重点产业及特色林产品，着力深化信息技术的应用，构建面向企业、林农及新型林区建设的综合性公共服务平台，努力提升公共服务信息化水平，发展林产品电子商务，促进林业产业物联网建设和应用。

（三）建设智慧林业法治体系，推进法治林业。一是依托全省行政权力公开透明运行平台，逐步做到林业行政权力行使规范、运行公开、结果公正、监督有力。充分利用林业信息网络资源，整合林业政策法规、执法等信息数据，建立林业法治信息管理平台。二是建设林地保护智能管理系统，做好重大工程征占用林地的数字化服务工作。三是建设全省林木采伐运输管理系统，实现保护、采伐、运输、销售等环节数字化监控。四是建设森林防火、林业有害生物等自然灾害防控体系，做到灾情早发现、早处置，有效保护森林资源。

（四）打造智慧科技创新体系，提升效益林业。利用新兴信息技术加快林业科技与林业产业的有机融合，延伸上下游产业链。用信息化突破新兴林产业的发展瓶颈，促进高新技术产业化，全面提升林业生态、经济和社会效益。

（五）健全智慧生态文化体系，繁荣人文林业。用生态文化正能量引导民众科学认识现代林业的地位和作用，全面提升人文林业意识和素养。一是建设智慧林业网络文化馆，全面展示林业生态文明建设成就，提高人林互动水平。二是建设全省城乡绿化统一管理信息系统，建设国土绿化数字地图。三是在数字卧龙基础上深化建设智慧卧龙，让大熊猫成为联系中国和世界的纽带。四是建设网络生态文化教育基地，充分挖掘森林、湿地、花卉、竹、茶等生态文化内涵。

（六）夯实智慧基层基础体系，完善服务林业。一是建设智慧林业社区，构建线上、线下相结合的林业社区管理服务系统，涵盖政务、管理、服务、生产、生活等方面，提高林区民生质量。二是在林业职能部门、科研院所、科技企业、林农之间搭建自助诊治、远程诊断、有害生物防治便民服务平台，为林农和用户提供方便、快捷的公共服务。三是建设在线林业科教平台，提升林业智慧社区服务水平。

四、林业信息化建设的重点和措施

（一）完善林业信息化基础设施。按照国家林业局统一部署，加快完善覆盖省、市、县和重点乡镇的信息网络，提高信息的共享利用及安全保障水平。完善和充分利用林业网络资源，降低行政成本，提高工作效率。着力推进偏远林区、基层单位的网络建设，破解林业信息交互“最后一公里”难题。

（二）强化林业信息资源整合。按照集约化理念，重点推进省级林业数据中心建设，建立和完善林业信息资源目录体系与交换体系，促进数据的大集中、共建共享和业务协同。市、县级已建林业数据中心，要按照国家林业信息化标准和信息安全等级保护要求进行完善，采取所有权、管理权和使用权适度分离的原则，逐步汇集到省级林业数据中心。原则上不再新建市、县级林业数据中心。依托内网平台、外网平台和涉密网平台，加强信息交换及整合，推进与国土、气象、交通、测绘、水利等部门信息共享平台建设，促进信息资源共享和利用。全省林业系统新建信息化项目，要严格执行国家林业信息化标准的有关规定，切实做到按标准设计、按标准施工、按标准验收；已建林业信息化系统，要按照林业信息化标准做好整合工作，逐步统一标准，努力实现信息共享、互联互通。

（三）**加强林业网站群建设**。依托四川林业网站群，大力推进网站整合，加快地方林业网站建设，打造纵向到底的林业门户网站群。按照业务领域，协同推进各类林业专题网站建设，打造横向到边的林业专业网站群，加快网站国际化，逐步推出外文栏目和网站，实现网站服务对象由行业向社会的重大转变。积极推进林业微门户、微博、微信等信息发布和互动交流平台建设，努力开创林业网站发展新局面。开展网上林业政务大厅与电子监察系统建设，强化外网受理、内网办理、外网反馈机制，提高行政审批效率和信息公开水平，促进廉洁型、服务型、效能型、法制型政府建设。

（四）**推进林业办公网群建设**。以架构优化、共享协同为导向，加快建设省林业厅办公网，逐步覆盖林业系统内各级用户，并实现与国家林业局办公网的互联互通。市、县级林业主管部门将重点放在深化业务应用和提高服务水平上来。强化办公网信息更新、综合办公、数据共享、业务协同、在线学习、互动交流等功能，不断提高办公网的实用性。

（五）**推进林业信息化示范市县建设**。对照示范主题和示范方案，认真组织开展我省全国林业信息化示范市州和示范县区建设，确保工作进度和质量。既要强调典型应用和技术突破，又要注重理念创新、政策创新、管理创新和机制创新。加大对示范工作的政策、技术和资金支持，加强检查指导和总结推广，完善动态评估与激励机制，切实提高示范成效，充分发挥示范的引领带动作用。

（六）**建立健全信息安全责任体系**。从维护网络信息安全全局出发，充分认识加强信息安全工作的重要性和紧迫性，切实加强组织领导，强化领导责任。充实工作力量，完善规章制度，落实工作经费，为信息安全工作创造必要条件。加强安全与保密部门的协作联动，强化重点领域、关键岗位、敏感环节的安全保密专项审查。坚持日常巡检与定期检查、不定期抽查相结合，严格落实岗位责任制。完善信息安全集中监控体系，加强运维人员安全技能培训，提高信息安全事件监测预警能力。开展全员信息安全教育，提高广大干部职工的安全意识、责任意识和防范能力。充分发挥有关专家、相关组织在信息安全工作中的支撑作用。

（七）**建立行之有效的长效投入机制**。积极争取各级政府投入，纳入同级财政预算，确保项目有投入、运维有资金、建设有保障，完善林业信息化长效投入机制。建立健全合力共建的投入机制，加大林业建设项目中信息化投资的整合力度，确保资金落到实处。鼓励探索多方合作的新机制，充分发挥市场在资源配置中的决定性作用，积极支持和引导社会力量投资林业信息化，不断赋予林业信息化建设新的生机与活力。

（八）**创新管理体制，加大教育培训和人才培养力度**。巩固林业信息化“一把手工程”的定位，充分发挥各级林业信息化工作领导小组的作用。市、县级林业主管部门应结合本地实际，落实专职人员负责、兼职人员协作、专业技术企业支撑的管理机制。加强岗前和在岗信息化教育培训，提高广大干部职工的信息化意识和信息技术应用能力。专题培训与远程教育相结合，有序推进林业信息化复合型人才培养。

四川省林业厅
2014年3月27日

资料来源：四川省林业厅．2014－05－30．四川省林业厅关于进一步规范发展林业信息化的指导意见．http：//www.greenchina.tv/news－8968.xhtml

三、政策体系现状评价

综上所述，在国家林业局的正确领导下，近年来特别是2009年以来，我国林业信息化政策体系建设不断加强，政策的指导作用得到了较好发挥。同时，与公安、交通、商务等先进行业相比，林业信息化政策体系建设还存在较大差距，不能满足林业信息化全面加快发展的需要。具体表现在以下几个方面：

（一）国家层面的政策日趋完善。近年来，国家林业局先后印发了《全国林业信息化建设纲要（2008～2020年）》、《全国林业信息化建设技术指南（2008～2020年）》、《全国林业信息化发展“十二五”规划（2011～2015年）》《国家林业局关于进一步加快林业信息化发展的指导意见》、《中国智慧林业发展指导意见》等重要政策文件，连续召开了三届全国林业信息化工作会议，对相关政策进行了解读并提出了贯彻落实的要求。通过开展中国林业信息化发展战略研究，提出了到2030年的“三步走”发展战略（数字林业、智慧林业、泛在林业）。可以看出，国家林业局对全国林业信息化的发展形势、建设任务、保障措施等有明确的认识，各项政策环环相扣、逐步递进、日趋完善。下一步要结合智慧林业建设的总体思路，细化各项政策措施，提高政策的针对性、时效性、协调性和可操作性。

（二）省级层面的政策亟待加强。近年来，各省林业信息化建设均取得了不同程度的进步，总的来看，东中部经济较发达地区显著快于西部经济欠发达地区，这从林业信息化政策建设成效上也能得以管窥。比如辽宁、湖南、北京、江西、河南、吉林、湖北、四川等省，通过出台相关政策，统一了思想认识和工作步骤，明显促进了林业信息化发展。但总体来看，各省在学习领会国家政策、制定本省配套政策方面还有很大差距，特别是在如何加强机构队伍建设、如何加强信息资源整合共享、如何推进信息资源开发利用、如何统筹推进“四化”同步发展、如何做好信息化资金保障、如何利用两种资源两个市场推进智慧林业建设等方面，各省还需要结合本地实际，抓紧出台细化政策措施。

（三）政策的执行力度需要加大。林业信息化要发展，制定政策是基础，执行政策是关键。要把提高执行力放在突出位置，通过加强政策解读、加强人员培训、加强工作指导、加强信息反馈、加强绩效评估等措施，及时解疑释惑，适时调整政策，切实把想法变成行动，把行动变成结果，实现全国林业信息化的平衡、协调、可持续发展。

第四章　林业信息化管理体制建设现状

我国林业信息化管理工作由各级林业主管部门分级负责，上下级之间为行业业务指导关系。近年来，在国家林业局的高位推动下，国家和省级林业主管部门绝大部分都成立了专门的信息化机构，部分市、县林业主管部门也成立了专门的信息化机构，林业信息化队伍不断壮大，组织管理体系日益健全。剖析林业信息化管理体制的历史演进及建设现状，有利于肯定成绩、知晓差距、明确努力方向，进而建立健全管理机构，深化管理体制改革，形成适应信息化发展规律、遵循国家相关规定、满足生态林业民生林业发展要求的林业信息化管理体制。

一、国家层面的管理体制

近年来，国家林业局按照国家信息化的战略部署和要求，成立了林业信息化专职管理机构，强化了信息化协调机构建设，为全面推进林业信息化事业提供了重要保证。

（一）机构设置及职能定位。林业信息化和电子政务建设是全面推进国家林业治理体系和治理能力现代化的迫切需要。林业既是重要的公益事业，又是重要的基础产业，工作涉及面广，社会关注度高，因此发展林业信息化和电子政务，不仅是林业部门落实党的十八大和十八届二中、三中全会精神的重要体现，也是林业部门改进管理方式、转变发展思路、提高服务水平的必然要求。其中，建立健全管理体制是发展林业信息化和电子政务的基础性工作。近年来，国家林业局十分重视林业信息化的组织机构建设，经过努力争取，已经成立了专门的管理机构，改变了过去职责不清晰、协调能力弱等问题。

我国林业信息化起步于20世纪70年代后期，是伴随着国家信息化建设的起步而起步的。与其他行业相比，属于信息化起步较早的行业。早在1987年，原林业部就成立了“林业部经济信息系统建设领导小组”。随着现代信息技术在林业重点业务领域的应用不断被拓展和深化，为加强林业信息化建设与应用工作，1995年2月，林业部部长办公会议决定将“林业部经济信息系统建设领导小组”更名为“林业部信息工作领导小组”。1995年4月，中央编办批复同意成立林业部信息中心，核批事业编制35人。1997年4月全国信息化工作会议召开后，林业部正式成立了以副部长为组长的林业部信息化工作领导小组。1998 年国家实施天然林资源保护工程后，为成立国家林业局天然林保护工程管理中心，中央编办按照“撤一建一”的原则撤销了林业部信息中心。从 2000 年起，国家林业局明确局办公室为林业信息化建设与应用的综合协调和监督管理部门，局规划院负责技术保障和服务工作。

为贯彻落实党中央、国务院关于加强信息化建设的战略部署，推进林业信息化建设，国家林业局于 2009 年 1 月下发通知（林办发〔2009〕21 号），决定成立国家林业局信息化管理办公室（简称“信息办”）。信息办在国家林业局的统一领导下，负责综合协调、指导监督全国林业信息化与电子政务工作。

2009 年 3 月，全国林业信息化工作领导小组成立，时任国家林业局局长贾治邦任组长。这是全国林业信息化的最高决策和协调机构。领导小组下设办公室，办公室设在局信息办。2009 年 4 月，经国家标准化管理委员会批准，全国林业信息数据标准化技术委员会在京成立。

2010 年 3 月，中央编办批复同意成立国家林业局信息中心（中央编办复字〔2010〕55 号）。2010 年 6 月，《国家林业局关于成立国家林业局信息中心的通知》（林人发〔2010〕156 号）印发。《通知》明确，国家林业局信息中心受国家林业局委托，承担组织、协调、指导、监督、管理全国林业信息化建设和电子政务工作，主要职责是：组织拟定全国林业信息化与电子政务建设的政策措施、规章制度、技术规定、行业标准、总体规划和年度计划，并监督执行；负责林业基础数据和重点数据库、应用系统、网站、网络的组织协调、建设维护和监督管理工作以及国家林业局中心机房的建设管理；承担林业系统信息资源的共享、使用和发布，负责与其他部委、单位和国际组织开展信息化方面的合作交流；负责林业信息化重点项目的设计、组织实施、检查验收、技术培训；承担自然资源和地理空间基础信息库等国家重点信息库林业分中心和全国林业信息数据标准化技术委员会秘书处工作；承担国家林业局机关文印和信息咨询服务；承担国家林业局交办的其他事项。国家林业局信息中心为国家林业局直属正司局级事业单位，事业编制 30 名，中心领导职数一正三副。根据工作需要，在国家林业局信息中心加挂“国家林业局信息化管理办公室”牌子，承担全国林业信息化工作领导小组办公室、国家林业局信息化与电子政务工作领导小组办公室的工作。

2010 年 7 月，国家林业局印发《全国林业信息化工作管理办法》，进一步明确了全国林业信息化和国家林业局信息化的管理体制。如，《办法》第二条规定：全国林业信息化工作遵循统一领导、分级管理，统筹规划、分步实施，统一标准、资源共享，互联互通、安全可靠的管理原则。第三条规定：全国林业信息化工作领导小组，是全国林业信息化工作的领导决策机构，负责决策部署全国林业信息化工作的发展战略、重大举措。第四条规定：国家林业局信息化与电子政务工作领导小组，是国家林业局信息化工作的领导决策机构，负责确定国家林业局信息化工作的发展战略和重大举措。第五条规定：全国林业信息化工作领导小组办公室和国家林业局信息化与电子政务工作领导小组办公室为领导小组日常办事机构，设在国家林业局信息化管理办公室，负责组织、协调、管理、指导、监督、实施全国林业信息化工作，承办领导小组日常工作及领导小组交办的其他工作。各省级林业主管部门负责综合协调、指导监督并具体实施本地林业信息化工作。

2010 年 7 月，国家林业局批准局信息中心内设综合规划处、电子政务与网站管理处、网络安全与运维管理处、数据与应用项目管理处、技术合作管理处、办公自动化管理处等 6 个处，并明确了各个处的职能设置。10 月，各处人员陆续到位。

2011 年 5 月，国家林业局批准成立全国林业信息化专家咨询委员会，林业信息化自此有了科学决策的咨询机构(图 4-1)。

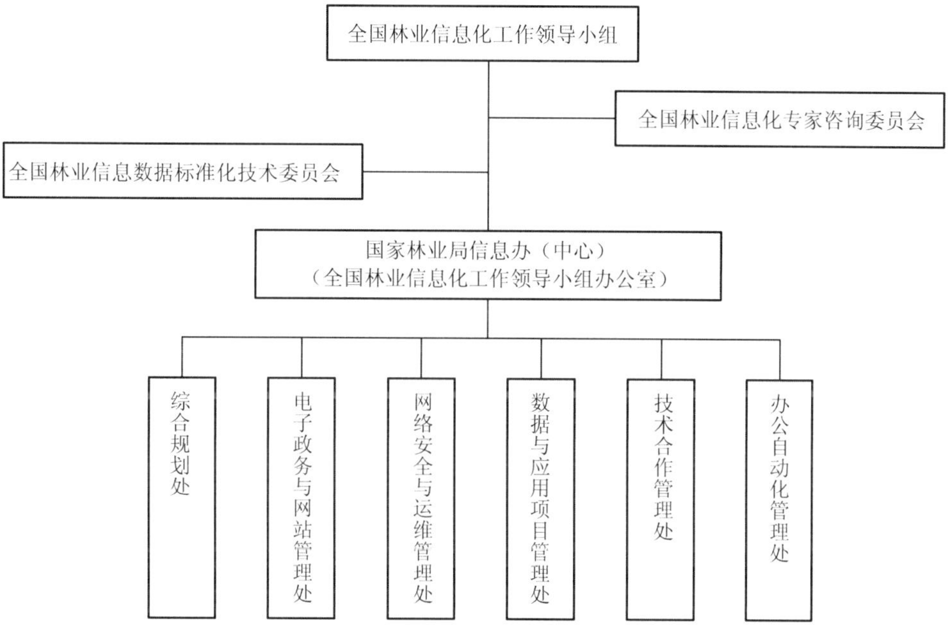

图 4-1　国家层面林业信息化管理体制

总的来看，林业信息化管理机构在国家层面起步较早但发展道路曲折，一是由于信息技术本身发展是一个复杂的过程，二是信息技术在林业的应用和推广也有一个起步、探索、发展的过程，三是林业各方面人员对信息化和电子政务的认识和重视程度也各异。就现状来看，国家林业信息化决策方面有全国林业信息化工作领导小组，归口管理方面有国家林业局信息化管理办公室(信息中心)，技术支撑方面有全国林业信息化专家咨询委员会和全国林业信息数据标准化技术委员会，整个体制还是比较健全的。

(二)人员配备。国家林业局信息办(信息中心)编制 30 名，目前在编 28 名。在岗处级及以下职工中，综合规划处 4 名，电子政务与网站管理处 4 名，网络安全与运维管理处 3 名，数据与应用项目管理处 3 名(含长期借调人员 1 名)，技术合作管理处 2 名，办公自动化管理处4名。从学历和技术职称看，硕士以上学位人员6名，中级以上职称人员10名。从年龄结构看，以1970年代和1980年代人群为主，总体上年富力强。

二、地方层面的管理体制

受思想认识、机构编制等多种因素的影响，目前地方林业信息化管理机构还很不健全，特别是很多林业重点市、县，既无专职管理机构，也无专职工作人员，建立健全精简、高效的管理体制任务艰巨。

（一）机构设置及职能定位。多年来，各级林业主管部门按照中央和国家林业局的要求，结合本地本部门实际，不断完善林业信息化管理体制，加强林业信息化组织机构建设，为推动林业信息化发展发挥了应有的作用。根据课题组对各地的调研结果来看，在省级林业主管部门中，有29个部门已经成立了独立的信息化主管部门，而且全部是以事业单位形式的信息中心存在，行政职能较弱。辽宁、湖南、吉林等省的部分市、县级林业主管部门也成立了正科级的信息中心。各地林业主管部门在信息化管理体制建设方面主要呈现三种模式：

一是由综合部门（如办公室）或业务部门（如宣传处、业务处室等）兼职承担。这种情况主要是源于政府信息化最早起源于办公自动化或是科技、宣传业务的一部分，而相应的管理职能就落在了这些部门。例如，江苏、青海、西藏等省级林业主管部门目前均是由办公室归口管理信息化工作；广东、陕西、重庆、四川等省级林业主管部门均是在宣传部门基础上增加了信息化职责。受编制影响，往往这种管理实际上可能是由处室中的一两个人来兼职管理，而林业信息化和电子政务的建设早已不仅仅限于办公自动化，更主要是涉及政府主体业务的信息化以及公共服务等，所以这种管理体制模式容易造成管理虚化。同时，还存在一种情况，就是个别地区的林业信息化由于整体发展较慢，其中一些核心业务部门（如森林资源管理处、防火办等）由于工作需要，在没有信息化管理部门的时候就自行组织建设了一大批电子政务应用系统，目前建设、运行、维护和服务仍保留在业务部门中，由此产生了不少管理问题。

目前，江苏省林业局在办公室下设信息宣传科兼职承担信息化工作。江苏林业本身具有特殊性，由于历史原因，江苏省林业局一度作为农林厅下属处级单位存在。到目前为止，江苏林业局是全国省级层面唯一副厅级别的单位。林业电子政务工作缺乏专人负责，这在一定程度上制约了林业信息化的全面快速发展。

重庆市林业局下设有宣传信息处，同样兼职承担了全市林业信息化与电子政务工作。宣传信息处的主要职能和职责偏向于宣传工作，信息化工作由于缺乏专业人员等原因，发展受到了很大影响。而且，宣传信息处在工作协调力度方面也远比办公室等综合部门弱得多。

二是赋予信息中心相关管理协调职能。这种情况往往是单位已经成立有信息中心，负责信息化具体技术实施和运维，但为了协调辖区内的信息化工作，不得已在信息中心加挂一个非编制部门审批的信息办，让其承担起必要的组织协调职能。但由于信息中心批准的是事业编制，而管理协调却具有行政管理职能，因此造成身份上的尴尬和错位，也使得信息中心的管理职能难以得到全面认可和充分发挥，容易因人、因事而变化。比如，湖南省林业厅、辽宁省林业厅、吉林省林业厅、湖北省林业厅信息中心（信息办）就是这种情况。

2002 年，湖南省林业厅成立由厅长任组长的林业信息化工作领导小组及内设机构领导小组办公室（信息办），统领全省林业信息化工作，专门抽调了一批精干人员负责抓落实。2006 年 11 月，省林业厅向省机构编制委员会办公室提出申请，请求成立湖南省林业厅信息中心。2007 年，省机构编制委员会办公室正式批复成立湖南省林业厅信息中心，中心为正处级全额拨款事业单位，核定编制 5 名，具体承担全省林业信息化的建设和运维工作。目前，厅信息化办公室和信息中心是两块牌子一套人马，归口管理职能得到了强化，但在省编制部门登记备案信息中，厅信息中心只是正处级事业单位，不具备行政管理职能。在省厅的大力推动下，大部分市、县林业局已经成立了信息化管理机构，与厅信息中心形成了工作对接，但仍有少数地方存在对接有难度、管理不到位的情况。

辽宁省林业信息化工作最初也是由厅办公室兼职管理。林业厅信息中心的前身是厅物资站。2002 年，物资站业务发展不顺，而林业信息化发展迅猛，急需要独立的业务承担部门，在这种情况下，辽宁省林业厅决定在物资站基础上成立厅信息中心。2009 年以来，根据国家林业局的有关要求，林业厅调整充实了辽宁省林业信息化工作领导小组，将领导小组办公室挂靠单位由办公室调到了信息中心。同时，在市、县两级林业主管部门均成立了林业信息化工作领导小组，沈阳、本溪、抚顺、朝阳等多个地市均成立了专门的信息中心（信息办），进一步加强了对信息化工作的组织领导。与过去相比，林业厅信息中心虽然没有得到政府编制部门的行政职能授权，但借助领导小组办公室的名义，实质上担负起了具体业务的归口管理职能，但这种职能存在一定的不完整性和不权威性。

三是由信息中心具体承担信息化技术工作，管理工作由办公室等机关处室承担。在这些单位，信息中心作为技术支撑机构，只承担具体项目实施和运维的职责，是个完全的技术支撑力量。这种模式虽然表面上看没有明显的体制矛盾，但在实际运行过程中容易产生管理和技术脱节的问题。目前，上海、云南等省（区、市）林业主管部门是这种管理运行模式。

上海市绿化和市容管理局信息中心是在原有的上海市绿化和市容管理局、上海市林业局、上海市城管执法局这三个部门的信息中心的基础上在 2008 年合并而成。目前，合并后的中心设四个部门：办公室主要承担着党办、行政、财务、日常管理等工作；系统开发部主要负责软件工程项目建设工作；网络部负责硬件网络运行维护；信息应用部负责管理局内的数据应用工作。为了加强林业信息化决策管理，上海市、区、县层面林业系统均设有信息化工作领导小组。2011 年，信息中心还建立了信息员联络制度，职责落实到人，加强与各区县信息化工作领导小组的日常沟通和协调，及时了解需求并解决工作实际困难，上下沟通比较顺畅。

（二）人员配备。据统计，目前各级林业信息中心在职人员有300余人。由于受编制所限，在已经成立的专门机构中，编制与实际需求不匹配是普遍的问题。以省级林业信息中心为例，人员编制最多的是辽宁省林业厅信息中心，有13个编制，但大部分信息中心的编制都在10人以下，最少的只有3人。信息中心的职工既要干维修电脑等日常性的技术工作，又要负责网络、网站、数据库及应用系统等建设和运维工作，工作任务很重。西藏、青海等地还没有专职的信息化工作人员。

三、管理体制现状评价

近30多年来，我国电子政务管理体制的发展沿革可以划分为三个阶段：一是20世纪70年代末到90年代初的探索起步阶段，二是20世纪中后期的重点推进阶段，三是进入21世纪以来的快速发展阶段。实践证明，凡是管理体制符合电子政务发展要求时，电子政务就能实现又好又快发展。对林业信息化建设来说，道理亦然。

总的来看，近年来我国林业信息化管理体制正不断健全，人员队伍也在不断壮大，综合素质不断提高，但存在的问题依然十分突出。

一是职能定位有偏差。林业信息化涉及林业改革发展的各领域和各环节，早已经不是单纯的技术性工作了，而是集管理和技术于一体，支撑和保障整个林业发展的重要工作。因此，林业信息化部门首先应该定位为综合部门，而不是业务部门；其次，应该具有行政管理职能，只有这样才能承担起辖区内林业信息化和电子政务建设的组织、协调、指导、监督、管理职责，促进信息资源整合和共享，减少低水平重复建设和资源浪费。

二是人员编制明显不足。林业信息化涉及领域多、专业性强，对从业人员的综合素质要求很高，但复合型人才往往是最短缺的。同时，由于林业信息化发展水平整体偏低，而新技术、新应用却不断涌现，建设、管理、应用、运维的任务日益繁重，致使人手普遍不足。一些地方只能通过借调人员或服务外包的方式来解决问题，不少职工反映“平时的工作太多太杂，根本没办法静下心来思考信息化该如何发展的问题”，从而影响了林业信息化的又好又快发展。

三是上下业务协同不够。由于地方林业信息化管理机构不健全，人员配备不足，加之上下级林业信息化部门之间是业务指导关系，有些甚或是合作关系，国家现行的林业信息化投资体制机制使上级难以给予下级资金支持，从而导致林业信息化建设难以做到紧密协同、步调一致。这个问题是造成全国林业信息化发展不平衡、不协调的重要原因。

第五章　林业信息化运行机制建设现状

机制决定活力。机制虽然看不见，摸不着，但却像一只无形的手，时刻发挥着作用。30 多年来，林业信息化从无到有，从点到面，从弱到强，正是得益于机制的不断创新和优化。近年来，各级林业主管部门在林业信息化机制建设方面进行了诸多探索，这些成果既是林业信息化建设成果的重要组成部分，也为国内外其他行业信息化建设提供了实证案例。分析林业信息化运行机制现状，有利于科学总结过去，前瞻谋划未来。

一、国家层面的运行机制

近年来，国家林业局从战略高度和全局视野，不断强化林业信息化建设，取得了十分显著的成效。特别是 2009 年独立的管理机构——国家林业局信息办成立以来，在建章立制方面做了大量卓有成效的工作，基本构建起规范、科学、高效的运行机制，奠定了林业信息化全面加快发展的基础。

(一)建立健全责任机制。明确职责，分工协作，是做好一切工作的不二法宝。2009 年之前，国家林业局由局办公室统筹推进全国林业信息化工作，局规划院负责技术支撑工作。但由于局办公室人手紧张，负责具体工作的信息督查处只有三个人，难免会出现心有余而力不足的局面。为此，2009 年初，国家林业局印发通知，决定成立国家林业局信息办，在文件中明确规定了信息办的主要职责。2011 年，国家林业局根据中央编办的批复，成立国家林业局信息中心，并与信息办实行两块牌子、一套人马，在相关文件中也明确规定了信息中心的工作职责、人员编制、处室设置及各处室的具体职责。这些文件规定奠定了全国林业信息化的基本运行制度，即在国家林业局党组、全国林业信息化工作领导小组的统一领导下，组织、协调、指导、监督、管理全国林业信息化和电子政务工作。

2010 年 7 月，国家林业局印发《全国林业信息化工作管理办法》，这是我国林业信息化机制建设方面的纲领性文件。《办法》共分十七条，明确规定了全国林业信息化工作应遵循的管理原则，国家和地方的业务关系，国家林业局信息办和其他司局、直属单位之间的关系，林业信息化建设的工作流程以及分工负责机制等(专栏 5-1)。

专栏 5-1

全国林业信息化工作管理办法

第一条 为进一步规范全国林业信息化工作，确保林业信息化工作健康有序协调发展，为现代林业科学发展提供强力支撑，依据有关法律法规及规定，结合林业工作实际，制定本办法。

第二条 全国林业信息化工作遵循统一领导、分级管理，统筹规划、分步实施，统一标准、资源共享，互联互通、安全可靠的管理原则。

第三条 全国林业信息化工作领导小组，是全国林业信息化工作的领导决策机构，负责决策部署全国林业信息化工作的发展战略、重大举措。

第四条 国家林业局信息化与电子政务工作领导小组，是国家林业局信息化工作的领导决策机构，负责确定国家林业局信息化工作的发展战略和重大举措。

第五条 全国林业信息化工作领导小组办公室和国家林业局信息化与电子政务工作领导小组办公室为领导小组日常办事机构，设在国家林业局信息化管理办公室(信息中心，以下简称国家林业局信息办)，负责组织、协调、管理、指导、监督、实施全国林业信息化工作，承办领导小组日常工作及领导小组交办的其他工作。

各省级林业主管部门负责综合协调、指导监督并具体实施本地林业信息化工作。

第六条 国家林业局信息办根据国家信息化发展方针、政策、规划和现代林业发展要求，组织编制全国林业信息化建设发展规划，并按照国家林业局规定进行论证和审批。

各省级林业主管部门组织编制本地林业信息化建设发展规划，并报国家林业局备案。

第七条 国家林业局各司局、各直属单位组织编制的其他行业性发展规划、计划，如涉及林业信息化建设内容，应当事先送国家林业局信息办审核同意。相关规划、计划经批准后抄送国家林业局信息办备案。

各省级林业主管部门组织编制的其他行业性发展规划、计划，如涉及林业信息化建设内容，应当事先征求本单位相关部门的意见。相关规划、计划经批准后抄送本单位相关部门备案。

第八条 林业信息化建设项目的申请、审批、建设、验收等严格执行国家基本建设程序有关规定。

关系全局的重大林业信息化建设项目，立项前须将项目建设方案报全国林业信息化工作领导小组批准。未经领导小组批准的建设项目，不得开展相关前期工作，不得自行筹集经费建设。

第九条 国家林业局信息办根据全国林业信息化建设发展规划有关要求，负责组织起草重大林业信息化项目的立项申请、可行性研究报告等相关文件，经专家评审后，按基本建设程序报国家林业局或者国家有关部委批准后组织实施。

各省级林业主管部门按照全国林业信息化建设发展规划有关要求，结合当地工作实际，组织开展当地重大林业信息化项目立项申请工作。相关项目，按基本建设程序报有关部门批准后组织实施。

第十条 林业信息化建设项目的确定应当符合《全国林业信息化建设纲要》、《全国林业信息化建设技术指南》和首届全国林业信息化工作会议精神，并基于林业信息化统一平台上建设。

项目建设主要内容：包括林业网站、应用系统、应用支撑、数据库、信息化基础设施、标准规范体系、安全与综合管理体系、林业信息资源开发利用项目的建设、运维、升级改造等。

第十一条　国家林业局各司局、各直属单位提出的信息化拟建项目，以及各省级林业主管部门向国家申请立项的信息化拟建项目，应当于每年2月底前，提出下一年度本单位、本地区林业信息化建设需求，经国家林业局信息办初审后，按基本建设程序向国家林业局或者国家有关部委申请立项并组织实施。

第十二条　林业信息化建设的安全保护等级工作执行国家有关规范和标准。

第十三条　涉及国家秘密的林业信息化建设项目，需同步制定保密方案，报国家林业局保密管理部门或者当地保密局审批同意后申报立项。

涉密信息系统应当由具有国家保密局认可的具有相应涉密资质的机构设计开发，建设必须选用国家保密局、国家密码管理局认定的产品，建成后应当由国家保密局或者其认定的测评机构进行测评。未经测评或者测评未通过的，不得交付使用。

第十四条　除涉及国家秘密或者法律法规另有规定的外，建成后的国家林业局信息化应用系统、基础数据库和网站必须统一集成于国家林业局内网或外网，在一个平台上经授权后管理使用。各省级林业主管部门信息化项目应当与国家林业局内网或者外网实现资源共享。

第十五条　国家林业局网络系统的运行维护工作，按照《中国林业网管理办法》、《国家林业局办公网管理办法》、《全国林业专网管理办法》、《国家林业局中心机房管理办法》和《国家林业局网络信息安全应急处置预案》有关要求实行分工负责制。

针对运行保障情况，国家林业局信息办应当进行适时评比，对于信息内容长期得不到及时更新的国家林业局子站或者栏目，将进行通报或者实施关闭处理。网络系统运行管理和维护所需费用按财政经费渠道列入林业信息化工作经费预算。

各省级林业主管部门信息网络和信息系统的维护和管理，所需费用列入当地单位同级财政预算。

第十六条　本办法由国家林业局负责解释。

第十七条　本办法自印发之日起施行。

资料来源：李世东．2012．中国林业信息化政策制度．北京：中国林业出版社．

国家林业局十分重视林业信息化制度建设，努力实现以制度管人、以制度办事，构建规范、高效的运行机制。2010年7月，《中国林业网管理办法》、《国家林业局办公网管理办法》、《全国林业专网管理办法》、《国家林业局中心机房管理办法》以及《国家林业局网络信息安全应急处置预案》印发，明确了职责分工、工作流程、信息安全保障和考核奖惩等。2010年11月，《办公计算机安全管理办法》、《账号与口令管理办法》、《病毒防御管理办法》、《电子邮件安全管理办法》、《访问控制安全管理规范》、《通信与操作安全管理规范》、《系统监控管理办法》、《信息安全事件管理规范》等八项信息安全管理办法印发，为确保国家林业局办公网和中国林业网的信息及网络安全，规范上网行为、运行维护和应急管理提供了制度保证。2010 年 12 月，《国家林业局信息办财务与资产管理办法(试行)》印发，对财务管理制度、财务稽核制度、资产管理制度、医疗管理制度等进行了明确。2011 年 1 月，为规范移动办公的管理，切实发挥其应有的作用，专门出台了《国家林业局移动办公管理办法(试行)》。2011 年 7 月，《国家林业局信息办工作规则(试行)》印发，文件明确了办文制度、办会制度、办事制度、印章制度、学习制度、请假制度、廉政制度、安保制度、考核制度等，为确保国家林业局信息办高效履责、协调运转、保证质量提供了制度依据。2012 年 9 月，国家林业局信息办印发《中国林业网运行维护管理制度》、《国家林业局办公网运行维护管理制度》、《国家林业局专网运行维护管理制度》、《国家林业中心机房第三方和外包人员安全管理办法》、《国家林业中心机房安全保密与数据备份管理制度》、《国家林业中心机房动力系统维护制度》、《国家林业中心机房介质管理制度》、《国家林业中心机房运维人员工作制度》、《国家林业中心机房设备运行维护管理制度》、《国家林业中心机房值班人员交接班制度》等 10 项管理制度，为确保中国林业网、国家林业局办公网等重要系统安全平稳运行夯实了机制和制度基础。

2012 年 4 月，国家林业局办公室印发《关于成立中国林业网编辑委员会的通知》(办信字〔2012〕71 号)。《通知》指出，为进一步提高中国林业网的内容保障水平，国家林业局决定在现有信息员队伍的基础上进行充实完善，成立中国林业网编辑委员会，负责中国林业网、国家林业局办公网的内容服务和运维保障工作。编委会由主编、副主编及编委(各地各单位信息化主管处室负责人)组成，下设编辑部，包括外网组、内网组、网络电视组、技术保障组及各子站组。《通知》明确了编委会、编辑部的工作职责和工作要求，确立了各司其职、上下协作的工作机制。

2012 年 10 月，国家林业局办公室印发《林业信息网络项目资金管理办法(试行)》(办规字〔2012〕179 号)(专栏 5-2)。《办法》第一条开宗明义指出，为加强林业信息网络项目资金管理，规范资金使用范围，明确项目资金的申报管理程序，提高资金使用效益，根据财政部《中央本级项目支出预算管理办法》(财预〔2007〕38 号)等有关规定，制定本办法。《办法》对林业信息网络项目资金使用范围和支出内容、项目申报与管理、资金监督与管理等事项进行了明确规定，强调“林业信息网络项目支出预算实行归口管理和运行维护定额标准指导下的申报制度。国家林业局各预算单位应当根据林业信息化工作计划，编制下一年度林业信息网络项目支出预算，报国家林业局信息办统一归口审核。”这是国家林业局在林业信息化建设资金管理和保障机制上的一个重大创新，对减少低水平重复建设、提高资金预算合理性、提升资金使用效益等具有重要意义。

专栏 5-2

国家林业局办公室关于印发《林业信息网络项目资金管理办法(试行)》的通知

办规字〔2012〕179 号

国家林业局各有关司局、有关直属单位:

为加强林业信息网络项目资金管理，规范资金使用范围，明确项目资金的申报管理程序，提高资金使用效益，根据财政部《中央本级项目支出预算管理办法》(财预〔2007〕38号)等文件规定，我局制定了《林业信息网络项目资金管理办法(试行)》。现印发你们，请遵照执行。执行中有何意见和建议，请及时反馈我局。

国家林业局办公室

2012 年 10 月 25 日

林业信息网络项目资金管理办法(试行)

第一章　总　则

第一条　为加强林业信息网络项目资金管理，规范资金使用范围，明确项目资金的申报管理程序，提高资金使用效益，根据财政部《中央本级项目支出预算管理办法》(财预〔2007〕38 号)等有关规定，制定本办法。

第二条　本办法所称的林业信息网络项目资金是指通过中央部门预算安排，专项用于开展林业信息网络运行维护、软件开发、设备购置及信息化等工作的中央财政专项经费。

第三条　本办法适用于承担林业信息化专项工作任务，并相应安排林业信息网络项目资金的项目单位。

第四条　国家林业局每年根据林业信息化工作任务的需要，在部门预算中统筹安排林业信息网络项目资金。国家林业局有关预算单位根据批复的项目支出预算，具体负责组织实施林业信息网络项目，并对项目资金的使用进行管理和监督。

第二章　资金使用范围和支出内容

第五条　林业信息网络项目资金主要用于开展中国林业网、国家林业局办公网、全国林业专网及林业信息化专项工作等运行维护项目支出，使用范围具体包括:

(一)硬件系统运行维护支出。计算机网络互联设备检查、修复、更换配件、清洁保养，网络安全设备故障排除，计算机类终端、附属设备、网络布线系统、数据存储设备、视频会议及视频监控系统硬件设备故障维修，系统运行数据分析、查找网络瓶颈问题，系统结构优化，提交年度设备检测维护报告等支出。

（二）软件系统运行维护支出。系统软件的功能性维护及系统完善升级，数据库系统更新，损毁数据和数据库修复，通用软件系统升级、安全系统升级，软件定制开发与升级，网站改版升级，通用数据和专用数据采集与加工等支出。

（三）基础设施运行维护支出。机房温湿度监控、信息采集、安全监控运行保障、电源系统运行维护、通信信道租赁、异地技术装备运行维护、机房各类维修、机房环境检测评估等支出。

（四）网络与信息安全支出。用于网络安全设备及软件升级、更新、信息安全技术检测、安全保障、等级保护测评及安全检查。

（五）内容维护支出。用于中国林业网、国家林业局办公网的内容信息采集、加工、整理、加载、运维，在线服务、在线办事、在线访谈、在线直播、专题制作，有关资料及数据采购，图片及视频节目制作，专题数据库数据更新等支出。

（六）信息化管理方面的支出。用于林业信息化工作会议、规划、技术方案等编制，开展林业信息化新技术应用及相关政策制度研究、全国林业信息化示范省管理、林业信息化培训，林业信息化年度发展报告编制、政府信息公开管理、网站绩效评估、林业信息化发展水平评测、网络生态文化活动，林业信息化管理办法及标准的普及推广工作等支出。

第六条 林业信息网络项目经费支出内容包括：

（一）办公及印刷费。办公用品购置、林业信息化年度发展报告出版及印刷、政府信息公开申请答复相关费用、网络硬软件系统及设备档案管理、数据备份管理、日常运行维护管理等办公支出。

（二）差旅及交通费。用于开展林业信息网络项目的检查、监测、调研、评估、维护、技术支持、对外交流学习等活动所发生的外埠旅费、市内交通费、住宿费、伙食补助费和公杂费等支出。

（三）维修（护）费。用于硬件系统、软件系统和基础设施的日常运行与维护、维修所需各类支出。

（四）会议费。用于召开各种规模、各种类型的会议所发生的住宿、餐饮、会议室租赁、交通费、资料印刷等支出。

（五）委托业务费。根据林业信息化发展总体部署和要求，委托相关单位承担林业信息网络项目运行维护、软件开发、方案编制等工作所发生的费用。

（六）培训费。用于各类信息技术培训所发生的专家学者师资、教材资料、场地及交通工具租赁等费用。

（七）劳务咨询费。用于临时聘用人员的劳务支出、专家咨询和项目咨询等费用。

（八）设备购置、租赁费和数据资料购买费。用于林业信息网络项目硬件、软件购置，有关资料及数据采购，仪器设备租赁等所发生的费用。

（九）网络及信息安全保障费。用于信息安全等级测评和安全检查、安全设备系统升级、杀毒软件病毒库升级、监视系统升级、安全技术检测等费用。

（十）通信信道租赁费。用于租用互联网、专网等通信信道的费用。

（十一）其他费用。用于网络与机房监测指标制定，林业信息化项目立项，技术方案编制、技术协作，视频会议服务、网站绩效评估、林业信息化发展水平评测工作，林业信息化标准推广，聘请专家，绩效评价，资料邮寄等支出。

第三章　项目申报与管理

第七条　林业信息网络项目支出预算实行归口管理和运行维护定额标准指导下的申报制度。国家林业局各预算单位应当根据林业信息化工作计划，编制下一年度林业信息网络项目支出预算，报国家林业局信息办统一归口审核。

第八条　预算单位应当按照林业信息网络项目支出定额标准及有关要求，严格按照预算管理级次自下而上、逐级编制，并在规定时间内提交下一年度项目资金申报材料。对预算申报数额较大或者专业技术复杂的项目，应当进行可行性论证。

第九条　国家林业局计财司根据林业信息化工作开展的需要，在对各预算单位项目资金申报材料和项目资金支出合理性、可行性和必要性进行审核的基础上，按部门预算"二上二下"程序确定下一年度项目资金支出预算，并由各相关预算单位细化预算方案，最终纳入国家林业局部门预算"二上"报送财政部审核批复。

第十条　国家林业局在财政部批复部门预算的15日内，及时批复下达林业信息网络项目支出预算。各预算单位应当按照批复的项目支出预算及时组织项目实施，严格执行项目资金计划和项目资金支出预算。预算执行过程中，如发生项目变更、终止、调整预算等情况，必须上报国家林业局审核并报送财政部审批后执行。

第四章　资金监督与管理

第十一条　各预算单位项目和资金的申请必须经单位领导班子集体研究、主管领导和行政一把手签字同意后上报。单位负责人要对本单位上报材料的真实性、完整性负责，并对下达资金运行的及时性、合法性、安全性负全责。

第十二条　各预算单位应当加强林业信息网络项目资金的监督管理，并主动接受上级有关部门的监督与检查。对经检查发现存在截留、挤占、挪用项目资金等违反有关法律、行政法规和财务规章制度的行为，国家林业局将按照《财政违法行为处罚处分条例》及其他法律法规追加有关单位及其责任人的法律责任。

第十三条　林业信息项目年度任务完成后，预算单位应当及时组织项目验收和总结，并在年终随决算向国家林业局上报项目完成及资金使用情况总结报告。

第十四条　林业信息项目结转结余资金严格按照《财政部关于印发〈中央部门财政拨款结转和结余资金管理办法〉的通知》(财预〔2010〕7号)规定管理和使用。在编制申请下年度项目预算时，预算单位要主动提出统筹使用结转资金计划，结转资金不足以安排时再申请增加财政拨款。

第五章　附　则

第十五条　本办法由国家林业局负责解释。

第十六条　本办法自发布之日起实施。

资料来源：《中国林业信息化发展报告》编纂委员会. 2013. 中国林业信息化发展报告2013. 北京：中国林业出版社.

自2009年以来，每年年初(2～3月)，国家林业局都会印发当年信息化与电子政务工作要点，明确全年的总体工作思路、重点工作和责任单位。这一制度化的举措提高了国家林业局各司局、各直属单位及各省级林业主管部门的信息化意识和责任意识，已经成为推动全国林业信息化和电子政务建设的重要手段。

此外，在林业信息化建设及运维项目管理中，国家林业局严格执行国家招投标制度、监理制度、报账制度以及本局出台的相关制度等，形成了一套较为完善的工作机制。

(二)建立竞争激励机制。2009年初国家林业局信息办成立伊始，就开展了全国林业信息化工作“先进单位”、“突出贡献者”、“先进个人”以及“全国林业系统十大优秀网站”、“国家林业局政府网十大优秀栏目”评选工作，并在首届全国林业信息化工作会议上进行了表彰，起到了良好的激励作用。

2010年1月，国家林业局信息办部署开展“2009年全国林业十件大事”和“2009年全国林业信息化十件大事”在线评选活动，引起了广大网民的热情关注，产生了很好的社会反响，也极大地鼓舞了各级林业信息化主管部门和广大林业信息化工作者。此后，这项活动成为国家林业局信息办每年年底的例行性工作。

2010年12月，《全国林业网站绩效评估标准(试行)》和《全国林业网站绩效评估办法(试行)》印发(办信字〔2010〕187号)(专栏5-3)，国家林业局信息办启动了首次全国林业网站绩效评估活动。此后，这项活动也成为国家林业局信息办的年度例行工作，在激励和引导林业网站建设方面发挥了十分积极的作用。

专栏5-3

国家林业局办公室关于印发《全国林业网站绩效评估标准(试行)》和《全国林业网站绩效评估办法(试行)》的通知

办信字〔2010〕187号

各省、自治区、直辖市林业厅(局)，内蒙古、吉林、龙江、大兴安岭森工(林业)集团公司，新疆生产建设兵团林业局，各计划单列市林业局，国家林业局各司局、各直属单位：

为全面推进林业政务公开和信息发布，积极拓展林业在线服务和网上办事，有效整合林业信息资源，不断提升林业网站的建设和运维水平，依据《国务院办公厅关于加强政府网站建设和管理工作的意见》(国办发〔2006〕104号)和《中国林业网管理办法》(林办发〔2010〕185号)，经认真调研和多方论证，我局组织制定了《全国林业网站绩效评估标准(试行)》和《全国林业网站绩效评估办法(试行)》，现印发你们，自印发之日起执行。执行中有何意见及建议，请及时反馈我局信息办。

特此通知。

附件：1. 全国林业网站绩效评估标准(试行)

2. 全国林业网站绩效评估办法(试行)

国家林业局办公室

二〇一〇年十二月十五日

附件 1

全国林业网站绩效评估标准(试行)

一、各司局、各直属单位网站评估指标体系及评分标准

一级指标	二级指标	三级指标	指标说明	分值
信息公开(50分)	机构设置	领导简介	考察网站是否发布本单位主要领导姓名、工作简历、工作分工、工作照等信息	2.0
		组织机构	考察网站是否发布本单位机构设置情况，包括内设机构和下属单位名称、职能、联系方式等信息	2.0
	动态信息	通知公告	考察网站是否及时发布本单位发出的各种通知公告信息	3.0
		工作动态	考察网站对本单位工作动态信息的发布数量与信息质量	5.0
		业务信息	考察网站信息加载的总体情况。包括加载信息数量、信息质量、图片数量、信息全面性、更新频率等	20.0
	热点专题	专题建设	考察网站围绕会议、活动、部门职责等建立的专题栏目的丰富度，专题内容及质量	5.0
		专题更新	考察热点专题栏目的内容更新情况	2.0
	法规政策	法规政策	考察网站是否发布有关法律法规和本单位的政策文件	2.0
		政策解读	考察网站对有关政策制度的解读情况	3.0
	规划计划	发展规划	考察网站对本单位制定的相关规划的公开情况	2.0
		工作计划	查看本单位年度、专项工作计划及执行情况的公开程度	2.0
	项目成果	成果展示	考察网站对单位业务成果的展示情况	2.0
在线办事(10分)	办事内容	业务办理	考察网站是否提供单位业务在线办理功能，如办事指南、表格下载、在线申报等	5.0
		办理查询	考察网站是否提供单位业务在线查询功能，如业务办理状态查询、业务办理结果查询等	5.0

（续）

一级指标	二级指标	三级指标	指标说明	分值
公众参与（10分）	业务咨询	交流渠道	考察网站是否提供公众业务咨询的渠道即咨询交流平台	2.0
		互动效果	考察业务咨询交流平台的易用性、在线交流形式、意见回复等情况	3.0
	民意征集	征集渠道	考察网站是否提供民意征集的渠道	2.0
		征集效果	考察网站征集渠道易用性、征集形式、意见反馈等情况	3.0
网站管理（20分）	组织领导	领导小组	考察是否有网站管理领导小组，是否由本单位主要领导担任组长	3.0
		工作机制	信息采集报送及发布是否有明确流程	2.0
	人员保障	管理人员	考察网站是否设立或指定网站管理、内容保障、运行维护的工作岗位，配备专职或兼职管理人员	3.0
		内部配合	内部职责分工及对网站管理的响应度	2.0
	对主站信息的贡献	信息报送	考察对国家林业局主站内容的信息报送情况，对主站设立的相关栏目的信息更新情况	5.0
		职责配合	考察对主站在线服务和访谈直播活动的支持情况，领导活动的配合情况	5.0
网站设计（10分）	页面展示	页面效果	考察网站首页布局、个性化设计、栏目安排的合理性与相对全面性	5.0
	功能服务	搜索功能	考察网站搜索引擎功能的实用性和易用性	2.0
		导航链接	考察网站是否提供网站地图，是否设置站内导航，是否可轻松返回上级页面，以及与国家林业局主站、其他省级林业网站等的链接情况	2.0
		联系方式	考察网站是否提供网站维护单位及联系方式	1.0

二、各省级林业网站评估指标体系及评分标准

一级指标		二级指标		三级指标		
指标名称	分值	指标名称	分值	指标名称	分值	评分细则
信息公开	45	信息公开规范化	6	公开指南	1	本部门信息公开指南及制定情况，分值1
				公开目录	4	是否按照《政府信息公开目录系统实施指引》（试行）中的有关要求建设，分值2
						是否通过目录能访问到相关内容，分值2
				公开年度报告	1	是否发布本年度信息公开报告，分值1
		主动公开	35	机构职能	2	领导信息公开情况，分值1
						部门职责与内设机构及分工公开情况，分值1
				政府文件	5	本部门发布的公文的公开情况，分值5
				通知公告	3	本单位发出的通知公告公开情况，分值3

（续）

<table>
<tr><th colspan="2">一级指标</th><th colspan="2">二级指标</th><th colspan="3">三级指标</th></tr>
<tr><th>指标名称</th><th>分值</th><th>指标名称</th><th>分值</th><th>指标名称</th><th>分值</th><th>评分细则</th></tr>
<tr><td rowspan="15"></td><td rowspan="15"></td><td rowspan="13"></td><td rowspan="13"></td><td rowspan="3">人事任免</td><td rowspan="3">3</td><td>干部任免信息公开情况，分值1</td></tr>
<tr><td>公务员考录信息公开情况，分值1</td></tr>
<tr><td>工作人员招考信息公开情况，分值1</td></tr>
<tr><td rowspan="2">财政公开</td><td rowspan="2">3</td><td>政府采购与招标信息公开情况，分值1</td></tr>
<tr><td>部门预算信息公开情况，分值2</td></tr>
<tr><td>动态信息</td><td>6</td><td>本省区市各级林业主管部门工作动态的发布情况，分值6</td></tr>
<tr><td rowspan="2">计划规划</td><td rowspan="2">3</td><td>本省区市各级林业规划或专项规划公开情况，分值2</td></tr>
<tr><td>本省区市年度计划信息公开情况，分值1</td></tr>
<tr><td>林业统计</td><td>2</td><td>本省区市林业统计信息公开情况，分值2</td></tr>
<tr><td rowspan="2">林业标准</td><td rowspan="2">3</td><td>林业行业标准公开情况，分值2</td></tr>
<tr><td>地方林业标准公开情况，分值1</td></tr>
<tr><td>专题建设</td><td>5</td><td>反映本地当前林业重点工作的专题专栏建设情况，分值5</td></tr>
<tr><td rowspan="2">依申请公开</td><td rowspan="2">4</td><td>指南类信息</td><td>2</td><td>依申请公开指南、程序、办理时限和收费标准等公开情况，分值1</td></tr>
<tr><td>渠道建设</td><td>2</td><td>开设在线依申请公开的渠道，分值1</td></tr>
<tr><td>（空）</td></tr>
</table>

<table>
<tr><td rowspan="7">在线服务</td><td rowspan="7">20</td><td>下载服务</td><td>5</td><td>资料下载</td><td>5</td><td>提供各种资料下载（包括表格、文本、图片、软件等）的数量和质量，分值5</td></tr>
<tr><td rowspan="6">网上办事</td><td rowspan="6">15</td><td>办事指南</td><td>3</td><td>提供办事指南的行政许可事项占本部门所承担全部行政许可事项的百分比，分值3</td></tr>
<tr><td>表格下载</td><td>3</td><td>提供表格下载的行政许可事项占需提供表格下载的本部门所承担全部行政许可事项的百分比，分值3</td></tr>
<tr><td>在线申报</td><td>3</td><td>实现在线申报功能的行政许可事项占本部门所承担全部行政许可事项的百分比，分值3</td></tr>
<tr><td>状态查询</td><td>2</td><td>实现办事状态查询的行政许可事项占本部门所承担全部行政许可事项的百分比，分值2</td></tr>
<tr><td>结果反馈</td><td>2</td><td>实现办事结果查询和反馈的行政许可事项占本部门所承担全部行政许可事项的百分比，分值2</td></tr>
<tr><td>服务一体化</td><td>2</td><td>是否将网上办事全流程应覆盖的五项服务，即办事指南、表格下载、在线申报、状态查询、结果反馈等进行全面整合，分值2</td></tr>
</table>

（续）

一级指标		二级指标		三级指标		
指标名称	分值	指标名称	分值	指标名称	分值	评分细则
公众参与	20	互动交流	12	领导信箱	4	信件处理与反馈的质量，分值2
						信件处理与反馈的更新情况，分值2
				投诉举报	4	投诉内容、投诉处理结果公开反馈的质量，分值2
						投诉内容、投诉处理结果公开反馈的更新情况，分值2
				在线咨询	4	在线咨询的处理与反馈质量，分值2
						在线咨询的处理与反馈更新情况，分值2
		征集意见	4	网上调查	4	是否设有网上调查栏目，分值2
						调查主题是否与当前的政务相关，分值2
		访谈直播	4	访谈直播	4	访谈直播的质量，分值2
						访谈直播的更新情况，分值2
网站设计与管理	10	页面设计	3	首页布局	1	网站首页布局的合理性，是否能够少于3次点击即可定位查询内容，分值1
				个性设计	1	页面简洁、美观、大方，特色突出，分值1
				栏目设置	1	栏目设置是否方便用户查询和浏览，分值1
		功能服务	4	搜索功能	2	是否提供全文和关键字检索，分值1
						是否提供高级检索，分值1
				导航链接	1	站点地图、栏目导航的质量，林业系统上下级单位网站的链接数量和质量，分值1
				联系方式	1	是否提供网站维护单位及联系方式，分值1
		制度建设	3	网站管理制度	2	网站管理制度的制定情况，分值2
				网站内容保障制度	1	网站内容保障制度的制定情况，分值1
特色服务	5	–	–	–	–	上述指标之外的，有特色的功能建设、技术应用情况等，分值5

附件2

全国林业网站绩效评估办法(试行)

一、目的意义

开展全国林业网站绩效评估是全面了解和掌握林业主管部门网站现状的重要工具和手段，也是推动林业主管部门网站体系建设的有力抓手。对于持续改进与优化网站功能与服务，促进均衡发展，规范全国林业系统网站建设与管理全面发展具有重要意义。

二、评估目标

围绕建设透明、服务型政府的要求，深化政府网站“信息公开、在线服务、公众参与”三大功能定位，逐步实现以评促建和以评促用的目的，引导和推动全国林业网站不断科学发展，树立林业网站良好窗口形象，为全面推进现代林业建设营造良好舆论氛围。

三、评估范围

国家林业局各司局、各直属单位子站；各省、自治区、直辖市林业厅(局)，内蒙古、吉林、龙江、大兴安岭森工(林业)集团公司，新疆生产建设兵团林业局，各计划单列市林业局网站。

四、评估依据

以中国林业网智能监管系统提供的各网站日访问量、信息加载量、向主站信息报送量等日常监测数据为主要依据，按照《全国林业网站绩效评估标准》(试行)的指标体系和评估分值，结合各网站的信息质量、网站功能、网站设计与管理、运行维护等有关情况，进行综合打分与绩效评估。

五、评估方式

运用科学的评估手段和客观的评估指标，根据政府网站建设的有关要求，采取人工访问、人工核查和专家评审委员会考评相结合的方式，对网站的功能定位、结构设计、运行维护、展示效果等进行检验和评价。

(一)人工访问：由不少于20名的信息技术专家、林业专家和网站管理专家等，登录国家林业局各司局、各直属单位子站和各省、自治区、直辖市林业厅(局)，内蒙古、吉林、龙江、大兴安岭森工(林业)集团公司，新疆生产建设兵团林业局，各计划单列市林业局网站，对照《全国林业网站绩效评估标准》(试行)进行评分。

(二)人工核查：由不少于2名的信息技术专家，登录各单位网站逐项进行核查评分，必要时根据需要进行模拟用户访问。

(三)专家评审委员会考评：聘请不少于5名具有高级职称/职务的专家组成专家评审委员会，在专家考评会上进行综合评议。

六、评估时间

每年12月5~20日进行网站评估，12月25~30日发布评估结果。

七、评估步骤

(一)采集各网站评估数据并整理分析。

(二)统计评估数据并撰写评估报告。

(三)组织召开评估结果专家评审会。

(四)发布评估结果。

八、评估组织

全国林业网站绩效评估工作由国家林业局信息办统一组织，聘请有关技术人员和专家采集数据并实施评估工作。必要时聘请第三方网站绩效评估或评测专业技术队伍，进行第三方评估。

资料来源：李世东. 2012. 中国林业信息化政策制度. 北京：中国林业出版社.

为了从整体上把握全国各地林业信息化发展变化情况，指导“十二五”时期林业信息化建设工作，实现以评促建、以评促管、以评促用，推动现代林业建设又好又快发展，国家林业局于2011年上半年，组织开展了首次全国林业信息化发展水平评测工作，对2008年、2009年各地林业信息化发展水平进行了综合评测，下半年又发布了《2010年全国林业信息化发展水平评测报告》。至此，全国林业信息化发展水平评测也成为一项重要的竞争激励制度，发挥出越来越积极的作用。

此外，国家林业局信息办还积极组织行业内信息化优秀案例、先进事迹等参加行业外的有关评比表彰活动，既为林业行业赢得了荣誉，也调动了大家争先创优的积极性。

（三）建立专家咨询机制。林业信息化建设涉及面广、专业性强，是一项宏大而复杂的系统工程，要实现全面加快发展的目标，除了自身要坚持不懈、刻苦努力外，必须充分借助外脑，发挥各方面人才的作用，特别是要充分听取有关专家的意见和建议。为此，国家林业局于2011年5月，成立了由21名委员组成的首届全国林业信息化专家咨询委员会，委员会的职责是：按照全国林业信息化工作领导小组（简称领导小组）的要求，就提交领导小组审议的重要文件进行会前咨询评议；负责组织有关专家，接受领导小组的咨询，就我国林业信息化发展中的重大问题提出建议；根据国家林业局信息中心（信息办）的委托，对全国林业信息化发展战略、政策和规划提出意见与建议；对国内外林业信息化问题进行跟踪和前瞻性研究；积极促进中外专家、教学科研单位、政府机构、非政府组织等与林业信息化部门之间的交流与合作（专栏5-4）。几年来，国家林业局信息办就林业信息化发展战略和林业物联网、林业云计算的顶层设计等议题，向专家咨询委员会进行了咨询，邀请多个委员开展了专题讲座。但总体来看，由于重视程度不够，专家咨询委员会的作用没有得到充分发挥，特别是在重大信息化建设项目的技术把关以及对各省的技术指导方面，还需要大力加强。

专栏5-4

国家林业局办公室关于成立全国林业信息化专家咨询委员会的通知

办信字〔2011〕71号

各省、自治区、直辖市林业厅(局)，内蒙古、吉林、龙江、大兴安岭森工(林业)集团公司，新疆生产建设兵团林业局，各计划单列市林业局，国家林业局各司局、各直属单位，各有关单位：

林业信息化是支撑现代林业大厦的三大支柱之一，“加快林业信息化，带动林业现代化”是国家林业局在新时期做出的重要部署。近年来，在国家林业局党组的正确领导下，林业信息化建设取得了明显成效，已成为推动现代林业科学发展最活跃的力量，但与国家的总体要求以及现代林业建设的实际需求相比，建设任务仍然十分艰巨。同时，林业信息化建设涉及面广、专业性强，是一项宏大而复杂的系统工程，要实现全面加快发展的战略目标，必须进一步发挥各方面人员的作用，特别是充分听取有关专家的意见和建议。经研究，我局决定成立全国林业信息化专家咨询委员会(以下简称“专家委”)，现就有关事宜通知如下：

一、专家委组成

专家委由来自我国政策、制度、管理、技术等领域信息化方面的专家组成(详见附件1)。

二、专家委工作制度

为保证专家委科学、有序开展工作，发挥出应有的作用，我局研究制定了《全国林业信息化专家咨询委员会章程》(详见附件2)。

特此通知。

附件：1. 全国林业信息化专家咨询委员会名单

2. 全国林业信息化专家咨询委员会章程

国家林业局办公室

二〇一一年五月六日

附件1

全国林业信息化专家咨询委员会名单

主　　任：范本尧　中国工程院院士、航天五院研究员

常务副主任：李世东　国家林业局信息化管理办公室(信息中心)主任，教授级高工

副　主　任：唐守正　中国科学院院士、中国林业科学研究院研究员

梅　宏　北京大学信息科学技术学院院长、软件研究所所长、教授

委　　员：(按姓氏笔画排序)

于海波　信息安全共性技术国家工程研究中心副主任、研究员
王　茜　西安未来国际信息股份有限公司总裁、博士
王继龙　清华大学信息网络工程研究中心主任、教授
宁家骏　国家信息中心原总工程师、研究员
冯记春　科技部高新技术发展及产业化司原司长
杜维成　农业部信息中心副主任、研究员
杨冰之　国脉信息化发展研究中心主任、研究员
吴保国　北京林业大学信息学院教授
吴晓松　国家发展改革委农村经济司副司长
张宏科　北京交通大学下一代互联网互联设备国家工程实验室主任、教授
陈　军　国家基础地理信息中心总工程师、教授级高工
郑　磊　复旦大学国际关系与公共事务学院副教授
姜奇平　中国社会科学院信息化研究中心秘书长、研究员
顾大伟　国家发展改革委高技术产业司副司长
顾炳中　国土资源部信息中心总工程师、教授级高工
徐　愈　工业和信息化部信息化推进司司长
褚利明　财政部农业司副司长

专家委下设秘书处，挂靠在国家林业局信息化管理办公室(信息中心)。秘书长由温战强同志担任。

附件2

全国林业信息化专家咨询委员会章程

第一条　全国林业信息化专家咨询委员会是全国林业信息化工作领导小组的咨询机构。英文名称为 Advisory Committee for National Forestry Informatization，英文简称 ACNFI。

第二条　全国林业信息化专家咨询委员会(以下简称专家委)的宗旨是增进全国林业信息化战略决策的科学化和民主化，积极有效地推动林业信息化发展进程，为现代林业建设提供支撑和保障。

第三条　专家委的职责是按照全国林业信息化工作领导小组(以下简称领导小组)的要求，就提交领导小组审议的重要文件进行会前咨询评议；负责组织有关专家，接受领导小组的咨询，就我国林业信息化发展中的重大问题提出建议；根据国家林业局信息中心(信息化管理办公室，以下简称信息中心)的委托，对全国林业信息化发展战略、政策和规划提出意见与建议；对国内外林业信息化问题进行跟踪和前瞻性研究；积极促进中外专家、教学科研单位、政府机构、非政府组织等与林业信息化部门之间的交流与合作。

第四条　专家委设主任1名，常务副主任1名，副主任2名。

第五条 设立专家委秘书处，承担专家委的日常事务。秘书处挂靠在信息中心技术合作管理处。秘书处根据工作需要设秘书长1名，副秘书长若干名，工作人员若干名。

第六条 专家委委员是全国林业信息化发展政策与战略制定工作中的高级顾问，应具备较高的专业理论水平、丰富的实践经验和广泛的社会联系，是政策、制度、管理、技术等领域信息化方面的专家，关心和热爱我国林业事业。

第七条 专家委主任和副主任人选，由秘书处根据本章程第六条规定提名，报领导小组批准。

第八条 专家委委员人选，由秘书处根据上述原则和工作需要，组织对专家委委员候选人进行提名，经征求各有关方面意见后，报领导小组批准。

第九条 专家委委员由领导小组颁发聘书，每届任期3年，可以连任。

第十条 委员的基本权利包括：在专家委内部，委员有畅所欲言、充分发表自己意见和提出建议的权利；可以使用专家委提供的经费进行林业信息化重大问题调研；经批准，参加或列席有关全国林业信息化问题的工作会议，获取有关资料。

第十一条 专家委委员应履行的义务包括：参加专家委组织的会议和重要活动，积极提出意见和建议，及时完成交付的研究和咨询任务，对有关事宜承担保密义务。

第十二条 专家委委员屡次不履行其义务或严重违背本组织章程的，经秘书处提议，全体会议通过，可取消其委员资格。

第十三条 专家委采取统一部署、分工协作、集中与分散相结合、以独立研究为主的工作方法，发挥委员个人专长和集体智慧。通过每年安排林业信息化重大问题调研，增进委员对林业及林业信息化工作的了解，为委员履行咨询义务创造条件。

第十四条 秘书处不定期编发《林业信息化简报》，向领导小组报告林业信息化战略问题研究成果，反映委员提出的重要意见和建议。

第十五条 专家委全体会议每年举行1~2次，由主任或常务副主任负责召集。必要时，可以就咨询评议的问题举行专门会议。

第十六条 全体会议应提出需要研究的重大问题，听取委员的意见和建议。

第十七条 根据需要，专家委可以通过国家林业局政府网(中国林业网)，向全社会征求有关意见和建议。

第十八条 专家委秘书处的事业经费按国家林业局有关规定办理。

第十九条 本章程自印发之日起执行。

资料来源：李世东. 2012. 中国林业信息化政策制度. 北京：中国林业出版社.

2011年8月，国家智能林业物联网应用示范工程得到国家发展改革委、财政部的联合批复立项。2011年10月，国家标准委批复成立林业物联网行业应用标准工作组，工作组由来自各领域的15名专家组成，主要职责是：研制物联网在林业领域的应用标准，并组织实施；按照物联网林业应用和产业发展需求，对物联网标准体系进行补充完善；与物联网基础标准工作组进行沟通衔接，反映物联网应用的标准化需求，做好基础标准和应用标准的衔接和协调工作。在工作组专家的指导下，国家林业局信息办先后争取到8个林业物联网国家和行业标准研制项目的立项，其中4个国标的研制工作已形成征求意见稿。

此外，国家林业局在信息化项目立项和竣工验收阶段，都会邀请专家参与评审或审查，听取不同专家的意见和建议。有些项目则直接委托权威单位和专家提供技术咨询。例如，信息安全等级保护建设项目委托了中国科学院信息安全共性技术国家工程研究中心提供咨询设计，国家生态环境（林业）信息化工程需求分析报告委托北京大学电子政务研究院牵头编写，等等。

（四）建立交流合作机制。加强对外交流合作，充分借鉴先进国家、先进行业、先进单位的成功经验与作法，是推动林业信息化工作的重要手段。国家林业局信息办高度重视林业信息化对外交流合作工作，通过强化机制建设，增进了与有关部委、高校、科研单位和知名IT公司等的交流沟通，引进了先进理念，学习了成功经验，了解了技术前沿，统筹了各方资源，为科学推进各项工作提供了有力支持。

国家林业局信息办成立五年来，先后到国务院办公厅电子政务办公室、水利部、工信部、商务部、农业部、国土资源部、国家气象局、国家测绘地理信息局、国家专利局等十多个部委进行了调研学习。同时，商务部、科技部、教育部、农业部、国家体育总局、国家知识产权局、空军司令部等二十多个部委也先后来到国家林业局进行了调研交流。

2009年11月，国家林业局信息办邀请中国林业科学研究院、北京林业大学、国家林业局调查规划设计院、国家信息中心、国脉信息化发展研究中心等单位，共同启动了中国林业信息化发展战略研究。2011年，邀请复旦大学，共同开展了中国林业信息化发展体制机制研究。2012年，邀请国脉信息化发展研究中心，共同开展了中国智慧林业发展规划研究。

在林业信息化标准建设方面，国家林业局信息办先后联合国家林业局调查规划设计院、中国林业科学研究院、国家林业局森防总站、工信部电子工业标准化研究院、中国软件测评中心、北京苍穹数码测绘有限公司、华为公司、神州数码网络有限公司、清华同方计算机有限公司、北京合众思壮科技股份有限公司等单位，开展了数十项标准的研制工作。

2011年2月，国家林业局与中国电信集团在京签署了战略合作框架协议，时任国家林业局局长贾治邦出席签字仪式，国家林业局常务副局长祝列克在协议书上签字，掀开了林业信息化对外合作的重要一页。2011年7月，国家林业局信息办联合清华大学教育研究院和网络工程研究中心，共同举办了首届林业CIO高级研修班，取得了良好效果。2012年，国家林业局信息办先后与国家林业局管理干部学院和北京林业大学签署合作协议，共同推进林业信息化人才培养工作，同时就林业信息化科研工作深化了与中国林业科学研究院的合作。2011年以来，国家林业局信息办与清华大学、中国电信集团、吉林森工集团、神州数码网络有限公司等单位密切合作，共同申请和实施了国家智能林业物联网应用示范工程建设。

2010 年 7 月，国家林业局信息办组团赴英国开展了电子政务学习培训。2011 年 3 月，组团赴澳大利亚开展了林业信息化学习培训。通过走出去，学习了国外的先进理念和成功实践，开阔了视野，受到了启发。

（五）建立示范带动机制。2009 年，国家林业局精选辽宁、湖南、福建和吉林森工集团，启动了首批林业信息化示范省建设（专栏 5-5）。2011 年，又选择北京、广东、河南、江西、陕西、山西、山东等 9 个省市，启动了第二批林业信息化省建设。2012 年，选择了 75 个市、县，开展了首批林业信息化示范市、示范县建设。

专栏 5-5

国家林业局关于组织开展首批全国林业信息化示范省建设工作的通知

林信发〔2009〕284 号

各省、自治区、直辖市林业厅（局），内蒙古、吉林、龙江、大兴安岭森工（林业）集团公司，新疆生产建设兵团林业局，国家林业局各司局、各直属单位：

2009 年 7 月，《国家林业局办公室关于开展林业信息化示范省（区、市）建设工作的通知》（办信字〔2009〕113 号）下发后，各地按照通知要求，对照《林业信息化示范省（区、市）主要指标》，积极进行了林业信息化示范省（区、市）的申报工作。在认真审核研究的基础上，我局确定了首批林业信息化示范省。现将有关事项通知如下：

一、示范省及实施单位

按照办信字〔2009〕113 号文件要求，经各地申报、我局初审、现场复审和最终综合评定等环节，按照点面结合、各具特色、分期分批、可上可下等原则，我局确定首批林业信息化示范省为：

（一）辽宁省：实施单位为辽宁省林业厅。

（二）福建省：实施单位为福建省林业厅。

（三）湖南省：实施单位为湖南省林业厅。

（四）吉林省：实施单位为吉林森工集团。

二、示范省重点建设内容

根据现有工作基础和工作特点，每个示范省各确定一个示范主题。各示范省要在全面推进林业信息化建设的基础上，按照示范主题进行重点攻关，尽快推出国际先进、国内领先的示范成果，以推动全国林业信息化建设又好又快发展。

（一）辽宁省林业厅示范主题：外网建设，基础平台建设。

（二）福建省林业厅：在线行政审批，省市县乡四级联网协同办公。

（三）湖南省林业厅示范主题：资源整合，内网建设。

（四）吉林森工集团示范主题："三网融合"，电子商务。

三、示范省建设要求

各示范省要努力保持荣誉，并采取有效措施，创经验、出成果，真正起到示范带头作用，为全面推进林业信息化建设做出更大贡献。

（一）编制实施方案。各示范省要认真组织编制林业信息化示范省建设实施方案，提出林业信息化示范省建设工作思路，明确示范主题、示范范围、示范内容和保障措施。12 月 31 日前将实施方案报我局。

（二）切实加强组织领导。各示范省要成立由实施单位主要负责同志任组长、有关部门负责同志参加的林业信息化示范省建设工作领导小组，统一领导本地区本单位的林业信息化示范省建设工作，为示范工作提供组织保障。

（三）加大支持保障力度。各示范省要在资金、政策、技术、人才等方面加大对林业信息化的扶持力度，确保示范省建设顺利进行。

（四）及时总结示范经验。各示范省要及时将工作中积累的好经验、好做法认真整理，每半年一次报送我局，以推向全国，真正起到示范作用。

各地要以示范省为榜样，强化危机意识，积极行动起来，主动向示范省学习，学习他们的好经验、好做法，不断改进工作，争取本省（区、市）林业信息化工作早日跨入示范省行列。

特此通知。

国家林业局

二○○九年十二月二十六日

资料来源：李世东．2012．中国林业信息化政策制度．北京：中国林业出版社．

通过这些示范省、示范市、示范县建设，起到了"点亮一盏灯，照亮一大片"的典型带动作用，成为近年来林业信息化发展中的重要亮点，也带动了辽宁、湖南等省启动了本省的示范点建设。以辽宁、湖南两省为例，通过示范省建设，进一步提高了全省林业干部职工的信息化意识，提升了信息化建设和应用水平，中央电视台等多家主流新闻媒体做了专题报道，省内外来参观学习者络绎不绝，有些省林业主管部门还多次上门调研请教。

二、地方层面的运行机制

地方层面通过完善政策体系，加强制度建设，也逐步形成了较为健全的林业信息化运行机制，促进了各项工作的加快推进。

（一）建立健全责任机制。近年来，各地林业部门按照国家林业局及本省信息化建设的有关要求，不断健全工作制度，明确责任分工，加强绩效考核，逐步形成了以信息化领导小组为统领，统分结合的信息化推进机制。

2009 年，北京市园林绿化局成立了由局长任组长，分管副局长任副组长，主要处室和站院为成员单位的信息化工作领导小组，切实加强对全局信息化建设的领导。提出了“全局建信息、全局办信息、全局用信息”的指导思想，建立了信息中心主任列席局长办公会和党组会的会议制度，健全了信息督办机制，进一步从行政程序上明确了各部门的信息权力和信息责任。5 年来，全局围绕门户网站内容保障、信息资源目录管理、网格化管理及统一数据库建设、机房运行维护及信息安全保障等，出台了多个规章制度和地方标准，明确了各层级、各部门的责任。在信息化建设方面，明确由局信息中心负责全局信息化项目的立项、申报等工作，局计财处负责审核、监督和统筹经费管理，从而从制度上杜绝了部门间各自为政、盲目扩张、重复建设、浪费资源和资源不共享等现象。

内蒙古自治区是第二批全国林业信息化示范省（区、市）之一。近年来，自治区林业厅先后制定发布了《内蒙古林业信息安全保密管理规定（试行）》、《内蒙古林业信息化工作管理办法（试行）》、《内蒙古林业网站管理暂行办法》、《内蒙古林业厅视频会议系统管理暂行办法》、《内蒙古林业厅机房管理规定》等工作制度，明确了各方的责任，为全区规范化、科学化推进林业信息化建设与应用提供了制度保障。

辽宁省是首批全国林业信息化示范省之一，其数字林业核心平台和“林业一张图”建设成果得到了行业内的一致认可和广泛好评。辽宁省的重要经验之一就是建立了目标管理机制和考核监督机制。辽宁省林业厅将信息化建设列入省对市绩效考核的主要内容，并建立了通报制度、检查制度、培训制度等，有效促进了各项工作的开展。

为及时掌握林业信息化管理、业务开展、网络维护、应用系统推广使用等情况，定期对各区（县）管理部门和直属单位进行指导和服务，上海市林业局 2011 年初开始全面推行“信息化工作联系人”制度，探索了林业信息化的标准化建设和应用绩效评估机制，完善了林业信息报送、应用系统推进、网络管理等信息化综合考评办法。通过执行本制度，明确了责任，畅通了联系，增强了协作。

为进一步规范全省林业信息化工作，2012 年 3 月，四川省林业厅出台了《四川省林业信息化工作管理办法》。《办法》共十六条，分别从管理原则、组织机构、工作分工、项目申请、平台建设、安全保护等方面进行了规定。《办法》规定，林业信息化建设项目的确定应当符合《全省林业信息化建设规划》，并基于林业信息化统一平台上建设。省林业厅各处室局、各直属单位提出的信息化拟建项目，以及各市（州）林业主管部门向上级有关部门申请立项的信息化拟建项目，应遵循全省林业信息化“统一规划、统一标准、统一管理、分工负责”的建设原则，在厅信息办备案后按基本建设程序向有关部门申请立项并组织实施。

（二）建立竞争激励机制。为充分调动各单位的积极性、主动性和创造性，近年来各省林业主管部门大胆探索，建立和完善了正面激励机制，有效地促进了林业信息化发展。

为加强网站群建设，河北省林业厅出台了《河北林业网站专栏信息更新维护考核办法》，黑龙江省林业厅建立了林业信息报送情况通报评比制度，河南省林业厅出台文件要求在年度评先表彰中实行信息化建设工作一票否决制度。为调动省、市、县三级的积极性，辽宁省林业厅先后下发了《辽宁省林业厅政务商务一体门户网站群优秀网站评比办法》、《全省各市“十二五”期间林业信息化发展水平测评办法(试行)》、《关于全省林业信息化机构建设情况的通报》等系列文件，开展了示范市、优秀网站等创建和评比活动，从2010年起，每年拿出200万元奖励示范市建设，以点带面促进了全省林业信息化发展。吉林省林业信息化工作起步晚，但非常重视竞争激励机制建设，借鉴全国林业信息化发展水平评测办法，2011年印发了《吉林省林业信息化发展水平评测办法》，启动了年度例行性评测工作，发挥了很好的正面导向作用。湖南省林业厅从2010年起，每年拿出100万元，奖励林业信息化示范市、示范县建设，有效调动了各单位的积极性。

(三)建立专家咨询机制。专家是宝贵的智力资源。截至目前，已有辽宁、湖南、北京、甘肃、湖北、河南、四川、新疆、广东等多个省份成立了林业信息化专家咨询委员会(简称标委会)，为全省林业信息化建设提供技术支持。其他省份虽然没有正式组建专家咨询队伍，但在规划编制、项目设计、项目验收、技术培训等方面，都邀请相关领域的专家进行技术审查和专题讲座。总的来看，各地与专家的联系还不够密切，专家的作用没有得到充分发挥。

(四)建立交流合作机制。由于林业信息化专业性很强，所需投资比较大，因此各省在正式开展林业信息化项目建设之前，都还是十分重视调研工作的。比如辽宁、湖南、江西、福建等信息化搞得比较好的省份，先后接待了很多省份的考察交流，发挥了十分积极的作用。

同时，各地林业部门也不断强化与有关IT企业、教学科研单位等的交流合作。例如，辽宁省建立合作共赢机制，强化了与中国移动集团公司的合作，充分利用移动公司的人财物资源，推进包括林火远程视频监控系统、护林员巡更系统等在内的全省林业信息化建设。山西省林业厅与中国移动集团公司合作，建设了覆盖全省重点林区的林火远程视频监控系统。湖北省林业厅与中国联通集团公司建立了战略合作关系，由后者先行垫资建设连通省、市、县三级的林业专网，林业厅分年度支付建设和网络维护费用。青海省林业厅与中国电信集团公司签署了战略合作框架协议，后者将调动有关资源支持青海林业信息化建设。吉林森工集团在推进智能林业物联网应用示范工程项目过程中，与中国科学院长春光学精密机械与物理研究所、复旦大学等单位建立了密切合作关系，共同开展“森林眼”林火视频监控系统和树木专用电子标签的研发工作。

(五)建立示范带动机制。在国家林业局全国林业信息化示范省(区、市)、示范市、示范县建设工作的影响下，部分省份也开展了省级林业信息化示范市、示范县建设，起到了较好的示范带动作用。

辽宁、湖南两省从2010年起，每年拿出一定的经费，组织开展省级林业信息化示范市、示范县建设。内蒙古自治区为充分发挥全区作为全国林业信息化示范省（区、市）的引领作用，下发了《关于开展林业信息化示范盟（市）和单位建设工作的通知》（内林办函〔2011〕264 号），在全区评选出 2 个示范盟（市）、3 个示范旗（县），开展了林业信息化示范盟（市）和单位建设工作。其他省份按照国家林业局关于开展林业信息化示范市、示范县建设的有关要求，积极推进示范建设。

三、运行机制现状评价

综上所述，近年来各级林业部门在林业信息化运行机制建设方面进行了很多探索，呈现出以下两个特征：

一是机制建设取得了较大的成绩，为全面加快林业信息化发展提供了保证。与以往相比，近 5 年来无论是国家林业局还是各省林业主管部门，都高度重视林业信息化机制建设，在建立健全责任机制、正面激励机制、专家咨询机制、交流合作机制、示范带动机制等方面都取得了前所未有的巨大进展，这是林业信息化能够实现“五大跨越”的机制基础。

二是面对林业现代化对信息化的重大需求，机制建设需要进一步加强和完善。虽然我们建立了多种信息化推进机制，但不可否认的事实是，我们在严格遵循制度规定方面还存在很多不足，在强化执行力方面还有很长的路要走。同时，有些机制还需要进一步完善、进一步健全，比如信息资源整合共享机制、信息资源合理开发利用机制、信息化资金长效保障机制、专家咨询机制等。面对智慧林业建设的新形势、新要求，我们要始终强调，林业信息化机制建设永远在路上！

第六章　林业信息化标准规范建设现状

标准规范建设是林业信息化建设的基础性工作，是破解“信息孤岛”、提升发展水平的有效途径，在林业信息化建设、管理、应用和运行维护过程中发挥着无可替代的作用。国家林业局高度重视林业信息化标准规范体系建设工作，2009 年成立了全国林业信息数据标准化技术委员会(简称标委会)，明确了业务主管部门，先后组织研制了数据采集、数据库建设、网络建设、物联网应用等几十项林业信息化标准，为落实局党组提出的“统一标准”原则提供了坚实基础。但总体而言，林业信息化标准规范体系还很不完善，管理体制和运行机制有待改进，前进的道路还很长。

一、行业和国家标准建设现状

2009 年以来，在国家标准委、国家林业局科技司等单位的大力支持和精心指导下，林业信息化标准化工作不断加强，为全面加快林业信息化发展提供了有力支持。

(一)标准管理体系建设情况。按照《林业标准化管理办法》，国家林业局负责全国林业标准化工作的管理、监督和协调；省、自治区、直辖市人民政府林业行政主管部门负责本行政区域内的林业标准化管理工作；设区的市、自治州人民政府林业行政主管部门和县级人民政府林业行政主管部门按照省、自治区、直辖市人民政府规定的职责，管理本行政区域的标准化工作；国家统一规划组建的全国林业专业标准化技术委员会，是专门从事林业标准化工作的技术组织，负责在林业专业范围内开展标准化技术工作。根据《管理办法》的规定，国家林业局逐步建立了林业信息化标准管理体系。

1. 国家林业局信息办(信息中心)。2009 年 1 月，国家林业局印发通知，成立国家林业局信息办，明确其在局党组、信息化与电子政务工作领导小组的统一领导下，负责综合协调、指导监督全国林业信息化和电子政务工作。在具体职责中，包括“组织拟订全国林业信息化与电子政务建设的规章制度、技术规定、行业标准、总体规划和年度计划，并监督执行”。

2010 年 3 月，中央编办批复成立国家林业局信息中心。2010 年 6 月，国家林业局印发通知，决定成立局信息中心，与局信息办实行一套人马、两块牌子，明确信息中心承担“组织拟定全国林业信息化与电子政务建设的政策措施、规章制度、技术规定、行业标准、总体规划和年度计划，并监督执行；承担自然资源和地理空间基础信息库等国家重点信息库林业分中心和全国林业信息数据标准化技术委员会秘书处工作”等职责。

2010 年 7 月，国家林业局办公室下发通知，明确信息中心设立综合规划处等 6 个处室，其中技术合作管理处负责“组织拟定林业信息化技术规定、行业标准；承担全国林业信息数据标准化技术委员会秘书处工作”。

至此，林业信息化标准在林业发展史上第一次有了明确的业务归口管理部门。2010 年 10 月至今，技术合作管理处一直在积极推动林业信息化标准建设和宣传贯彻工作，实质上担负起了林业信息数据标委会秘书处的工作职责。目前该处有两名工作人员。

2. 全国林业信息数据标准化技术委员会。2009 年 4 月 14 日上午，全国林业信息数据标准化技术委员会成立大会暨第一届委员会全体会议在北京举行，37 位委员中有 27 位参加了会议。与会委员审议通过了标委会章程、标委会秘书处工作细则、本届标委会的工作任务以及 2009 年标委会工作计划等。此后，国家林业局信息办技术合作管理处组织开展了标准立项、审查、召开年会、标准宣贯以及参与编写有关书籍等多项工作，实际上承担起了秘书处的工作。但由于没有进行换届改选，目前标委会秘书处仍挂靠在国家林业局调查规划设计院，形成了事权分离的不顺状况。落实国家林业局关于信息中心职责的文件精神，理顺林业信息化标准管理体制刻不容缓。

（二）行业标准建设情况。与林业其他业务领域的标准建设相比，林业信息化标准建设严重滞后。为了扭转这一不良局面，国家林业局信息办甫一成立，就组织国家林业局调查规划设计院、中国林业科学研究院、北京林业大学等单位，以《全国林业信息化建设纲要(2008～2020 年)》和《全国林业信息化建设技术指南(2008～2020 年)》为指导，系统开展林业信息化标准体系研究。作为一期研究成果，2009 年 12 月，《国家林业局关于推荐使用林业信息化相关标准规范的通知》(林信发〔2009〕311 号)印发，提出林业信息化推荐使用标准 152 项(其中国家标准 133 项，行业标准 19 项)，参考使用标准 113 项(其中国际标准 38 项，国家标准 12 项，行业标准 36 项，地方标准 27 项)，要遵循的标准编写规则和标准化法律法规 32 项(其中标准编写规则 15 项，标准化法律法规及规章 17 项)。在这些标准中，包括数字林业行业标准 11 项，标准发布时间为 2008 年(表 6-1)。

表 6-1 2008 年发布的数字林业行业标准一览表

序号	标准名称	标准编号
1	数字林业标准与规范 第 1 部分：森林资源非空间数据标准	LY/T 1662. 1-2008
2	数字林业标准与规范 第 2 部分：林业数字矢量基础地理数据标准	LY/T 1662. 1-2008

（续）

序号	标准名称	标准编号
3	数字林业标准与规范 第3部分：卫星遥感影像数据标准	LY/T 1662. 1-2008
4	数字林业标准与规范 第4部分：林业社会经济数据标准	LY/T 1662. 1-2008
5	数字林业标准与规范 第5部分：林业政策法规数据标准	LY/T 1662. 1-2008
6	数字林业标准与规范 第6部分：林业文献资料数据标准	LY/T 1662. 1-2008
7	数字林业标准与规范 第7部分：数据库建库标准	LY/T 1662. 1-2008
8	数字林业标准与规范 第8部分：数据库软件规范	LY/T 1662. 1-2008
9	数字林业标准与规范 第9部分：数据库管理规范	LY/T 1662. 1-2008
10	数字林业标准与规范 第10部分：元数据标准	LY/T 1662. 1-2008
11	数字林业标准与规范 第11部分：退耕还林工程数据标准	LY/T 1662. 1-2008

2013年11月，作为二期研究成果的《林业信息化标准体系》正式印发(林信办字〔2013〕4号)，明确标准体系由总体标准、信息资源标准、应用标准、基础设施标准、管理标准五个大类组成，标准体系表包括了225项标准(表6-2至表6-8)。这是林业信息化在30多年的发展史上第一次发布标准体系，对指导和规范标准化工作，提高林业信息化建设、管理和应用水平等具有重要意义。

表6-2　总体标准表

序号	标准体系编号	标准名称	类别	需求程度	宜定级别
1	1. 1	林业信息化标准化指南	标准化工作	★★★★★	行标
2	1. 2	林业信息化专用标准编制指南	标准化工作	★★★★	行标
3	1. 3	林业信息化标准一致性测试规则	标准化工作	★★★★	行标
4	1. 4	林业信息化标准质量控制指南	标准化工作	★★★★	行标
5	1. 5	林业信息术语	术语	★★★★★	行标
6	1. 6	林业信息概念模式语言	总体技术	★★★	行标
7	1. 7	林业物联网术语	术语	★★★★	行标
8	1. 8	林业物联网体系结构	总体技术	★★★★	行标

表 6-3 信息资源标准——通用标准表

序号	标准体系编号	标准名称	类别	需求程度	宜定级别
1	2. 1	林业信息基础数据元 第 1 部分：数据元的分类	数据描述	★★★★★	行标
2	2. 2	林业信息基础数据元 第 2 部分：数据元的基本属性	数据描述	★★★★★	行标
3	2. 3	林业信息基础数据元 第 3 部分：数据元命名和标识规则	数据描述	★★★★★	行标
4	2. 4	林业信息分类与编码规范	数据描述	★★★★★	行标
5	2. 5	林业生态工程信息分类与代码	数据描述	★★★★★	行标
6	2. 6	林业信息数据字典编制规范	数据描述	★★★★	行标
7	2. 7	林业信息元数据	数据描述	★★★★★	行标
8	2. 8	林业数据模型描述规则和方法	数据描述	★★★★	行标
9	2. 9	林业信息基础地理框架数据	数据描述	★★★★★	行标
10	2. 10	林业信息图示表达规则和方法	数据描述	★★★★★	行标
11	2. 11	林业行政及经营管理区划编码	数据描述	★★★★★	行标
12	2. 12	林业数据采集规范	采集加工	★★★★	行标
13	2. 13	林业数据整合改造技术规范	采集加工	★★★	行标
14	2. 14	林业信息遥感影像解译规范	采集加工	★★★★	行标
15	2. 15	林业信息质量原则	管理维护	★★★	行标
16	2. 16	林业信息质量评价规范	管理维护	★★★	行标
17	2. 17	林业信息质量控制内容和方法	管理维护	★★★	行标
18	2. 18	林业信息数据一致性测试	管理维护	★★★★	行标
19	2. 19	林业信息检查验收规范	管理维护	★★★	行标
20	2. 20	林业数据库设计总体规范	管理维护	★★★★★	行标
21	2. 21	林业数据库建设技术总体规范	管理维护	★★★★★	行标
22	2. 22	林业数据库更新技术规范	管理维护	★★★	行标
23	2. 23	林业信息产品分类规则	信息产品	★★★★	行标
24	2. 24	林业信息产品质量控制规程	信息产品	★★★	行标
25	2. 25	林业信息产品质量评价规程	信息产品	★★★	行标
26	2. 26	林业信息产品格式	信息产品	★★★★	行标
27	2. 27	林业信息产品图示图例规范	信息产品	★★★★	行标

表 6-4 信息资源标准——专用标准表

序号	标准体系编号	标准名称	类别	需求程度	宜定级别
1	2. 100	综合业务 数据元	数据描述	★★★	行标
2	2. 101	综合业务 数据模型	数据描述	★★★	行标
3	2. 102	综合业务 数据字典	数据描述	★★★	行标
4	2. 103	综合业务 信息分类与代码	数据描述	★★★	行标
5	2. 104	综合业务 文档交换格式规范	数据描述	★★★	行标
6	2. 105	综合业务 公文管理规范	管理维护	★★★	行标
7	2. 106	综合业务 内容管理规范	管理维护	★★★	行标
8	2. 107	综合业务 政务公开管理规定	管理维护	★★★	行标
9	2. 108	公共业务 数据元	数据描述	★★★	行标
10	2. 109	公共业务 数据字典	数据描述	★★★	行标
11	2. 110	公共业务 信息分类与代码	数据描述	★★★	行标
12	2. 111	森林资源核心元数据	数据描述	★★★★	行标
13	2. 112	森林资源 数据元	数据描述	★★★★★	行标
14	2. 113	森林资源 数据模型	数据描述	★★★★	行标
15	2. 114	森林资源 数据字典	数据描述	★★★★	行标
16	2. 115	森林资源数据编码类技术规范	数据描述	★★★★★	行标
17	2. 116	森林资源数据采集技术规范 第 1 部分：森林资源连续清查	采集加工	★★★★	行标
18	2. 117	森林资源数据采集技术规范 第 2 部分：森林资源规划设计调查	采集加工	★★★★	行标
19	2. 118	森林资源数据采集技术规范 第 1 部分：作业设计调查	采集加工	★★★★	行标
20	2. 119	森林资源 数据质量管理规范	采集加工	★★★★	行标
21	2. 120	森林资源数据处理导则	采集加工	★★★★	行标
22	2. 121	森林资源 遥感影像解译规范	采集加工	★★★★	行标
23	2. 122	森林资源数据库术语定义	术语	★★★★	行标
24	2. 123	森林资源数据库分类和命名规范	管理维护	★★★★	行标
25	2. 124	森林资源 数据库建设技术规范	管理维护	★★★★★	行标
26	2. 125	森林资源 数据库更新管理规范	管理维护	★★★★	行标
27	2. 126	森林资源 遥感影像数据库建设规范	管理维护	★★★★	行标
28	2. 127	森林资源管理信息系统建设导则	管理维护	★★★★	行标
29	2. 128	森林资源 基础底图制作规范	信息产品	★★★★	行标
30	2. 129	森林资源 基本图制作规范	信息产品	★★★★	行标
31	2. 130	森林资源 森林资源分布图制作规范	信息产品	★★★★	行标

（续）

序号	标准体系编号	标准名称	类别	需求程度	宜定级别
32	2.131	森林资源 林相图制作规范	信息产品	★★★★	行标
33	2.132	森林资源 统计报表规范	信息产品	★★★★	行标
34	2.133	湿地资源 数据元	数据描述	★★★★★	行标
35	2.134	湿地资源 数据模型	数据描述	★★★★	行标
36	2.135	湿地资源 数据字典	数据描述	★★★★	行标
37	2.136	湿地 信息分类与代码	数据描述	★★★★★	行标
38	2.137	湿地资源 专题图制作规范	信息产品	★★★	行标
39	2.138	湿地资源 统计报表规范	信息产品	★★★	行标
40	2.139	荒漠化土地资源 数据元	数据描述	★★★★★	行标
41	2.140	荒漠化土地资源 数据模型	数据描述	★★★	行标
42	2.141	荒漠化土地资源 数据字典	数据描述	★★★	行标
43	2.142	荒漠化 信息分类与代码	数据描述	★★★★★	行标
44	2.143	荒漠化土地资源 专题图制作规范	信息产品	★★★	行标
45	2.144	荒漠化土地资源 统计报表规范	信息产品	★★★	行标
46	2.145	生物多样性资源 数据元	数据描述	★★★★★	行标
47	2.146	生物多样性资源 数据模型	数据描述	★★★	行标
48	2.147	生物多样性资源 数据字典	数据描述	★★★	行标
49	2.148	生物多样性资源 信息分类与代码	数据描述	★★★★★	行标
50	2.149	生物多样性资源 专题图制作规范	信息产品	★★★	行标
51	2.150	生物多样性资源 统计报表规范	信息产品	★★★	行标
52	2.151	营造林 数据元	数据描述	★★★★★	行标
53	2.152	营造林 数据模型	数据描述	★★★	行标
54	2.153	营造林 数据字典	数据描述	★★★	行标
55	2.154	营造林 信息分类与代码	数据描述	★★★★★	行标
56	2.155	营造林 专题图制作规范	信息产品	★★★	行标
57	2.156	营造林 统计报表规范	信息产品	★★★	行标
58	2.157	森林防火 数据元	数据描述	★★★★★	行标
59	2.158	森林防火 数据模型	数据描述	★★★★	行标
60	2.159	森林防火 数据字典	数据描述	★★★★	行标
61	2.160	森林火灾 信息分类与代码	数据描述	★★★★★	行标
62	2.161	森林防火 专题图制作规范	信息产品	★★★	行标
63	2.162	森林防火 统计报表规范	信息产品	★★★	行标
64	2.163	野生动植物保护 数据元	数据描述	★★★★★	行标
65	2.164	野生动植物保护 数据模型	数据描述	★★★	行标
66	2.165	野生动植物保护 数据字典	数据描述	★★★	行标

（续）

序号	标准体系编号	标准名称	类别	需求程度	宜定级别
67	2.166	野生动植物保护 信息分类与代码	数据描述	★★★★★	行标
68	2.167	野生动植物保护 专题图制作规范	信息产品	★★★	行标
69	2.168	野生动植物保护 统计报表规范	信息产品	★★★	行标
70	2.169	灾害 数据元	数据描述	★★★★★	行标
71	2.170	灾害 数据模型	数据描述	★★★★	行标
72	2.171	灾害 数据字典	数据描述	★★★★	行标
73	2.172	灾害 信息分类与代码	数据描述	★★★★★	行标
74	2.173	灾害 专题图制作规范	信息产品	★★★	行标
75	2.174	灾害 统计报表规范	信息产品	★★★	行标
76	2.175	林业有害生物 分类与代码(虫害部分)	数据描述	★★★★	行标
77	2.176	林业有害生物调查统计规范	信息产品	★★★★	行标
78	2.177	林业有害生物防治统计规范	信息产品	★★★★	行标
79	2.178	应急指挥 数据元	数据描述	★★★★	行标
80	2.179	应急指挥 数据模型	数据描述	★★★	行标
81	2.180	应急指挥 数据字典	数据描述	★★★	行标
82	2.181	应急指挥 信息分类与代码	数据描述	★★★★	行标
83	2.182	应急指挥 专题图制作规范	信息产品	★★★	行标
84	2.183	应急指挥 统计报表规范	信息产品	★★★	行标
85	2.184	森林公安 数据元	数据描述	★★★★★	行标
86	2.185	森林公安 数据字典	数据描述	★★★★	行标
87	2.186	森林公安 信息分类与代码	数据描述	★★★★★	行标
88	2.187	森林公安 统计报表规范	信息产品	★★★	行标
89	2.188	林业政策法规 数据元	数据描述	★★★★★	行标
90	2.189	林业政策法规 数据字典	数据描述	★★★★	行标
91	2.190	林业政策法规 信息分类与代码	数据描述	★★★★★	行标
92	2.191	林业档案 分类与代码	数据描述	★★★	行标
93	2.192	苗木二维码标签技术规范	数据描述	★★★	行标

表 6-5 应用标准——通用标准表

序号	标准体系编号	标准名称	类别	需求程度	宜定级别
1	3.1	林业信息化基础平台统一技术要求	数据(交换)中心	★★★	行标
2	3.2	林业信息资源目录体系框架	数据(交换)中心	★★★★★	行标
3	3.3	林业信息资源目录体系技术规范	数据(交换)中心	★★★★★	行标

（续）

序号	标准体系编号	标准名称	类别	需求程度	宜定级别
4	3.4	林业信息资源交换体系框架	数据（交换）中心	★★★★★	行标
5	3.5	林业信息交换体系技术规范	数据（交换）中心	★★★★★	行标
6	3.6	林业信息交换体系技术管理标准	数据（交换）中心	★★★★★	行标
7	3.7	林业门户网站建设技术规范	数据（交换）中心	★★★★★	行标
8	3.8	林业信息交换格式	描述技术	★★★	行标
9	3.9	林业数据库访问接口规范	描述技术	★★★★	行标
10	3.10	基于云计算的林业公共服务平台 系统架构	描述技术	★★★★	行标
11	3.11	基于云计算的林业公共服务平台 数据接口技术要求	描述技术	★★★★	行标
12	3.12	基于云计算的林业公共服务平台 云数据存储和管理	描述技术	★★★★	行标
13	3.13	林业物联网 传感器技术规范	描述技术	★★★★	国标
14	3.14	林业物联网 传感器数据接口规范	描述技术	★★★★	国标
15	3.15	林业物联网 传感网组网设备技术规范	描述技术	★★★★	国标
16	3.16	林业物联网 移动多功能智能终端技术规范	描述技术	★★★★	国标
17	3.17	林业物联网 标识与解析技术规范	描述技术	★★★★	行标
18	3.18	林业物联网 面向视频应用的总体技术要求	描述技术	★★★★	行标
19	3.19	林业物联网 面向视频应用的短距离传输技术规范	描述技术	★★★★	行标
20	3.20	林业物联网 面向视频应用的长距离传输技术规范	描述技术	★★★★	行标
21	3.21	基于 XML 的电子公文格式	描述技术	★★★	行标
22	3.22	林业信息服务接口规范	目录/WEB 服务	★★★★	行标
23	3.23	林业信息服务集成规范	目录/WEB 服务	★★★	行标
24	3.24	林业信息服务质量规范	目录/WEB 服务	★★★	行标
25	3.25	林业信息发布与订阅规范	目录/WEB 服务	★★★	行标
26	3.26	林业信息 WEB 服务应用规范	目录/WEB 服务	★★★★	行标
27	3.27	林业业务建模技术规范	业务建模	★★	行标
28	3.28	林业业务功能/服务建模技术规范	业务建模	★★	行标
29	3.29	林业业务流程控制/管理技术规范	业务建模	★★	行标
30	3.30	林业业务流程设计方法通用指南	业务流程	★★★	行标
31	3.31	林业电子公文交换处理规范	业务流程	★★★	行标
32	3.32	林业电子公文存档管理规范	业务流程	★★★	行标
33	3.33	林业电子公文处理流程规范	业务流程	★★★	行标
34	3.34	林业业务生成的通用技术要求	业务流程	★★★	行标

（续）

序号	标准体系编号	标准名称	类别	需求程度	宜定级别
35	3.35	XML 业务表示规范	业务流程	★★★	行标
36	3.36	林业应用系统建设指南	应用系统	★★★	行标
37	3.37	林业应用系统设计与开发规范	应用系统	★★★	行标
38	3.38	林业应用系统质量控制与测试	应用系统	★★★	行标
39	3.39	林业应用系统开发文档规范	应用系统	★★★	行标
40	3.40	林业应用系统阶段评审规范	应用系统	★★★	行标

表 6-6　应用标准——专用标准表

序号	标准体系编号	标准名称	类别	需求程度	宜定级别
1	3.100	综合业务 业务模型	业务建模	★★	行标
2	3.101	综合业务 功能/服务模型	业务建模	★★	行标
3	3.102	综合业务 业务流程控制/管理	业务建模	★★★	行标
4	3.103	综合业务 系统建设规范	业务建模	★	行标
5	3.104	公共业务 业务模型	业务建模	★★	行标
6	3.105	公共业务 功能/服务模型	业务建模	★★	行标
7	3.106	公共业务 业务流程控制/管理	业务建模	★★★	行标
8	3.107	公共业务 系统建设规范	业务建模	★	行标
9	3.108	森林资源管理 业务模型	业务建模	★★★★	行标
10	3.109	森林资源管理 功能/服务模型	业务建模	★★★★	行标
11	3.110	森林资源管理 业务流程控制/管理	业务建模	★★★★	行标
12	3.111	湿地资源管理 业务模型	业务建模	★★	行标
13	3.112	湿地资源管理 功能/服务模型	业务建模	★★	行标
14	3.113	湿地资源管理 业务流程控制/管理	业务建模	★★	行标
15	3.114	荒漠化土地资源管理 业务模型	业务建模	★★	行标
16	3.115	荒漠化土地资源管理 功能/服务模型	业务建模	★★	行标
17	3.116	荒漠化土地资源管理 业务流程控制/管理	业务建模	★★	行标
18	3.117	生物多样性资源管理 业务模型	业务建模	★★	行标
19	3.118	生物多样性资源管理 功能/服务模型	业务建模	★★	行标
20	3.119	生物多样性资源管理 业务流程控制/管理	业务建模	★★	行标
21	3.120	营造林 业务模型	业务建模	★★	行标
22	3.121	营造林 功能/服务模型	业务建模	★★	行标
23	3.122	营造林 业务流程控制/管理	业务建模	★★	行标
24	3.123	森林防火 业务模型	业务建模	★★	行标

（续）

序号	标准体系编号	标准名称	类别	需求程度	宜定级别
25	3.124	森林防火 功能/服务模型	业务建模	★★★	行标
26	3.125	森林防火 业务流程控制/管理	业务建模	★★★	行标
27	3.126	野生动植物保护 业务模型	业务建模	★★★	行标
28	3.127	野生动植物保护 功能/服务模型	业务建模	★★★	行标
29	3.128	野生动植物保护 业务流程控制/管理	业务建模	★★★	行标
30	3.129	森林灾害 评估模型技术规范	业务建模	★★★	行标
31	3.130	森林灾害 业务模型	业务建模	★★★	行标
32	3.131	森林灾害 功能/服务模型	业务建模	★★★	行标
33	3.132	森林灾害 业务流程控制/管理	业务建模	★★★	行标
34	3.133	应急指挥 业务模型	业务建模	★★★	行标
35	3.134	应急指挥 功能/服务模型	业务建模	★★★	行标
36	3.135	应急指挥 业务流程控制/管理	业务建模	★★★	行标
37	3.136	应急指挥 评估模型技术规范	业务建模	★★★	行标
38	3.137	森林公安管理系统建设规范	应用系统	★★	行标
39	3.138	林业政策法规管理系统建设规范	应用系统	★★	行标

表 6-7　基础设施标准表

序号	标准体系编号	标准名称	类别	需求程度	宜定级别
1	4.1	林业信息化网络系统建设规范	网络系统	★★★★	行标
2	4.2	林业信息化网络管理指南	网络系统	★★★★	行标
3	4.3	林业信息化基础设施建设规范	基础环境	★★★	行标
4	4.4	林业应急指挥中心建设规范	基础环境	★★★	行标
5	4.5	XML 数据安全技术要求	应用安全	★★★★	行标
6	4.6	林业信息系统安全评估准则	应用安全	★★★★	行标
7	4.7	林业信息安全技术和管理要求，应至少涵盖以下 7 个方面： 1. 网络安全防护体系建设要求 2. 网络安全评估体系建设要求 3. 网络与应用系统安全审计要求 4. 应用系统的授权与访问控制策略 5. 应用系统关键数据安全技术要求 6. 系统容灾备份建设要求 7. 安全管理要求	信息安全	★★★★	行标

表 6-8　管理标准表

序号	标准体系编号	标准名称	类别	需求程度	宜定级别
1	5.1	林业信息化标准体系	标准化工作	★★★★★	行标
2	5.2	林业资源调查监测公共因子分类补充规定	标准化工作	★★★★	行标
3	5.3	林业省级单位机房建设管理规范	建设管理	★★★★	行标
4	5.4	林业信息化项目管理规定	建设管理	★★★★	行标
5	5.5	林业信息共享交换管理规定	建设管理	★★★	行标
6	5.6	林业信息化建设档案管理规定	建设管理	★★★★	行标
7	5.7	林业信息化项目验收规范	建设管理	★★★★	行标
8	5.8	林业信息化运行维护管理规范	运维管理	★★★	行标
9	5.9	林业信息化项目建议书编制规范	立项与规划	★★★	行标
10	5.10	林业信息化项目可行性研究报告编制规范	立项与规划	★★★	行标
11	5.11	林业信息化项目初步设计编制规范	立项与规划	★★★	行标

据统计，2009～2014 年，在国家林业局立项并明确由全国林业信息数据标委会或国家林业局归口管理的林业信息化行业标准共计 44 项，其中 2009 年 6 项，2010 年 18 项(立项时的《森林资源数据采集技术规范》标准，后拆分为 3 个部分发布)，2011 年 2 项，2012 年 5 项，2013 年 7 项，2014 年 6 项。各标准的牵头承担单位及工作进展见表 6-9，从中可见，已正式发布标准 23 项，5 项标准已报批待发布，16 项标准正在制修订过程中。

表 6-9　2009～2014 年立项林业信息化行业标准进展一览表

序号	标准名称	立项年度	牵头承担单位	工作进度
1	林业信息化标准体系	2009	国家林业局规划院	已报批，作为参考资料以文件形式印发
2	林业信息术语	2009	国家林业局规划院	已报批，待发布
3	林业信息元数据	2009	国家林业局规划院	已报批，待发布
4	林业基础信息代码编制规范	2009	国家林业局规划院	已报批，待发布
5	林业信息资源目录体系框架	2009	国家林业局规划院	已报批，待发布
6	林业信息资源交换体系框架	2009	国家林业局规划院	已报批，待发布
7	林业生态工程信息分类与代码	2010	国家林业局规划院	2013 年已发布
8	林业数据库设计总体规范	2010	国家林业局规划院	2013 年已发布
9	林业信息图示表达规则和方法	2010	国家林业局规划院	2013 年已发布
10	林业信息 WEB 服务应用规范	2010	国家林业局规划院	2013 年已发布
11	林业信息服务接口规范	2010	国家林业局规划院	2013 年已发布
12	林业信息交换体系技术规范	2010	国家林业局规划院	2013 年已发布
13	林业信息化网络系统建设规范	2010	国家林业局规划院	2013 年已发布

（续）

序号	标准名称	立项年度	牵头承担单位	工作进度
14	森林信息产品类技术规范	2010	国家林业局规划院	取消编制
15	森林资源核心元数据	2010	国家林业局规划院	2013 年已发布
16	森林资源数据编码类技术规范	2010	国家林业局规划院	2013 年已发布
17	森林资源数据采集技术规范 第 1 部分：森林资源连续清查	2010	国家林业局规划院	将立项的 1 个标准拆分为 3 个部分，2013 年已发布
18	森林资源数据采集技术规范 第 2 部分：森林资源规划设计调查	2010	国家林业局规划院	将立项的 1 个标准拆分为 3 个部分，2013 年已发布
19	森林资源数据采集技术规范 第 3 部分：作业设计调查	2010	国家林业局规划院	将立项的 1 个标准拆分为 3 个部分，2013 年已发布
20	森林资源数据处理导则	2010	国家林业局规划院	2013 年已发布
21	森林资源数据库术语定义	2010	国家林业局规划院	2013 年已发布
22	林业信息资源目录体系技术规范	2010	中国林业科学研究院资源信息研究所	2013 年已发布
23	野生动植物保护信息分类与代码	2010	中国林业科学研究院资源信息研究所	2013 年已发布
24	森林火灾信息分类与代码	2010	中国林业科学研究院资源信息研究所	2013 年已发布
25	湿地信息分类与代码	2010	中国林业科学研究院资源信息研究所	2013 年已发布
26	荒漠化信息分类与代码	2010	中国林业科学研究院资源信息研究所	2013 年已发布
27	林业档案分类与代码	2011	国家林业局规划院	正在修订
28	林业信息系统运行维护标准通用要求	2011	国家林业局信息中心	正在编制
29	林业信息系统安全评估准则	2012	国家林业局信息中心	2013 年已发布
30	林业数据库更新管理规范	2012	国家林业局信息中心	2013 年已发布
31	林业信息数据字典编制规范	2012	国家林业局规划院	正在编制
32	森林资源数据库分类和命名规范	2012	国家林业局规划院	2013 年已发布
33	森林资源管理信息系统建设导则	2012	国家林业局规划院	2013 年已发布
34	林业数据模型描述规则和方法	2013	国家林业局规划院	正在编制
35	林业信息基础数据元标准 第 1 部分：数据元的分类	2013	国家林业局规划院	正在编制
36	林业信息基础数据元标准 第 2 部分：数据元的基本属性	2013	国家林业局规划院	正在编制
37	林业信息基础数据元标准 第 3 部分：数据元命名和标识规则	2013	国家林业局信息中心	正在编制

（续）

序号	标准名称	立项年度	牵头承担单位	工作进度
38	林业信息交换格式	2013	国家林业局信息中心	正在编制
39	林业物联网 术语	2013	国家林业局信息中心	正在编制
40	林业物联网 体系结构	2013	国家林业局信息中心	正在编制
41	湿地信息库建设技术规范	2014	国家林业局规划院	正在编制
42	林业数据整合改造技术规范	2014	国家林业局信息中心	正在编制
43	林业物联网标识与解析技术规范	2014	国家林业局信息中心	正在编制
44	林业物联网信息安全通用要求	2014	国家林业局信息中心	正在编制
45	林业信息产品分类规则	2014	国家林业局信息中心	正在编制
46	林木病虫害数据库结构规范	2014	北京林业大学	正在编制

（三）国家标准建设情况。2011 年 8 月，国家发展改革委、财政部联合批复首批国家物联网应用示范工程，由国家林业局牵头申报的智能林业物联网应用示范工程位列 5 个示范工程之一。为支撑和规范物联网建设，国家发展改革委、国家标准委启动了物联网基础共性标准和行业应用标准编制工作。经过努力，《林业物联网　传感器技术规范》（计划编号 20130095-T-432）、《林业物联网　传感器数据接口规范》（计划编号 20130096-T-432）、《林业物联网　传感网组网设备技术规范》（计划编号 20130097-T-432）、《林业物联网 移动多功能智能终端技术规范》（计划编号 20130098-T-432）4 项国家标准于 2013 年 6 月获得正式立项，实现了林业信息化发展史上国家标准立项零的突破。目前，国家林业局信息办（信息中心）正在联合工信部电子工业标准化研究院、神州数码网络有限公司、华为公司、航天恒星科技有限公司、北京苍穹数码测绘有限公司等单位，抓紧开展标准研制工作，预计 2014 年底完成研制任务。

同时，根据国家标准委的部署，国家林业局信息办按照有关程序规定，近期又向国家标准委提出了《林业物联网　面向视频的无线传感器网络媒体访问控制和物理层规范》、《林业物联网　面向视频的无线传感器网络技术要求》、《林业物联网　标识分配规范》、《林业物联网　车载终端通用技术要求》等 4 项国家标准的立项申请，等待批准。

二、地方标准建设现状

在国家林业局的指导下，北京、福建、辽宁等部分省级林业主管部门结合本地信息化建设实际，编制出台了一批地方标准（表 6-10），较好地满足了本省信息化工作需求，同时也为其他省份提供了参考借鉴。

表 6-10　省级林业主管部门编制的林业信息化地方标准一览表

序号	标准名称	标准编号
1	园林绿化网格化管理 第 1 部分：系统建设规范	DB11/T 795. 1-2011
2	园林绿化网格化管理 第 2 部分：网格划分与编码规则	DB11/T 795. 2-2011
3	园林绿化网格化管理 第 3 部分：对象、事件、业务分类与编码	DB11/T 795. 3-2012
4	数字林业 森林资源数据库基本规则	DB35/T682-2006
5	数字林业 森林资源数据代码	DB35/T683-2006
6	数字林业 森林资源基本图图式	DB35/T684-2006
7	数字林业 森林资源矢量数据采集技术规范	DB35/T685-2006
8	数字林业 森林经营区划代码与用户命名规则	DB35/T686-2006
9	数字林业 建设与管理标准	DB21/T1574-2008
10	数字林业 应用系统开发集成规范	DB21/T1575-2008
11	数字林业 森林区划标准	DB21/T1576-2008
12	数字林业 数据共享与交换	DB21/T1577-2008
13	数字林业 信息安全与单点登录标准	DB21/T1578-2008
14	数字林业 森林资源分类编码 森林资源调查信息分类	DB21/T1579-2008
15	数字林业 森林资源分类编码 空间数据代码	DB21/T1580-2008
16	数字林业 森林资源分类编码 属性代码	DB21/T1581-2008
17	数字林业 制图 分布图	DB21/T1582-2008
18	数字林业 制图 分类图	DB21/T1583-2008
19	数字林业 制图 基本图	DB21/T1584-2008
20	数字林业 制图 森林资源制图专用线型和符号	DB21/T1585-2008
21	数字林业 数据库 分类技术规范	DB21/T1586-2008
22	数字林业 数据库 省级系统图层	DB21/T1587-2008
23	数字林业 数据库 省级图像库建设技术规范	DB21/T1588-2008
24	数字林业 数据库 省级矢量图库建设技术规范	DB21/T1589-2008
25	数字林业 数据库 森林资源调查数据库结构	DB21/T1590-2008
26	数字林业 数据库 森林资源调查数据表结构	DB21/T1591-2008
27	数字林业 森林资源规划设计调查数据采集	DB21/T1592-2008
28	数字林业 元数据标准	DB21/T1593-2008
29	数字林业 视频监控技术规范	DB21/T1594-2008
30	县级森林资源管理信息系统建设规范	DB33/T641-2007

三、标准规范建设现状评价

近年来，在国家林业局的高度重视下，林业行业的标准化意识有了明显提高，林业信息化标准化工作也取得了长足进步，主要表现在：

一是明确了归口管理部门。在国家林业局科技司的指导下，国家林业局信息办（信息中心）技术合作管理处具体负责“组织拟定林业信息化技术规定、行业标准；承担全国林业信息数据标准化技术委员会秘书处工作”。

二是组建了林业信息化标准化专家团队。全国林业信息数据标委会由来自行业内外的37名委员组成，他们都有较高的专业造诣和工作经验，是制修订林业信息化标准的重要技术支撑力量。

三是标准立项工作日益制度化和规范化。2009年之前，没有人来组织林业信息化标准立项工作，从2009年起，国家林业局信息办开始有组织、有计划地争取标准立项。2011年，国家林业局信息办基本建立起林业信息化标准项目储备库。从2012年开始，国家林业局信息办在11月份即发文，面向全社会征集次年的林业信息化标准储备项目，动态更新储备库，精心推选标准申报项目，从而有效地提高了标准立项质量和水平。

四是出台和宣贯了一批标准。国家林业局信息办加强组织协调，大力推动有关单位开展标准编制工作，严把标准制修订质量关。2013年发布了23项林业信息化行业标准，还有十几项标准正在抓紧编制。通过举办培训班、网站发布信息、下发文件等多种途径，强化了标准宣贯工作，受到了各级林业部门的充分肯定。

在看到成绩的同时，也清醒地认识到工作中存在的差距和问题，主要表现在：

一是体制机制不顺。首先是管理体制不顺。按照国家林业局有关文件规定，标委会秘书处应挂靠在局信息办，并且局信息办已实际承担起有关工作。但因为没有改选，秘书处形式上仍挂靠在局规划院，而局规划院又没有承担起秘书处的职责。这种事权分离的尴尬局面影响了标准化工作的推进。其次是机制不健全。标委会成立以来，只召开了一次年会，秘书处与委员的日常联系很少，秘书处基本没有召开过工作会。标委会章程、秘书处工作细则等制度没有得到全面有效执行，也急需根据新的形势进行修改完善。

二是标委会委员亟待改选。首先由于部分委员岗位变化较大，难以有效履行职责。标委会共由37名委员组成，其中主任委员1名，副主任委员3名，秘书长1名，副秘书长3名。目前，主任委员已调到其他司局任职，不再负责林业信息化工作。有1名副主任委员已退休3年。秘书长和副秘书长全部因为工作岗位调动，已不分管或从事林业信息化工作。标委会委员中也有多位或退休或工作变动而无法再从事林业信息化工作。其次是标委会委员的专业知识结构需要优化。近年来，物联网、云计算、移动互联网、大数据、IPv6等新一代信息技术迅猛发展，日益深刻地影响着各行各业的信息化发展进程，电子商务、数据挖掘等新的服务业态冲击着人们传统的思维方式和生产、生活方式，林业作为一个基础性行业，必须适应新的发展形势，加快相关标准的制修订和宣贯工作。但在目前的标委会委员中，缺少这些领域的专家。因此，急需对标委会委员进行适度改选。

委员代表性不够，也影响到标准建设的整体成效。从实际工作情况看，目前的标委会成员组成存在几个问题：首先是成员主要来自林业系统，系统外的成员偏少，IT企业等建设应用单位人员鲜有加入；其次是成员以在京的局有关司局和直属单位人员为主，地方林业部门人员占比偏低；第三是成员以东中部信息化发达地区的人员为主，中西部信息化欠发达地区人员占比很低；第四是成员以中老年人员为主，年轻人员占比偏低。这些问题产生的影响是：标委会思想不够活跃开放，系统外的一些先进理念、技术和做法不能有效吸收借鉴；标准编写和应用两张皮，编写人员存在“闭门造车”现象，应用单位在标准编制中参与度不够，从而影响到标准编制质量和执行效果；标准编制项目的竞争性不够，个别单位承担项目偏多，导致标准编制质量不高，进度得不到有效保证，也不利于充分调动各方面的积极性。

三是工作经费严重不足。标准编制是一项带有研究性质的工作，需要有必要的经费支持。特别是一些重大复杂的标准，由于其涉及多个专业领域，或本身就是比较前沿的东西（如物联网、云计算等新一代信息技术在林业行业的应用），往往很难有多少技术积累，而需要在研究过程中进行集成和创新，才能研制出科学可行的标准。这时如果经费很少，是难以有效开展工作的。目前财政对标准研制往往是采取补贴的形式给予支持，经费与实际需求存在较大缺口，这导致很多单位参与标准制修订的积极性不高，或者都只想编简单的标准，而不愿碰基础性的、跨部门的、急需的标准。不少领导对标准的重视常常是停留在口头上，不分析工作难度和工作量，不愿给予经费支持。为扭转这一不良局面，提高思想认识，加大经费支持力度，特别是多方筹措资金，增加对重要标准的预研究支持和宣贯支持是十分必要的。

四是标准编制质量不高。从标准立项来看，部分标准项目缺乏必要的技术积累，立项存在一定的盲目性，标准实用性和急需性不够。不少人是言必说标准重要，需要大力加强，但问其到底需要编制什么标准时，却说不上来，说明预研究很不够。或者是“说起来重要，做起来次要，用起来不要”。有的人则是“易想出点子，难干出样子”。个别单位对标准草案草草应付，编写时不够严谨规范。标准制修订工作组组成比较单一，系统内外相关单位和专家参与度不够，特别是应用单位的人员参与偏少，标准征求意见环节流于形式或因为比较专业而提不出意见，导致标准质量不甚令人满意。如何进一步提高标准质量，是一项重要而长期的工作，需要有关部门、专家、标委会及其秘书处共同努力。

五是标准宣贯薄弱。总体来看，目前的标准工作存在重编制、轻宣贯、忽绩效的问题。编制标准有专项经费，宣贯和绩效监测评估却没有经费。标准发布后，宣传推广力度不够，很多单位都不知道有该标准，也很难获取标准文本，当然就很难去执行标准。标准执行情况不掌握，标准立项与实际应用没有形成一个管理上的闭环，从而导致编用两张皮，谁都不太负责任。加强标准宣贯工作必须得到高度重视。

FIVE YEARS 2009~2014

政策建议

ZHENGCE JIANYI

林业信息化
Forestry Informatization

第七章　加强组织机构和人才队伍建设

实践已经证明，没有林业信息化，就没有林业现代化；发展生态林业民生林业，必须把信息化融入到林业建设的各方面和全过程。做好林业信息化工作，提高认识是基础，加强领导是前提，措施得力是关键，人才队伍是保证。当前和今后一个时期，要按照智慧林业建设的总体要求，进一步完善管理体制，创新运行机制，加强队伍建设，夯实发展根基。

一、提高思想认识

认识决定心态，心态决定行动，行动决定成效，成效决定未来。这一具有哲学意义的推理告诉我们，只有深刻认识林业信息化的战略地位和作用，科学把握林业信息化发展规律，才能产生推动工作的强大动力，才能实现预期的工作目标。

(一)科学认识工作定位。放眼21世纪的全球发展，一个不争的事实是：信息化是新世纪的主要特征，是推动经济社会变革的主要力量，是国家间竞争的主要阵地，是行业发展的强大动力。信息革命已成为时代的最强音，信息化已成为时髦的代名词，信息人已成为时尚的领跑者，信息引领未来的趋势锐不可当。2014年2月27日中央网络安全和信息化领导小组成立，充分说明了我国新一届中央领导集体对信息化工作的深刻认识和高度重视(专栏7-1、7-2)。

专栏 7-1

中国信息化值得期待

——中央网络安全和信息化领导小组新政解析

国家信息中心信息化研究部主任　张新红

2014 年 2 月 27 日注定要成为一个值得纪念的日子，这一天，中央网络安全和信息化领导小组宣告成立。有人认为这是十八届三中全会以来继中央全面深化改革领导小组、中央国家安全委员会之后，中央在现有架构外新设立的第三个“超级机构”。因事关全局，又与每个人都息息相关，所以引起网络热议也在情理之中。绝大多数人都能从中读出中央关于信息化发展的决心和战略部署，也有少数人出现误读，更多的人则希望弄清楚可能对国家信息化未来发展带来的影响。《电子政务》杂志约写一篇解读性文章，推之再三，勉力为之。从一个研究工作者的角度看，中央这一重大决策释放的信号很明确，有其深刻的背景，未来中国信息化值得期待。

一、读懂信号

今年是中国互联网发展 20 年，作为世界第二大经济体和第一网民大国，中国在面对信息技术革命时做出的任何一项重大决策变化都会引起国内外格外关注。总体上看，外媒普遍认为这次中央网络安全和信息化领导小组由中国最高领导人出任领导小组组长，国务院总理及主管意识形态工作的政治局常委担任副组长，规格高、力度大、立意远，可以兼顾到国防军事、国务院系统及意识形态三个安全战略规划，更有力、更权威地统筹指导中国迈向网络强国的发展战略。国内舆论也普遍充满期待，在随后召开的人大、政协两会上，代表委员们盛赞“这个领导小组不一般”，体现了中国最高层全面深化改革、加强顶层设计的意志，显示出保障网络安全、维护国家利益、推动信息化发展的决心，更标志着中国正从网络大国加速向网络强国挺进。个人认为，至少应从中央这一重大决策中读出四个明显的信号。

信号之一：更强有力的领导。新组建的中央网络安全与信息化领导小组层次之高前所未有，过去都是在国家层面上的，这次是在党中央层面上的。党和国家最高领导人出任组长、副组长，第一次比较彻底地体现了信息化是“一把手工程”的内在要求。同时，新的领导小组也体现了党政军一体化融合推进的要求。无论从哪个角度看，总揽全局、统筹推进的规划能力和协调能力都会大大提高。习近平在讲话中强调，中央网络安全和信息化领导小组要发挥集中统一领导作用，统筹协调各个领域的网络安全和信息化重大问题，制定实施国家网络安全和信息化发展战略、宏观规划和重大政策。

信号之二：网络安全备受关注。安全与发展是信息化与生俱来的一对矛盾，也一直是理论上争论不休、实践中不容易处理好的焦点问题。“以安全保发展、以发展促安全”是应该长期坚持的基本方针，但不同时期如何把握好调整工作重心的时、度、效，确实需要审时度势，需要大智慧。过去往往把信息安全放在信息化里面去提，这次新的领导小组更加突出地强调网络安全，从名称上就可以看出来——不仅将网络安全与信息化并列，而且将网络安全排在了前面。这说明网络安全在现阶段的重要性，具有比较明显的阶段性问题导向特征，但如果说因此就会出现重安全轻发展倾向显然是一种误判。习近平讲话中说得很明白："网络安全和信息化是一体之两翼、驱动之双轮，必须统一谋划、统一部署、统一推进、统一实施。"在强调"没有网络安全就没有国家安全"的同时，也强调了"没有信息化就没有现代化"。至于强调重视网上舆论工作，创新改进网上宣传，那也是因为现在的网络内容传播上确实存在一些错误、混乱、有害甚至危险的东西，并对现实社会生活产生了不良影响，需要正视和重视，弘扬主旋律，激发正能量，坚守信义容法和让网络空间清朗起来总是一件大好事。

信号之三：信息化认识提升。从上个世纪80年以来，我国信息化管理体制和管理机构发生过多次大的变化，这是适应信息技术不断进步、信息化日益深化、经济社会发展和国际竞争环境快速变化所进行的必要调整。在这个过程中，随着环境和阶段性任务变化，对信息化的战略地位和作用的认识也在不断深化，最终会体现在指导思想、信息化管理体制和管理机构的变化上。从指导思想上看，从积极应对新技术变革，到大力推进国民经济信息化、大力推进国民经济和社会信息化，到"信息化是覆盖现代化建设全局的战略举措"，再到"信息化带动工业化"、"两化融合"，现在的提法是"没有信息化就没有现代化"。相应地，信息化管理机构也经历了从电子振兴领导小组、国民经济信息化联席会议到国家信息化工作领导小组的变化，其办事机构所属部门及规格层次也都有相应的调整。现在新组建的中央网络安全与信息化领导小组所以能有这么高的规格和层次，也说明对信息化的认识又有了新的提高。除上面提到的一些新思想外，这次还提出了网络强国、信息生产力、信息经济、以信息化促进"两个一百年"目标实现等一系列战略性新思维。

信号之四：信息化战略基本敲定。新的领导小组明确提出了今后一个时期信息化发展的战略目标，即建设网络强国，其具体目标描述就是："网络基础设施基本普及、自主创新能力显著增强、信息经济全面发展、网络安全保障有力。"重点工作内容也较为明确，比如：提升技术与产业支撑能力、信息资源开发利用、完善信息基础设施、大力发展信息经济、建设信息化人才队伍、加强信息法制建设、确保网络安全等。

二、理解背景

组建新的中央网络安全与信息化领导小组，有其特殊的历史和现实背景。具体而言，至少有四个大的背景变化需要加深理解。

背景之一：信息技术革命快速发展。近几年来，信息技术革命及其创新应用日新月异，大数据、云计算、物联网、3D打印、移动互联网等风起云涌，让人眼花缭乱应接不暇。去年底信息社会50人论坛年会评出了2013年度中国信息社会发展十件大事，内容分别涉及互联网金融、大数据、"棱镜"事件、个人信息保护、宽带中国、信息消费、微信、"双11"、"3Q大战"、4G牌照等，从这些事件的名称就可以看出，如果倒退五年，这些事情不可能发生，多数名词甚至都没有听说过。被唱衰了若干年的摩尔定律仍在强劲地发挥作用，越来越多的人坚信信息革命不仅没有结束，而且正在不断孕育新的突破。财大气粗、趾高气扬的传统企业，一不留神就被跨界经营者冲撞得六神无主、人仰马翻。为什么这几年的变化会这么快呢？除信息技术本身进步加快、应用环境日渐成熟外，全球性金融危机的爆发也起到了推波助澜的作用。为刺激经济复苏、抢占新的战略制高点，世界各国都纷纷制定新的信息化发展战略，加速推动了信息技术的研发和创新应用进程，信息技术革命对经济社会军事文化等各个领域的深化影响也逐渐地显现出来。对于中国而言，面对快速变化而影响深远的信息技术革命，当然不能老是停留在应对、适应上，应该有新的追求，在积极利用的同时争取发挥引导甚至主导的作用。

背景之二：经济与社会面临转型。中国正处在多重转型的交汇期，发展阶段要从中等收入国家向中高收入国家转型，发展方式要从粗放向集约转型，经济型态要从产品经济向信息经济转型，社会形态要从工业社会向信息社会转型。中等收入陷阱、人口红利消失、资源环境约束这三大困境既是必须转型的原因，也是转型期需要重点克服的困难。解决这些问题不能延用传统的惯用办法，需要跳出原有的思维寻找到新的出路，而信息技术革命恰恰提供了这样的机遇。信息化不仅通过技术变革、带动投资与消费进而成为新的经济增长动力源，还在不断提供新的增长点和新兴产业，同时还是化解现有各类社会矛盾的一把利器。当然，每一种转型都会经由生产力要素变化引发生产关系调整和利益重新分配，所以，每一种转型都将是一个痛苦的过程，这么多的转型期阵痛叠加在一起当然是非常的痛苦。但是，承受这些痛苦是必需的，也是值得的。大家常说，转型期是发展机遇期，也是矛盾凸显期，机遇与挑战并存。充分利用信息技术的创新效应促进增长、化解矛盾、获取新的竞争优势、实现跨越发展，是中国在转型期面临的最大机遇，而丧失机遇才是最大的风险所在。

背景之三：信息化深化发展。经过多年的建设与发展，中国信息化发展的基础已经大不一样，信息技术深化应用带来的深刻影响日渐显现，信息化过程中存在的诸多矛盾已到了非解决不可的时候了，原有的信息化管理体制已无法适应形势发展需要。从电子政务领域看，信息化建设重点在经历过基础设施建设、办公自动化、管理信息系统、业务系统建设、信息资源开发等不同阶段后，现在已经到了应用为王的阶段。也只有到这一阶段，信息化的成效才能够真正体现出来。每一项重要的应用都会牵涉到资源整合，要求部门间、业务系统间实现资源共享和业务协同。现实中，因条块分割形成的信息孤岛、信息烟囱现象仍大量存在，造成重复建设、资源浪费，更影响到成效发挥。这在过去自建自用阶段还能将就，但到了重点面向公共管理和社会服务时就无法持续下去了。2008年大部制改革时，在“两化融合”的指导思想下，信息化管理职能划给了新成立的工信部。信息化本就牵一发而动全身，任何一个重点项目都会涉及多个部门，让工信部去协调各部委显然是有点勉为其难。在实践中，工信部只能“有所为有所不为”甚至是“能不为就不为”了。从更大的范围看，现在信息经济已深入影响到经济社会发展各个领域，原有的许多法律、制度都需要大的调整，而每一项调整又都会牵涉到众多部门。全面推进信息化健康快速发展，需要有一个更强有力的领导机构。

背景之四：从网络大国走向网络强国。中国网民数量在2008年就已超过美国，成为第一网民大国，2013年底网民总量达到6.18亿人，而且还在快速增加。在可预见的将来，估计也不会再有哪一个国家能赶得上中国的网民数量。中国的手机用户数量2006年起每年都会跨越一个亿级台阶，2013年已超过12亿用户，而且大都使用的是智能手机，中国也就成了谁也别想再超过的移动互联网大国。全球市值前5名的互联网公司，美国3家，中国2家；前7名中，美国4家公司，中国3家。2013年中国网络购物用户达到3亿，全国信息消费整体规模达到2.2万亿元人民币，电子商务交易规模突破10万亿元人民币。现在推出一项网络新应用，很多国家用户规模数量很难达到百万级、千万级，但在中国如果达不到亿级水平都会让人看笑话。所以说，从数量上看，中国已是名副其实的“网络大国”。更为重要的是，中国的潜力依然很大，这也是中国的机遇所在。但我们确实还不是一个网络强国，因为我们的技术还不过硬，网络用得越多安全隐患就会越突出。有分析称，我们现在所使用的通用芯片依赖于美国，95%的操作系统来自微软，移动领域三大操作系统平台都来自美国。也有人称中国不具备对于互联网资源的掌握能力，中国网络空间基本处于不设防的状态。在极端情况下，中国的水电站大坝、石油天然气管道和其他一些由计算机控制的公共基础设施都容易受到网络攻击。更何况，真的还有人想利用互联网扳倒中国，处在转型期的中国还真的有很多人容易受到蒙蔽甚至误入歧途。想想中东、北非、前苏联、乌克兰，想不担心都不成。网络安全问题已不是简单的病毒入侵、网络欺诈风险，而是关系到意识形态安全和国家安全。

大时代、大变化，需要大战略、新思维，需要更大的勇气和更强有力的组织领导。

三、期待未来

中央网络安全和信息化领导小组的成立会对中国信息化带来哪些新的变化呢？习近平讲话已经指明了大的方向和战略要求，后面肯定会有进一步的细化工作逐步跟进。从大的方面讲，国家信息化战略指导思想、工作重心、重点任务、战略行动、政策措施等方面都可能要作相应的调整。具体而言，以下几个方面应该是值得期待的。

1. 一举理顺信息化管理体制。目前政府信息化管理体制比较乱，各地信息化协调机构名称不统一、归属不统一、职能不统一，很多机构无法发挥统筹管理协调推进的作用。中央网络安全和信息化领导小组成立后，各地有望借此机会一举理顺信息化管理体制。如果有地方能再进一步探索建立政府 CIO 制度体系，那就更好了。

2. 新一轮信息化建设热潮兴起。信息化管理体制理顺后，在“没有信息化就没有现代化”的共识下，各级政府对信息化的认识和重视也会加强。

3. 新的国家信息化发展战略制定实施。2006 年我国曾出台《2006～2020 年国家信息化发展战略》，现在的情况发生了很大变化，需要研究制定新的国家信息化发展战略，明确新时期国家信息化的战略目标、任务和路径。

4.“十三五”信息化规划制定实施。从国家层面和省市层面看，抓紧研究制定“十三五”信息化规划都应该提到议事日程上来了。除信息化总体规划外，可能还会有一系列重点专项规划和政策出台。

5.“宽带中国”战略加快推进。我们现在的信息基础设施还不能适应发展需要，普及程度、带宽速度、资费水平、服务能力等还支撑不起惠及全民的目标实现，也是信息化发展面临的主要瓶颈之一。这项工作已经列在李克强总理向两会的政府工作报告中：“实施‘宽带中国’战略，加快发展第四代移动通信，推进城市百兆光纤工程和宽带乡村工程，大幅提高互联网网速。”相信未来几年中国的网速会更快，移动互联网会更加普及，价格会更加便宜，用起来会更便捷通畅。

6. 关键核心信息技术研发有望加强。我国信息化长久依赖外国技术支撑总不行，既不安全也不经济。我们现在已经有了比较好的基础，集中力量在关键核心技术方面取得重大突破还是大有希望的。新的领导小组对这个问题非常关注，加强具有自主知识产权的信息技术研发及推广将受到更加重视。

7. 政府信息开放共享程度大幅提高。无论从信息化内在需求、信息经济发展需要还是从引领网络文化方面看，政府信息开放共享步伐都应加快。新的领导小组对各部门的协调领导能力显著增强，促进政府部门间协同共享及对社会的信息开放都应有更大的作为。2月28日中央政府门户网站全新改版，也在释放着这样一种新的信号。

8. 信息经济加速发展。新的领导小组对信息经济发展十分重视，也寄予了很高期望。信息经济全面发展不仅是建成网络强国的重要标志，是实现经济社会转型的重要推动力量，也是实现"两个一百年"目标的重要支撑。电子商务、现代物流、产业互联网等将持续快速发展。为此，一系列围绕让先进生产力快速发展的政策措施应迅速跟进。同时，指导经济发展的思维模式和话语体系可能也会因之发生很大变化。

9. 网络治理更加规范。网络治理既是实现"让网络空间清朗起来"的重要工作内容，也是网络环境下完善社会治理的重要手段。网上舆论工作将得到加强，方法上也将进一步规范和透明。

10. 信息立法进程加快。信息立法落后于信息化实践基本上是一个常态，国外也是一样，但我国在这方面似乎走得更慢一些。对于全新的信息化实践，法律缺位常常让我们非常被动，有时用临时部门行政条例去管理总显得底气不够甚至不足为外人道也。更多的情况是大量原有的法律条文已成为限制信息经济发展的重要瓶颈，比如大数据发展会对统计法提出调整要求、互联网金融发展会对传统金融管理办法提出调整要求、云计算会对个人信息保护提出新要求等。强调要依法治理网络空间，也是对加快信息化领域的立法进程提出了明确的要求。当然，信息立法也要更加科学、更具前瞻性，要确保新的法律能更好地体现时代的要求，有利于促进经济的发展、社会的进步和最广大人民群众根本利益的实现。

信息技术革命还没结束，信息化带来的深刻影响还没有充分体现出来，人们对信息化的认识会随着实践的发展不断提升，但我们有理由相信：中国信息化值得期待。

资料来源：张新红．2014. 中国信息化值得期待——中央网络安全和信息化领导小组新政解析．电子政务，(3)：44－48.

专栏 7-2

源自未雨绸缪，贵在风雨同舟

——解读网安小组成立

北京启明星辰信息技术有限公司首席战略官　潘柱廷

引子，小组成立新闻消息浅解

2月27日晚，CCTV《新闻联播》播出新闻，中共中央成立国家网络安全和信息化领导小组（以下简称网安小组），习近平总书记亲任组长，主持了小组第一次会议并发表重要讲话（以下简称2.27讲话）。

总书记亲任组长，两位中央政治局常委担任网安小组副组长，可见小组规格之高；可与中央国家深化改革领导小组（简称深改组）、中央国家安全委员会（简称国安委）这两个机构相媲美。也说明，

“网络安全和信息化”是排在政治经济体制改革、国家安全之后的国家重大事项。

解读小组的名称，“网络安全”第一次排在了“信息化”的前面，说明这个领导小组的首要工作是“安全”，是安全与发展之间新的平衡，具有重要指导意义。

而在中共中央成立这一小组(不是仅仅在政府层面)，总书记亲任组长，也充分说明了“网络安全和信息化”工作是跨党、政、军、立法等等多方面的复杂工作。既说明了网络安全和信息化的工作力度得到空前重视，也说明此项工作的推进会有不少困难确实需要高层次的顶层设计和协调一致。

在网安小组第一次会中还通过了《中央网络安全和信息化领导小组工作规则》、《中央网络安全和信息化领导小组办公室工作细则》、《中央网络安全和信息化领导小组2014年重点工作》。可见网安小组相关工作已经步入实际运行和战略落地阶段，非常值得业界期待。

一、品味总体

如果把网安小组组长习近平总书记的“2.27讲话”看做一个战略报告，这1500余字的新闻稿可谓字字珠玑，非常值得好好分析解读。

讲话的第一段“他强调，网络安全和信息化是事关国家安全和国家发展、事关广大人民群众工作生活的重大战略问题，要从国际国内大势出发，总体布局，统筹各方，创新发展，努力把我国建设成为网络强国。”

此段应当被解读为整个“2.27讲话”的纲领，厘清总体定位、谋定总体方略、确立总体目标。

(一)总体定位。网络安全和信息化工作的总体定位，拔高可升到“国家安全和国家发展”(对应国安委和中改组)，细致则落在“广大人民群众工作生活”，同属“重大战略问题”。这是迄今为止对于网络安全工作的最高定位。

总体定位中用“广大人民群众工作生活”这样平实的词汇，而没有用“社会”这样泛泛的政治词汇，值得好好玩味。在考虑相关政策和工作的时候，要切实思考普通老百姓的需要和要求，这也呼应目前中央倡导的“坚持党的群众路线”。再做个比喻，也可以说这是政策上的互联网式思维吧。

(二)总体方略。在总体方略上明确提出了四点：

(1)“从国际国内大势出发”，既要立足当下的情况，更要认清发展趋势，而且要将国际国内作为一个全局来看。要认清大势，就必须不仅仅是从文件到文件，而是需要做切实的调研、听取专家的专业意见、获知民众的迫切呼声，这些都需要真抓实干。

(2)“总体布局”，强调顶层设计和整体布局。要做到所谓总体布局：首先，必须看得“高”、“宽”、“远”、“深”，高就是站得高看大局看国际国内，宽就是看到和网络安全和信息化相关的方方面面，远是要看过去的远(了解历史、思索规律)和未来的远(预测大势)，深是要挖掘现象下面的本质。其次，布局是布“局”，不是每步都由网安小组谋划和亲力亲为，而是安排整体“格局”，抓住关键的急迫点、杠杆点和基础点。

(3)“统筹各方”，在政策制定、规划和具体行动中要协调各方力量。这里的各方一定不仅仅指党政军机构，一定是包括企业(国企和民企)、社团、教育科研、社会民众等多方的力量。要建立一个多元化的向心力！而进一步发挥人大、政协、学会、协会以及其他凝聚各方力量的组织和机制的重要作用。在人大和政协中成立网络安全和信息化的专门委员会，势在必行。

(4)"创新发展"，一定要在创新中寻求跨越和较快的发展。创新可以分为改良式的微创新和革新式的颠覆创新，这两种创新模式都是我们需要的。特别是颠覆式创新更是需要有"破界"的思想，通过打破技术边界、产业边界、组织边界、思想意识边界等来谋求蜕变超越式发展。我们要明确，改革创新是必须的，要不断达到人民群众不断提高的要求，要在变革中谋求稳定，要有开放的思维，并在破界后寻求新的合作和平衡，这五点意识可以为"创新"做一个很好的注解。

(三)总体目标。这一段讲话的最后一句，就是简单明确地指出了总体目标——"努力把我国建设成为网络强国"。

我国由于人口基数大，网民数量大，已经成为了互联网网民数量和移动互联网网民数量的世界第一。同时，也造就了以网民基数为支撑的互联网产业和通信产业，出现了腾讯、百度、阿里巴巴、华为这样的世界级公司。

有一个俄罗斯网站 internet-map. net 上，用可视化的方式绘制了一幅互联网星空图(如上图)。图中每个圆圈都代表一个网站，圆圈的大小代表网站的访问频率，圆圈之间的距离代表网站之间的关联亲近程度。在图中部那一大片蓝色网站就是美国网站，而左下角规模第二大的一片黄色网站就是中国网站。虽然，网站只代表一个国家信息化水平的一部分，不过，这个图也确实反映出我国确实已经是网络大国之一了。

但是，"我们在自主创新方面还相对落后"，在操作系统、网络基础设施、数据库系统、虚拟化操作系统、工业控制系统等等关键技术领域的落后局面甚至空白局面，是客观事实。而近期微软 XP 操作系统停止安全服务一事，也引起了产业界、学术界、政府的高度重视。这还仅仅是我国基础技术实力缺失的一隅而已。应当说，我国还不是一个网络技术强国。

我国各个领域的信息化水平还不够高，各领域发展参差不齐，"区域和城乡差异比较明显"；相关的数字优势一旦被人口总数平均，被 GDP 总量平均后，平均数都会变成一个落后的状态。应当说，我国还不是一个网络应用和发展的强国。

在网络安全方面，目前国内网络犯罪形势还非常严峻，相关立法跟进不够；至今我国还没有成立网军，也从来没有举办过国家级的网络安全演习或网络战防御演习。简单说，就是还不能确保"能打胜仗"。我国还不是一个网络安全强国。

而"2. 27 讲话"则明确将我国网络安全和信息化的总体目标确定为"建设网络强国"。明确的总体目标会更容易凝聚全国各方面的力量，在总体方略的指导下协调行动，实现个体共赢和整体发展。

二、网络大潮、安全大势

在“2.27讲话”中，从国家治理的角度，扼要地展现了网络安全和信息化的国际国内大势。

“当今世界，信息技术革命日新月异，对国际政治、经济、文化、社会、军事等领域发展产生了深刻影响。”这里特意强调了政治、经济、文化、社会、军事这五个方面，与中共十八届三中全会公报中关于“推进国家治理体系和治理能力现代化”等内容相一致。公报中强调了经济、政治、文化、社会、生态等五个方面，而“2.27讲话”则结合安全的特点，强调了军事问题。这其实也提示了网络安全和信息化领域务必要重点落地的五个方面：保障和促进社会主义市场经济、发展和维护民主政治环境、弘扬先进文化、保障并维护社会和谐与民生、建立网络空间的国防能力。而上述任务，有的可以通过国家和政府行为来推进，有些需要通过市场机制来推进，有些则需要通过现代化治理能力来实现。“治理”这个课题需要社会各方共同研究和探索。

“信息化和经济全球化相互促进”。托马斯·弗里德曼在《世界是平的》一书中，将全球划分成三个阶段：全球化1.0是个别强权国家驱动的全球殖民；全球化2.0是由跨国公司驱动的经济全球化；而全球化3.0则是由信息化、互联网驱动的，实现了个人和小群体粒度的综合性全球化。当前的全球化早已经超出了经济范围，同时在政治、军事、文化、社会等方面形成了强势力量对弱势力量的影响甚至同化。借助信息化和互联网的全球化进程是一个重要的“大势”。我们是要被全球化？还是能够参与到全球化的主动行动中，并且成为强势力量的一部分？这关系到我们国家和中华民族的生存和发展。“我国正处在这个大潮之中，受到的影响越来越深。”我们是不可能躲开这个大潮的。而要融入全球化，绝对不是简单地打开大门，让大潮冲进来。任何平坦开放的环境都是有利于其中的强者，而弱势的一方则要冷静地有步骤地导引大潮。

“网络安全和信息化对一个国家很多领域都是牵一发而动全身的，要认清我们面临的形势和任务，充分认识做好工作的重要性和紧迫性”。

“因势而谋，应势而动，顺势而为”。治国执事如庖丁解牛，“依乎天理，批大郤，道大窾，因其固然”，此为静物之势；治理流动之势当如都江堰，分流、排沙、控流、灌溉，依理依势而建，而成千年功业。而我们的官员们、决策者们、企业家们，到底有没有深入探究自己所负责和专注领域的事物之势理，是否因势应势顺势呢？

三、以安全保发展、以发展促安全

做好网络安全和信息化工作，必须了解清楚“网络安全和信息化是一体之两翼、驱动之双轮，必须统一谋划、统一部署、统一推进、统一实施。”这个论述是在纲领性文件中第一次如此描述“网络安全”与“信息化”之间的统一关系、一体结构。而且明确地强调了在整个生命周期中，也就是在谋划、部署、推进、实施过程中，都要确保两者的统一、一体，确保驱动之双轮能够协调并进。

“做好网络安全和信息化工作，要处理好安全和发展的关系，做到协调一致、齐头并进，”此处再一次重复地强调二者的协调一致和齐头并进，并达到“努力建久安之势、成长治之业”的要求。

在过往的阐述信息化和网络安全各种文件中，安全常常是信息化的五六项工作中的最后一项。在2012年国务院23号文《关于大力推进信息化发展和切实保障信息安全的若干意见》中，第一次看到信息化和信息安全成并列之势，文中六条里前四条谈发展、后两条谈安全。

而此次网安小组的名字是“中央网络安全和信息化领导小组”；并且“2.27讲话”在描述安全与发展的关系时，用了“以安全保发展、以发展促安全”来阐述。将“安全”摆在和“发展”同等的高度，甚至于第一次将“安全”摆在了“发展”的前面。说明这个领导小组的首要工作是“安全”，是发展与保障的新的平衡。

安全工作是一个解决潜在危机的工作，安全效果难于提供业务增值而常常表现为“损失的减小”，安全成绩总是成为成本而不是收益和利润。因此，对于安全工作，百姓用户、机构决策者常常伴有天然的厌恶感，力图回避、推脱、拖延、转嫁等等，此为常情。

信息化工作有很多是发展性的工作，是容易看到成绩的、容易调度市场资源的，因此也会多多借助市场机制遵循发展规律；而安全工作更多的是保障，是未雨绸缪，是“隐患险于明火”，是“责任重于泰山”。

因此，如果想要真正做到安全与发展的起头并进，必须在战略布局、政策倾斜、资源配给、宣贯力度、合规性要求、优先级排列等上面对安全给予倾斜。

在本次2.27讲话中，安全特意摆在了发展的前面；而当我们要面对一个多目标优化的复杂博弈决策格局，必须重新排布取舍优先级，给安全加更重的砝码。不能习惯性地牺牲安全盲目追求发展，也不能下意识地出让安全筹码换取国际商务利益。这种优先级和重要性的重新洗牌，是一个重大战略变化。

四、价值流及其争夺

(一)价值流。“网络信息是跨国界流动的，信息流引领技术流、资金流、人才流，信息资源日益成为重要生产要素和社会财富，信息掌握的多寡成为国家软实力和竞争力的重要标志。”

网络空间(包含互联网)是一个复杂的空间环境，空间价值巨大。这些价值常常以流的方式展现，网络空间中价值的体现和增值一定要通过“流动”达成。让技术、资金、人才、信息静止下来是不科学、不现实、不符合大势的。在这样的全球流动中，如何将更多的价值沉淀在我们身边，增长在我们身边，也“更好地惠及民生”。

“建设网络强国的战略部署要与‘两个一百年’奋斗目标同步推进”。要实现在中国共产党成立一百年时全面建成小康社会，在新中国成立一百年时建成富强民主文明和谐的社会主义现代化国家，“建设网络强国”是其中不可或缺的重要部分。必须要实现“网络基础设施基本普及、自主创新能力显著增强、信息经济全面发展、网络安全保障有力的目标”。

(二)价值的争夺。网络空间中价值的客观存在必然带来价值的博弈和争夺。“没有网络安全就没有国家安全，没有信息化就没有现代化”。中共十八大报告中明确指出“高度关注网络空间安全”与陆、空、海、太空一起成为国家安全重要的组成部分。

在国际上，我们“要积极开展双边、多边的互联网国际交流合作”，也要坚持我国和我们民族的根本利益和核心价值。

这种博弈和争夺会出现在国际和国内，会出现在技术层面的垄断和限制，会出现在人才的争夺，会出现在产品和市场的竞争和壁垒，会出现在网络上或明或暗的入侵和破坏，会出现在舆论上的混淆视听和蔓延传播，会出现在网络文化层的骎淫和同化，会出现在“新石油”（大数据）的掠夺性储藏上，会出现在“棱镜门”之类的秘密工程中……

而面对每一项挑战和争夺，我们都要思索四方面的总体方略“大势出发、总体布局、统筹各方、创新发展”。

比如，在网络空间争夺中的舆论争夺，就是一项紧迫且长期任务。从大势出发，就要了解网络舆论新趋势，“运用网络传播规律”；总体布局上，确立“弘扬主旋律，激发正能量，大力培育和践行社会主义核心价值观”的主线；统筹各方，不是控制各方，而是“把握好网上舆论引导的时、度、效”。这里更多的应当是都江堰模式，而不是一道简单的拦河大坝。所谓“时、度、效”就是时机节奏、程度角度、效果效益。必须要创新，“要创新改进网上宣传”。最终要达效，“使网络空间清朗起来”。

五、强国战略、布局人才

（一）技术强国。“建设网络强国，要有自己的技术，有过硬的技术；要有丰富全面的信息服务，繁荣发展的网络文化；要有良好的信息基础设施，形成实力雄厚的信息经济；要有高素质的网络安全和信息化人才队伍”。

在网络强国战略中，技术是一个绕不过去的基础点。必须“要加强核心技术自主创新和基础设施建设，提升信息采集、处理、传播、利用、安全能力”。

技术的问题，既包括技术本身的研究和推进，也包括技术的市场化和价值化问题。“要制定全面的信息技术、网络技术研究发展战略，下大气力解决科研成果转化问题。”美国在网络空间的强国地位，很大程度上依赖于其科研创新体制和私营企业的骨干支撑作用。“要出台支持企业发展的政策，让他们成为技术创新主体，成为信息产业发展主体”。

完善的法律环境也是网络强国战略的必要保障，“要抓紧制定立法规划，完善互联网信息内容管理、关键信息基础设施保护等法律法规，依法治理网络空间，维护公民合法权益”。

（二）人才强国。在网络强国战略中，人才是基础的基础。

“2.27讲话”中“习近平强调，建设网络强国，要把人才资源汇聚起来，建设一支政治强、业务精、作风好的强大队伍。‘千军易得，一将难求’，要培养造就世界水平的科学家、网络科技领军人才、卓越工程师、高水平创新团队。”

人才体系是一个金字塔，人才体系的培养是一个大工程，需要全民的意识宣传体系、系统化的人才教育体系、专业的岗职培训体系、领军人才的选拔体系等等。

而人才体系中最具战略意义的基础点就是“大学信息安全人才教育体系”，要仿效“医院+医学院”的医学人才培养体制，建立多对多的产学对口机制，创新学科和课程体系，壮大教师队伍，让大学成为批量培养信息安全人才的大熔炉。这是战略性的国家人力资源战略。

国际和国内，历史和现在，高校一直是各方明争暗夺的战略制高点，是国家和民族的未来。大学体系的变革和调整总要在五到十年才能见到效果，这种战略滞后性就要求领导层有清晰的战略眼光和执行魄力，立即狠抓高校这个人才阵地。

此为基础之基础，关键之关键！

六、小组的职责——统略

过去我国网络安全方面的“九龙治水”格局是治水的客观现象，也是必然的客观发展阶段。九龙治水比无龙治水已经前进了一步。

而新的网安小组将会未雨绸缪，“制定实施国家网络安全和信息化发展战略、宏观规划和重大政策，不断增强安全保障能力”，经略网络强国战略。并且，“要发挥集中统一领导作用，统筹协调各个领域的网络安全和信息化重大问题”，统筹各方，形成一个创新的治水格局，凝聚多元化向心力，风雨同舟，共同“建设网络强国”。

资料来源：潘柱廷．2014－04－04. 源自未雨绸缪，贵在风雨同舟——解读网安小组成立．http://www. chinainfo100. net/document/201404/article12791. htm.

林业信息化是指在林业各个领域应用信息技术，采集、开发和利用信息资源，促进生态建设、林业产业、生态文化和政务管理科学发展，带动林业实现现代化的过程。它是国家信息化的重要组成部分，是生态林业民生林业建设的基本内容，是衡量林业生产力发展水平的重要标志，是建设生态文明和美丽中国的必然途径。

30 多年的林业信息化实践已经证明，林业信息化是破解林业发展难题、创新林业发展平台、促进林业发展方式转变、全面提升林业质量效益的关键抓手。在林业改革发展进程中，林业信息化发挥着基础性、支柱性、先导性的作用，没有林业信息化，就没有林业现代化。将信息化融入林业建设全局，进一步加快发展步伐，是顺应世界信息时代发展潮流，构建国际竞争新优势的必然选择；是贯彻落实党的十八大等中央决策部署，开创林业发展新局面的重要举措；是保护生态改善民生，实现林业现代化的迫切需要。在新的历史时期，林业信息化建设任务更加艰巨，责任更加重大，使命更加光荣，前景更加广阔。

全国林业信息化工作者要认真学习领会党的十八大和十八届二中、三中全会精神，深入贯彻落实习近平总书记系列重要讲话精神，牢固树立大局意识、责任意识、服务意识、创新意识，积极践行国家林业局党组提出的“两转变、两服务”(转变职能、转变作风、服务大局、服务基层)要求，勇于担当、锐意开拓、追求卓越。要自觉把信息化工作有机融入到林业改革发展的各方面和全过程，以先进的思想引领新风，以先进的技术促进创新，以强大的动力带动发展，为生态建设与保护、林业产业发展壮大、战略性新兴产业培育、林业生态文化建设等提供有力支撑和保障。

(二)准确把握总体要求。2009～2012 年，国家林业局经过深入系统的研究，提出了到 2030 年的林业信息化总体发展路径，即“数字林业”、“智慧林业”、“泛在林业”三步走的发展战略。2013 年 8 月，国家林业局召开了第三届全国林业信息化工作会议，印发了《中国智慧林业发展指导意见》，以此为标志，林业信息化进入了智慧林业发展新阶段(专栏 7-3)。

专栏 7-3

中国智慧林业发展指导意见(节选)

第二章　智慧林业总体发展思路

一、智慧林业战略定位

(一)构建生态文明体系，建设美丽中国的关键支撑。党的十八大首次把生态文明建设提升至与经济、政治、文化、社会四大建设并列的高度，列为建设中国特色社会主义“五位一体”的总布局之一，标志着中国现代化建设进入了一个新的阶段。

在建设生态文明的过程中，林业发挥着重要的战略支撑作用，具有不可替代的特殊地位。信息化是生态文明建设的必然选择和必由之路，全面推进生态文明建设，必须发挥信息化支撑、保障、引领作用。信息革命带来了最新技术，培育了信息资源，形成了新的生产力，人类应对资源能源与生态危机的能力明显增强，为生态文明提供了动力和条件。同时，依靠信息化，转变经济发展方式和结构，推动产业结构优化升级，带动现代绿色经济的整体发展。依靠信息化，推动社会文化跨越发展、制度建设透明民主，促进形成信息共享、协作共赢、智慧共存的智能社会。由此可见，在生态文明建设中，信息化独树一帜，不可替代。通过智慧林业建设，实现林业的智慧化、生态化发展，可以为建设生态文明和美丽中国提供关键支撑。

(二)创新林业发展模式，统领林业工作的重要指南。随着云计算、物联网、移动互联网、大数据等现代信息技术的快速发展及广泛应用，社会发展智慧化已成为社会发展的共识，信息网络泛在化、日常生活数字化、公共管理精准化、公共服务一体化、经济发展绿色化已成为当前社会的重要特点。

在智慧化发展模式的推动下，林业作为社会发展的重要组成部分，创新发展模式，走绿色、安全、高质、可持续的智慧林业之路势在必行。智慧林业作为林业未来发展的高级形态，结合我国林业发展现状及存在问题，充分发挥现代信息技术的支撑力，加快林业发展理念的创新，建设林业一体化、协同化、最优化的智慧发展模式，真正实现林业资源开发利用、生态建设、产业发展等和谐共进，为未来林业发展构建一个体系化的框架，成为统领林业工作的重要指南。

(三)输出林业发展经验，引领智慧发展的典型示范。目前的智慧化建设大都是自下而上的，还没有从国家层面进行全局性战略布局、体系化规划设计和建设运营，这对智慧化发展是不利的，甚至可能出现重复建设、资源浪费、新的信息孤岛与安全问题等。所以，加快自上而下、系统化的规划布局及创新示范是非常重要的。

林业信息化走在我国行业信息化发展的前列，基础条件较好，可以在智慧化建设方面进行创新示范，树立标杆，为其他行业的智慧化战略布局与系统化建设运营提供宝贵经验。依托林业信息化打下的良好基础，加强各级林业部门之间的统筹协调，大力推进林业云、林业物联网、移动互联网和林业大数据等方面的示范应用，可以输出智慧林业一体化发展模式经验，提升林业地位和社会影响力。

二、智慧林业基本思路

当前和今后一个时期，全国林业信息化工作的发展思路是：深入贯彻落实党的十八大精神，以统一思想为前提，以应用需求为导向，以融合创新为动力，以重点工程为抓手，以新一代信息技术为支撑，全面启动智慧林业建设，为提升生态林业和民生林业现代化水平，建设生态文明和美丽中国做出新贡献。总结为一句话，就是：打造智慧林业，建设生态文明。

林业信息化由数字林业阶段迈向智慧林业阶段，是林业系统转变发展方式、提升生产力水平的内在需要。数字林业阶段以林业各种信息的数字化采集、传输、存储、处理和应用为主要特征，重点是应用计算机、互联网、数字化等技术，实现林业数字化、网络化、自动化管理。智慧林业阶段将在数字林业的基础上，全面应用云计算、物联网、移动互联、大数据、智慧地球等新一代信息技术，通过感知化、物联化、智能化、协同化的方式，使林业实现智慧的结构、智慧的感知、智慧的流程、智慧的管理、智慧的应用、智慧的服务。

三、智慧林业基本原则

智慧林业的发展目标更高、作用更大、应用范围更广，更加注重各个环节、各种资源、各项业务的深度整合、集约共享和业务协同。为此，在坚持统一规划、统一标准、统一制式、统一平台、统一管理等“五个统一”基本原则的基础上，还必须准确把握以下发展原则。

（一）整合资源，共享协同。以信息共享、互联互通为重点，突破地域、级别、业务的界限，充分整合各类信息资源，推进信息化业务协同，提升全行业管理服务水平和信息资源利用水平。

（二）融合创新，标准引领。融合关键核心技术，创新发展模式和机制。实施应用先行、国际同步的标准战略，抢占标准制高点。加强安全技术体系建设，提高智慧林业信息安全水平。开展对外交流合作，提升智慧林业建设的协同创新能力。

（三）统筹协调，管理提升。强化各级林业信息化部门在规划引领、统筹协调、应用示范等方面的主导作用，建立强大的统筹管理体系，统一顶层设计，形成林业业务信息化工程间的协同运行。

（四）服务为本，推动转型。面向各级林业部门和林农群众日益多元化的需求，提供随时、随地、随需、低成本的信息与应用服务，使各方面享受到精细化、智慧化管理带来的便利和实惠，以智慧林业建设推动林业产业发展和管理方式转型升级。

（五）循序渐进，重点突破。充分认识智慧林业建设的系统性和复杂性，从组织管理、顶层设计、基础设施以及应用示范工程等多维度切入，循序渐进，切实推动林业智慧化协同发展。结合实际，讲求实效，找准突破口先行先试，实现重点突破。

四、智慧林业建设目标

经过全面规划布局、建设发展及深化提升，到2020年，智慧林业框架基本建成，泛在化的信息基础设施高端完善、智能化的管理服务系统协同高效、最优化的生态价值全面显现、一体化的综合保障体系完备有效，生态经济社会价值大幅提升，有力支撑林业改革发展。

（一）林业立体化感知体系全覆盖。大力推进林业下一代互联网、林区无线网络、林业物联网，以及林业“天网”系统和应急感知系统的规划布局和建设应用，形成全覆盖的林业立体感知体系。建成具有管控、网络服务等功能的IPv6网络运行管理与服务支撑系统，建成完备的林区无线网络及林木感知、林区环境感知、林业管理智能感知等方面林业物联网，形成全覆盖的林业感知和传输网络；构建林业遥感卫星、无人遥感飞机等监测感知的林业“天网”系统，实现对林业资源的动态监测和自动预警、全面监测和相互感知；建成“一张网、一平台”的应急感知系统，实现国家、省、地、县等四级林业管理部门应急感知系统的应急联动，为各级林业部门提供高效、精准的应急指挥服务。

（二）林业智能化管理体系协同高效。加快林业基础资源信息整合，加大物联网、云计算、大数据等信息技术在林业管理方面的创新应用，形成全覆盖、一体化、智能化的智慧林业管理体系。建成功能强大、服务完善的中国林业云，实现全国林业信息资源的共建共享、统一管理和服务等；建成全国统一的林业三大基础数据库，为实现林业系统互联互通、信息共享提供支撑；建成集约整合的中国林业网站群及中国林业办公网，实现资源整合及服务的统一，提升林业政务部门管理效率及便捷度；建成智慧林政管理平台，改变传统行政审批模式，实现林农、林企、林业组织等办事不出门，网上可办事；建成智慧林业决策平台，为林业生产者、管理人员和科技人员提供网络化、智能化、最优化的科学决策服务，政务管理更加科学高效。

（三）林业生态化价值体系不断深化。全面加强林业资源监管保护及重点工程监管，积极推进林业文化体系建设及创新示范，林业文化和生态理念深入人心，形成不断完善的林业生态价值体系。建成一体化管理的智慧营造林管理系统，帮助管理者及时掌握营造林建设现状和发展动态；建成先进智能的林业资源监管系统，实现对我国林业资源的实时有效监管，为提高宏观决策的科学性和有效性提供技术保障；建成智能化的野生动植物保护系统，及时掌握生物多样性现状及动态变化情况，为加强野生动植物保护提供支撑；建成林业重点工程监督管理平台，实现对重大工程项目的动态管理，提高工程管理的科学规范水平；建成智慧化的林业文化体系，打造一批林业文化馆、林业网络博物馆、林业智能体验中心等，实现林业文化的全面普及。

（四）林业一体化服务体系更加完善。全面促进物联网、云计算、大数据等新一代信息技术在林业服务方面的创新应用，形成更加智能便捷的智慧林业服务体系，为积极发展民生林业打下坚实基础。林产品生产、加工和销售业转型升级，林业生物产业、新能源产业和新材料产业、碳汇产业等新兴领域快速发展；建成智慧生态旅游公共服务平台，一批功能完善、特色突出的品牌旅游区逐步建成，生态文明的价值彰显；建成三维智能化的全国林业地图服务系统，实现林企、林农科学植树造林，为林业管理部门实时了解各区域情况提供支撑；建成一流的林业综合信息服务平台，为林农、涉林企业和广大社会用户，提供林业方面最权威、最全面的信息、知识及电子商务服务，实现线上、线下相结合的林业智慧商务新模式；建成一体化的林业智慧社区，为林农群众提供便捷、高效的服务。

（五）林业规范化保障体系支撑有力。全面建设智慧林业标准及综合管理体系，形成科学、完善的标准制度，有力推进智慧林业的有序建设，保障智慧林业的成功实现。建成一套规范的智慧林业标准体系，包括总体指导标准、信息网络基础标准、信息资源标准、应用标准和管理标准等，使智慧林业建设有章可循；建成具有一定法律约束力的智慧林业基本法规，如智慧林业信息基础设施及安全等方面的管理办法，使智慧林业建设有法可依；建成完善的智慧林业运维体系，从组织架构、管理考核、人员培训等方面保证智慧林业的高效建设，达到事事有人管、有奖惩；建成有效的智慧林业安全体系，从物理安全、网络安全、系统安全、应用安全、数据安全、制度保障等方面形成立体的防护网，保障智慧林业的安全运行。

五、智慧林业总体架构

智慧林业是基于云计算、物联网、移动互联网、大数据等现代信息技术，涵盖智慧林业立体感知、智慧林业协同管理、智慧林业生态价值、智慧林业民生服务、智慧林业综合管理等五大体系的新型林业发展模式。智慧林业总体架构主要包括“四横两纵”，四横即设施层、数据层、支撑层、应用层，两纵即标准规范体系、安全与综合管理体系(图4)，其相互联系、相互支撑，形成一个闭环的运营体系。

(一)**设施层**。设施层是智慧林业的基础，主要进行林业信息采集、简单处理及数据传输，为智慧林业的高效运营提供基础信息及高速通道，实现人与林、林与林之间的相互感知。设施层中的感知体系主要是利用3S及北斗导航技术、自动识别技术、多媒体视频技术、物联网、移动互联网等技术建立感应层，通过立体的“四维”感应，实现对林业全面感知、深度感知。智慧林业的感知范围包括：各种林业资源，如森林、湿地、沙地、野生动植物；林业基础设施，如道路、桥梁、水网、电网等；林业服务实体，如林场厂房、住宅、林业站、林防站、林业检查站等；林业环境，如地表、地质、河流、山丘、天气、土壤等。

(二)**数据层**。数据层是智慧林业的信息仓库，为智慧林业的高效运营提供丰富的数据源，全面支撑智慧林业的各项应用。数据层主要是通过林业基础数据库建设工程的实施，通过规范林业信息分类、采集存储、处理、交换和服务的标准，建成林业三大基础数据库，即林业资源数据库、林业地理空间信息库、林业产业数据库，实现数据的共建共享、互联互通，为智慧林业建设打下坚实基础。林业资源数据库包括森林资源数据、湿地资源数据、荒漠化土地资源数据、生物多样性数据信息；林业地理空间信息库包括地理背景数据、遥感影像背景数据和林业地理编码数据信息；林业产业数据库包括林业宏观经济、林业产业、林业技术、林业基础设施、林业企业等信息。

(三)**支撑层**。支撑层是智慧林业科学、高效运营的关键，是智慧林业的中枢，主要包括地理信息平台、林业云平台、决策支持平台等，为智慧林业的应用系统提供科学、智能、协同、包容、开放的统一支撑平台，负责整个系统的信息加工、海量数据处理、业务流程规范、数表模型分析、智能决策、预测分析等，为实现林业资源监测、应急指挥、智能诊断等提供平台化的支撑服务和智能化的决策服务。支撑层主要是通过中国林业云、智慧林业决策平台等重点建设工程的实施，使云计算、大数据挖掘、建模仿真、人工智能技术等新技术逐步融入到应用层的各个应用系统，为智慧林业实现科学化、一体化、集约化、智能化的运营提供最有效的支撑。

(四)**应用层**。应用层是智慧林业建设与运营的核心，主要进行信息集成共享、资源交换、业务

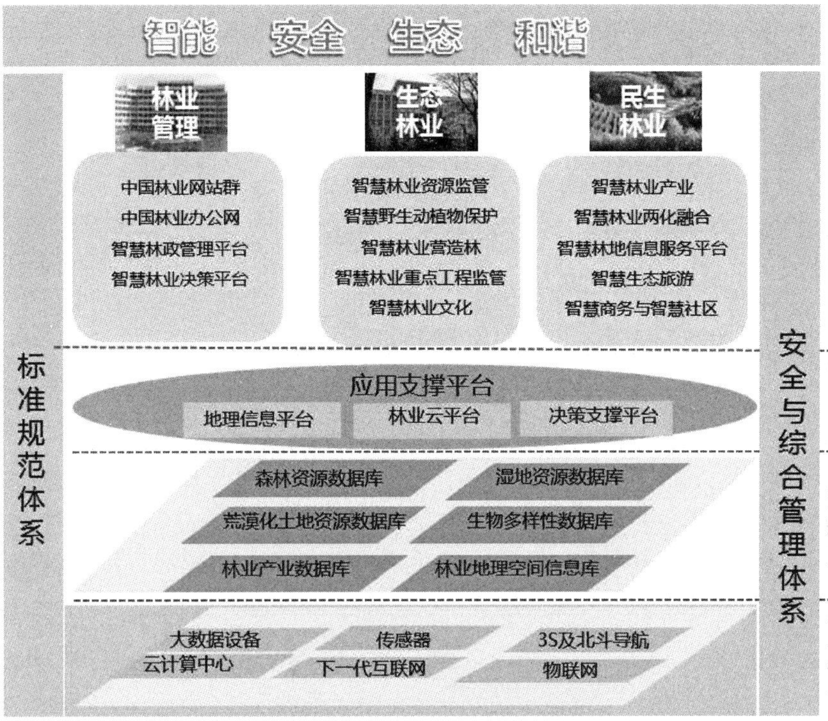

图4　智慧林业总体架构图

协同等，为智慧林业的运营发展提供直接的服务，主要建设内容包括智慧林业管理体系、智慧林业服务体系、智慧林业生态价值体系等。智慧林业管理方面包括中国林业云、中国林业大数据、中国林业网站群、中国林业办公网、智慧林政管理平台和智慧林业决策平台等。智慧林业服务体系主要包括智慧林业产业、智慧林业两化融合、智慧生态旅游、智慧林地信息服务平台、智慧商务和智慧社区等。智慧林业生态价值体系主要包括智慧林业营造林管理系统、智慧林业资源监管、野生动植物保护、智慧林业文化和林业重点工程监管等。

（五）标准规范体系。标准规范体系是智慧林业建设和运营的重要支撑保障体系，主要包括智慧林业总体标准、信息资源标准、应用标准、基础设施标准和管理规范。总体标准是标准化体系的基础标准，是其他标准制定的基础，主要包括：智慧林业信息标准化指南、智慧林业信息术语、智慧林业信息文本图形符号和其他综合标准。智慧林业信息资源标准主要包括林业信息分类与编码、林业信息资源的表示和处理、林业信息资源定位、林业数据访问、目录服务和元数据等标准。智慧林业应用标准主要包括智慧林业信息资源业务应用流程控制、林业资源成果文档格式、林业资源业务功能建模、林业资源业务流程建模、林业资源业务应用规程和信息资源目录和交换体系等标准。智慧林业基础设施标准主要包括信息安全基础设施和计算机设备等标准。智慧林业管理规范为智慧林业建设和系统运行管理提供管理办法和制度等，包括智慧林业建设中的数据库、应用系统、应用支撑、基础设施建设和运行等方面的管理办法和制度。

（六）安全与综合管理体系。安全与综合管理体系是智慧林业建设与运营的重要保障。智慧林业安全与综合管理体系内容包括：物理安全、网络安全、系统安全、应用安全、数据安全、制度保障等六个部分。物理安全主要包括机房内相同类型资产的安全域划分；网络安全主要是保护林业基础网络传输和网络边界安全；系统安全是通过建设覆盖林业全网的分级管理、统一监管的病毒防治、终端管理系统，第三方安全接入系统，漏洞扫描和自动补丁分发系统；应用安全是在国家林业局内外网建立林业数字证书认证中心，与国家电子政务认证体系相互认证，各省级林业部门内外网建立数字证书发证、在线证书查询等证书服务分中心，逐步解决先期建设的省级单位认证体系与国家林业局认证体系的相互认证，信任体系可以有效实现数据的保密性、完整性；数据安全是解决林业资源数据丢失、数据访问权限控制；制度保障主要建立信息安全组织体系，确定组织机构及岗位职责，定期对管理及技术人员进行安全知识、安全管理技能培训，建立健全信息安全的法规及管理制度，为智慧林业的运营发展提供科学、系统、安全的制度体系，有限控制各类风险的出现，以保障智慧林业安全、高效运营。

资料来源：国家林业局．2013 – 08 – 26．国家林业局关于印发《中国智慧林业发展指导意见》的通知．http://www. forestry. gov. cn/portal/main/s/72/content – 623867. html.

按照国家林业局有关会议精神，当前和今后一个时期林业信息化建设的总体要求是：以邓小平理论、“三个代表”重要思想、科学发展观为指导，深入贯彻落实党的十八大精神，以统一思想为前提，以应用需求为导向，以融合创新为动力，以重点工程为抓手，以新一代信息技术为支撑，紧紧围绕生态林业民生林业，全面开展智慧林业建设，为建设生态文明和美丽中国，实现中华民族伟大复兴的中国梦做出新贡献。具体要求主要表现为：坚持“五个统一”，应用“五大技术”，建设“五大体系”，把握“五个环节”，突出“五项重点”。

在发展理念上，要坚持“五个统一”，形成强大发展合力。一要坚持统一规划。突出共性、兼顾个性，构建有机衔接的规划体系，奠定全国一盘棋的根基。二要坚持统一标准。突出抓好标准立项，加快标准编制进程，搞好标准验收把关，加强标准宣贯施行。三要坚持统一制式。强化共性软件的统一开发与分级部署，减少重复建设，消除信息孤岛，增进业务协同。四要坚持统一平台。大力推进信息资源整合，着力打造国家和省级统一平台。五要坚持统一管理。努力完善体制机制，逐步推行 CIO 制度，着力构建权责对称、运转协调、激励有效、惩罚有力的运行机制。

在建设实践上，要应用“五大技术”，支撑智慧林业大厦。一要创新应用云计算技术。推进云管端建设，构建虚拟化、高可靠性、高可扩展性的林业信息基础设施和弹性服务模式。二要创新应用物联网技术。以“神经末梢”建设为重点，提高林业感知化、实时化、可视化、智能化水平。三要创新应用移动互联网技术。以服务对象为中心，促进林业业务流程再造和资源优化配置。四要创新应用大数据技术。充分发挥其“方法集”和“工具箱”的独特作用，挖掘林业数据“金矿”，推动林业管理决策科学化、精细化。五要创新应用智慧城市技术。加强集成创新应用，建立林业“智慧之魂”。

在重点任务上，要建设“五大体系”，实现完美转型升级。一要建设智慧感知体系。统筹天、空、地、人资源，加快天、地、人、林四网建设，着力提高立体化的感知能力。二要建设智慧协同体系。推进林业云、网站群和智慧管理决策平台建设，着力提升一体化的管理服务水平。三要建设智慧生态体系。建立完善林业资源监管、营造林管理等核心业务系统，着力保护和改善生态。四要建设智慧民生体系。深化两化融合，扶持电子商务，建设智慧林区，着力发展绿色低碳经济。五要建设智慧保障体系。加强综合保障能力建设，着力消除不平衡、不协调、不可持续的发展顽疾。

在方法步骤上，要把握“五个环节”，开启新的文明之旅。一要抓好顶层设计。各省(区、市)要贯彻《中国智慧林业发展指导意见》，尽快出台本地智慧林业发展规划或指导意见，挖掘潜力、调动智力、激发活力，为掀起新一轮建设高潮做好顶层设计。二要抓好动员部署。各省(区、市)要积极筹备，尽快召开全省(区、市)林业信息化工作会议，对智慧林业建设进行全面动员部署。三要抓好机构队伍。路线确定之后，干部是决定性因素。各省(区、市)要按照《国家林业局关于进一步加快林业信息化发展的指导意见》，健全决策管理机构，配足配强工作人员，提高组织协调和综合服务能力。四要抓好项目建设。争取“金林工程”等重大项目尽早批复启动。各地在推进在建项目的同时，也要积极争取新的建设项目。五要抓好制度保障。要按照简洁实用、相互配套的原则，不断完善、着力构建适应智慧林业发展要求的制度体系。

在近期工作上，要突出“五项重点”，夯实科学发展基础。一要抓落实。加强调研，摸清实情，接地气、沾泥土，感受基层味道，倾听群众呼声。加强政策解读，细化工作安排，加强督促指导，确保工作落实。二要抓网站。实施中国林业网站群扩建和智慧化提升工程，努力打造规模最大、效率最高、影响最强的一流政府网站。三要抓示范。第一批示范省要巩固建设成果，推广成功经验，攀登新的高峰。第二批示范省和第一批示范市、示范县，要加快建设进度，争取早见成效。适时启动第二批示范市县和示范基地建设。四要抓培训。各省(区、市)要尽快全面完成各级各类林业网站群培训，迅速扩大网站群规模。举办林业CIO高级研修班，专题研讨智慧林业推进方略。举办林业信息化学术研讨会，促进产学研用有机结合。五要抓安全。开展信息安全检查，加强安全应急演练。出台安全定级指导意见，开展信息系统定级备案。落实安全风险评估制度，推进容灾备份能力建设。推进等保分保建设，确保信息网络安全。

二、创新体制机制

在我国各行业之中，林业信息化起步并不晚，但后来却日益落伍，以至于现在需要快马加鞭追赶。其中的原因固然很多，但信息化长期得不到应有的重视，管理体制机制不顺应是重要原因之一。因此，借鉴国内外先进经验和成功实践，创新体制机制迫在眉睫。

（一）加强协调和管理机构建设。信息化建设与应用是个综合性很强的工作，涉及每一个部门、每一个单位、每一个人，需要做大量的组织协调工作。国内外的信息化实践已经证明，凡是组织协调力度大、组织协调效果好的地方，信息化发展速度就快，水平就高，效益就好。例如，美国是世界上最早建立首席信息官（CIO）制度的国家，联邦首席信息官委员会（CIO Council）作为最为重要的协调结构，在美国引领全球信息化发展的过程中功不可没。英国、德国、新加坡、韩国、日本等信息化发达国家也都建立有统一而有力的组织协调结构和相应的法规制度。就我国信息化来看，长期以来缺乏强有力的统一协调管理结构，国务院办公厅电子政务办公室、国家发展改革委、工业和信息化部、公安部、安全部、国家保密局、国家互联网信息管理办公室等都在管信息化，多头管理的结果就是互相扯皮，国家缺乏统一的顶层设计，信息化“烟囱林立”、“孤岛遍地”。各行业的情况也大都如此。因此，建立统筹协调机制，加强统一规划、统一管理应作为信息化建设的核心和急迫任务（专栏7-4）。

专栏7-4

政府信息化建设体制问题研究

穆勇　李德彩　刘守华　王薇　赵莹　胡国良

国内发达地区政府信息化建设经历了大规模基础设施建设阶段和各部门业务应用系统建设阶段，网络基础设施建设已基本完成，政府部门核心业务信息化支撑率已达到90%以上。随着建设服务型政府目标的提出，面向公众服务的重大应用和创新城市管理的信息化建设任务越来越艰巨，需要进行跨部门业务协调的问题越来越多，要求政府在信息化建设体制方面进行相应的变革和创新。

一、政府信息化建设体制方面遇到的问题

政府信息化建设体制是指政府信息化建设的组织体系，包括机构设置和相应的人员编配，以及对其职责的划分。北京市政府信息化建设体制在支持政府部门业务应用系统建设方面发挥了重要作用，并经受住了奥运、六十年大庆等一系列重大活动的考验。但是随着政府信息化建设进入新的阶段，一些体制方面的问题逐渐暴露出来。

（一）难以保障跨部门重大应用等方面的统筹和协调。当前，面向公众服务的跨部门重大应用和创新城市管理的信息化建设任务越来越重，需要解决的业务协同、信息共享、系统整合等方面的问题越来越多，而现行重大应用推进的领导体制（通常是由政府某位领导牵头，相关部门领导组成的临时性专项领导小组负责相关事宜）很难站在整体和长远角度解决问题，更不用说跨领域统筹业务创新了。

（二）难以从体制上解决应用系统重复建设、信息共享困难等问题。应用系统重复建设、业务协同困难、信息无法共享等一系列政府信息化建设初期产生而至今没有彻底解决的问题，阻碍了

新阶段政府信息化建设的发展。现行的以部门信息化建设为中心的传统工作模式，不可避免地造成政府各部门站在部门自身的角度规划和组织信息化建设，难以从根本上统筹解决这些久已存在的问题。

二、国内外值得借鉴的经验

针对存在的问题，笔者重点研究了当今世界率先进入业务整合阶段的新加坡和美国国防部政府信息化建设体制，从中汲取值得借鉴的经验。

（一）发达国家政府信息化建设战略管理体系框架及特点。目前，许多发达国家在推进政府信息化建设过程中，注重按照战略管理的思想，采用战略管理的方法和途径，构建政府信息化建设管理体制。其战略管理体系框架就是在战略构想的指导下，建立目标体系、政策体系、组织体系、建设体系、信息系统体系、信息基础体系、评估监督体系等七类体系（如图 1 所示），以保持政府信息化建设的创新发展、均衡发展和可持续发展。

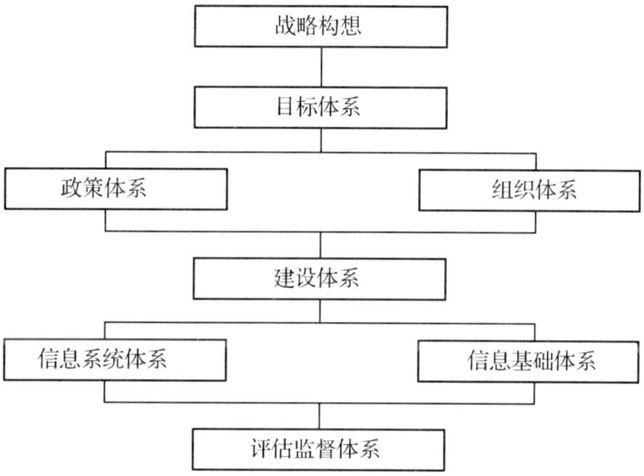

图 1　国外政府信息化建设战略管理体系框架示意图

1. 战略构想。按照政府自身的发展要求，提出总体战略构想，并随着不同阶段发展要求的变化而调整内容。例如，2006 年新加坡政府提出具有重要战略意义的“智慧国 2015 计划”，作为其核心内容的“整合政府 2010 规划”于 2000 年提出了“电子政府”发展构想，2006 年又更新提出“整合政府”发展构想。又如，美军后勤 1998 年为适应“联合构想 2010”的建设要求，提出“聚焦后勤”发展构想，2005 年为适应“部队转型”要求，提出“业务转型”发展构想。

2. 目标体系。随着战略构想的调整，目标的内容也在作相应变化和调整，并按照“目标—属性—指标”进行层层分解、细化和量化，以保证目标具有可评测和可追踪性。对于不易量化的目标也要对其涵义进行规范。例如，2007 年 5 月，美国国防部发布的信息共享构想是：通过灵活的企业级组织和对信息环境的自主操纵，充分利用信息力量，确保使命任务成功。紧接着就对信息共享的内涵与范围进行界定：信息共享就是使信息可为参与者（含人、程序或系统）所用，即一个参与者可利用另一个参与者拥有或创造的信息；信息共享包括文化、管理和技术行为。

3. 政策体系。美军发布的政策不仅非常注意保持其延续性，而且注意根据形势发展更新其版本。例如，美军信息资源管理政策(8000.01)先后推出3个版本，明显看出其由重视技术向重视信息管理转变的轨迹：1997年《信息技术管理(ITM)计划》、2002年《信息技术与信息管理(IT/IM)》、2009年《信息企业(IE)管理》等。

4. 组织体系。近年来，为了统筹政府信息化建设和推进业务转型，摈弃以部门为中心的信息化建设方式，发达国家普遍建立了以政府CIO为中心的组织管理体系，最新趋向是设立"首席管理官(CMO)"或类似机构。例如，美军为了加强对各业务部门的业务流程整合和改革的协调力度，于2008年10月建立了以"首席管理官(CMO)"、"首席信息官(CIO)"为中心的"双首席"管理制度来联合推进美军业务转型与信息化建设。

与目标体系、政策体系、组织体系相同，其他体系也随着形势发展在进行更新和改进，特别注重充实和引进与当前阶段要求相适应的内容。例如，建设体系。美国国防部组织项目建设时提出并推行统一的"国防部企业体系结构(DODEA)"，再按照"概念—计划—项目—专项办公室—路线图"的途径展开实施，实现政府部门之间的协同办公和资源共享。又如，信息系统体系。美国国防部采取措施对日常业务系统的数据资源进行整合，在各部门和各军种之间实现资产信息的融合和共享。又如，信息基础体系。美军利用国防信息基础设施，依据统一的信息技术标准，采用多种方法，对系统业务数据进行了集成，建立了面向各类用户的后勤网络化共享信息环境；新加坡政府普遍加强了以数据中心为核心的信息基础工程的建设，力图更好地整合数据资源，充分发挥数据资源在电子政府发展中的决定性的作用。再如，评估监督体系。由内部评估监督和外部第三方评估监督两部分组成。如美军引进美国联邦政府审计办公室(GAO)作为第三方评估监督机构，对项目投资及其效益进行全程跟踪评估。

(二)美国国防部、新加坡政府信息化建设新体制

1. 美国国防部业务转型与信息化建设管理的"双首席"组织领导体系。近年来，发达国家普遍建立了以政府CIO为中心的组织管理体系，统一协调政府业务改革与业务转型。美军经过多年的业务现代化建设，逐步感觉到仅靠CIO来协调各业务部门的业务流程整合也是十分困难的，需要增设更高层的领导，来推动信息化支撑条件下的业务转型和改革。因此，美国国防部于2008年10月，在原有CIO基础上增设了由国防部副部长兼任的首席管理官(CMO)，从而建立了以"首席管理官(CMO)"、"首席信息官(CIO)"为中心的"双首席"管理制度，来联合推进美军业务转型与信息化建设。

图2是美国国防部"双首席"组织领导体系示意图。图中的首席管理官(CMO)由国防部副部长兼任。在参联会下成立了副首席管理官(DCMO)办公室，副首席管理官(DCMO)直接对首席管理官负责，其主要职责是通过国防部业务系统管理委员会，制定和维护国防部战略管理计划，协助国防部副部长统筹、协调，确保各项计划和政策的落实。业务转型局(BTA)是一个隶属副首席管理官的信息化职能机构，具体负责确保业务转型政策和计划的设计和管理，以改善政府信息化建设绩效水平、经济性和效率，来满足国防部内外客户的需求。

对照外国的经验，近年来国内一些发达城市也建立了相当于CMO的协调机制，但产生的效果不明显，原因就在于：我们的做法是一种临时性措施，而美国则是通过常设机构将其制度化；更重要的是，我们的业务改革和转型忽视了信息化部门的协同。因为，离开了信息化部门的协同，在手工

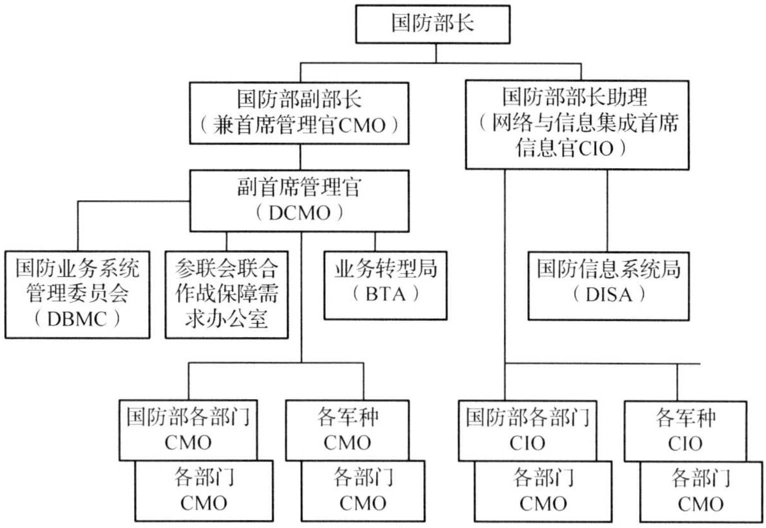

图2　美国国防部“双首席”组织领导体系示意图

方式下要解决一、两个业务部门的业务改进和系统整合问题可能会取得成功，但要实现多个甚至大量业务部门的协调和整合是难以做到的。因此，必须强化业务部门与信息化部门的协调，增强政府在信息化条件下的业务改革能力。

2. 美军的重大信息化项目管理办公室，即专项办公室。美军在后勤信息化建设中，对每一个重大专项都成立一个专项办公室，办公室人员根据项目需要从各军种和各部门抽调，被抽调人员同时也负责与原部门的联络工作。例如，美军后勤为了加强重大信息化项目的管理和统一领导，分别设立了联合全资产可视办公室(JTAV)、国防电子商务项目办公室(DEBPO)、自动识别技术办公室(AIT)、国防后勤管理标准办公室(DLMSO)，并统一纳入国防部国防后勤局信息管理司令部(DLAJ－6)的领导。如图3所示。

从图3中可以看出，每个专项办公室都负责一个重大项目，而这个重大项目都承载着一项跨部门的重大应用。联合全资产可视性办公室(JTAV)的主要职责是监督联合全资产可视性计划的执行情况，对其进展情况进行定期评估等；国防电子业务项目办公室(DEBPO)的任务是加快在军用物资的采办与支付中应用电子业务处理方法和相关的信息技术，以改进国防部的采办工作；自动识别技术办公室(AIT)的工作重点是将国防部后勤自动识别技术运行理念付诸行动、对国防部自动识别技术运行原型方案进行调整以及制定国防部后勤自动识别技术实施计划；作为国防部后勤数据交换的管理单位，国防后勤管理标准化办公室(DLMSO)负责制定业务规则和执行国防部政策。

可见，通过成立专项办公室来实施重大项目建设，可以站在全局的立场来统筹各相关部门的业务需求，有利于实现信息共享和业务协同。参照发达国家的做法，今后国内发达城市在推进跨部门重大应用项目时，可以考虑抽调各单位相关人员组成专项办公室，具体负责各项跨部门重大应用的统筹和协调，以避免重复建设、分散建设、协同困难等问题的发生。

3. 新加坡电子政府治理体系。为了保证“整合政府”战略构想的实现，新加坡政府专门成立了由财政部常任秘书长担任主席的“整合政府理事会(iGovCouncil)”，按照“分层管理、分类处理、分权

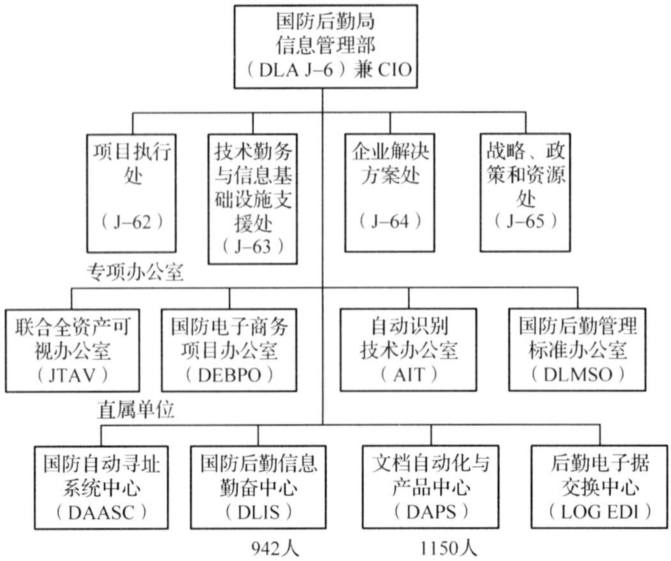

图3　美军的重大信息化项目管理办公室示意图

执行”的模式，形成一套由“一部、一局、四委员会”组成的电子政府治理体系。“一部”即财政部，“一局”即新加坡资讯通信发展管理局(IDA)，“四委员会”即公共服务21系统委员会、信息通信技术(ICT)委员会、公共领域ICT指导委员会和公共领域ICT审查委员会。如图4所示。

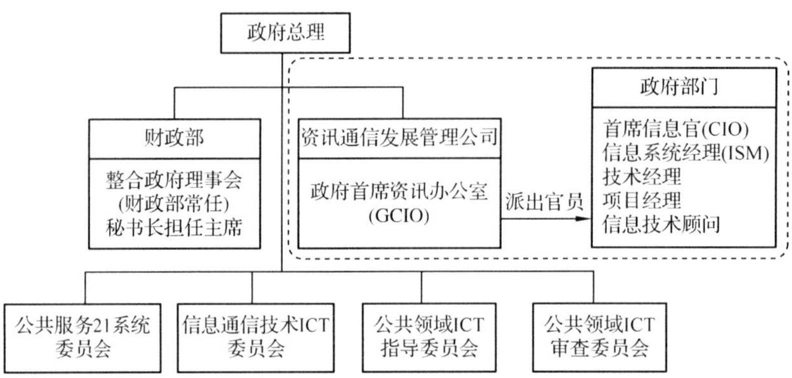

图4　新加坡电子政府治理体系示意图

新加坡政府也建立了类似于美国政府的“双首席”组织领导体系。隶属于财政部的整合政府理事会，相当于美国政府的CMO，负责带领公共部门利用创新与技术，建立一个能更好地满足国民和企业需求的“整合政府”。资讯通信发展管理局的主要职能是为财政部和政府机构提供技术咨询、总体规划和项目管理服务。隶属于资讯通信发展管理局的政府首席资讯办公室(GCIO)，相当于新加坡政府的首席信息技术官，主要职能是为政府信息化的总体规划提供技术领导，并为政府信息技术开发提供指导等。

新加坡政府组织体系的亮点是其派出制度。为了加强各部门信息系统的整合建设，新加坡电子政府治理体系实行CIO派出官员制度，由GCIO为政府各部及其他政府机构提供信息技术专业人力资源，GCIO官员被派往这些“客户区”担任首席信息官（CIO）、信息系统经理（ISM）、技术经理、项目经理及信息技术顾问等各种职务。派出制度的优点是这些被派往政府各部门和其他政府机构的CIO，站在政府的角度“说话”和办事，能够发挥统筹、指导和协调作用，抑制部门各自为政、分散建设的情况。

联系我国的现状来看，编配在政府各部门内部的信息化机构，在信息化建设初期发挥了积极作用，但是当部门信息化建设任务基本完成，需要进行跨部门应用系统整合和改造的时候，这些信息化机构就很难继续发挥出积极作用。因此，怎样把这部分技术力量使用好、管理好，需要认真研究并加以解决，新加坡的CIO派出官员制度可以为我们提供借鉴。

（三）国内典型案例提供了将体制创新与业务转型同步推进的经验。宝钢于2001年在企业管理处的基础上成立了“企业系统创新部”，部长由总经理助理兼任，由企业的业务主管主导企业的信息化建设。我军近年来也在逐步建立CIO体系：任命相当于CIO的高层信息化领导人员，以加强信息化建设的统筹与协调；将信息化研究机构的职能由原来的以技术研究为主调整为以业务需求分析为主。

三、关于改进政府信息化建设体制的建议

1. 在现行信息化领导小组体系框架下，由负责政府体制改革的主管领导来统筹协调业务创新，优化业务流程，推进政府业务与信息化的融合（相当于国外政府的CMO），由负责政府信息化建设的主管领导辅助之（相当于国外政府的CIO），并使之制度化，以改变现行电子政务重大应用多头领导、交叉负责的情况。

同时，建立政府业务转型联席会议制度（相当于新加坡的整合政府理事会），具体研究和落实业务转型相关政策措施，协调解决电子政务重大应用业务协同、信息共享、服务整合等问题。

2. 为了提高面向公众服务的跨部门重大应用和创新城市管理的整体协调能力，解决重复建设、跨部门协调困难等问题，建议从政府各部门抽调优秀人才，同时吸收业界拥有深厚理论功底和丰富实践经验的信息化领域高层次技术人才与管理人才，成立电子政务研究院。电子政务研究院应有充分的经费保障，保证高层次人才的薪酬待遇。电子政务研究院作为政府信息化建设领导体系的业务与技术支撑机构，依托其专业功底扎实且结构层次合理的人才队伍，具体承担政府信息化建设的规划和顶层设计，政策法规和技术标准的研究与编制，重大应用项目的论证、规划与设计，电子政务绩效评估和信息化项目审查等工作。并且，尝试从研究院选派各类管理人员、技术人员到政府各部门任职，站在政府的角度，统筹、指导解决重复建设、业务协同和系统整合等问题。对派出人员实行研究院和派往部门双重管理。同时，根据重大应用项目的建设需求，在研究院力量的基础上，抽调各部门相关人员，成立重大项目专项办公室，统筹重大应用项目的建设工作。

（北京市信息资源管理中心政府信息化建设体制机制研究课题组成员：穆勇、刘守华、李德彩、王薇、赵莹、胡国良）

资料来源：穆勇，李德彩，刘守华等．2011．政府信息化建设体制问题研究．信息化建设，（7）：19－22.

近年来，特别是2009年以来，我国林业信息化全面加快发展，实现了从被动落后到部委领先、从分散无序到集约统一、从外围低端到核心高端、从电子政务到“三位一体”、从数字林业到智慧林业的“五大跨越”，其最主要的经验就是林业信息化得到了国家林业局党组的高度重视，得到了各级林业“一把手”的高位推动，一定程度上破除了各部门的小团体主义和本位主义思想。2014年2月，由中共中央总书记、国家主席、中央军委主席习近平担任组长，中共中央政治局常委、国务院总理李克强和中共中央政治局常委、中央书记处书记、中央党校校长刘云山担任副组长的中央网络安全和信息化领导小组在京成立，如此高规格的信息化协调机构，在我国历史上尚属首次，充分显示出新一届中央政府对网络安全和信息化工作的高度重视。这也为林业系统保持与中央一致，进一步建立和完善统一协调管理机制提供了依据。

当前和今后一个时期，各级林业主管部门要进一步强化林业信息化“一把手工程”的定位，比照中央做法，成立由党政一把手任组长的林业网络安全和信息化领导小组，充分发挥领导小组在确定林业信息化发展战略、重大政策举措、中长期发展规划，指导、协调林业信息化建设、管理与应用，促进林业信息化与林业各项工作协调发展中的作用。领导小组办公室应挂靠在林业信息化管理部门，在领导小组的统一领导下，具体负责综合协调、指导监督林业网络安全和信息化工作。

应加强指导、监督和考核，督促各级林业主管部门尽快建立健全林业信息化管理机构，做到编制到位、人员到位、经费到位，切实履行起管理职责。国家和省级林业主管部门必须建立独立的信息化管理机构，市、县级林业主管部门应结合本地实际，尽快建立独立管理机构。没有专门机构的，要明确专人负责，确保各项管理工作不失声、不缺位。对信息化管理机构要实行公务员管理，明确赋予其管理本辖区林业网络安全和信息化的职责，形成统一管理、分级负责、权责对等的全国林业信息化管理体系。当前的工作要点之一是，要尽快将各级林业信息中心纳入公务员管理体系，并通过本级编委的文件，明确赋予其管理职责。

要建立健全共建共赢的发展模式和协调配合的工作机制。信息化主管部门应切实担负起组织、协调、指导、监督、管理的职责，完成好综合性、整体性、公共性的信息化建设任务，组织制定统一的规划、标准、制度以及建设统一的平台、接口等；各业务部门应在“五个统一”的原则下，组织完成好各自业务范围内的信息化建设任务。信息化主管理部门要配合计划财务部门加强项目立项、项目实施、项目竣工验收以及项目后评估的管理工作。要建立健全成果互通的共享模式，信息化主管部门负责提供统一服务平台和信息发布工作，统一管理基础数据资源；各业务部门承担本单位业务信息的内容保障工作，将生产的数据提供给统一服务平台，供有关部门依职责权限共享使用。要完善林业信息化测评机制，以绩效考核促进相关管理机制的建立和运行。

（二）推行林业首席信息官制度。我国学者吴江、江源富、郑磊、姚乐等对政府首席信息官制度有较深入的研究，并一直在呼吁我国逐步推行这一制度。从他们的研究结果看，政府首席信息官制度是很多发达国家发展电子政务的一项基本制度安排，它对于强化电子政务顶层设计、加强政府信息资源管理、提升电子政务建设效益、保证政府信息化持续协调发展具有非常明显的支撑作用（专栏 7-5、7-6）。

专栏 7-5

我国政府首席信息官制度的建设需求与构想

吴江　李志更　乔立娜

【摘要】 随着我国政府信息化建设的纵深发展，亟需解决统一规划、资源整合、协调发展等瓶颈问题，因而建立并逐步推行政府首席信息官制度势在必行。本文在分析我国政府首席信息官制度建设的现实需求和可行性条件的基础上，提出了我国建设政府首席信息官制度的若干设想。

所谓政府首席信息官，是全面负责本部门政府信息资源管理、开发、利用以及与信息技术应用有关事宜的专职高官，处于决策层，具有组织协调和资源整合权力。政府首席信息官制度是关于政府首席信息官管理规范的总称，包括政府首席信息官的责、权、利、能等方面的规定和录用、考核、培训、薪酬、退出等方面的规定。

政府首席信息官制度最早产生于美国，旨在加强政府信息资源管理、提升电子政务建设的效率和效能。由于其良好的实践效果，首席信息官制度已经成为很多发达国家发展电子政务的一项基本制度安排。"世界上已有一百多个国家和地区确立了政府首席信息官（CIO）制度。"目前，我国政府信息化建设要向纵深发展亟需解决统一规划、资源整合、协调发展等瓶颈问题，而建立并逐步推行政府首席信息官制度正是解决这些问题的重要途径。

一、我国政府首席信息官制度建设的现实需求

（一）建立政府首席信息官制度是推动电子政务向纵深发展的现实需要。我国的政府信息化经过一段时间的发展，特别是自 1999 年实施"政府上网工程"以来，取得了突飞猛进的进步。到 2005 年底，我国的政府门户网站已超过 12000 个，其中，93% 以上的国家部委拥有部门网站，73% 以上的地方政府（省、市、县）拥有门户网站。基础数据库、网络平台等方面的建设也已初具规模。以此为基础，我国的电子政务建设开始以理性的态度和有序的制度安排向纵深方向发展。从建设的侧重点来看，开始向协同办公、整合各类信息系统等更高层次发展，更加强调电子政务建设的服务性和实用性。从投入的重点来看，开始向应用软件、整合资源与业务流程、提高运营服务等方面倾斜。从信息资源的管理来看，正在逐步加大对政务信息资源管理的重视程度，并开始着手信息资源的开发与利用。从电子政务的运行模式来看，主体日益多元化。同时，电子政务建设开始尝试一些市场化

的运作模式和专业化的项目管理方式。上述分析表明，我国的电子政务建设已进入需要统一规划、统一标准、整合资源的战略管理阶段。新的发展阶段迫切要求建立与之相适应的管理体制和管理模式，建立首席信息官制度就是其中的一个现实需要。

（二）建立政府首席信息官制度是加强政府信息资源管理与开发利用的内在要求。我国自实施电子政务以来，在政府信息资源管理方面取得了相当大的成绩，尤其是以四大基础数据库为典型代表的一批综合基础数据库的建立和完善，加快了政府信息资源的数字化、传输网络化、应用集约化的进程，为政府管理和决策提供了更为科学、快捷的信息支持。与此同时，2005 年，国家信息化领导小组发布了《关于加强信息资源开发利用工作的若干意见》，使政务信息资源管理有了制度化保证。但从总体来看，我国的政府信息资源管理仍处于初级阶段，对信息资源的开发和利用还相当不充分、不到位。这主要表现在以下几个方面：一是缺乏统一的政府信息资源管理规划，信息垄断问题严重。二是管理模式不科学。对信息资源的管理大多还在沿用传统模式，信息的完整性、真实性和及时性保障不足。三是配套措施不到位，如建设、维护资金投入不足，相关法律法规不完善，数据标准不一致等问题还大量存在。以上这些问题解决的一个有效途径就是建立政府首席信息官制度，对政府的信息资源进行统一的、专业化的管理和开发利用。

（三）建立政府首席信息官制度是加强政府信息化人才队伍建设的必然选择。当前，我国电子政务建设和管理任务日益繁重，电子政务的人才队伍也日益壮大。这支队伍主要由如下几部分人员构成：各级政府信息化领导与决策机构的人员；各级政府所属各部门信息化建设管理机构的人员；各级政府及其所属部门的信息化与电子政务建设项目的管理人员。从总体上来看，目前，这支队伍中各部分人员的职责权限、素质能力、管理措施、管理体制等都缺乏与我国电子政务建设和管理需求相适应的、清晰、系统、规范的具体制度安排，致使政府系统对优秀的政府信息化建设和管理人才的吸引力不高。如何建立一套科学的、符合我国实际情况的人才管理与开发体系和制度，培养和造就一支高素质的政府信息化人才队伍，是一个关乎政府信息化和电子政务长远发展的关键性问题。而政府首席信息官在政府信息化人才队伍中具有头羊地位。因此，在相应的制度建设中，建立政府首席信息官制度尤其具有基础作用和引领作用，是政府信息化人才队伍建设的切入点。

在我国，各级政府及其所属机构信息化主管部门的负责人承担着其他国家政府首席信息官的大部分职责。但目前，相对于其他国家政府首席信息官制度以及我国推进政府信息化建设的发展需要而言，我国对各级政府及其所属部门信息化主管机构负责人的管理存在如下几个方面的不足：一是地位不高，权责不匹配；二是缺乏权责、核心能力等方面的规范性约定；三是一些具体的管理制度，如录用、任用、考核、薪酬等缺乏特色。这些问题都是建立和完善政府首席信息官制度必须着重考虑和解决的问题。

二、我国首席信息官制度建设的可行性条件

随着政府信息化建设的不断深入，我国对建立政府首席信息官制度的必要性和紧迫性的认识正在逐步深化，并在此基础上，有些地方或部门开始进行实践探索。事实上，我国已经初步具备了一些建立政府首席信息官制度的基础条件和有利因素。

（一）**发达国家为政府首席信息官制度建设提供了成熟经验**。从提出政府首席信息官职位的概念雏形到目前，政府首席信息官制度在国外已经有20多年的发展历史。美国等发达国家在政府首席信息官制度建设方面已经积累了比较成熟的经验，尤其是对政府首席信息官的主要职责、核心素质和能力、具体管理规定与模式等都有相对成功的实践。而实际上，电子政务建设具有一些普遍的发展规律，如都要经历大体相同的发展阶段，都会遇到一些共性的问题，都会建立一些类似的管理制度、采取一些大体相同的管理方法。政府首席信息官制度就是其中一种带有普遍性的推进电子政务发展的人事制度，因此，发达国家政府首席信息官制度建设的先行经验肯定能为我国提供了有益的借鉴。

（二）**企业首席信息官发展为政府首席信息官制度建设提供了参考模式**。信息时代的到来，提高了信息资源管理的战略地位，也促成了首席信息官的诞生和发展，这一发展脉络在企业界表现得尤为明显。就世界范围来看，企业首席信息官制度已经成为一种非常普遍的制度形式，并且已经显露出明显的实践效果，即企业效益和竞争力的提高。目前，世界排名前500强的企业大都建立了首席信息官制度，我国也已经有越来越多的企业建立了首席信息官制度。事实上，企业首席信息官制度与政府首席信息官制度有许多相似之处。因此，我国在建立政府首席信息官制度的过程中，可以充分吸收和借鉴企业首席信息官制度的建设经验。

（三）**我国一些地方政府已经开始了政府首席信息官制度建设的有益尝试**。基于解决电子政务发展的瓶颈问题和提升电子政务竞争力等方面的考虑，我国一些地方政府开始尝试建立首席信息官职位和相关制度。例如，上海市政府1999年启动首席信息官制度的试点；江苏省政府2001年启动首席信息官研修制度；广东省政府2002年明确提出建立信息主管制度；北京市宣武区政府2003年首次任命的43名处级政府首席信息官走马上任。另外，一些地方政府对建立政府信息化管理人员的管理模式还进行了探索，如有的采用市场化原则来改革部门信息主管的薪酬体系，有的采用面向社会公开竞聘的方式录用专业的IT人士担任部门信息主管，有的还以不同形式授予部门信息主管以一定的特权，等等。这些实践，对于我国建立政府首席信息官制度都是一种有益尝试。

（四）**我国现有的政府管理框架中存在着政府首席信息官制度建设的现实依据**。这主要表现在三个方面：一是我国已经初步具备比较完善的电子政务管理的组织架构，在建立政府首席信息官制度时，可以在已有架构基础上进行调整、规范。二是在我国现行的人才资源管理与开发的制度体系中，有建立政府首席信息官制度的空间。首先，在政府和非政府组织内部设立首席信息官职位有制度实践依据。目前，在我国的一些政府部门和非政府组织中，设有总会计师、总工程师、总经济师等职位，并已经有很成熟的管理实践。在信息时代，政府首席信息官职位也有与这些职位相同的属性。其次，我国已经建立了公务员管理制度，它是我国建立政府首席信息官制度的制度基础之一。《公务员法》明确规定，我国的公务员分为三类，即综合管理类、专业技术类、行政执法类。首席信息官由于需要一定的任职资格，因此其制度选择可考虑它的专业技术特征。三是在现行的管理体制中，不论是在横向还是纵向的管理体制中，都存在某些机构或人员在具体业务管理上地位相对较高、权力相对较大的管理模式。

三、我国建设政府首席信息官制度的若干设想

我国建立政府首席信息官制度，要坚持如下几个原则：一是要从我国政府信息化建设发展的实际水平和需要出发，能够切实解决实践中遇到的问题并具有一定的适应性和可持续性。二是要充分考虑到我国的政治与行政传统，从我国现行的行政管理体制和公共部门人力资源开发的实际出发，在行政管理体制改革和公共部门人力资源开发制度改革的层面上进行系统考虑和整体谋划。三是要尊重政府首席信息官制度建设的一般规律，吸收借鉴国际上和其他领域首席信息官制度建设的经验教训。

(一)政府首席信息官的职责与能力要求。政府首席信息官制度建设的基础工作之一是明确政府首席信息官在政府中的职责定位，并在此基础上合理构建其素质能力框架。

1. 政府首席信息官的组织地位。党的十六大报告明确提出，我国电子政务建设的根本目的是："提高行政效率，降低行政成本，形成行为规范、运转协调、公正透明、廉洁高效的行政管理体制。"电子政务的这种目标定位赋予了负责电子政务建设的政府官员——政府首席信息官及其领导下的政府信息主管部门必须具有一定的权威性。因此，我国的政府信息化建设在经过"一把手"工程的阶段后，在今后的制度安排中，政府首席信息官不仅要具有特殊地位和身份，要参与政府信息化决策，同时还必须具有一定的资源配置权，以保证政府信息化的良好效果。

2. 政府首席信息官的职责。政府首席信息官在政府信息化建设过程中承担多项职责，其中，有些职责具有核心地位。根据发达国家的经验和我国电子政务建设的实际状况，我国设立的政府首席信息官必须承担如下几项职责：(1)贯彻落实上级政府或部门电子政务建设的方针、政策和法律、法规；组织制定本级政府或部门的电子政务发展规划和实施计划；审核下级政府、本级政府所属部门的电子政务发展规划和实施计划；(2)组织制定政府信息化的政策法规、规章制度和相关标准；(3)监管政府信息化发展战略规划、计划的落实与实施；(4)向上级政府首席信息官汇报政府信息化建设的进展情况，为其提供有关决策支持；领导、指导下级首席信息官的业务工作；(5)主持或参与制定下级首席信息官的管理制度并组织落实；(6)负责提升责任区域内政府或部门甚至行业推进政府信息化的能力；(7)参与责任区域内的公共管理与服务的相关决策。

3. 政府首席信息官的能力与素质。政府首席信息官应当是懂管理、业务、技术的高级复合型人才，主要应具备以下几方面的核心能力和素质：(1)宏观管理与战略管理能力。作为政府信息化的决策参与者，政府首席信息官必须具有把握全局的战略思维能力，真正承担起制定与实施政府信息化建设政策法规和战略规划的职责；(2)分析与判断能力。在了解信息技术和信息管理知识与技能的同时，把握其最新发展动向；在熟悉公共管理与服务业务流程的同时，把握政府改革发展趋势；在领导政府信息化建设实践的同时，把握政府信息化的发展脉络，为政府信息化的理性发展提供保证；(3)协调与沟通能力。在组织内部，要保持与政府信息化决策层、建设者即各职能部门和IT工作团队等方面的良好沟通；在组织外部，要保持与政府信息化的社会服务对象、政府信息化项目合作对象的良好沟通；(4)业务组织与管理能力。一是确定政府信息化建设的基本理念，组织设计电子政务的基本流程与架构，努力实现电子与政务的良好匹配与融合、信息资源的有效整合与开发利用、电子政务管理与服务的协调统一。二是领导、指导(审核)或组织实施规范的项目管理。三是监管办公

自动化与电子政务系统的运行与维护。四是提供政府信息化发展的趋势分析与改革建议，并负责领导、指导和组织信息化方案的具体实施。

（二）政府首席信息官的具体管理制度。建立首席信息官的具体管理制度，一方面要以发达国家政府首席信息官的已由管理制度和企业首席信息官制度为参照，同时，还必须符合我国现行人事人才管理制度的一般精神和原则，与现行的人事人才管理体系有制度接口。

1. 政府首席信息官的选拔任用。与其他高级公务员相比，政府首席信息官的选拔任用应具有以下特点：(1)政府首席信息官采用资格（资质）准入模式。即制定各级政府首席信息官的资格标准，凡是担任政府首席信息官的公务员应具有相应的专业技术职务或资格。(2)可采取竞争上岗和面向社会公开招聘的方式选拔政府首席信息官。政府首席信息官可以通过竞争上岗的方式参加上一层级首席信息官的选拔；而企事业单位或其他社会组织的首席信息官，或其他具有担任政府首席信息官资格者则要通过公开选拔的方式竞争政府首席信息官职位。(3)政府首席信息官应采用聘任制，实行合同任期制。(4)政府首席信息官的选拔任用主体应依从现行的政府人事管理制度。

2. 政府首席信息官的考核。我国政府首席信息官考核的维度可依据公务员考核的相关规定，重点考核工作业绩。工作业绩考核指标的确定应以岗位职责为依据，评估和评价标准应以履行岗位职责的质量和水平为基础。具体来讲，对政府首席信息官的业绩考核要重点考虑以下几个方面：(1)政府信息化和电子政务政策法规建设、发展战略（计划）制定的科学性、合理性、针对性等方面的情况；(2)政府信息化和电子政务战略（计划）的执行情况，尤其是重大项目的建设与实施情况及其权威认证和认可情况；(3)政府信息化和电子政务建设的效率与效能情况，尤其是建设项目的可操作性、提高行政效率和政府服务水平与质量、公众满意度的情况；(4)责任区域内，政府信息化和电子政务管理者与建设者（特别是辖区内首席信息官的素质）的素质提升情况。

3. 政府首席信息官的培训。为保证政府信息化建设的专业化和高效能，政府首席信息官应建立有效的职业培训体系。(1)培训的内容：主要包括两方面，一是通用知识与技能的更新，如了解信息技术、电子政务理论与实践、公共管理理论与实践的最新发展等；二是通用能力的提高，如宏观管理与战略管理、分析判断、沟通与协调等能力的锻炼和培养。(2)培训的实施：培训的主要管理主体是公务员管理部门、政府信息化主管部门、首席信息官自律组织等，其具体实施机构主要是有相应资质的高校、培训机构等。

4. 政府首席信息官的薪酬。当前，首席信息官在企业和其他社会组织中属于稀缺性高级管理人才，其薪酬往往处于整个组织薪酬体系中的较高层级。政府首席信息官薪酬待遇的确定要综合考虑多种因素，其中重点要考虑如下几个因素：IT行业或其他领域同等素质人员的薪酬；其他组织中首席信息官的薪酬；同级别公务员的薪酬；政府首席信息官的任用方式、工作职责等方面情况及其稀缺程度。一般情况下，政府首席信息官的薪酬待遇要略高于同级别的公务员。

5. 政府首席信息官的退出与职业发展。政府首席信息官聘任期满，可以续聘，也可以离职。续聘或离职除遵从有关法律法规外，主要是以实际工作需要和绩效考核结果为依据。对其职业发展来说，政府首席信息官可以通过公开应聘等方式担任政府部门的其他职位，也可以退出政府领域。

（三）政府首席信息官的管理体制。建立高效协调的管理体制是政府首席信息官制度建设的一项重要内容。我国在建立政府首席信息官管理体制时，应着力解决好以下几方面问题：

1. 政府首席信息官的组织体系。我国应借鉴发达国家的经验，在逐步整合现有的电子政务建设与管理机构的基础上，建立统一的、层级分明的政府首席信息官的组织架构，形成"一把手　首席信息官"的电子政务管理模式。国家和省级信息化决策机构是国家和地方政府信息化建设的最高决策机构，分别负责制定国家和本省的政府信息化发展战略和相应标准、规范。各级信息化决策机构下设首席信息官办公室，其负责人为首席信息官。

2. 政府首席信息官的责任关系。清晰而有序的责任关系是保证政府首席信息官管理体制高效运行的重要因素。政府首席信息官的责任关系应采取矩阵型结构。中央政府首席信息官直接对国家信息化决策机构首脑负责，参与国家政府信息化决策。省级政府首席信息官直接对省级信息化决策机构首脑负责，参与本级政府信息化决策。同时，上下级政府的首席信息官、上下级政府所属部门之间的首席信息官存在协调与指导关系。中央政府的首席信息官负责协调省级政府首席信息官的工作，并指导其工作，负责领导中央各部委首席信息官的工作；省级首席信息官负责协调本省内各市县首席信息官的工作，领导省直各委办局首席信息官的工作。同时，政府及其所属部门的首席信息官向本级政府或本部门的行政首长负责。下级政府的首席信息官要向上级政府的首席信息官、下级政府部门的首席信息官要向上级部门的首席信息官汇报工作。

3. 政府首席信息官的交流机制。政府首席信息官的交流不仅是促进电子政务协调发展的一个有效途径，也是保持或提高政府首席信息官素质与能力的重要手段，其机制主要包括：(1)社会交流机制。政府首席信息官与企事业单位和其他组织的首席信息官之间应建立资格互认制度，实现职位交流。(2)职位轮换机制。一是在人事隶属关系不变的前提下，一级政府各部门的首席信息官实行交互任职；二是在垂直管理系统或部门，首席信息官的职位轮换中遵从现行的职位轮换规定。首席信息官任职轮转的安排由本级政府或上级部门(在垂直管理系统)的首席信息官负责。(3)联席会议机制。上级政府首席信息官定期召开由所管辖区域内下一级政府首席信息官参加的联席会议。(4)委员会机制。由中央、省、市三级政府的首席信息官定期召开由各部门首席信息官参加的委员会议，交流各部门电子政务发展的有关情况，就共同面临的发展问题进行探讨，安排布置本级政府电子政务发展的相关事宜。

资料来源：吴江，李志更，乔立娜. 2007. 我国政府首席信息官制度的建设需求与构想. 中国行政管理，(11)：58－62.

专栏 7-6

中国政府 CIO 机制分析

国家行政学院电子政务专家委员会秘书长　江源富

政府生产和管理的信息约占社会信息总量的80%，政府信息资源是经济社会最主要的信息资源。政府 CIO(首席信息官)制度是政府信息化管理体制中最重要的组成部分，完善政府 CIO 运行机制能够提高政府决策的科学性，促进政府信息化建设健康快速发展，扩大政府信息资源的有效利用，推动整个社会的信息化发展。本文对中央政府部委、省级和地市级政府 CIO 结构状况、运行机理进行了研究和探讨。虽然基层政府的 CIO 机制与这里所研究的机制很相似，但本文不包括基层政府的 CIO 运行机制，也没有包括国家顶层的信息化推进机制。

一、中国政府 CIO 运行机制

2001 年以来，随着我国政府信息化建设的深入推进，研究者对中国政府 CIO 的关注日趋提高，国内相关研究文献迅速增多，有代表性的文献大致可分为两类：一类偏重于对政府 CIO 现状进行描述和梳理，如有学者认为我国只存在类似于美国政府 CIO 的机构和人员：如团队类型(信息化领导小组)、兼职 CIO 类型(兼管信息化的副职领导)、准 CIO 类型(信息中心主任)。也有学者认为目前我国信息化管理工作的典型模式是“信息化工作领导小组 + 信息技术处/科(信息中心)”。在这种模式下 CIO 实际上只是一个负责信息技术部门的中层领导，还没有真正进入组织的决策层。另一类是针对当前 CIO 模式提出的解决方法。如吴江提出要明确政府 CIO 在政府中的职责定位，并在此基础上合理构建其素质能力框架，并详细列出了政府 CIO 的职责与能力要求等。张红胜认为须逐步将信息化工作纳入政府行政管理序列，将信息化建设资金列入各级政府及其职能部门的财政预算。樊博提出由发改委合署信息化办公室模式来统一电子政务项目的规划权和立项权，发改委的各个职能部门有法定的权力和协同其他机构的能力，并认为这一模式最为适合我国国情。于施洋指出“在制度安排上，政务信息资源管理应当纳入各级政府部门的职能，明确职责权限和相应的管理主体”。也有学者对政府机关信息化管理机构的设置模式、管理领导体制的类型和健全政府机关信息化管理体制应考虑的因素等进行了较为细致的探讨，提出将信息化管理机构与信息中心合为一体的模式，这样既能提高信息化管理机构的管理水平，也能充分利用信息中心的技术优势。虽然目前学术界已积累了一批研究成果，但总体来看还存在两方面不足：一是缺乏对我国政府 CIO 现状的客观描述，甚至对我国是否真正存在政府 CIO 还有争议；二是缺少具有现实操作性并能解决问题的有效措施。笔者认为当前中国政府的 CIO 是“信息化主管领导 + 信息办主任 + 信息中心”这“三位一体”方式，在不同地区和部门会结合自身要求进行一定的组合或者调整，主要运行机制可分为三类，分别如下图所示：

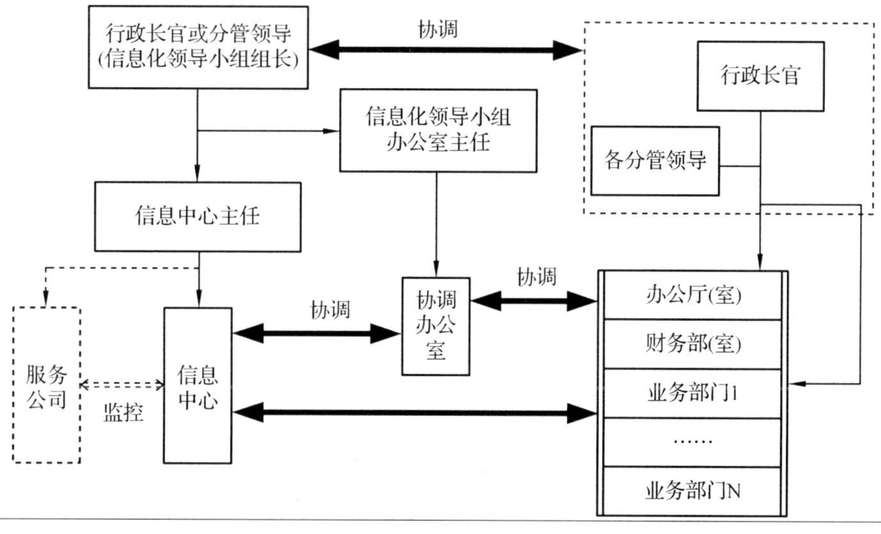

1. 中国政府CIO运行机制基本模式。上图为中国政府职能部门和地方政府的CIO制度的基本模式。在此模式中，由信息化领导小组、信息化领导小组办公室和信息中心构成政府信息化管理“三位一体”的决策、协调和执行机制。

决策及决策层协调：信息化领导小组负责信息化的决策工作。为了有效地开展信息化决策工作，领导小组需要与相关单位的行政长官或分管领导进行领导层面的沟通和协调，信息化领导小组一般由行政长官或分管信息化的领导担任组长，成员包括政府各职能部门长官或分管副职领导，以及重要支撑部门领导，以保证决策的科学性和有效性。

执行层协调：信息化领导小组办公室(或者信息办)是领导小组的常设协调机构，承担信息化领导小组的日常工作和大量的日常协调任务。协调任务具体包括三个方面，一是与业务部门就信息化的业务需求进行协调，如信息化的统一规划和协同共建、信息资源共享、具体政策的制定和落实等；二是与执行部门进行执行层面的协调，如信息化实施管理机制、信息化建设监督、运行维护等其他执行层面的重大问题；三是与其他部委或机构就信息化建设中的协同、共享等问题进行沟通和协商。总之，信息化领导小组办公室需要尽可能地将领导小组的日常协调工作做到位，让领导小组的精力集中于决策工作。信息办无法完成的协调工作，由领导小组从领导层进行沟通和处理。

执行与管理监控：信息中心是主要的执行机构，负责执行领导小组的决策，将信息化建设和运行付诸实施。信息中心偏重于技术和工程层面，一般属于从事技术实施和技术服务管理的政府事业单位，具体任务大致包括：与职能部门沟通业务需求；信息化建设实施管理；获取职能部门应用反馈；网络与系统维护服务的管理等。

信息中心虽然注重于技术层面，但它仍然是一个政府机构，更多的工作在于技术实施和技术服务的管理，具体的信息化实施和服务工作往往需要借助更专业信息技术企业或研究机构来完成。

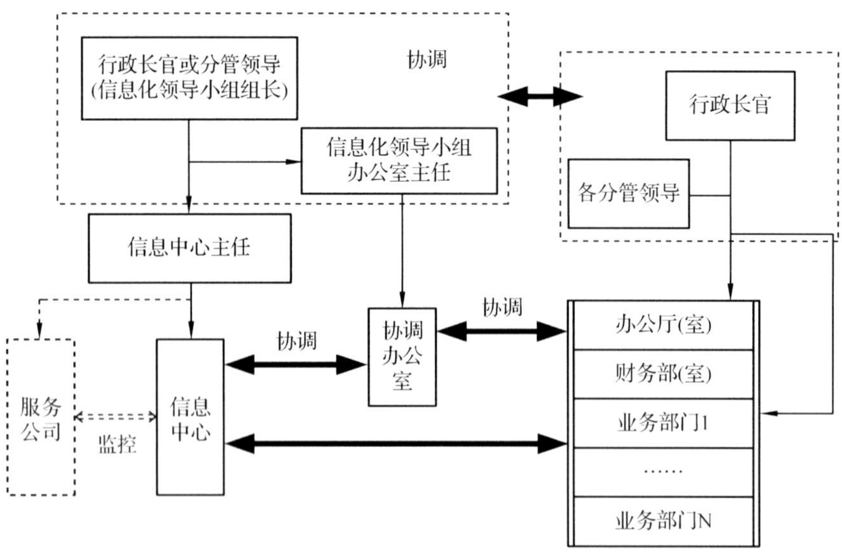

2. 中国政府CIO运行机制模式二。在模式二里面，信息化领导小组组长与信息化领导小组办公室之间的联系更为紧密，通常是将非常设的信息办的职能落实到一个常设的专职负责信息化协调工作的政府机构，或者由分管信息化工作的领导兼任信息办主任。比如有的城市成立信息委作为一个常设部门，大大拓展了其信息化协调和综合管理职能。通过这种安排，高层领导对工作层面的协调支持力度更大。由于有高层领导的支持，信息办的权威性有了更好的保障，工作层面的协调更容易开展。

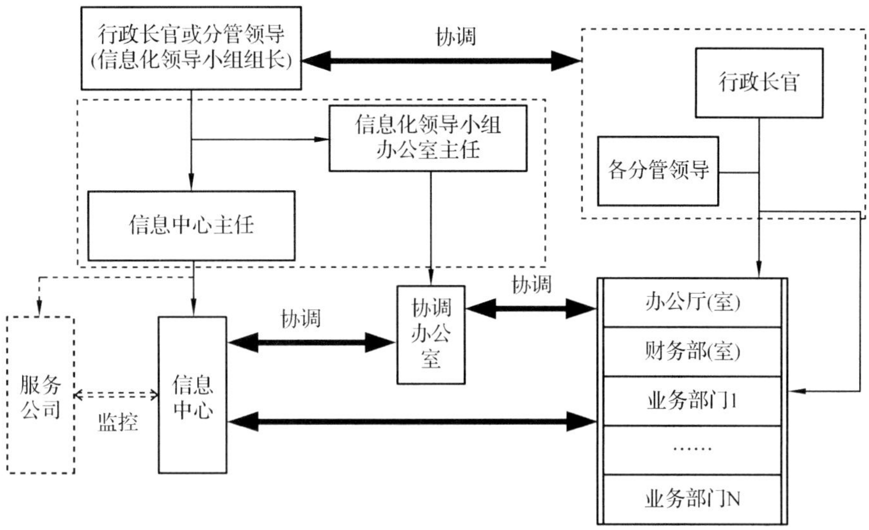

3. 中国政府CIO运行机制模式三。在模式三里面，信息中心和信息化领导小组办公室的联系更为紧密，甚至合并办公，有的地区或者政府机构由信息化领导小组办公室主任兼任信息中心主任，或者从信息中心抽调人员参与信息办的工作。在这种体制下，有了信息办的支持，信息中心具有更高的权威，执行工作更容易开展。

二、中国政府CIO职业发展路径

政府CIO的职业发展是指政府信息化从业者随着知识阅历的积累和年龄的增长，其可能的职业发展路径和前景，以及政府CIO的产生途径。好的职业发展前景有助于政府信息化从业者更加专注于自身未来的发展方向并为之努力，可以提高工作满意度，增强职业稳定性，改进工作积极性。减少由于人员频繁流动和优秀人才流失所带来的业务受阻和发展不畅。其可能的职业发展路径有两条：

1. 行政职务发展。从上图看出，我国政府信息化管理体制是一个"金字塔"型结构的科层制体系，从基层到高层依次是执行层、协调层和决策层，所对应的领导职务分别是信息中心主任、信息办主任和信息化领导小组组长，若政府信息化管理者有志于从事信息化管理的统筹规划、全面协调等领域的工作，追求自身职业发展，其可能的领导职务分别有信息中心主任、信息办主任、信息化领导小组组长、主管信息化高级领导。这种职业发展路径指明了从一个职位到下一个职位发展的路径。即政府信息化管理者明确其发展的特定工作序列，可以一步一步地进行岗位变动，以获得更高级管理职位所需的经历和准备。

2. 技术领域发展。技术领域发展是指为那些专注技术及技术管理的政府信息化从业者所提供的职业发展路径，设置了一个平行的、与行政职务同等重要的技术能力阶梯，并与待遇相挂钩。这种职业发展路径有助于政府信息化专业人员专心立足于专业领域，保持专业独立性，发挥其技术特长，提供专业化、科学化的咨询建议；同时可给予其一定的级别或职位如“巡视员”、“调研员”等，使其拥有更多从事专业活动的资源，方便其开展调查研究工作。

通过这两种职业路径的设计，有利于调动政府信息化专业人员和管理人员从事管理领域和专业技术领域的积极性，拓宽其职业生涯通道，满足多样化的发展需要，同时也有利于开阔视野，保证各尽其能，各展其长，实现稳定与有序流动、维持与发展的平衡。

三、中国政府CIO运行机制的优缺点

笔者认为中国目前已经存在政府CIO体制，“信息化主管领导+信息办主任+信息中心主任”(在不同单位和地区名称会略有变化)这三位一体的方式是事实上的中国CIO运行机制，这种运行机制的主要优点是：

1. 分工明确，发挥各自优势。信息化主管领导能够从政府高层贯彻政府意志，负责信息化重大项目的审议；信息办主任可进行宽范围的协调，负责政府信息化建设的规划标准、项目前置审批；而信息中心主任可专注于做技术支撑，负责维护信息系统，推动电子政务。这是一种兼职与专职相结合的管理体制，强调领导层面、协调层面和执行层面的沟通互动。

2. 提高管理地位，吸引优秀人才。在许多地方，信息中心承担着政府信息化推进的具体任务，肩负着信息化项目建设的成败责任。但是其地位不高，甚至只是信息化办公室下属的事业单位，信息中心主任的职业发展空间很小，很难留住高层次人才，通过职业生涯规划安排，可提供更广阔职业发展空间和更强的岗位激励，吸引更多优秀人才充实政府信息化建设队伍。

3. 适合国情，具有现实针对性。尽管许多地区和部门对信息化建设极为重视，提出了许多改革建议和操作办法，但最终效果却不甚理想，一个极为重要的原因就是改革原有体制难度较大，在操作中难以执行。而这种安排是在基本不触动其他部门管理权限基础上实现的，不要求对行政管理体制进行变革，同时也照顾到了信息化管理部门内部的权限划分，具有较高的普及性和推广性。

当前政府CIO运行机制在发挥作用的同时，由于缺乏配套管理制度和职责尚不清晰，再加上IT技术更新换代较快，在实践中产生了许多问题，特别表现在如下方面：

1. 政出多门，难于协调。由于信息化管理部门职能范围不同、工作性质不同，有可能产生信息壁垒，导致协调沟通困难，降低了组织的凝聚力，影响了政府信息化工作的顺利开展。

2. 职权分散，缺乏权威。信息化主管领导常常缺乏信息化管理的知识背景及经验，缺少推动信息化建设的动力；信息办主任又可能不是专职，从而难以投入全部精力，且所得到的授权也有限。信息中心主任只是机构中的中层干部，不能在管理流程整合方面施加足够的影响，结果造成要么是制定的信息化政策过于笼统，要么是好的政策得不到很好的贯彻落实。

3. 依赖高层支持，存在不确定性。由于当前政府CIO尚未成为一项规范的制度性的安排融入到政府职能之中，政府CIO难以拥有充分的资源去开展工作，因此常需仰望高层领导的威望和能力去推动信息化建设，但由于个人观念差异，导致信息化主管领导对政府CIO工作的重视程度会有不同，影响信息化建设的有序推进。

四、结论

我国当前这种“信息化主管领导+信息办主任+信息中心主任”这一操作安排和美国政府CIO制

度相比算得上是一种“准 CIO”模式，但这种模式却更符合当前我国国情，更具有实际可操作性，也能更好地完成信息化的工作要求；同时我们看到当前这种运行机制还存在许多问题和不足，关键的不足是信息化领导小组的组长（信息化主管领导）对于信息化推进工作的职责不规范，从而使得信息化推进工作对信息化主管领导的个人意志、权威乃至个人兴趣有较大依赖。除此以外，还表现在相关职责和职能规定得不够清晰，因而实际工作中对领导倚仗较多，而对制度推动和团队能力倚仗较少。当然，一个有意愿、有能力的信息化管理高层领导是无可替代的，在信息化建设中，尤其在起步发展阶段起着开路先锋的作用，能在实践中推进政府信息化建设和运营维护管理机制的成熟完善，从这个意义上说，信息化主管领导是个“明白人”显得尤为重要。而这个“明白人”的主管领导，就是真正的政府 CIO；他（她）的工作成效也有赖于一个适宜的环境，这个环境就是更为规范的政府 CIO 的运行机制。

资料来源：江源富．2011 - 04 - 14. 中国政府 CIO 机制分析. http://cio.chinabyte.com/27/11962527.shtml.

美国是世界上最早建立首席信息官制度的国家，其良好的制度实施效果及其成熟的制度建设经验，使美国的首席信息官制度成为其他国家尤其是发达国家发展电子政务的制度模板。关于对首席信息官（Chief Information Officer，简称 CIO）概念的理解，美国的《CIO》杂志对其有如下定义：“首席信息官是负责一个公司（企业）信息技术和系统的所有领域的高级官员。他们通过信息技术的利用来支持公司目标。他们具备技术和业务流程两方面的知识，具有多功能的概念，常常将组织的技术调配战略和业务战略紧密结合在一起的最佳人选。”尽管这是对企业首席信息官的定义，但从这一定义中，可以获得几点一般信息：（1）首席信息官是组织中的高级官员，位居领导层；（2）首席信息官的核心职责和目标是利用信息技术来支持组织目标的实现；（3）首席信息官应具备的知识是技术和业务流程两方面；应具备的能力是战略管理。这个概念比较全面地概括出了首席信息官的职能定位、主要职责、核心能力等要素。

另外，从首席信息官职位出现与制度形成的发展脉络来看，首席信息官是伴随着信息资源管理的兴起而产生的。它最早产生于美国的政府部门，专门负责政府信息资源管理，其后一些大型企业借鉴了这一信息资源的管理制度，首席信息官制度开始在企业出现，并得到长足发展，逐渐成为企业提升自身效益和竞争力的重要制度形式。随着信息时代的到来，以及在此基础上政府对政务信息资源管理重视程度的不断提升和电子政务的普遍推行，首席信息官制度开始回归政务领域，并在实践中逐步显示出巨大的生命力。

吴江等学者在研究的基础上给出了自己的理解：所谓政府首席信息官，是全面负责本部门政府信息资源管理、开发与利用，以及与信息技术应用有关事宜的专职高官，参与决策，具有组织协调和资源整合权力，其基本素质是既懂技术、又懂业务，具有技术与业务结合的战略眼光和能力。政府首席信息官制度是指对政府首席信息官实行科学管理而建立的一整套法规和制度体系，包括政府首席信息官的责、权、利、能关系，录用、考核、培训、薪酬、退出等管理规定、管理体制，等等。

纵观世界各国电子政务的发展历程，建立首席信息官制度，由首席信息官及其相应的管理机构负责电子政务的总体规划、具体实施和全面管理，是比较通行和成熟的做法。目前，世界上已有100多个国家和地区确立了CIO制度，各国正在积极推进的电子政务实际上是"一把手"+CIO工程。就我国电子政务建设的实际状况看，一方面，建立政府首席信息官制度具有现实必要性和紧迫性；另一方面，尽管目前我国有些地方政府已经设立了政府首席信息官职位，并在建立首席信息官制度方面进行了很多有益尝试(例如，上海市政府1999年启动首席信息官制度的试点；江苏省政府2001年启动首席信息官研修制度；广东省政府2002年明确提出建立信息主管制度；北京市宣武区政府2003年首次任命了43名处级政府首席信息官，等等)，但规范的首席信息官制度并没有建立。为推动智慧林业建设不断向纵深发展，加强林业信息资源管理与开发利用，加强林业信息化管理人才队伍建设，解决统一规划、统一管理、资源整合、协调发展、融合创新等瓶颈问题，我们需要在试点的基础上，逐步推行林业CIO制度，着力构建权责对称、运转协调、激励有效、惩罚有力的信息化运行机制。

当前，在我国的多数政府和非政府组织中，通常会有总会计师来管理资金、总工程师来管理技术和设备、总经济师来通盘考虑经济工作，这些职位的设立已经是很成熟的管理实践。而在信息时代，政府首席信息官职位也有与这些职位相同的属性，主要负责信息资源管理和其他与信息技术应用相关的事宜。按照这一逻辑，可通过在各级林业主管部门设立总信息师职位，来建立林业CIO制度。作为制度的过渡，可考虑由总工程师先行履行起首席信息官的职责，待条件成熟时再配置专职的总信息师(即首席信息官)。

林业CIO应承担起如下重要职责：(1)负责组织贯彻中央关于推进信息化与电子政务建设的方针政策、决策部署和法律法规，组织制定本级林业信息化与电子政务发展规划、实施计划；审核下级机构的林业信息化与电子政务发展规划、实施计划；(2)负责组织制定林业信息化与电子政务建设的规章制度、政策措施、标准规范，并监督执行；(3)负责组织、监管林业信息化与电子政务发展规划、实施计划的落实；(4)负责向上一级林业CIO汇报林业信息化与电子政务建设的进展情况，为其提供有关决策支持，指导下一级林业CIO的业务工作；(5)负责或参与制定林业CIO管理制度并组织落实；(6)参与本级林业部门公共管理与服务的改革决策等。

对林业CIO，要着重加强宏观与战略管理、分析与判断、协调与沟通、业务组织与管理等核心能力和素质的培养。需要强调指出的是，信息技术能力并不能成为CIO应具备的核心能力，而只是一项基本的能力和素质要求。另外，不同层级的林业部门对其CIO素质和能力的要求是有所不同的，一般来说，层级越高的林业部门的CIO，对其战略思维和统筹协调能力的要求就越高，而越是基层林业部门的CIO，则会对其项目管理的能力要求高些。

三、加强队伍建设

人才队伍建设是林业信息化科学发展的重要保证。要因事设岗，以岗定编，以编配人。要建立灵活的用人机制、科学的激励机制、常态的培训机制、严格的监督机制，不断增强队伍的整体素质和凝聚力、战斗力。

（一）建立科学的用人机制。要以岗定编配人。林业信息化工作涉及面广、知识和技术更新快、人员素质要求高，必须把人才队伍建设放在首要位置抓紧抓好。要根据实际工作需要设定工作岗位，以岗位申请正式编制，按照德才兼备的原则，把政治素质高、业务能力强、具有创新意识和团队意识的干部充实到相应的工作岗位。要组建和发挥专家咨询团队的作用，弥补专业团队的知识和智力不足。

要建立灵活用人机制。人手不足是当前林业信息化普遍存在的问题，制约了全国林业信息化的平衡、协调和可持续发展。随着信息技术的不断更新和业务应用的不断扩展与深化，林业信息化还会不断出现新的工作任务，人力紧张的问题会更加突出。例如，网络舆情的收集与研判、政务微博微信的实时更新与维护都是最近几年才新增的工作内容，原有编制中并没有考虑这部分工作的人员需求。为此，应在内挖潜力的基础上，积极陈述实情，申请增加编制。同时，也可通过采购服务的方式，将适合的业务委托给系统内的单位或外包给系统外的单位。但涉密的工作任务不得外包。

要加强规章制度建设。制度是规范队伍行为的重要措施，也是加强队伍自身建设的重要保证。只有建立和完善相关规章制度，按制度办事，按程序办事，靠制度选人，靠制度管人，并严格规范执行，林业信息化发展才能得到有效保证。要建立检查监督机制。再好的制度如果不落实，制度就成了摆设，起不到应有的作用。为此，要采取日常检查和集中检查相结合、平时抽查与年终总评相结合的方式，严格按照工作标准和岗位标准进行检查考评。

要健全奖惩激励机制。严格按照优则奖、劣则罚的原则，完善各项考评办法，把工作业绩与奖励挂钩。严格按照优则上、平则让、庸则下的原则，完善人员岗位责任工作成效考评办法，将考评结果与奖惩、工资、职务等挂钩，建立能上能下、能进能出的用人机制，激发队伍的工作热情，推动各项工作有效开展。

要培育和弘扬信息文化。以开展丰富的信息文化建设为抓手，不断丰富文化建设内容，提高林业信息化建设的文化内涵，以先进文化凝聚人、引导人、激励人、塑造人。积极开展各种文体活动和知识竞赛，充分利用各种载体树立行业新形象，关心职工工作生活，不断增强队伍的凝聚力和战斗力。

（二）建立常态的培训机制。联合国有关机构曾就“数字鸿沟”问题进行过专门调查研究，他们的结论是：形成“数字鸿沟”的关键不在于技术和设备，而在于使用技术和设备的人。因此，加强信息化培训工作，是大幅提高林业信息化水平的关键。

要坚持选拔和培养并重。严格执行国家选人用人的有关规定，将政治素质高、富有事业心和进取精神、业务能力强的人员充实到林业信息化队伍中来。要建立科学的职工年龄结构，形成稳健的干部梯队。要优化职工知识结构，合理配比信息专业和其他专业背景人员，优先选用既有林业知识背景又了解信息化的复合型人才。加强和改进干部教育培训，加强培训基地、培训师资和培训管理者队伍建设，推广案例式、体验式、模拟式教学。要加强岗前和在岗信息化教育培训，提高广大干部职工的信息化意识和信息技术应用能力。在新进人员入职培训、干部知识更新培训、党校学习等培训课程中，都要加入信息化的内容。在职称评审、岗位调整、干部晋升等工作中，要把接受信息化培训情况和信息技术应用能力作为重要考察内容。要坚持分类、分层培训的原则，把集中面授和远程教育相结合，经常性地开展专题讲座、专业培训和经验交流，有序推进林业信息化复合型人才培养。要发挥林业教育、培训、科研等单位的主渠道作用，建立林业信息化多层次人才培养基地。建立持证上岗制度，完善林业信息化岗位人才引进、培养、使用和激励机制。依法依规开展服务外包，在弥补人力资源不足困难的同时，促进相互间学习交流，优化林业信息化从业人员知识结构。

要建立适度轮岗机制。根据工作性质、岗位的不同，采取“走出去、请进来”和岗位练兵等多种形式，加强对职工的业务培训，提高职工业务技能。在信息化部门内部的不同岗位间，要适时开展干部轮岗，通过多岗位锻炼，提高职工驾驭信息化、管理信息化、实施信息化的能力。加强信息化部门和林业业务部门之间人员的轮岗交流，促进复合型人才培养。加大干部挂职锻炼工作力度，鼓励引导上级干部下基层、接地气、干实事，支持下级干部通过上挂开阔视野、增长知识、增强大局意识和宏观管理能力。推进发达地区和欠发达地区林业信息化人员的短期交流，增进相互了解，促进干部锻炼，缩小发展差距。选拔优秀干部到发展改革、科技、财政等综合性管理部门接受锻炼，与信息化先进行业、先进地区之间开展短期交流，积极学习外行业、外单位的先进理念和成功经验。

第八章　优化顶层设计和资源配置

顶层设计是对发展战略在时间、空间的展现形态和发展路线的整体设计，不仅取决于技术，更取决于理念，是战略意图和建设实践之间的“蓝图”。林业信息化建设是一个动态的、渐进的、长期的过程，不可能一蹴而就，需要顶层设计、分阶段推进。当前和今后一个时期，要按照“三步走”的林业信息化发展战略，坚持继承与发展并重，分解林业工作目标，分析信息化建设需求，细化各项建设任务，动态完善顶层设计，着力消除发展短板，科学配置信息资源，增强发展的系统性、整体性和协同性，促进林业治理体系和治理能力现代化。

一、优化顶层设计

面对日益加快的全球化、信息化和现代化进程，我国林业既面临着重大的历史机遇，又面临着严峻的形势挑战。从战略的高度和全局的角度谋划林业信息化发展路线图，是维护国家生态安全的需要，是保障和改善民生的抉择。

（一）完善国家和省级顶层设计。“顶层设计”源于自然科学或大型工程技术领域的一种设计理念。它是针对某一具体的设计对象，运用系统论的方式，自高端开始的总体构想和战略设计，注重规划设计与实际需求的紧密结合，强调设计对象定位上的准确，结构上的优化，功能上的协调，资源上的整合，是一种将复杂对象简单化、具体化、程式化的设计方法。它不仅需要从系统和全局的高度，对设计对象的结构、功能、层次、标准进行统筹考虑和明确界定，而且十分强调从理想到现实的技术化、精确化建构，是铺展在意图与实践之间的“蓝图”。“顶层设计”理念提出后，其应用范围很快超出了工程设计领域，并在西方国家被广泛应用于信息科学、军事学、社会学、教育学等领域，成为在众多领域制定发展战略的一种重要思维方式。

“顶层设计”从其理论内涵的特点来看，主要体现在三个方面：一是整体主义战略。在根据任务需求确定核心或终极目标后，“顶层设计”考虑一整套完整地解决各层次问题、调动各层次资源的方法，围绕全局目标，有序地、渐进地落实和推进，最终产生顶层设计所预期的整体效应。二是缜密的理性思维。“顶层设计”是自高端开始的“自上而下”的设计，但这种“上”并不是凭空建构，而是源于并高于实践，是对实践经验和感性认识的理性提升。它能够成功的关键就在于通过缜密的理性主义思维，在理想与实现、可能性与现实性之间绘制了一张精确的、可控的“蓝图”，并通过实践使之得到完美的实现。三是强调执行力。“顶层设计”的整体主义战略确定以及“蓝图”绘就以后，如果没有准确到位的执行，必然只是海市蜃楼。因此，“顶层设计”的执行过程，实际上体现了精细化管理和全面质量管理战略，强调执行，注重细节，注重各环节之间的互动与衔接。

林业信息化顶层设计是科学推进信息化建设的根本指针，是实现体系化、均衡化、网络化、智能化、协同化、泛在化发展目标的重要保证。它上要与国家信息化顶层设计相一致，下要与林业改革发展实际相契合。《2006～2020年国家信息化发展战略》以及新一届中央政府的一系列决策部署为我们提供了重要的国家级指导，《全国林业信息化建设纲要(2008～2020年)》、《全国林业信息化发展“十二五规划”》、《国家林业局关于进一步加快林业信息化发展的指导意见》、《中国智慧林业发展指导意见》等则描绘了林业信息化的发展蓝图，构成了林业信息化顶层设计的实质内容。贯彻落实和不断完善林业信息化顶层设计，与时俱进推进林业信息化建设，是林业人特别是林业信息人的重要使命。

根据我国现行管理体制和未来改革方向，林业信息化顶层设计重在国家和省级两个层面，这既是信息化内在特征和发展规律的反映，也是林业扬长避短和跨越发展的要求。“十二五”以来，国家林业局依据《全国林业信息化建设纲要(2008～2020年)》，编制印发了《全国林业信息化发展“十二五规划”》、《林业信息化标准体系》、《国家林业局关于进一步加快林业信息化发展的指导意见》、《中国智慧林业发展指导意见》等指导文件，开展了《中国林业物联网发展规划》、《中国林业云发展规划》和《中国智慧林业发展规划》等编制，发展思路日趋清晰具体。大部分省份按照国家林业局的要求，编制印发了本省林业信息化发展“十二五”规划。总体来看，林业信息化顶层设计实现了从无到有、从少到多、从各自为政到有机衔接的喜人变化，但仍存在顶层设计前瞻性不够、体系化不强、内容不全面、发展不均衡、落地难度大等问题。

党的十八届三中全会提出要“加快完善互联网管理领导体制”，是对深化我国信息化管理体制改革做出的重要部署。今年2月中央网络安全和信息化领导小组的成立，是加强网络安全和信息化发展顶层设计的重大举措。当前已是“十二五”末期，国家正在锐意推进经济体制、政治体制、文化体制、社会体制、生态文明体制和党的建设制度改革，积极谋划“十三五”发展规划，林业信息化要因时而动，加强调查研究，加快完善管理、技术、人才、安全、资金等各方面的顶层设计。一是以国家信息化宏观规划为指导，加快编制全国和省级林业信息化发展规划，并将其纳入同级林业发展总体规划。林业信息化发展规划要以《中国智慧林业发展指导意见》为指导，坚持“五个统一”(统一规划、统一标准、统一制式、统一平台、统一管理)、应用“五大技术”(云计算、物联网、移动互联网、大数据、智慧城市）、建设“五大体系”（智慧感知体系、智慧协同体系、智慧生态体系、智慧民生体系、智慧保障体系）。二是紧紧围绕生态林业民生林业建设，按业务领域细化信息化规划设计，提高规划的针对性、协调性和可操作性，促进林业信息化发展规划真正落地并发挥作用。要加强新一代信息技术应用需求调研，科学谋划先进信息技术应用方略，切实增强规划的前瞻性、科学性和实用性。要采用系统的观点和全局的视角，对林业进行综合分析与抽象，构建信息资源共享与业务协同的规范框架，形成指导信息资源建设、业务系统建设、运行支撑与安全系统建设的技术指南、标准规范、规章制度。三是按照国家行政体制改革和人才队伍建设的总体要求，结合中央网络安全和信息化领导小组的有关具体要求，编制林业信息化管理体系及人才队伍建设专项规划。要以提高林业信息化治理体系和治理能力现代化、提升林业信息化服务保障能力为宗旨，科学开展管理体系顶层设计。要以有效整合行业内外各方面各层级教育培训资源、深化教育培训方式和内容改革为核心，科学推进人才培养顶层设计。四是遵循面向两个市场利用两种资源的原则，合理构建林业信息化资金保障顶层设计。要以构建长效保障机制、建立权责对等关系、提高上下协同水平、提升资金使用效益为目标，以改革政府财政投资体制机制和发挥市场在资源配置中的决定性作用为手段，设计林业信息化资金保障总体框架，扭转林业信息化不平衡、不协调、不可持续的不良发展局面。

（二）建立顶层设计动态评估调整机制。当前，信息化正在各行各业快速推进，新技术新应用不断涌现，新理念新经验层出不穷，同时也带来了各种新困难新问题。这对信息化决策者、管理者提出了重大挑战，如何适应形势变化适时优化信息化顶层设计，考验着人们的智慧、勇气和毅力。

要重视战略性研究工作。凡事预则立。面对复杂多变的信息化形势，我们既要冷静观察、保持定力，又要未雨绸缪、主动作为。要保证稳定的研究经费投入和连续的战略研究工作，眼观六路，耳听八方，理论与实践相结合，不断提升战略性、宏观性和前瞻性研究水平，为林业主管部门完善林业信息化顶层设计提供科学决策依据。

要建立动态评估调整机制。研究建立监测指标体系，完善测评指标体系，加强林业信息化发展的动态监测和水平评测。依据监测和评测结果，结合其他渠道获取的意见建议，评估现行林业信息化顶层设计的优点与不足，为进一步完善顶层设计提供科学依据。

要发挥第三方的支持作用。健全并充分发挥各级林业信息化专家咨询委员会的作用，通过系统专业的调研，为完善顶层设计提供决策参考。积极引入教学科研单位和专业咨询单位等独立第三方力量，开展持续性的跟踪调查研究工作，结合国内外信息化发展趋势，提出建立和完善林业信息化顶层设计的意见和建议。

二、完善基础设施

信息基础设施是信息技术能力的必要条件。要抓住国家扩大内需、转变发展方式、促进信息消费的机遇，加快林业信息基础设施建设，着力消除发展中的短板，保障基础设施及时升级改造，满足安全高效运行的要求，充分发挥林业信息化的基础性、支柱性和先导性作用。

（一）着力消除短板效应。党的十八大做出了工业化、信息化、城镇化、农业现代化“四化”同步发展的重大决策，把“信息化水平大幅提升”上升为国家战略。林业信息化是支撑生态林业民生林业大厦的三大支柱之一，加强林业信息基础设施建设具有特别重要的意义。

受思想观念、资金投入以及专业人才等多因素的制约，林业信息基础设施建设长期滞后，成为信息化发展中的突出短板，主要表现在：一是网络覆盖率、连通率低。很多林区山大沟深，交通不便，自然条件恶劣，电力设施落后，移动通信网络难以覆盖，地面光纤建设严重不足，没有基本的网络通信条件，无法满足日常数据传输以及应急通信保障等的需求。二是网络带宽不够。随着信息技术的日益广泛应用，需要交互传输的数据量日益增大，已有的信息基础设施逐渐达到或超出负荷，成为制约信息化发展的重要因素。比如，随着视频会议系统由标清改造为高清，对林业专网的带宽等基础设施就提出了新的要求。三是数据中心建设滞后。由于长期缺乏有效的资金投入，现有的林业数据中心建设标准偏低，小而分散，设施设备不配套，运行维护跟不上。四是灾备中心等容灾备份设施建设滞后。目前，国家林业局还没有开展同城和异地灾难备份设施建设，各省就更没有能力开展了。

为此，要按照国家统一部署，加快完善覆盖国家、省、市、县和重点乡镇的信息网络，提高信息的共享利用及安全保障水平。完善和充分利用林业专网资源，降低行政成本，提高工作效率。着力推进偏远林区、基层单位的网络建设，破解林业信息交互“最后一公里”难题。租建结合，多措并举，提高林业应急通信保障能力。不断充实完善软硬件设施设备，有效改善林业信息基础设施条件，为发展各类政务和业务应用、更好地服务社会公众奠定坚实基础。

（二）切实保障更新投入。“重建设、轻运维”是我国信息化发展中的共性问题。由于林业事业经费投入长期偏低，因此该问题在林业信息化发展过程中表现得更为明显。不少省份都反映，信息化基础设施建设完成后，运行维护经费却没有出处，只能东挪西挤。由于信息技术发展很快，信息化设备更新换代周期越来越短，缺乏稳定的基础设施更新投入，已经严重影响了林业信息化整体效益的发挥。

为此，要建立科学的林业信息化运行维护定额标准，按标准计算所需经费并列入年度财政预算，确保信息基础设施日常性的更新投入能及时到位。同时，密切跟踪信息技术发展动态，做好信息基础设施更新规划，合理储备升级改造工程项目，通过工程建设资金，弥补日常运行维护经费在更新投入上的缺口。

三、科学配置资源

林业信息资源是战略资源。要坚持集约、节约、高效的原则，大力推进信息资源整合，深化建设项目管理改革，科学配置林业信息资源，有效促进信息资源共享，挖掘林业信息化最大效益。

(一)坚持集约理念推进资源整合。《2006～2020年国家信息化发展战略》把政务信息资源整合列为电子政务行动计划的首要任务，指出要“规范政务基础信息的采集和应用，建设政务信息资源目录体系，推动政府信息公开。整合电子政务网络，建设政务信息资源的交换体系，全面支撑经济调节、市场监管、社会管理和公共服务职能。”此后，信息资源整合一直是电子政务建设的重点、热点和难点。

信息资源整合是指将某一范围内原本离散的、多元的、异构的、分布的信息资源通过逻辑的或物理的方式组织为一个整体，使之有利于管理、利用和服务。简单地说，就是把分散的资源集中起来，把无序的资源变为有序，使之方便用户查找信息、方便信息服务于用户，也使得单位投入取得更大的效益。信息资源整合的效能主要体现在四个方面：一是形成信息化的“杠杆效应”。在一个信息资源整合较好的管理范围内，信息化项目不是随意可以添加的，而是与范围内的业务总体规划相一致；网络、数据库、应用系统也不应该随心所欲地建设，而是要融合到一个一致的架构中，形成一个业务、技术和管理互相支持、互相促进的整体，并且提升——至少不能破坏——该架构的内在关联，在新的水平上形成一个更和谐的整体。这个过程就是信息资源的不断有序化的过程。二是没有信息的重复采集。人在被信息化“管理”或“服务”时，最不愉快的事情莫过于信息的重复采集。再好的电子政务应用如果要频繁、重复地采集人的信息，它的“好”也要大打折扣。信息的重复采集实际上从一个层面反映了信息化应用背后的信息资源整合程度不高。新加坡在政府信息化上的经验值得我们借鉴。其在设计政府信息化应用时，是以整个国家范围内、整个人或企业的生命周期中避免重复信息采集为重要原则的，即一项信息在所描述对象发生变更之前只进行一次采集，然后在各管理部门按需共享。这是目标导向的、真正完全的“以人为本”。反观我国的电子政务应用，则是在部门化、条块化的“自采自用”基础上发展起来的，然后才全面进入信息资源整合的阶段。三是业务协同顺畅，没有效率瓶颈。信息资源的整合不仅仅是静态信息对象的集中存储和管理，也不仅仅是简单的应用系统之间的集成，而是包含着更广范围内的业务集成和优化。在更高层面上来考察信息化所支撑的业务，如果在业务条块间有“断层”、或者效率上有明显的瓶颈，则说明信息资源整合的程度还不够，还没有把信息处理过程与它所支撑的业务进行紧密的综合。四是形成具有一定开放性的信息化环境，支持动态的系统整合。信息资源整合与单纯的“建大系统”的最大区别，在于后者可以是相对封闭的，而信息资源整合应该具有一定的开放性。整合信息资源是一个长期的过程，随着政务服务重点的转移和服务方式的转变，信息系统之间的联系不是一成不变的。良好的信息资源整合环境应该具有一定的开放性，只要是符合一定的技术标准，就允许根据业务需要，动态、快速、方便地建立信息系统之间的联系，而不需要专门搭建一个新的系统。

信息资源整合表现为不同形式、不同程度以及不同方面，如：建门户网站，实现网上服务的“一站式”；建一个综合办证服务大厅，把一些政务系统终端放到一起，方便群众办事；建设集中式平台，实现数据存储和交换的大集中；对某个部门或领域的信息系统进行统一的规划、改造，实现统一的运营管理等等。根据对信息资源整合“深度”的不同，可以划分为三个层次：第一个层次是“界面”的整合。其特征是：把操作终端、系统链接等“物理”资源都集成到一个大厅里或一个网页上，便于识别和进入，但业务系统之间的衔接和流转还是主要通过人工方式进行；存在大量重复的数据采集，没有实现整个流程的自动化和数字化；这些资源并没有形成服务的“合力”，政务管理或服务活动的效率并没有多少改观。第二个层次是信息和技术的整合。其特征是：运用一些集成技术，实现或部分实现信息的共同采集、集中管理，实现或部分实现网络的互通和信息的数字化、自动化传递，但没有形成有效的全局性支撑平台，对信息资源和业务流程不能进行按需配置和优化；标准化程度不高，没有开放性。第三个层次是全面的整合。其特征是：在特定领域或管理范围内(通常是跨部门的)有总体规划，且与业务、项目、技术、基础设施等实现较好融合；形成了明显的、一致的技术架构；实现信息的无重复采集、充分共享、统一管理和综合利用；有支持面向决策的跨部门、跨系统业务协同与优化的信息化手段；形成基于标准规范体系的开放性平台；支持决策型业务。

近年来，各级政府信息化部门都在积极探索和大力推进信息资源整合，特别是随着云计算、大数据等新一代信息技术的出现，为资源整合工作提供了新的技术支撑。这其中，江西省集约化推进电子政务建设的经验得到了广泛好评(专栏 8-1)。

专栏 8-1

创新机制 集约化推进全省电子政务建设

江西省信息中心主任　金锋

近年来，在国家信息化主管部门的指导下，江西省委、省政府以科学发展观为统领，创新机制，集约化推进全省电子政务建设，取得了一定的成效，走出了一条经济欠发达地区电子政务建设方案优、功能全、效果好、投资省的成功路子。

一、坚持“五统一”原则，规范有序推进电子政务建设

江西省委、省政府高度重视理顺电子政务发展思路，早在 1997 年，针对政务部门网络建设缺乏

规划、各行其是的状况，省委、省政府就明确提出全省电子政务要坚持“统一组织领导、统一规划实施、统一标准规范、统一网络平台、统一安全管理”的“五统一”原则，集中力量建设了全省电子政务统一网络平台，实现了省委、省人大、省政府、省政协和全省党政机关网络互联互通和信息交换共享。

为了充分发挥全省电子政务统一网络平台的作用，制止网络分散重复建设，在具体做法上，江西采取了“堵”与“疏”相结合的办法。“堵”就是从四个方面堵住网络分散重复建设漏洞。一是从领导层面“堵”，江西省委省政府领导形成共识，明确全省只建一个电子政务统一网络平台，不支持各部门分散重复建设广域物理网；二是从项目审批和资金安排方面“堵”，省政府明确要求，凡是分散重复建设的广域网项目，省发改委一律不予批准立项，省财政厅一律不予安排资金；三是从电子政务建设前期工作方面“堵”，省发改委和省信息办联合在项目规划布局方面进行把关，所有电子政务建设项目须由省信息办组织电子政务专家组进行技术论证，在前期工作方面防止网络分散重复建设；四是省政府发文“堵”，省政府多次下发有关文件，明确要求全省各地、各部门都要依托全省电子政务统一网络平台进行业务应用系统建设，已经建设的电子政务业务系统和网络，要逐步迁移到全省电子政务统一网络平台上来，新建的业务系统原则上必须利用统一网络平台。此外，对国家有关部委向下延伸的纵向网络，江西也采取“上面千张网，下面一网通”的方式，利用江西省电子政务统一网络平台，实现国家部委与本省对口部门的网络互联，不搞部门网络分散重复建设。“疏”就是集中力量建成全省电子政务统一网络平台，为省市县三级政务部门提供横向与纵向联网服务。

2004年初，纵向到底、横向到边，覆盖江西省、市、县三级党政机关的全省电子政务统一网络平台（江西省政务信息网）建成开通，网络平台横向连接省委、省人大、省政府、省政协和200多家省直部门，纵向连接11个设区市、109个县（市、区、管委会）党政机关。在统一网络平台上，省市县三级网络分别横向连接本级党委、人大、政府、政协和各直属部门，并实现省市县三级对口部门纵向联网，为全省各级党政机关提供了一个方便快捷、安全可靠的统一电子政务“信息高速公路”。江西成为全国首个电子政务内网和外网同时建设、同时提供服务的省份，率先完成国家电子政务外网江西分中心建设，实现了与国家政务外网的有效对接。江西省电子政务统一网络平台全面建成开通并投入使用以来，一直保持了安全稳定运行，目前全省电子政务统一网络平台已经横向联接234个省直部门和单位，承载了30多个省直部门纵向业务应用系统，如：全省党政机关公文电子传输系统，提高了党政机关公文传输效率，确保了政令畅通；省财政国库集中收付系统，强化了财政收支管理，规范了资金使用行为；省直党政机关密码通信系统，大大提高了密码电报和机要通信的传输效率；全省地税管理信息系统，有效提高了管理效率，堵塞了税收征管漏洞。省政务信息网还承载了省委“民声通道”系统、省政府决策支持系统、省政府应急指挥系统、省军区国防动员系统、省委组织部大组工网系统和全省高级人才信息库系统等一批业务应用系统，全省没有出现分散建设部门广域物理网现象，从根本上制止了网络平台分散重复建设，节省了大量网络建设经费。

在互联网出口服务方面，江西省按照“省市县分级出口、本级政务部门统一出口、集中管理和保障安全”的原则，省、市、县三级政务信息网网管中心分别为各级政务部门提供统一的互联网服务，既有效保障了信息安全，又大大节省了互联网通信费。

二、坚持整合共享，实现电子政务建设又好又快发展

江西省注重创新电子政务发展方式，以整合共享为抓手，努力探索经济欠发达地区电子政务集约型发展道路。

(一)从信息割据转变为整合共享。长期以来，江西政务信息资源存在条块分割的现象，有效共享不足，形成了以地域、专业、部门等为边界的信息孤岛，缺乏信息共享机制与手段，存在重复建设和资源浪费的现象。为推进资源整合，江西按照“集中统一、整合共享、联合协同、安全高效”的总体要求，依托全省政务信息网，统筹规划建设政府信息资源共享目录体系、交换体系和技术标准，着力打造信息共享平台，促进了江西政务信息资源实现有效整合和交流共享。为此，主要抓好了三大工程建设：

一是集中建设全省政府信息公开平台。按照《中华人民共和国政府信息公开条例》要求，依托全省政务信息网统一网络平台，建成开通江西省政府信息公开平台，江西省政府及政府组成部门统一在省政府信息公开平台主动公开和依申请公开政府信息。省政府信息公开平台是在省政府门户网站上建设的集中统一的政府信息公开平台，汇集了全省各设区市、省直各部门的公开信息，各部门不另行建设信息公开平台。政府信息公开主要包括概况信息、法规文件、发展规划、工作动态、人事信息、财经信息、行政执法和公共服务等八大类。人民群众通过江西省人民政府网站，点击政府信息公开专栏，即可享受“一站式”政府信息公开服务，及时、全面获取政府公开信息。同时，还可通过依申请公开程序，获取依申请公开的政府信息。目前，11 个设区市和 62 个省直部门均开展了政府信息公开工作，向社会免费公开政府信息 45.8 万条。

二是集中建设全省社会信用联合征信系统。为加快推进江西社会信用体系建设，营造诚实守信、规范运作的良好市场环境和发展环境，江西省启动建设全省社会信用联合征信系统。该系统联合金融、税务、工商、环保、质监、建设、海关、食品药品监督、劳动保障、国土资源、法院、公安、安全生产、外经贸、检验检疫、中小企业等部门，建设两个平台、一个数据库、一个网站、一个综合评级系统、一套标准规范。两个平台指建立在江西省政务信息网上的统一企业信用信息交换平台和企业信用信息发布查询服务平台；一个数据库指企业信用信息共享数据库；一个网站指“信用江西”网站，提供信用信息查询、披露等网上服务；一个综合评级系统指企业信用综合评级系统；一套标准规范指建立企业信用信息标准、技术标准规范等。江西省政府还制定了《江西省公共信用信息归集和使用暂行办法》，对公共信用信息的归集、依法发布及信息交换共享做出明确规定。

三是集中建设全省统一公共数据交换平台。针对政府各部门信息资源重复开发、形成信息孤岛和信息割据等问题，依托全省信息政务网，建设全省统一的政务数据交换平台，实现全省跨地区、跨部门、异构应用系统、异构数据库之间的数据交换共享。依托统一的数据交换平台，建立和完善全省网上审批、电子监察、公共资源交易、评标专家、人口、法人、宏观经济、自然资源和地理空间、社会信用企业基础数据等公共基础数据库群，为政府科学决策、社会管理和公共服务提供信息服务。

(二)从各自为政转变为联合协同。为了克服电子政务建设中普遍存在的各行其是、各自为政现象，江西省十分重视联合共建、业务协同，明确提出了业务应用系统建设必须坚持“统一网络、统一

软件、统一监察、统一运维”的“四统一”原则。

“统一网络”就是全省电子政务应用系统都必须依托省政务信息网进行建设运行。既可以节省网络建设经费，又可大大提高应用系统建设效率，还有利于实现信息交换共享。

“统一软件”就是在电子政务应用系统建设中，开发统一的应用系统软件，供各级有关部门部署使用。通过统一软件，有利于电子政务应用实现条块结合、上下联动、业务协同、信息共享；有利于节省软件开发经费。

“统一监察”就是建设全省统一电子监察平台，开发一套软件，对全省各地、各部门电子政务进行流程监察；建设一套视频监察系统，对所有服务大厅和服务窗口进行全程监察。

“统一运维”就是依托各级政府信息中心对网络和跨部门业务应用系统进行运行维护。有利于发挥政府信息中心人才和技术优势，为网络和应用系统持续稳定运行提供技术服务。

按照“四统一”的原则，江西建设了全省网上审批和电子监察系统和全省公共资源交易系统。

1. 全省网上审批和电子监察系统。为了实现行政权力公开透明运行，提高行政效能、规范权力运行、强化监督检查，江西省大力推进全省网上审批和电子监察系统建设。在全省市、县行政服务中心，实现一站式服务、一窗式登记、一次性告知、一条龙审批和一单式收费。

2. 全省公共资源交易系统。为了规范全省工程招标、政府采购、产权交易、土地出让等交易行为，江西省按照规范交易流程、统一交易软件、集中进场交易、共享评标专家、全程电子监察的方式，依托全省政务信息网，开发集中统一、功能完备、性能先进的省公共资源交易系统软件，提供给各级公共资源交易中心和专业管理部门使用，有利于提高工作效能，从源头上防止腐败行为。

三、坚持创新机制，营造电子政务发展的良好环境

江西高度重视电子政务发展环境建设，努力从组织体系、建设运维、标准规范、安全保障等方面进行体制机制创新。

（一）建立健全省市县三级完备的电子政务建设和运维组织体系。经过多年的探索和实践，江西省建立健全了电子政务发展组织体系，形成了“党委政府统一领导、主管部门协调推进、监察部门监督检查、信息中心技术支撑”的电子政务推进机制。省政府明确省政务信息网由省市县三级信息中心具体负责建设和运行维护，要求各地必须建立健全组织机构，落实人员编制，保障运行维护资金，切实做到“组织落实、人员落实、任务落实、资金落实”。形成了省市县三级完备的电子政务建设和运维组织体系，为全省电子政务规范有序建设和运行奠定了良好基础。

（二）建立和完善电子政务重大项目规划建设机制。为规范推进江西电子政务建设，江西省及时出台了《江西省电子政务建设项目管理暂行办法》，加强统筹规划，建立和完善全省电子政务重大项目的预审核、立项、招投标、工程监理、验收、评估、审计等工作机制，重大电子政务建设项目必须先规划后立项、先评估后建设，避免出现盲目投资和重复建设。充分发挥信息化专家组的作用，规范项目建设的投资预算，对公共性、基础性的电子政务建设项目实行统一建设；涉及跨地区、跨部门的应用项目，联合共建，确保各相关单位能共享系统和资源。加强电子政务建设项目考核评估、项目审批、绩效考核，加强电子政务建设项目资金的审计和监督，从项目立项审批、招投标、政府采购、监理、验收、评估入手，建立电子政务项目建设管理责任制，并严格执行。建立行之有效的

电子政务建设绩效评估机制，实现全省电子政务建设资金、资源的合理配置，力求以最小的投入产生最大的社会效益和经济效益。

（三）大力推进电子政务管理规章和标准体系建设。按照国家电子政务标准规范，结合江西实际，大力开展电子政务的标准化研究，逐步形成与国际标准和国家标准接轨，适应江西电子政务发展的系统、接口标准体系和技术规范。重点建立信息基础设施建设和管理、信息资源开发利用和管理、信息技术应用、信息安全保障等方面的标准和规范，保障电子政务建设和应用中的互联互通、资源共享、业务协同和安全管理。江西省先后制定颁布了《江西省电子政务数据资源目录》、《江西省政务网站评估指标体系技术规范》、《江西省信息系统工程实施程序与要求》、《江西省计算机信息系统安全保护办法》、《关于在政府网站公开政务信息的若干意见》等一系列电子政务规章和管理办法；编制了《江西省政务信息网联网方案》、《江西省政务信息网 IP 地址分配办法》、《江西省应急指挥标准规范》等电子政务技术标准规范，有效地保障了江西电子政务建设规范有序进行。

（四）建立和完善电子政务信息安全保障体系。坚持积极防御、综合防范，实现全省电子政务与信息安全保障能力协调发展。实行电子政务安全系统与主体工程“同步规划、同步建设、同步发展”的“三同步”原则，优化信息安全资源配置，建立和完善信息安全等级保护制度，重点保护基础信息网络和关系国家安全、经济命脉、社会稳定的重要信息系统。加强密码技术开发利用，成立了 CA 认证中心，推进全省统一的电子认证服务，用“一证通”的方式，解决全省电子政务和电子商务安全认证。加强信息安全风险评估工作，准确把握网络与信息系统的潜在威胁和薄弱环节。建设和完善信息安全监控体系，提高对信息安全事件的防范和应对能力，加强互联网监测和治理，保护信息传输安全，防止有害信息传播。高度重视信息安全应急处置工作，健全完善信息安全应急指挥和安全通报制度，完善信息安全应急处置预案。从实际出发，促进资源共享、互为备份，强化灾难备份建设，加强信息基础设施和重要信息系统抗毁性和灾难恢复能力。加快信息安全人才培养，加强全省信息安全保障体系建设，切实保障信息安全。

当前，为推进政府管理创新，深化政务公开，提高行政效能，强化社会管理和公共服务，加强监督检查，优化发展环境，江西省正按照省委、省政府的决策部署，规划建设一个标准统一、技术先进、功能完备、安全实用的全省电子政务统一大平台，实施“全省政务网乡乡通工程”，将省政务信息网延伸到全省乡镇、街道，采取“一网通”方式，解决全省政务部门面向乡镇的联网需要。为各级党政领导机关科学决策、宏观调控和应急指挥提供服务，为各级政务部门社会管理和公共服务提供服务；对全省行政权力公开透明运行进行实时、动态、全程监察，促进全省电子政务建设迈上一个新台阶，为实现江西科学发展、进位赶超、绿色崛起做出新的更大贡献。

资料来源：金锋．2011．创新机制 集约化推进全省电子政务建设[J]．行政管理改革，(增刊)：66－70.

国家林业局高度重视林业信息资源整合工作。在 2011 年召开的第二届全国林业信息化工作会议上，时任局长贾治邦提出了“统一规划、统一标准、统一制式、统一平台、统一管理”的信息化建设基本原则，为集约、节约推进林业信息化建设指明了方向。国家林业局信息办通过整合局内外网平台，在较短时间内实现了信息化建设和应用水平的大幅提升。辽宁省以“五统一分”(统一领导、统一规划、统一网络、统一平台、统一软件、分级使用)的建设原则，指导全省“数字林业”建设，在短短三年内搭建了统一高效易用的数字林业核心平台，实现了全省技术一体化、业务一体化、数据一体化、服务一体化、决策一体化。湖南省林业厅通过信息资源整合和集约化建设，实现了全省数据的大集中，做到全省林业“一套数”、“一张图”。这些成功实践为集约节约推进林业信息化建设提供了佐证，奠定了基础。

林业信息资源整合是一项系统工程，要提高思想认识，在整合过程中要坚持整体性、科学性、层次性、动态性、经济性等原则。当前和今后一个时期，各级林业部门要按照集约化的理念，着力开展国家林业数据中心和省级林业数据中心建设，建立和完善林业信息资源目录体系与交换体系，促进数据的大集中、共建共享和业务协同。考虑到基层林业部门在信息化资金、人才等方面的不足以及当前工作中已经遇到的实际困难，因此市、县级已建林业数据中心，宜按照所有权和管理权、使用权适度分离的原则，尽快交由省级林业数据中心集中托管，今后原则上不再批准建设新的市、县级林业数据中心，使市、县级工作人员将重点放在用好全省统一开发和部署的业务系统上来。要依托门户网、办公网和涉密网平台，加强系统级林业信息资源整合，促进信息资源管理和利用。要按照“平台上移、应用下移”的建设理念，国家和省级林业主管部门应加强现有应用系统的整合优化和新建应用系统的统一开发，有效规避低水平和重复建设而造成的投资浪费，市、县级林业主管部门按使用权限应用各类业务系统，支撑各类林业业务开展。要按照《“十二五”国家政务信息化工程建设规划》等文件的要求，把建设一些跨部门、有明确业务需求和信息共享需求的应用系统作为突破点，因为这是进行信息资源整合最集中、最“实在”的着眼点。

(二)改革项目管理促进资源共享。《2006～2020年国家信息化发展战略》在“电子政务行动计划”一节提出：“建立电子政务规划、预算、审批、评估综合协调机制。加强电子政务建设资金投入的审计和监督。明确已建、在建及新建项目的关系和业务衔接，逐步形成统一规范的电子政务财政预算、基本建设、运行、维护管理制度和绩效评估制度。”国务院以及国家发展改革委、工业和信息化部、科技部等，在相关文件中也提出了具体要求。这些为我们不断深化信息化项目管理改革指明了方向(专栏8-2、8-3)。

专栏8-2

关于进一步加强政务部门信息共享建设管理的指导意见

发改高技〔2013〕733号

中央和国家机关各部委，各省、自治区、直辖市及计划单列市、新疆生产建设兵团发展改革委、编办、工业和信息化主管部门、财政厅、审计厅、质量技术监督局、密码局，各直属检验检疫局，各级政务内网建设和运维管理单位：

我国政务信息化建设取得实质性进展，已进入全面推进、深化应用的新阶段。为更好地适应新时期新形势下经济社会发展的客观需求，各政务部门迫切需要利用信息化手段，多渠道快速准确地获取和共享信息，切实提升宏观决策、监测分析、应急处置和公共服务能力，政务信息共享已成为政务部门有效规范经济社会秩序，加强和创新社会管理，优化公共资源配置，促进经济社会健康发展的紧迫任务。

为贯彻落实《国民经济和社会发展"十二五"规划纲要》"实现重要政务信息系统互联互通、信息共享和业务协同"的要求，进一步促进政务信息共享，提升政务效能，提高投资效益，现提出以下意见。

一、推进信息共享的总体要求

根据《"十二五"国家政务信息化工程建设规划》部署的建设任务，重点推进政务信息资源、信息共享基础设施和相关技术条件建设，完善信息共享标准规范，建立健全政务信息共享机制，强化部门协同配合，严格工程项目管理。通过国家电子政务工程建设，实现国家信息资源库的基础信息在政务部门间的普遍共享，实现国家信息资源库和重要信息系统的业务信息在相关政务部门间的协议共享，基本满足各部门履行职能的实际业务需求，充分发挥国家政务信息化促进服务型政府建设，提高依法行政能力，提升社会管理科学化水平的积极作用。

国家电子政务工程应严格按照本意见在项目需求分析、项目建议、可行性研究、初步设计和投资概算等环节，切实落实信息共享有关要求，对于不支持信息共享和业务协同的项目，项目审批部门将不予审批。

二、实现信息共享的基本原则

（一）目标导向，按需共享。按照国家电子政务工程确定的建设目标，根据政务部门履行职能和解决社会问题的实际业务需求，确定共享信息的范围和内容，切实实现信息共享。

（二）规范建设，保证质量。政务部门要按照一数一源、多元校核、动态更新的要求，采集和处理各类政务信息，确保共享信息的真实性、准确性和时效性。

（三）强化管理，授权使用。政务部门要依据职能分工，将本部门建设管理的信息资源，授权需要该信息资源的政务部门无偿使用。共享部门要按授权范围合理使用共享信息，国家秘密的知悉范围，应当根据工作需要限定在最小范围。

（四）明确责任，保障安全。按照保守秘密、维护权益的要求，政务部门间信息共享各方须承担共享信息的安全保密责任和相应法律责任，确保共享信息的安全。

三、明确信息共享的范围和方式

人口、法人单位和空间地理等国家信息资源库中有关名称、编码等具有标识性和基准性特征的基础信息，应在所有政务部门间共享使用。国家信息资源库和重要信息系统工程中反映政务部门职能领域变化发展和具体工作过程动态的业务信息，应以双边或多边协议的形式在相关政务部门间共享使用。

基础信息和业务信息中客观呈现经济社会运行变化和政府公共管理过程的痕迹信息、主观判定公共管理对象实际情况和政务业务工作效果的状态信息，以及公共管理制度政策和业务工作规范等相关政务信息，应依据履行职能的具体需求，以查询、交换和发布等方式在政务部门间共享使用。

四、发挥信息共享基础设施的支撑作用

充分利用国家电子政务内网、外网和互联网，以及国家信息资源库和有关领域的信息共享基础设施，为政务信息共享提供信息查询、交换和发布等公共服务。依托国家电子政务网络信任设施，利用有关部门和地方已建电子认证系统，为政务信息共享提供身份认证、授权管理和责任认定等安全服务。

五、制定完善信息共享标准规范

在已有国家相关标准的基础上，结合国家电子政务工程建设，进一步建立健全公共基础信息和重要共享信息的关键技术标准，以及查询、交换和访问授权等信息共享方式的标准规范，形成统一完善的国家政务信息共享标准规范体系。政务部门在国家电子政务工程项目建设中，应切实采用相关国家标准规范，保障国家电子政务工程项目业务数据输出格式的一致性和兼容性。

六、加强信息共享工作的组织领导

政务部门“一把手”要加强对信息共享工作的领导，确定部门信息共享工作的责任单位，以及相关业务司局、信息化支撑单位和保密工作单位在信息共享工作中的具体职责，信息共享工作的责任单位应牵头落实部门内部、外部，以及本部门中央与地方之间的信息共享需求，明确共享信息的基本内容，协调落实与其他部门间信息共享的长效机制，确保实现政务信息共享。

七、强化信息资源和信息共享技术条件的建设

政务部门应统筹规划本部门的内部和外部、中央和地方相互间需要共享的信息资源，有效汇聚本部门中央和地方的相关信息资源，在本部门的工程项目中落实信息统一管理、统一查询、访问控制等支持信息共享技术条件的建设，为有效支撑本部门的业务应用和实现跨部门跨区域的信息共享奠定基础。

八、建立完善跨部门信息共享的保障机制

国家电子政务工程项目的牵头建设部门和单位，应会同该工程项目的相关建设部门和单位，共同建立信息共享的跨部门协调机制。在工程建设前期阶段，以联合发文或签署信息共享协议等方式，共同确定共享信息的名称、内容、质量、数量、更新频度、授权使用范围和使用方式、共享期限、共享依据、实现进度等事项，有关文件和协议作为项目建议书或可行性研究报告的附件，报项目审批部门。在项目建成运行使用阶段，应根据业务需求变化情况，及时调整、补充和完善信息共享授

权范围，形成信息共享长效机制，持续保障信息共享。

九、工程立项阶段切实落实信息共享需求

项目建设部门应在工程项目建议书(包括项目需求分析报告)中，专门分析部门内部、外部，以及本部门中央和地方之间的信息共享需求，列出共享信息目录，明确部门内部和外部以及本部门中央和地方之间的共享信息内容并征求各相关部门意见；在可行性研究报告中进一步细化共享信息目录，明确共享信息数据的字段、格式、技术接口、加工处理方法和信息可追溯的技术要求等。共享信息目录作为项目建议书和可行性研究报告的附件，报项目审批部门。

十、工程项目管理中严格落实信息共享要求

项目评审机构要将信息共享内容作为国家电子政务工程项目建议书、可行性研究报告和初步设计方案的评审重点，对信息共享协议、共享信息目录、信息共享基础设施利用、部门信息资源汇聚和信息共享技术条件等方面的落实情况进行重点评审，并做出明确判断。

项目审批部门对没有提供信息共享协议和共享信息目录，以及在工程项目的项目建议书(包括项目需求分析报告)和可行性研究报告等申请材料中未专门分析信息共享需求的项目申请不予受理，对信息共享协议和项目申请材料中有关内容不满足相关部门信息共享需求的项目不予审批。

十一、加强信息共享建设成效的监督管理

项目审批部门要将信息共享作为项目绩效管理和验收的重要内容，对未达到信息共享要求的，不予通过项目验收，并限期整改。监察、审计会同有关部门，加强对信息共享相关工作的监督。对项目投入使用后未持续保障信息共享的，财政部门要削减相应的运维经费。

十二、组织开展政务信息共享的试点示范

围绕通过信息共享优化公共服务、创新社会管理、促进依法行政等方面，重点推进跨部门、跨地域、跨层级的政务信息共享和业务协同，通过创建政务信息共享国家示范省市，实施跨部门跨区域信息共享和信息共享基础设施服务等专项，开展政务信息共享的试点示范。鼓励利用云计算、物联网、移动互联网、大数据管理等新技术，推进信息共享相关标准规范的试点应用，探索政务信息动态采集汇聚、计算分析和共享服务的新模式，为全面促进政务信息共享积累经验。

国家发展改革委　中编办
工业和信息化部　财政部
审计署　质检总局
国家电子政务内网协调小组办公室
2013 年 4 月 12 日

资料来源：温战强，房桂喜，杨道玲．2013．信息化法规政策选编．北京：中国林业出版社．

专栏 8-3

关于加强和完善国家电子政务工程建设管理的意见

发改高技〔2013〕266 号

中央和国家机关各部委、直属机构，各省、自治区、直辖市及计划单列市、新疆生产建设兵团发展改革委：

为贯彻落实《“十二五”国家政务信息化工程建设规划》（以下简称《规划》），规范国家电子政务工程建设，加强国家电子政务工程建设项目（以下简称“电子政务项目”，主要指国家统一电子政务网络、国家基础信息资源库、国家网络与信息安全基础设施、重点业务信息系统、政府数据中心以及电子政务相关支撑体系等使用中央财政性资金建设的政务信息化工程建设项目）的管理，促进政府信息共享和业务协同，提高投资效益，现提出如下意见。

一、电子政务项目建设的思路和原则

（一）电子政务建设思路要实现三个转变。一是在建设目标上，要从过去注重业务流程电子化、提高办公效率，向更加注重支撑部门履行职能、提高政务效能、有效解决社会问题转变；二是在建设方式上，要从部门独立建设、自成体系，向跨部门跨区域的协同互动和资源共享转变；三是在系统模式上，要从粗放离散的模式，向集约整合的模式转变，确保电子政务项目的可持续发展。

（二）电子政务项目建设要坚持三个原则。一是解决社会问题的原则，电子政务项目建设内容的确定，要以解决广大人民群众最关心最直接最现实的利益问题为出发点，以服务公众为落脚点，加快促进政府职能转变；二是提升政务部门信息能力的原则，要充分利用信息化手段，提升政务部门宏观调控、市场调节、社会管理和公共服务的能力，切实发挥电子政务支撑政务部门履行职能的作用；三是注重顶层设计的原则，要推进部门间的互联互通、业务协同和信息共享，发挥电子政务项目促进多部门协同解决经济社会问题的作用，避免重复投资、重复建设，发挥投资效益。

二、强化电子政务项目“一把手”负责制

（一）落实电子政务项目建设的责任机制。项目建设部门的“一把手”，应按照“三个转变”的建设思路，强化责任机制，有效落实顶层设计的思想，强化需求分析工作的指导，推动业务流程优化和业务模式创新，促进部门内部和部门之间的信息共享和业务协同，加强电子政务项目全过程的统筹指导，切实保障电子政务项目的建设实效。

（二）加强电子政务项目跨部门统筹协调。涉及多部门建设的电子政务项目，应建立跨部门统筹协调机制。项目牵头部门应会同共建部门，基于《规划》提出的建设目标和任务，细化项目体系架构，明确具体建设任务，确定部门间的业务协同关系和信息共享需求，落实共建部门的建设范围和责任义务。项目建成后，应进一步完善跨部门的共享共用机制，保障部门间的业务协同和信息共享，切实提高投资效益。

三、统筹推进电子政务共建项目的建设

(一)中央跨部门共建项目应统筹建设方案整体推进。对于多个部门共建的电子政务项目，应由项目牵头部门会同共建部门，共同研究形成项目体系架构和建设方案，各共建部门应按照已明确的建设任务，深入开展需求分析，确定具体建设目标和建设内容，细化建设方案。项目牵头部门会同共建部门完成项目整体立项的项目建议书，报国家发展改革委审批立项。

项目整体立项批复后，各共建部门应依据立项批复编制可行性研究报告，报国家发展改革委审批。对于整体立项后，需要相关部门分别编制可行性研究报告的电子政务项目，应由项目牵头部门对共建部门的可行性研究报告分别提出审查意见，并按照整体立项的统一要求，做好共建项目的统筹协调，确保项目建设发挥实效。

各共建部门在可行性研究阶段，应严格按照《国家电子政务工程建设项目管理暂行办法》(国家发展改革委令2007年第55号，以下简称“55号令”)有关要求开展相关工作，并做好以下几方面工作：

1. 按照国家发展改革委《固定资产投资项目节能评估和审查暂行办法》(国家发展改革委令2010年第6号)的有关规定，做好该项目的节能评估工作，并单独形成节能评估文件与可行性研究报告一并报国家发展改革委。

2. 按照《中华人民共和国招标投标法实施条例》、《中华人民共和国招标投标法》、《工程建设项目可行性研究报告增加招标内容和核准招标事项暂行规定》(国家发展计划委令2001年第9号)等有关规定，在编写招标内容的同时填写招标基本情况表，对不列入招标范围的具体项目及自行招标、邀请招标等依据和理由做出说明，并与项目可行性研究报告一并报国家发展改革委。

3. 按照《国家发展改革委重大固定资产投资项目社会稳定风险评估管理办法》(发改投资〔2012〕2494号)的有关规定，做好项目的社会稳定风险评估工作，社会稳定风险分析应作为项目可行性研究报告的重要内容并设独立篇章。向国家发展改革委报送项目可行性研究报告的申报文件中，应当包含对该项目社会稳定风险评估报告的意见，并附社会稳定风险评估报告。

4. 涉及土建工程的项目，按照国家有关规定，做好项目建设的用地预审、规划选址、环境影响评价等工作。

(二)中央和地方共建项目应统一规划整体立项。中央有关部门要加强对中央和地方共建电子政务项目的总体规划，统筹制定信息共享和业务协同的标准规范，做好对地方建设部分的指导工作，并组织地方共同开展项目需求分析和方案设计，地方有关部门应做好所建项目与本地区已有项目以及电子政务相关规划的衔接，并就涉及本地区的建设内容和投资规模等提前征求地方项目审批部门意见，地方项目审批部门应结合本地实际情况出具资金承诺函。地方资金承诺函应与整体立项的项目建议书一并报国家发展改革委审批。

中央部门和地方部门应依据立项批复，分别编制可行性研究报告，并报同级项目审批部门审批。涉及中央补助资金的地方项目，按《中央预算内投资补助和贴息项目管理暂行办法》(国家发展改革委令2005年第31号)第七条有关规定执行。可行性研究报告应包含节能、招投标、社会稳定风险评估等内容，具体按国家有关规定执行。

各地方在确保完成项目整体立项确定的建设目标和建设任务的前提下，在测算中央补助资金时确定的基本配置的基础上，可根据地方实际情况，优化调整具体建设内容和建设规模，具体请按55号令执行。

四、充分重视电子政务项目的需求分析

（一）强化电子政务项目需求分析工作。在立项准备阶段，各项目建设部门应按照55号令，以及需求分析报告编制的有关要求，自行或与委托的专业咨询机构共同开展项目的需求分析工作，注重需求分析工作的基础性、适用性和指导性。

需求分析的经费计入项目总投资，其构成主要包括政务业务和系统结构的基础调研、量化分析、论证咨询、需求分析报告编制和专家评议等。需求分析有关经费可在项目建设的前期工作费、设计费和预备费中列支。

（二）发挥项目建设部门业务司局的主导作用。应充分发挥项目建设部门业务司局在需求分析工作中的主导作用，信息化支撑单位应加强与业务司局的协调配合，并做好技术支撑保障。

需求分析工作应基于项目建设部门的核心职能，重点研究分析所面临的社会问题，以及急需解决的社会问题，合理确定项目的政务目标，创新行政运行机制、优化业务流程，科学组织信息资源、优化系统结构。在此基础上，形成项目需求分析报告。

（三）明确需求分析工作的基础地位。项目建设部门完成项目需求分析报告后，应由国家发展改革委组织的专家组对其进行评议。专家组的评议意见，作为国家发展改革委审批项目建议书或可行性研究报告的重要参考。

项目建设部门应按照专家组评议通过的项目需求分析报告，组织编制项目建议书或可行性研究报告。

评估和评审机构在评估项目建议书、可行性研究报告及评审初步设计和投资概算的过程中，应将专家组评议通过的需求分析报告作为项目评估和评审的重要参考。

五、人力推进跨部门信息共享

（一）严格落实信息共享需求。项目建设部门在项目建议书（包括需求分析报告）和可行性研究报告编制中，应专门分析部门内部、外部，以及本部门中央和地方之间的信息共享需求，列出信息共享目录，信息共享目录应包含共享数据的字段、格式、技术接口、加工处理方法和信息可追溯的技术要求等。信息共享目录作为项目建议书和可行性研究报告的附件，报项目审批部门。

（二）发挥国家电子政务网络支撑作用。项目建设部门必须充分利用国家电子政务网络开展电子政务项目建设。项目建设部门应根据业务需求，将涉及国家秘密的机密级及以下的业务系统部署在国家电子政务内网上，将非涉及国家秘密的业务信息系统部署在国家电子政务外网上。现有部门专网承载的涉及国家秘密的业务信息系统和非涉及国家秘密的业务信息系统要分别逐步迁移到国家电子政务内网和国家电子政务外网上来。国家原则上不再审批新建部门专网，具体要求按《关于进一步加强国家电子政务网络建设和应用工作的通知》（发改高技〔2012〕1986号）执行。

六、加强电子政务项目的质量管理

（一）严格电子政务项目的立项审批。对于需求分析不够清晰完整、不支持信息共享和业务协同，以及项目建议书、可行性研究报告、初步设计和投资概算中未落实需求分析设定的目标和相关要求的项目，国家发展改革委不予审批。

（二）完善电子政务项目的全过程管理。按照《国家发展改革委关于进一步加强国家电子政务工程建设项目管理的通知》（发改高技〔2008〕2544号，以下简称“2544号文件”）的要求，强化项目建设部门对项目建设情况的信息通报制度。严格项目概算调整的管理，项目建设部门必须按照批复的初步设计和投资概算实施项目建设。主要建设内容或投资概算确需调整的，必须报原项目审批部门批准。按照2544号文件有关规定可自行审批调整的，应将调整批复文件报原项目审批部门备案。要加强对电子政务项目的监理，提升项目建设质量。按《国家电子政务工程建设项目档案管理暂行办法》（档发〔2008〕3号）的要求，加强电子政务项目档案管理工作，同步推进电子化档案管理。在验收和后评价工作中，应加强对电子政务项目的绩效评价，切实保障项目建设取得实效。

（三）保障电子政务项目建设所需资金。中央和地方共建项目按照统筹规划、分级建设的原则，根据中央和地方的事权划分，确定相应的建设内容和建设运维资金。建设资金列入同级政府固定资产投资，运维经费列入同级财政预算。国家对西部地区和东、中部欠发达地区的中央和地方共建项目按照基本配置予以适当补助。其中，对新疆生产建设兵团、南疆三地州、西藏及四省藏区全额补助，对西部地区以及比照西部大开发政策的东、中部地区原则上补助20%，有国家特殊政策的，按相关政策执行。补助资金通过中央政府固定资产投资安排解决。项目所需建设资金和运维经费要及时到位，以确保项目建设的顺利实施和信息系统的可靠运行。

七、保障电子政务项目安全可控

（一）统一使用国家网络信任服务设施。部署在国家电子政务内网上的业务应用要统一使用电子政务内网平台提供的符合保密要求的信任服务设施。部署在国家电子政务外网上的业务应用要统一使用电子政务外网平台提供的信任服务设施。已建和新建的电子政务项目，有关部门要按照国家电子政务网络信任体系建设的总体要求，建设相应的信任服务系统，同步使用国家电子政务内网和国家电子政务外网平台提供的信任服务设施，实现基于国家电子政务内网和国家电子政务外网的跨部门、跨区域业务应用。

（二）加强信息系统分级保护和等级保护。根据国家关于涉密信息系统分级保护和非涉密信息系统信息安全等级保护的规定，项目建设部门在电子政务项目的需求分析报告和建设方案中，应同步落实分级保护和等级保护的相关要求，形成与业务应用紧密结合、技术上安全可控的信息安全和保密解决方案。项目建成后试运行期间，项目建设部门应组织开展信息安全风险评估，具体要求按《关于加强国家电子政务工程建设项目信息安全风险评估工作的通知》（发改高技〔2008〕2071号）执行。涉密信息系统投入使用前应经保密行政管理部门审查批准。

（三）积极采用安全可控信息技术和产品。在项目建设中，从技术方案到招标采购，尤其是核心网络设备、基础软硬件产品、信息安全装备等关键技术和产品的采用，均应达到安全可控要求。项目软硬件产品的采用情况将作为项目验收的重要内容。

八、推动电子政务项目建设改革创新

(一)创新电子政务项目建设运维模式。项目建设部门应积极采用服务外包、项目代建等专业化和市场化方式，探索项目建设和运维的新机制、新模式，合理控制和降低建设与运维成本，提升专业化水平和服务质量，确保重要信息系统的安全可靠运行。

(二)推进新技术在电子政务项目中的应用。鼓励在电子政务项目中采用物联网、云计算、大数据、下一代互联网、绿色节能、模拟仿真等新技术，推动新技术在电子政务项目建设中的广泛应用，进一步提高政务信息化资源利用效率，深化业务应用，扩大服务范围，提升服务质量，为创新电子政务发展模式，提升电子政务效能积累经验。

(三)加强对《规划》实施的有效督促。项目审批部门要对《规划》实施的进展情况跟踪分析，并及时进行总结和评价。项目投入运行后，应组织专家或委托相关机构开展项目审计、监督和绩效评价。对未实现效能目标或未达到预期效果的，项目建设部门要限期整改。对拒不整改或整改后仍不符合要求的，有关部门可对其进行通报批评，并将有关情况和评价结果向国务院报告。项目实施情况和取得的成效，将作为“中国信息化成果评选”的重要参考。

(四)加强国家网络与信息安全基础设施建设管理。根据《规划》的部署，项目审批部门要会同国家网络与信息安全基础设施(以下简称“信息安全设施”)建设部门，按照设施共建、资源共享、业务协同的原则，加强对信息安全设施建设目标、思路、建设布局和系统框架的研究。按照“中央侧中央投资，地方侧地方投资，企业侧企业投资”的方式，组织中央和地方相关部门及相关企业，共同推动信息安全设施建设。信息安全设施的项目建设管理等有关要求，具体参照本意见执行。

国家发展改革委

2013 年 2 月 16 日

资料来源：温战强，房桂喜，杨道玲．2013．信息化法规政策选编．北京：中国林业出版社．

规避低水平和重复建设，实现林业投资效益最大化和林业信息资源整合共享目标的关键，在于改革现行林业建设项目管理制度，优化项目立项、实施、验收、后评估等管理程序。对计划财务和信息化主管部门来说，在注重全流程管理的基础上，重点是抓好“两头”——项目立项和项目竣工验收两个环节。

要加强统一规划，严格把项目立项关。要把充分发挥现有场所和信息化资源功能，切实避免重复建设和投资浪费作为编制林业发展规划和建设项目的重要原则。计划财务和信息化部门要按照这一原则，审查有关文本。以建设项目申报文本为例，重点要审查三个方面：一是“有没有”。在建设项目(包括纯信息化项目和其他林业建设项目)中应该不应该有信息化的建设任务，申报文本中写没写。二是“合理不合理”或是“写没写到位”。在申报文本中已经有信息化建设任务的情况下，看信息化建设内容、建设方案和建设投资等的编写是否科学合理。三是“共享范围是否明确”。信息化建设任务完成后会形成哪些信息基础设施、哪些数据资源，这些信息资源交给哪个部门管理维护，还可以为哪些林业部门甚至相关行业共享利用。这些内容是否在项目申报文本中已经明确，要认真审查。如果这三个方面都写到位了，则满足立项的基本要求。至于在项目实施过程中，除了自己牵头开展建设外，信息化主管部门主要是起到指导作用即可。

项目竣工验收阶段是第二个关键环节。这时信息化主管部门要会同计财部门一起开展工作，重点是围绕上述三个方面进行验收。即看建设任务是否圆满完成，系统运行是否稳定，需要共享的信息资源是否已纳入统一管理和维护。在此基础上，信息化主管部门要按照业务部门确定的信息资源共享范围和程序，做好技术支持工作。至于在项目后评估中，信息化主管部门主要是提供职责内的配合工作即可。

第九章　加强网站群建设和信息资源开发

政府网站是我国各级政府机关履行政务职能、面向社会提供服务的官方网站，是政府机关实现政务信息公开、服务企业和社会公众、互动交流的重要渠道。近年来，林业政府网站发展迅速，已经摆脱了被动落后的局面，在提高行政效能、提升政府公信力等方面发挥了重要作用，但仍存在信息公开不够及时、信息发布不够规范、在线办事能力不强、互动交流不够活跃、数据挖掘比较滞后等问题。为进一步促进林业政府网站发展，支撑生态林业民生林业建设，必须按照智慧林业建设的总体部署，加强统筹规划，完善政策制度，创新发展模式，发挥市场作用，着力提升林业政府网站的集群效应，大力深化数据挖掘和信息服务，积极发展林业电子商务。

一、提升政府网站的集群效应

当前，政府网站已经成为各级人民政府及其部门发布政务信息、提供在线服务、进行政民互动的重要平台和窗口，在提高行政效能、提升政府公信力等方面发挥了重要作用。依托中国林业网，科学有序地推进林业政府网站群建设，是林业信息化的一项长期重点工作。

(一)加强统筹规划和组织协调。我国政府网站建设始于20世纪90年代初的“三金工程”(金桥、金关和金卡)，而真正大规模快速发展还要从1999年的“政府上网工程”算起。经过10余年的建设，政府网站在不断探索中前进，在持续发展中成长，已经具有很大规模和影响力。

网站群模式是当前政府网站建设的一种主流模式。按照百度百科给出的定义，网站群是由统一规划建设的若干个能够相互共享信息、按照一定的隶属关系组织在一起，既可以统一管理，也可以独立管理自成体系的网站集合。1998年，北京市政府首先提出了网站群的建设模式，并基于该模式陆续开通了“首都之窗”中心站点和全市各级机关分站点。当然，这时候的中心站点和分站点还主要是一种“松耦合”的关系，“紧耦合”的“首都之窗”网站群在此后的数年中不断得到发展壮大。2003年，商务部在广泛调查研究的基础上，结合自身特点，提出了“单位建站、网站组栏、维护到处、数据入库、内容到县”的网站群建设管理模式。此后，网站群模式逐渐被大家所熟悉，并在包括国家林业局在内的国家部委和地方政府网站建设中得到推广。多年的实践证明，网站群模式是一个符合我国国情的建设模式，它有利于整合资源、节约投资、增进融合、推进共享，能够有效解决以往集中建站存在的两个主要矛盾：一是各单位报送信息量大和网站主管单位审核能力过小之间的矛盾；二是公众信息需求量不断增大和网站发布信息量太小之间的矛盾。

在“政府上网工程”的推动下，国家林业局于2000年开通了门户网站，掀开了林业政府网站建设的序幕。以2009年首届全国林业信息化工作会议为标志，林业政府网站建设进入了快速发展的轨道。目前，以中国林业网(国家林业局政府网、国家生态网)为主站，以各司局各直属单位、各省林业部门网站为子站的网站群规模已经达到2000多个，影响力日益扩大。其未来的发展目标是，通过实施中国林业网站群扩建和智慧化提升工程，努力打造规模最大、效率最高、影响最强的一流政府网站。这对林业信息人来说，既是一次重大机遇，也是一场严峻挑战。

中国林业网站群建设覆盖面广、涉及单位多、专业性强，必须统筹规划、加强领导、有序推进。一要编制专项规划。要调查摸底林业网站(包括外网网站和内网网站)的建设现状和实际需求，在此基础上，以历届全国林业信息化工作会议精神和《全国林业信息化建设纲要(2008～2020年)》、《国家林业局关于进一步加快林业信息化发展的指导意见》、《中国智慧林业发展指导意见》等为指导，编制中国林业网站群建设专项规划，完善网站群顶层设计。要把内网网站建设一并纳入专项规划统筹安排。规划要坚持突出重点、强化整合、分步实施等原则，即以各级林业主管部门网站建设为重点，带动其他林业部门和各类林业专题网站建设；将资源整合贯穿于网站建设的各方面和全过程，以整合促建设，以建设促整合，促进信息共享和业务协同；以国家和省级林业门户网站、内网网站建设为优先，其次是省以下林业政府网站建设，再次是其他林业部门和各类林业专题网站建设。二要强调协同建设。各级林业主管部门要加强对网站群建设工作的组织领导，认真落实分级负责制和会商协调机制，把专项规划确定的建设任务纳入本级林业发展规划和年度工作计划，上下联动，左右协同，相互借鉴，共同打造纵向到底、横向到边、集林业政府网站和林业专题网站于一体的中国林业网站群，向社会公众展示一个一站式的、完整的“中国林业”形象。要充分发挥中国林业网编辑委员会的组织协调作用。要强化“单位建站、网站组栏”工作机制，有效解决目前网站存在的建设与业务工作两张皮的问题，以及不同单位同类信息的汇集问题。要秉持小外网、大内网的建设理念，协同推进内外网网站建设，省级林业办公网要逐步覆盖辖区内各级用户，并实现与国家林业局办公网的互联互通，在确保信息安全的前提下逐步扩大移动办公使用范围。三要应用先进技术。要统筹应用安全智能表单、数据库、SOA、云计算、物联网、移动互联网、大数据、IPv6、虚拟现实、网站群管理、无障碍访问等先进信息技术以及微博、微信等自媒体技术，按照统一的标准、统一的架构、统一的平台打造“紧耦合”的网站群，提高网站群建设和管理水平。四要加强督查指导。国家林业局信息办要会同有关部门，加强对林业政府网站、内网网站以及政务微博微信等平台建设和管理工作的督查与指导，进一步完善相关措施和管理办法，加强工作考核，加大问责力度，定期通报有关情况，切实解决存在的突出问题，确保平台建设和机制建设的各项工作落实到位。

（二）强化内容保障和绩效评估。内容是网站的灵魂，是网民访问网站的动力，是搜索引擎收录的准则，是扩大网站影响的关键。做好内容保障工作，是一个网站能够持续长久发展的唯一途径。党中央、国务院高度重视政府网站的内容建设，在《中共中央办公厅 国务院办公厅印发关于深化政务公开加强政务服务的意见的通知》（中办发〔2011〕22 号）、《国务院关于加强法制政府建设的意见》（国发〔2010〕33 号）、《国务院办公厅关于进一步加强政府信息公开回应社会关切提升政府公信力的意见》（国办发〔2013〕100 号）、《国务院办公厅关于印发当前政府信息公开重点工作安排的通知》（国办发〔2013〕73 号）、《国务院办公厅关于进一步加强政府网站管理工作的通知》（国办函〔2011〕40 号）等一系列重要文件中，都对做好政府网站内容保障工作、充分发挥政府网站作用提出了明确要求（专栏 9-1、9-2、9-3）。因此，中国林业网站群务必要把强化内容保障作为网站发展的生命线和永恒主题。

专栏 9-1

中共中央办公厅　国务院办公厅印发
《关于深化政务公开加强政务服务的意见》的通知

中办发〔2011〕22 号

各省、自治区、直辖市党委和人民政府，中央和国家机关各部委，军委总政治部，各人民团体：

《关于深化政务公开加强政务服务的意见》已经中央同意，现印发给你们，请结合实际认真贯彻执行。

中共中央办公厅　国务院办公厅

二〇一一年六月八日

关于深化政务公开加强政务服务的意见

为深入贯彻落实党的十七大和十七届三中、四中、五中全会精神，促进服务政府、责任政府、法治政府、廉洁政府建设，提高依法行政和政务服务水平，现就深化政务公开、加强政务服务提出如下意见。

一、深化政务公开、加强政务服务的重要性和总体要求

1. 深化政务公开、加强政务服务的重要性。深化政务公开、加强政务服务，对于推进行政体制改革、加强对行政权力监督制约、从源头上防治腐败和提供高效便民服务，都具有重要意义。党的十六大以来，在党中央、国务院坚强领导下，政务公开不断深化，政府信息公开、行政权力公开透明运行、公共企事业单位办事公开全方位推进，政务(行政)服务中心(以下简称服务中心)发展迅速，服务群众功能不断完善。但是，工作中也还存在一些问题，主要是：政务公开方面，有的存在重形式轻内容现象，有的公开内容不全面、程序不规范，有的不能妥善处理信息公开与保守秘密的关系，政府信息共享机制不够健全；政务服务方面，服务体系建设不够完善，服务中心运行缺乏明确规范，公开办理的行政审批和服务事项不能满足群众需求等。各地区各部门要高度重视解决这些问题，坚持保障人民群众的知情权和监督权，加大推进政务公开力度，把公开透明的要求贯穿于政务服务各个环节，以公开促进政务服务水平的提高，创造条件保障人民群众更好地了解和监督政府工作。

2. 深化政务公开、加强政务服务的总体要求。要以邓小平理论和“三个代表”重要思想为指导，深入贯彻落实科学发展观，坚持以人为本、执政为民，坚持围绕中心、服务大局，按照深化行政体制改革的要求，转变政府职能，推进行政权力运行程序化和公开透明；按照公开为原则、不公开为例外的要求，及时、准确、全面公开群众普遍关心、涉及群众切身利益的政府信息；按照便民利民的要求，进一步改进政务服务，提高行政效能，推进政务服务体系建设，为人民群众提供优质便捷高效服务。

二、以改革创新精神深化政务公开工作

3. 创新政务公开方式方法。坚持方便群众知情、便于群众监督的原则，拓宽工作领域，深化公开内容，丰富公开形式，促进政府自身建设和管理创新。坚持区别情况、分类指导，提高政务公开的针对性和有效性。坚持创新载体、完善制度，实现政务公开的规范化、标准化。坚持问政于民、问需于民、问计于民，依靠群众积极支持和广泛参与，畅通政府和群众互动渠道，切实提高政务公开的社会效益。

4. 推行行政决策公开。坚持依法科学民主决策，建立健全体现以人为本、执政为民要求的决策机制，逐步扩大行政决策公开的领域和范围，推进行政决策过程和结果公开。凡涉及群众切身利益的重要改革方案、重大政策措施、重点工程项目，在决策前要广泛征求群众意见，并以适当方式反馈或者公布意见采纳情况。完善重大行政决策程序规则，把公众参与、专家论证、风险评估、合法性审查和集体讨论决定作为必经程序加以规范，增强公共政策制定透明度和公众参与度。

5. 推进行政权力公开透明运行。坚持依法行使权力，积极推进行政权力运行程序化和公开透明，确保行政机关和公务员严格依照法律规定的权限履职尽责。按照职权法定、程序合法的要求，依法梳理审核行政职权，编制行政职权目录，明确行使权力的主体、依据、运行程序和监督措施等，并向社会公布。严格规范行政裁量权行使，细化、量化裁量基准，公开裁量范围、种类和幅度。重点公开行政机关在实施行政许可、行政处罚、行政收费、行政征收等执法活动中履行职责情况，积

极探索执法投诉和执法结果公开制度。

6. 加大行政审批公开力度。公布本地区本部门不涉及国家秘密、商业秘密和个人隐私的行政审批项目目录，继续清理、调整和减少行政审批事项。没有法律法规依据，行政机关不得设置或变相设置行政许可事项和非行政许可审批事项。进一步减少审批事项，优化工作流程，公开办理程序，强化过程监控，建立行政审批事项的动态管理制度。逐步依法将审批职能和审批事项集中到服务中心公开办理，建立健全决策、执行、监督相互协调又相互制约的运行机制。

7. 深入实施政府信息公开条例。各级行政机关要严格执行政府信息公开条例，主动、及时、准确公开财政预算决算、重大建设项目批准和实施、社会公益事业建设等领域的政府信息。各级政府财政总预算和总决算，部门预算和决算，以及政府性基金、国有资本经营等方面的预算和决算，都要向社会公开。公开的内容要详细全面，逐步细化到"项"级科目。各部门要逐步公开出国出境、出差、公务接待、公务用车、会议等经费支出。抓好重大突发事件和群众关注热点问题的公开，客观公布事件进展、政府举措、公众防范措施和调查处理结果，及时回应社会关切，正确引导社会舆论。进一步完善政府信息依申请公开、保密审查和监督保障等措施，认真做好涉及政府信息公开的举报投诉、行政复议、行政诉讼等工作。妥善处理好信息公开与保守秘密的关系，对依法应当保密的，要切实做好保密工作。

8. 着力深化基层政务公开。总结推广基层政务公开的成熟做法，大力推进乡镇(街道)政务公开，及时公开城乡社区居民关心的事项。健全农村集体资金、资产、资源管理制度，为深入推进村务公开打好基础。健全公共企事业单位办事公开制度，所有面向基层服务的医院、学校、公交等公共企事业单位，都要全面推行办事公开，主动接受群众监督。要编制办事公开目录，重点公开岗位职责、服务承诺、收费项目、工作规范、办事纪律、监督渠道等。主管部门要切实承担起对公共企事业单位办事公开的组织协调、监督指导职责。

9. 加强行政机关内部事务公开。加大干部工作、机关财务预决算、政府采购、基建工程等信息的公开力度，加强权力运行监控。开展廉政风险防控管理，梳理行政机关内部职权依据和运行流程，查找廉政风险点，制定防控措施，并及时在内部公开，加强对关键岗位和重点环节权力运行的制约和监督，防止权力滥用。

三、统筹推进政务服务体系建设

10. 逐步建立健全政务服务体系。按照建设服务型政府的要求，将政府及其部门的政务服务体系建设纳入基本公共服务体系建设的范畴，完善相关政策规定和管理措施，整合政务服务资源，健全政务服务平台，促进政务服务的均等化、规范化、高效化，提供让群众满意的高质量政务服务。

11. 充分发挥服务中心作用。服务中心是实施政务公开、加强政务服务的重要平台。各地要因地制宜规范和发展各级各类服务中心。凡与企业和人民群众密切相关的行政管理事项，包括行政许可、非行政许可审批和公共服务事项均应纳入服务中心办理。因涉密、场地限制等特殊情况不进入服务中心办理的，由本级政府决定。双重管理和垂直管理部门的行政许可、非行政许可审批和公共服务事项，按照便于工作、加强服务的原则，适合依托服务中心的可纳入当地服务中心办理。

12. 明确服务中心职能。各省(自治区、直辖市)要在本行政区域内规范省、市、县三级服务中心的名称、场所标识、进驻部门、办理事项和运行模式，推进政务服务规范化建设。服务中心管理机构负责对政府各部门进驻、委托事项办理的组织协调、监督管理和指导服务，对进驻窗口工作人员进行管理培训和日常考核，承担本级政府赋予的其他职责。服务中心管理机构作为行政机构，应使用行政编制，配备少而精的工作人员；已使用事业编制的，应在行政编制总额内调剂出一部分进行替换。在调整、配备服务中心编制中，要结合当地政府机构改革，注重优化整体编制结构，坚持增减平衡。服务中心管理机构规格由本级政府决定，其运行经费和人员办公经费列入本级财政预算。经本级政府同意确需由部门单独设立的办事大厅，应当接受服务中心的指导和监督。

13. 规范服务中心运行。以提高服务质量和效率为重点规范服务中心运行，着力为群众解决实际问题。进驻服务中心的政府部门要对其服务窗口办理事项充分授权，使不需要现场勘察、集体讨论、专家论证、听证的一般性审批事项能在窗口受理后直接办结。逐步实行“一个窗口受理、一站式审批、一条龙服务、一个窗口收费”的运行模式。对同一个行政审批事项涉及两个以上部门的，逐步实行联合办理或并联审批。凡进驻服务中心办理的事项都要公开办理主体、办理依据、办理条件、办理程序、办理时限、办事结果、收费依据、收费标准和监督渠道。建立健全首问负责、限时办结、责任追究、效能评估等制度，提高服务水平。服务中心应设置专门的政府信息公开查阅场所。

14. 推进基层便民服务。坚持把方便基层群众办事作为政务服务的出发点和落脚点。探索在乡镇(街道)开展便民服务的有效形式，有条件的地方要依托城乡社区综合服务设施设立便民服务中心，将劳动就业、社会保险、社会救助、社会福利、计划生育、农用地审批、新型农村合作医疗及涉农补贴等纳入其中公开规范办理；在城乡社区(村)设立便民代办点，将便民服务向城乡社区(村)延伸。推行便民服务免费代办制度。

15. 建立统一规范的公共资源交易平台。完善公共资源配置、公共资产交易、公共产品生产领域的市场运行机制，推进公共资源交易统一集中管理，逐步拓展公共资源市场化配置的实施范围，确保公共资源交易公开、公平、公正。为公共资源交易搭建平台、提供服务，逐步推进省、市、县、乡四级公共资源交易网络建设。有条件的地方可探索公共资源交易平台与服务中心合并的一体化管理模式。

16. 加强信息化建设。推广电信网、广电网、互联网等现代科技手段在政务服务中的应用，提高政务服务信息化水平。将服务中心信息化纳入当地电子政务建设总体规划，充分利用现有电子政务资源，逐步实现网上办理审批、缴费、咨询、办证、监督以及联网核查等事项。规范技术标准，推动不同层级服务中心之间实现网络互联互通、信息共享和业务协同。重视和加强政府网站建设，完善门户网站功能，扩大网上办事范围，及时充实和更新信息发布内容，凡是不涉密的文件要通过政府门户网站公开发布。

17. 整合政务服务资源。进一步加强各项载体建设，发挥好政府公报、政务公开栏、公开办事指南等在政务服务中的作用，完善新闻发言人制度，创新政务服务方式，畅通政务服务渠道。进一步加强统一规划和资源整合，充分发挥现有场所和信息化资源功能，切实避免重复建设和投资浪费。要以服务中心为主体，逐步实现各级各类政务服务平台的连接与融合，形成上下联动、层级清晰、覆盖城乡的政务服务体系。

四、强化监督保障措施

18. 加强组织领导。各级党委和政府要高度重视政务公开和政务服务工作，将其列入重要议事日程，统一研究部署，及时解决工作中的重大问题。坚持从实际出发，研究提出改进和加强政务公开和政务服务工作的措施，循序渐进，务求实效。行政首长要作为第一责任人，分管领导要亲自抓督促、抓协调、抓落实。落实政府部门工作责任，进一步加强财政、编制等方面的支持保障，加强宣传教育，加大培训力度，形成工作合力。切实加强服务中心党的建设，深入开展创先争优活动。政务公开工作领导机构要协助党委和政府抓好统筹安排，指导、协调政务公开和政务服务各项工作。各级监察机关要认真履行行政监察法赋予的职责，加强对政务公开工作的组织协调和检查指导。

19. 加强制度建设。建立和完善规范行政裁量权、加强廉政风险防控、完善政务公开程序、规范服务中心运行、评议政务服务质量等方面的制度，为深化政务公开、加强政务服务提供制度保障。建立健全政府信息公开条例配套制度，制定政府信息公开的评估标准和程序，逐步实现政府信息公开的系统化和标准化。研究建立党务公开、政务公开、司法公开、厂务公开、村务公开和公共企事业单位办事公开有机结合的制度规范，使之相互促进、协调运转。

20. 加强监督考核。各地区各部门要把政务公开和政务服务工作纳入党风廉政建设责任制考核、行政机关绩效考核和民主评议范围，细化考核评估标准。建立健全电子监察系统，对行政许可、非行政许可审批和公共服务事项实现全过程监察。加强党的基层组织和党代会代表的监督，充分发挥人大代表、政协委员、民主党派、人民团体和新闻媒体的监督作用，强化社会监督。高度重视人民群众监督，认真解决群众投诉反映的问题。研究改进和加强监督的方式方法，切实提高监督实效。建立健全激励和问责机制，对工作落实到位、社会满意度高的地区和部门要予以奖励；对工作落实不力的，要进行诫勉谈话，限期整改；对损害群众合法权益、造成严重后果的，要严格追究责任，坚决避免政务公开和政务服务流于形式，确保各项工作落到实处。

资料来源：温战强，房桂喜，杨道玲．2013．信息化法规政策选编．北京：中国林业出版社．

专栏 9-2

国务院办公厅关于进一步加强政府信息公开回应社会关切提升政府公信力的意见

国办发〔2013〕100号

各省、自治区、直辖市人民政府，国务院各部委、各直属机构：

依法实施政府信息公开是人民政府密切联系群众、转变政风的内在要求，是建设现代政府，提高政府公信力，稳定市场预期，保障公众知情权、参与权、监督权的重要举措。《中华人民共和国政府信息公开条例》施行以来，政府信息公开迈出重大步伐，取得显著成效。随着互联网技术的迅猛发展和信息传播方式的深刻变革，社会公众对政府工作知情、参与和监督意识不断增强，对各级行政机关依法公开政府信息、及时回应公众关切和正确引导舆情提出了更高要求。与公众期望相比，当前一些地方和部门仍然存在政府信息公开不主动、不及时，面对公众关切不回应、不发声等问题，易使公众产生误解或质疑，给政府形象和公信力造成不良影响。为进一步做好政府信息公开工作，增强公开实效，提升政府公信力，经国务院同意，现提出以下意见。

一、进一步加强平台建设

（一）**进一步加强新闻发言人制度建设**。要以主动做好重要政策法规解读、妥善回应公众质疑、及时澄清不实传言、权威发布重大突发事件信息为重点，切实加强政府新闻发言人制度建设，提升新闻发言人的履职能力，完善新闻发言人工作各项流程，建立重要政府信息及热点问题定期有序发布机制，让政府信息发布成为制度性安排。国务院新闻办公室要围绕国务院常务会议等重要会议内容、国务院重点工作、公众关注热点问题，及时组织新闻发布会，把国务院新闻办公室新闻发布厅建设成中央政府重要信息发布的主要场所。与宏观经济和民生关系密切以及社会关注事项较多的相关职能部门，主要负责同志原则上每年应出席一次国务院新闻办公室新闻发布会，新闻发言人或相关负责人至少每季度出席一次。国务院各部门要建立健全例行新闻发布制度，利用新闻发布会、组织记者采访、答记者问、网上访谈等多种形式发布信息，增强信息发布的实效；与宏观经济和民生关系密切以及社会关注事项较多的相关职能部门，要进一步增加发布的频次，原则上每季度至少举办一次新闻发布会。各省（区、市）人民政府要建立政府主要负责同志依托新闻发布平台和新媒体发布重要信息的制度，并指导本级政府各部门和市、县级政府加强新闻发布工作，进一步增强信息发布的权威性、时效性，更好地回应公众关切。

（二）**充分发挥政府网站在信息公开中的平台作用**。各地区各部门要进一步加强政府网站建设和管理，通过更加符合传播规律的信息发布方式，将政府网站打造成更加及时、准确、公开透明的政府信息发布平台，在网络领域传播主流声音。加强政府信息上网发布工作，对各类政府信息，依照公众关注情况梳理、整合成相关专题，以数字化、图表、音频、视频等方式予以展现，使政府信息传播更加可视、可读、可感，进一步增强政府网站的吸引力、亲和力。涉及群众切身利益的重要决策，要在政府网站公开征求意见；重要政策法规出台后，要针对公众关切，及时通过政府网站发布政策法规解读信息，加强解疑释惑；对涉及政务活动的重要舆情和公众关注的社会热点问题，要积极予以回应，及时通过政府网站发布权威信息，讲清事实真相、有关政策措施以及处理结果等，地方政府和部门负责同志应主动到政府网站接受在线访谈。拓展政府网站互动功能，围绕政府重点工作和公众关注热点，通过领导信箱、公众问答、网上调查等方式，接受公众建言献策和情况反映，征集公众意见建议。完善政府网站服务功能，及时调整和更新网上服务事项，确保公众能够及时获得便利的在线服务。加强政府网站数据库建设，逐步整合交通、社保、医疗、教育等公共信息资源，以及投资、生产、消费等经济领域数据，方便公众查询。

（三）**着力建设基于新媒体的政务信息发布和与公众互动交流新渠道**。各地区各部门应积极探索利用政务微博、微信等新媒体，及时发布各类权威政务信息，尤其是涉及公众重大关切的公共事件和政策法规方面的信息，并充分利用新媒体的互动功能，以及时、便捷的方式与公众进行互动交流。开通政务微博、微信要加强审核登记，制定完善管理办法，规范信息发布程序及公众提问处理答复程序，确保政务微博、微信安全可靠。

此外，要进一步加强政府热线电话建设和管理，清理整合有关电话资源，确保热线电话有人接、能及时答复公众询问。

二、加强机制建设

（四）**健全舆情收集和回应机制**。各地区各部门要建立健全舆情收集、研判和回应机制，密切关注重要政务相关舆情，及时敏锐捕捉外界对政府工作的疑虑、误解，甚至歪曲和谣言，加强分析研判，通过网上发布消息、组织专家解读、召开新闻发布会、接受媒体专访等形式及时予以回应，解疑释惑，澄清事实，消除谣言。回应公众关切要以事实说话，避免空洞说教，真正起到正面引导作用。有关主管部门要进一步加大网络舆情监测工作力度，重要舆情形成监测报告，及时转请相关地方和部门关注、回应。

（五）**完善主动发布机制**。各地区各部门要围绕党和政府中心工作，针对公众关切，主动、及时、全面、准确地发布权威政府信息，特别是政府重要会议、重要活动、重要决策部署，经济运行和社会发展重要动态，重大突发事件及其应对处置情况等方面的信息，以增进公众对政府工作的了解和理解。对发布的政府信息，要依法依规做好保密审查，涉及其他行政机关的，应与有关行政机关沟通确认，确保发布的政府信息准确一致。统筹运用新闻发言人、政府网站、政务微博微信等发布信息，充分发挥广播电视、报刊、新闻网站、商业网站等媒体的作用，扩大发布信息的受众面，增强影响力。

（六）**建立专家解读机制**。重要政策法规出台后，各地区各部门要及时组织专家通过多种方式做好科学解读，让公众更好地知晓、理解政府经济社会发展政策和改革举措。有关部门可根据工作需要，组建政策解读的专家队伍，提高政策解读的针对性、科学性、权威性和有效性，让群众“听得懂”、“信得过”。

（七）**建立沟通协调机制**。各地区各部门要加强与新闻宣传部门、互联网信息内容主管部门以及有关新闻媒体的沟通联系，建立重大政务舆情会商联席会议制度，建立政务信息发布和舆情处置联动机制，妥善制定重大政务信息公开发布和传播方案，共同做好政府信息发布和舆论引导工作。

三、完善保障措施

（八）**加强组织领导**。各地区各部门要把做好政府信息公开、提高信息发布实效摆上重要工作日程，做到政府经济社会政策透明、权力运行透明，让群众看得到、听得懂、能监督，不断把人民群众的期盼融入政府决策和工作之中，努力增强提升政府公信力、社会凝聚力的“软实力”。地方政府和部门主要负责人要亲自过问，分管负责人要直接负责，逐级落实责任，确保各项工作措施落实到位。要加强工作机构建设，已经设置专门机构的，要加强力量配置，把专业水平高、责任心强的人员配置到关键岗位，特别是要选好配强新闻发言人；尚未设置专门机构的，要明确专人负责，确保在应对重大突发事件以及社会热点事件时不失声、不缺位，有条件的应尽快成立专门机构，保障必要的工作经费。同时，要为信息公开工作人员、新闻发言人、政府网站工作人员、政务微博微信相关人员参加重要会议、掌握相关信息提供便利条件。

（九）**加强业务培训**。各地区各部门要建立培训工作常态化机制，经常组织开展面向信息公开工作人员、新闻发言人、政府网站工作人员、政务微博微信相关人员等的专业培训，及时总结交流经验，不断提高相关人员的政策把握能力、舆情研判能力、解疑释惑能力和回应引导能力。有关部门要把政府信息公开工作列为公务员培训内容，进一步加大培训力度，扩大培训范围。

（十）**加强督查指导**。国务院办公厅和国务院新闻办公室、国家互联网信息办公室要协同加强对政府新闻发言人制度、政府网站、政务微博微信等平台建设和管理工作的督查和指导，进一步完善相关措施和管理办法，加强工作考核，加大问责力度，定期通报有关情况，切实解决存在的突出问题，确保平台建设和机制建设的各项工作落实到位。

国务院办公厅

2013年10月1日

资料来源：温战强，房桂喜，杨道玲．2013．信息化法规政策选编．北京：中国林业出版社．

专栏9-3

国务院办公厅关于进一步加强政府网站管理工作的通知

国办函〔2011〕40号

各省、自治区、直辖市人民政府，国务院各部委、各直属机构：

政府网站已经成为各级人民政府及其部门发布政府信息、提供在线服务、与公众互动交流的重要平台和窗口，在提高行政效能、提升政府公信力等方面发挥了重要作用。但也有一些地方和部门政府网站存在发布信息和页面更新不及时甚至链接错误等问题，给政府形象和公信力造成不良影响。最近，温家宝总理做出重要批示，指出办好政府网站的关键在于及时、准确公开政务信息，倾听群众的意见、呼声和要求，及时讲清事实真相、政策措施、处理结果。只有互动、解决问题，才能吸引群众。为切实加强和规范政府网站管理，经国务院同意，现就有关事项通知如下：

一、高度重视，进一步加强对政府网站管理工作的领导

一些政府网站存在的种种问题，主要原因是建而不管或管不到位，有的单位负责同志对本单位开办的政府网站不问不看，致使网站的政府信息公开平台作用长期得不到发挥和体现，网站管理中存在的问题长期得不到纠正。各地区、各部门要进一步提高认识，把办好网站放在政府工作的重要位置。要按照谁主管谁负责、谁运行谁负责的原则，强化管理和责任，确保网站管理工作落实到人，做到不办则已，办则有人管、能管好。对于委托其他单位运行维护的政府网站，主管单位要加强检查指导，做好内容保障工作，确保网站管理不缺位。提倡领导同志读网。

二、全面检查，切实解决政府网站管理中的突出问题

各地区、各部门要对本地区、本部门政府网站进行全面检查，重点检查以下内容：一是网站页面能否正常访问，各栏目及其子栏目内容是否及时更新；二是信息发布审核和保密审查机制是否健全；三是网站提供的各项服务和互动功能是否正常；四是网站链接是否经过管理单位审核把关，是

否存在错链和断链；五是网站安全防范工作是否到位，是否采取了防攻击、防篡改、防病毒等安全防护措施，并制订了应急处置预案；六是网站管理单位和运行维护单位职责是否明确。对检查清理中发现的问题要及时整改，确保上网信息准确、真实，不发生失泄密问题，确保公众能够及时获取政府信息、获得便利的在线服务，确保链接正确有效、网站安全平稳运行。对确实无力管好的网站或栏目，要果断予以关闭。

各地区、各部门要对政府网站管理工作开展经常性的督促检查，并使之制度化、常态化，及时发现并妥善解决存在的问题。

三、健全机制，充分发挥政府网站的信息公开、互动交流作用

要切实加强主动公开工作，及时准确在政府网站发布涉及群众切身利益、需要社会公众广泛知晓或者参与的政府信息，尤其要做好财政预决算、公共资源配置、重大建设项目、社会公益事业等领域政府信息的发布工作。凡是可公开的不涉密文件，都要通过政府网站公开发布。涉及群众切身利益的重要决策，要在政府网站公开征求意见；重要政策出台后，要及时通过政府网站做好政策解读工作；对公众关注的社会热点问题，要主动在政府网站予以回应，发布权威信息，讲清事实真相、有关政策措施以及处理结果等。提倡地方和部门负责同志到政府网站接受在线访谈。

四、规范管理，不断提升政府网站工作水平

政府网站管理单位要建立网站链接审批制度，严格审核把关；运行维护单位要定期检查链接的有效性，发现链接错误，要及时查明原因，加以更正。网站管理和运行维护单位要建立值班读网制度，安排值班人员每日登录网站读网，检查网站运行和页面显示是否正常，特别要认真审看重要稿件和重要信息，及时发现和纠正错情。要不断完善政府网站防攻击、防篡改、防病毒等安全防护措施，做好日常巡检和监测，发现问题或出现突发情况要及时妥善处理。对于缺乏技术保障力量的政府网站，上级政府、部门和主管单位要主动协调有关方面提供技术支持，帮助其做好网站的安全防范工作。政府网站运行维护单位要按照信息安全等级保护的要求，定期对网站进行安全检查，及时消除隐患。

各地区、各部门要通过举办培训班和开展交流研讨等多种方式，对政府网站工作人员进行经常化的管理和业务培训，不断提高办网、管网能力。

国务院办公厅

二〇一一年四月二十一日

资料来源：温战强，房桂喜，杨道玲．2013．信息化法规政策选编．北京：中国林业出版社．

商务部自成立以来，高度重视政府网站建设工作。在各司局及有关单位的大力支持和配合下，网站建设取得可喜成绩，已连续十余年获得中国政府网站绩效评估（部委级）网站第一名，受到了社会各界的一致肯定和好评，是林业政府网站群建设学习的榜样。其主要经验是：在网站建设过程中，始终结合自身实际，充分吸收国内外政府网站先进经验，形

成具有自身特色的网站建设管理模式。创新的服务理念，完善的管理制度，扎实的建设实践，强有力的技术支持和维护团队，奠定了商务部网站的发展基础。这可以从《商务部2013年政府信息公开工作年度报告》中得以管窥并学习借鉴(专栏9-4)。

专栏9-4

商务部2013年政府信息公开工作年度报告

商务部

本报告根据《中华人民共和国政府信息公开条例》(以下简称《条例》)有关要求编制，内容包括概述、主动公开信息情况、依申请公开信息和不予公开信息情况、信息公开收费及减免情况、因信息公开申请行政复议或提起行政诉讼情况、信息公开工作存在的主要问题及2014年工作要点等。报告中所列数据的统计期限自2013年1月1日起至2013年12月31日止。如对本报告有任何疑问，请联系：商务部电子商务和信息化司公共服务处：电话010－65198457。

一、概述

2013年，在商务部党组和部政府信息公开领导小组的领导下及各单位的积极配合下，我部紧紧围绕商务中心工作，认真贯彻落实《条例》，积极拓宽信息公开内容，推动信息公开工作机制化，完善信息公开平台和渠道，转变信息公开方式，有序推进依申请公开工作，积极拓展政务大厅功能，政府信息公开工作取得明显成效。

(一)信息公开内容进一步拓宽。2013年，在通过政府网站、新闻发布等多种方式主动公开我部部门规章、规范性文件、发展规划、政策措施、行政许可事项、财政预决算、重要人事任命、公务员招聘等信息的同时，我部进一步拓宽政府信息公开内容。认真清理我部规章文件，公布了商务部现行有效规章目录及现行有效规范性文件目录。积极推进政府采购的信息公开，及时发布招标、竞价、中标公告，全年共发布政府采购信息482条。延伸市场监测信息服务，每周公布中关村电子信息产品价格指数、盛泽丝绸化纤价格指数、柯桥纺织价格指数、成都中药材价格指数、寿光蔬菜价格指数、义乌小商品价格指数等。及时公开餐饮、住宿、沐浴、人像摄影业等服务行业的管理办法和行业标准。积极推动各地区和有关部门依法公开侵犯知识产权和制售假冒伪劣商品行政处罚案件信息。加强农产品、能源化工类和矿产品进出口信息公开，完善现有出口配额、资质管理等重点项目信息公开。加强贸易救济预警，发布国外对华贸易救济调查信息296条。加强境外安全风险预警提示，全年发布相关信息243条。

(二)信息公开工作进一步机制化。各司局政府信息公开意识不断增强，逐步由“要我公开”向“我要公开”转变，部分司局信息公开逐步定期化和机制化。综合司每年两次发布《中国对外贸易形势报告》(分春、秋季版)。财务司每年公布我部部门预算、决算和“三公经费”、行政经费决算。市场运行司每周发布所监测的上周全国36个大中城市食用农产品市场价格和流通环节生产资料价格涨落情况。反垄断局按季度公布无条件批准案件的审查结果及相关信息，并及时公布禁止和附加限制性条件案件审查结果。2013年共审结公布经营者集中案件215件。外贸司每周发布重要商品国际市场价格监测报告。外资司、合作司每月中旬通过例行发布会公布利用外资、对外投资的统计和分析。各地区司在召开双边联(混)委会前，均会通过我部政府网站公开征求各有关部门、地方和企业对双边经贸合作的建议。驻外经商机构加强境外安全风险预警提示，全年发布相关信息243条。

(三)信息公开平台和渠道进一步完善。一是全面提高政府网站公共服务水平。我部对政府网站进行了改版，重点关注"信息、查询、互动、办事"四个要素。我部网站连续第12次获得部委网站绩效评估第一名，其中"信息公开"单项评估指数高居首位。二是新闻主动发布机制不断完善。在每月例行发布会、专题发布会上的基础上，还积极策划组织小型发布会、答记者问等。三是开展网络舆论引导取得积极成效。积极利用微博平台，及时发布商务有关政策信息，积极回应网友评论；开展商务工作系列网络访谈，来自20个司局的22位负责同志就网民关注的热点问题，在人民网、新华网、新浪网等多家主流网站开展系列网络访谈，集中宣传商务有关工作举措和成效，并与网友进行交流互动。四是积极履行入世承诺，提高我国政策法规透明度，编好《中国对外经济贸易文告》。五是开通商务执法业务管理系统。2013年共受理举报投诉质询10万余件。

(四)信息公开方式从简单集成到便利化查询转变。2013年，我部政府网站分别完善了投资项目信息库、建立了行政事项结果查询平台及贸易税费查询系统。其中，投资项目信息库对来源于驻外经商机构、地方商务主管部门及国家级经济技术开发区的招商引资项目3万余项、对外投资项目1000余项进行了整合，项目核心资料全面，查询便捷。开通了行政事项结果查询平台，提供对外贸易、国内贸易、利用外资、对外合作、服务贸易、发垄断六大业务领域，共39项行政审批结果实时查询。新建贸易税费查询系统，可查询包括中国在内的84个国家和地区的进出口贸易税费数据，内含税种全面、税率准确，为企业测算国际贸易到岸成本、优化物料采购来源、拓展海外市场提供支持和便利。

(五)配合行政审批改革做好在线办事系统。及时公布行政审批调整事项。在2013年国务院前3批取消和下放的221项行政审批项目中，我部进一步取消10项行政审批事项。对于已决定取消和下放的审批事项，我部坚决贯彻落实，通过新闻发布会和网站等及时向社会发布取消事项，做好后续衔接和监管服务工作。对保留的行政审批事项，我部也按要求进行公示，进一步规范和简化行政审批流程。

在线办事系统。在线办事是我部网站直接向公众提供服务的窗口，不断提高在线办事效率和提升用户体验是优化在线办事的宗旨，逐步实现一站式服务。根据《商务部办公厅关于进一步完善我部网站在线办事系统的通知》要求，2013年，我部各单位对本部门行政审批及在线上报事项进行了核对和梳理，办事指南以使用者视角重新调整，细化了办事指南，提高了用户使用便捷度，并优化了场景式服务。

(六)依申请公开和公众留言做到有问必答。依申请公开是政府信息公开的一项重要内容。2013年，我部共收到依申请公开事项81件，在各单位协助和配合下，均在规定时间内答复处理。申请人对答复情况均表示满意，并给予了肯定和好评。同时我部认真对待并做好政府网站公众留言答复工作，面向群众答疑解惑。全年共答复公众中文留言2864件，答复公众英文留言273件。

（七）政务大厅整体运行情况良好。2013年，我部行政事务服务中心（政务大厅）共接待办理行政事项人员21974人次，日均89人次；受理或办结各类行政许可证件79640份，日均321份。《国务院关于第六批取消和调整行政审批项目的决定》（国发〔2012〕52号）涉及我部27个项目，政务大厅积极努力配合相关司局做好沟通、协调和解释工作，加强与地方商务主管部门的联系，确保衔接工作平稳顺利。对已承接的委托事项，政务大厅主动与委托司局联系，了解相关政策变化，整理和规范工作流程，向相关司局提供受理数据，供其参考使用。在受理过程中遇到问题，及时与相关司局沟通并解决。

二、主动公开信息情况

（一）公开的内容。2013年，我部网站政府信息公开专栏共主动公开信息1151条。其中，商务法律类信息5条，占公开信息总数的0.43%；计划规划类信息3条，占公开信息总数的0.26%；国内经贸与流通类信息82条，占公开信息总数的7.12%；进出口贸易类信息84条，占公开信息总数的7.30%；服务贸易类信息9条，占公开信息总数的0.78%；引进外资类信息200条，占公开信息总数的17.38%；国际经济合作类信息15条，占公开信息总数的1.30%；对外援助类信息4条，占公开信息总数的0.35%；多双边经贸关系类信息8条，占公开信息总数的0.70%；公平贸易类信息49条，占公开信息总数的4.26%；反垄断工作类信息4条，占公开信息总数的0.35%；市场秩序工作类信息27条，占公开信息总数的2.35%；商务信息化类信息18条，占公开信息总数的1.56%；人事工作类信息46条，占公开信息总数的4.00%；财务工作类信息533条，占公开信息总数的46.31%；党务工作类信息2条，占公开信息总数的0.17%；其他类信息62条，占公开信息总数的5.39%。

（二）公开的形式。

1. 政府网站。2013年，我部政府网站发布信息45.2万条，日均发布信息1200多条，访问量达133亿次，日均访问3000万人次。我部网站信息公开专栏得到进一步完善，包括公开指南、公开规定、公开目录、工作报告、目录下载等子栏目。公民、法人和其他组织可以通过专栏检索查阅我部主动公开的信息内容，并在线或通过电子邮件方式提交信息公开申请。2013年信息公开专栏访问量超过649万人次。

2. 新闻发布。2013年共发布新闻稿370篇；举办或出席各类新闻发布会和吹风会59场；安排正式采访38次；发布微博2852条，粉丝达到660万。

3. 出版物。2013年，我部共发布《中国对外经济贸易文告》80期，及时公开对外发布的政策、规章、行政命令、公告、通知等文件。编发《中国商务年鉴》、《中国与非洲的经贸合作2013（白皮书）》、《2013外商投资报告》等出版物。

4. 其他形式。我部政务大厅设立了政府信息公开咨询窗口，开通了政府信息公开热线，由专人接受社会公众对政府信息公开的各类咨询和申请，实现了政府信息依申请公开网上、网下“无缝连接”，提高了信息公开申请处理效率和服务质量。

三、依申请公开信息情况

（一）申请情况。2013年，我部共收到信息公开申请117件，受理有效信息公开申请81件，未受理信息公开申请36件。申请内容涉及：流通业发展司17件；外资司14件；市场建设司和电子商务和信息化司各7件；合作司6件；市场秩序司4件；办公厅、人事司、外贸司、反垄断局和援外司各3件；条法司、财务司和产业司各2件；市场运行司、服贸司、公平贸易局、国际司和亚洲司各1件。受理的81件申请中，通过互联网申请59件，占有效申请总数的72.8%；信函申请16件，占有效申请总数的19.8%；现场申请6件，占有效申请总数的7.4%。

（二）答复情况。受理的81件申请已全部答复申请人，其中，通过电子邮件答复29件，通过电话答复26件，通过信函答复22件，通过传真答复4件。未受理的36件无效申请也逐一向申请人做出解释说明。

受理的81件申请中，同意公开的49件，占有效申请总数的60.5%；不予公开的14件，占有效申请总数的17.3%；不属于我部公开或信息不存在的15件，占有效申请总数的18.5%；申请内容不明确的3件，占有效申请总数的3.7%。

四、收费及减免情况

2013年，商务部没有因依申请公开信息收取费用。

五、行政复议和行政诉讼情况

2013年，申请人对商务部做出的政府信息公开答复或者告知不满意，提出行政复议的案件有2件，其中，第1件因申请人未按要求补正材料，视为申请人放弃申请。第2件经审查，商务部做出不予受理决定。

未发生因政府信息公开问题，相对人以商务部为被告，向法院提出行政诉讼的情况。

六、存在问题

（一）信息公开意识有待进一步加强。部分司局对信息公开重视不够，对主动公开政府信息的职责不了解，对信息公开的原则、范围、方式和目标不明确，造成有些信息发布不及时、不充分。

（二）信息发布内容、形式有待提高和创新。尽管我部信息发布取得较好成效，但如何更贴近企业和公众需求，以及提高公众对获取政府信息公开渠道及内容的了解，减少重复申请和咨询，仍需要进一步创新方式方法，加大信息发布和新闻宣传力度。

（三）与有关部门学习交流有待推动。政府信息公开是一项系统性工作，通过与兄弟部门进行协作配合和取长补短，有助于提高政府信息公开工作效率和质量。目前，我部在此方面有待积极推动。

七、2014年政府信息公开工作要点

2014年，我部将深入贯彻落实十八届三中全会有关精神，按照《条例》、《国务院办公厅关于进一步加强政府信息公开回应社会关切提升政府公信力的意见》等要求，进一步推进我部政府信息公开工作。

（一）继续加大主动公开力度。按照“以公开为原则，不公开为例外”的要求，围绕商务中心工

作，在做好业务工作的同时，继续加大政府信息主动公开力度。重点公开行政审批、部门规章、规范性文件、发展规划、政策措施、统计数据、市场监测、行业管理、商品质量、重要商品进出口、对外投资合作、双边经贸、贸易摩擦案件等方面的信息。通过依法、及时、准确、全面的信息公开，方便群众知情、参与和监督商务工作。

（二）完善信息公开制度机制。重点是在我部现有政务公开有关制度的基础上，根据《中华人民共和国政府信息公开条例》规定，抓紧制订《商务部政府信息公开工作办法》，完善信息公开工作考核、社会评议、责任追究等制度，形成目标明确、责任清晰、流程具体的工作机制，进一步明确各司局是本业务领域政府信息公开工作的第一责任人。

（三）加强信息公开平台建设。重点是继续加强我部政府网站、新闻发布、新媒体"三位一体"的信息公开平台建设。发挥政府网站"信息公开第一平台"作用，进一步整合资源，强化网站信息查询、搜索功能，优化主动公开信息的栏目设置和表现形式。加强新闻宣传的统筹协调和主动策划，以主动做好重要政策法规解读、回应公众关切、及时澄清不实传言、权威发布重大突发事件信息为重点，做好新闻发布工作。政务微博等新媒体更加贴近群众、贴近网民，增强互动。

（四）组织信息公开工作培训。有针对性、多形式地加强对不同层级工作人员的政府信息公开培训，逐步扩大培训范围，普及政府信息公开理念及基本知识，增强政府信息公开责任意识，提高做好政府信息公开工作的能力。

（五）加强督促检查和考核评估。继续加强对我部各单位政府信息公开工作的协调和组织，严格执行督查工作机制，切实加强对各责任单位上报信息时效性、规范性、完善性和连续性等情况的督促检查，并对督查结果及时进行通报。

资料来源：商务部．2014－03－28. 商务部2013年政府信息公开工作年度报告．http://www.gov.cn/ xinwen/2014－03/28/content_2648983. htm.

林业系统要进一步提高对网站工作的认识，积极学习国内外先进理念、先进技术和成功经验，将全面整合网站资源作为做好政府网站的重要手段，将加强内容建设作为提升政府网站生命力的核心工作，将多元化管理作为创新网站管理方式的重要途径，不断适应新时期、新形势、新技术的发展要求，着力建设好中国林业网站群，最大限度地满足政府部门和广大公众的需求，为构建服务型、法治型、效能型政府做出新的贡献。

要不断优化网站设计。顺应国内外政府网站发展趋势，借鉴先进政府网站建设经验，紧密结合林业行业特点，按照国家林业局党组关于深入开展"两转变、两服务"（转变职能、转变作风，服务大局、服务基层）活动的要求，主动听取用户意见，积极吸纳独立第三方建议，突出信息发布、在线办事、互动交流和展览展示四大板块，科学组织栏目资源，精心优化版面设计，切实加强主站与子站、子站与子站之间的逻辑关联和信息协同，着力提高网站内容的可见性和易用性，不断增强网站整体功能，充分发挥中国林业网站群在信息公开、在线办事、互动交流等方面的主渠道作用。内网网站要按照办公、信息、学习、交流、生活等五大板块，突出办文、办会、办事三大能力建设，科学规划栏目设置，大力丰富网站内容，不断提高网站的时效性、针对性和实用性。要进一步建立和完善网站观察员机制，主站和子站都要积极扩大用户和社会公众的参与度，请他们通过用户体验客观地提出网站改进建议，监督网站内容建设。

要进一步完善运行管理机制。各级林业主管部门要把林业政府网站和专题网站的内容保障工作列入重要议事日程，明确内容保障的责任主体，足额保障网站内容更新和运行维护工作经费。要根据信息传播规律和内容保障工作特点，建立信息保障和栏目共建、信息处理和反馈、办事服务提供、互动交流、人员培训等各方面的工作机制。要加强中国林业网编辑委员会和各级各类网站编辑委员会建设，巩固和完善各司其职、互通有无、上下协作的工作机制，充分发挥委员会沟通协调、业务把关、技术保障等作用。要按照谁发布、谁负责信息审查，谁发布、谁负责解疑释惑的原则做好信息发布工作，完善舆情收集研判与回应、主动发布、专家解读等机制，抢占新兴舆论场，及时回应公众关切，让群众看得到、听得懂、信得过、能监督，不断增强政府网站信息的原创性、时效性、针对性、严肃性、权威性和政府机关的公信力。要健全沟通协调机制，网站主管部门应加强与业务主管部门、新闻宣传部门以及有关新闻媒体的沟通联系，建立重大政务舆情会商联席会议制度，建立政务信息发布和舆情处置联动机制，妥善制定重大政务信息公开发布和传播方案，共同做好政府信息发布和舆论引导工作。要制定林业政务微博、微信管理办法，规范信息发布程序和公众提问处理答复程序，确保政务微博、微信安全可靠。要按照党的十八大和十八届三中全会关于打造法治型、廉洁型、效能型、服务型政府的要求，开展网上林业政务大厅与电子监察系统建设，强化外网受理、内网办理、外网反馈机制，积极扩大网上办事范围，有效提高行政审批效率，大力提升“一站式”服务能力。要积极探索委托管理、服务外包等多元化的技术保障工作机制。要加强统筹协调和监督检查，确保工作中出现的问题及时得到解决。

要进一步完善评估评测机制。根据信息技术演进和形势任务变化，不断修订完善林业网站绩效评估标准和评估办法，持续开展全国林业网站绩效评估工作。制定林业电子政务发展水平评测标准和评测办法，修订完善林业信息化发展水平评测标准和评测办法，提高评测工作的针对性、科学性和权威性，通过定期开展评测工作，为网站建设和管理提供有力支撑。要探索建立有关部门、社会机构和公众共同参与的评估评测机制，充分发挥绩效评估的导向和激励作用，达到以评促建、以评促管、以评促用的目的，形成主要负责人亲自过问、分管负责人直接负责、逐级逐人落实责任的良好发展局面。

二、深化数据挖掘和信息服务

当前，林业行业已经积累了海量的数据，每年又都在产生大量的新数据。这些数据如同埋在地下的金矿，需要经过挖掘粉碎和反复的冲洗才能被人类获取和利用。借助先进信息技术挖掘“数据金矿”，进而提供优质高效的信息服务，是林业信息化肩负的重要历史使命。

（一）完善政策制度体系。近年来，数据挖掘引起了信息产业界的极大关注，其主要原因是存在大量可以广泛使用的数据，并且迫切需要将这些数据转换成信息和知识。数据挖掘是现代信息技术自然进化的结果，进化过程的见证是数据库工业界开发以下功能（图9-1）：数据收集和数据库创建，数据管理（包括数据存储和提取，数据库事务处理），以及数据分析与理解（涉及数据仓库和数据挖掘）。当前，国内外各行各业都在加快布局大数据应用，着力打造现代信息服务业，以数据挖掘为特征的大数据时代正在到来。

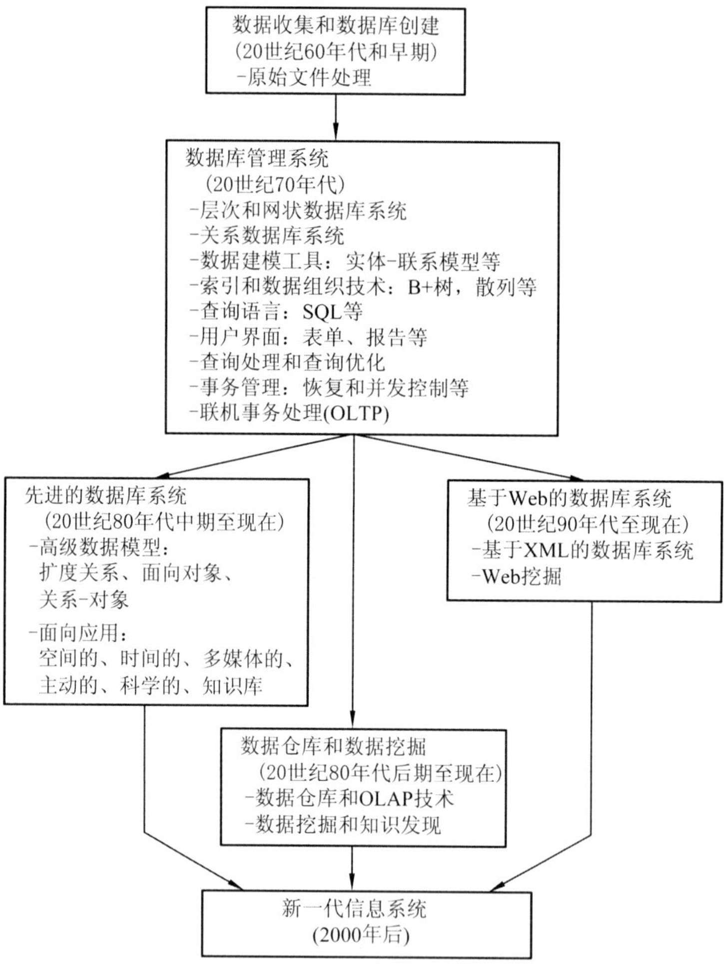

图9-1　数据库技术的进化

从国内外已有的实践看，数据挖掘不单纯是一个复杂的技术问题，还是复杂的意识问题、管理问题、经济问题、安全问题。例如，美国政府对政府信息的作用和意义有着十分清晰而准确的认识，它把政府信息资源数字化、网络化的目标都定位在使政府信息资源能够得到充分开发利用上，并为此率先建立了政府 CIO 制度，发布了《开放政府指令》（Open Government Directive），实施了政府开放行动的旗舰级项目——Data. gov 建设，极大地促进了联邦数据的可获取性和挖掘利用。美国的这一做法已成为世界各国效仿的榜样。我国对信息资源管理和开发利用工作也十分重视,《2006～2020年国家信息化发展战略》要求:“建立和完善信息资源开发利用体系。加快人口、法人单位、地理空间等国家基础信息库的建设,拓展相关应用服务。引导和规范政务信息资源的社会化增值开发利用。鼓励企业、个人和其他社会组织参与信息资源的公益性开发利用。完善知识产权保护制度,大力发展以数字化、网络化为主要特征的现代信息服务业,促进信息资源的开发利用。充分发挥信息资源开发利用对节约资源、能源和提高效益的作用,发挥信息流对人员流、物质流和资金流的引导作用,促进经济增长方式的转变和资源节约型社会的建设。”“加强全社会信息资源管理。规范对生产、流通、金融、人口流动以及生态环境等领域的信息采集和标准制定,加强对信息资产的严格管理,促进信息资源的优化配置。实现信息资源的深度开发、及时处理、安全保存、快速流动和有效利用,基本满足经济社会发展优先领域的信息需求。”《国务院关于促进信息消费扩大内需的若干意见》(国发〔2013〕32号)根据新的发展形势,对促进公共信息资源共享和开发利用等提出了进一步的要求(专栏9-5)。

专栏9-5

国务院关于促进信息消费扩大内需的若干意见

国发〔2013〕32号

各省、自治区、直辖市人民政府,国务院各部委、各直属机构:

近年来,全球范围内信息技术创新不断加快,信息领域新产品、新服务、新业态大量涌现,不断激发新的消费需求,成为日益活跃的消费热点。我国市场规模庞大,正处于居民消费升级和信息化、工业化、城镇化、农业现代化加快融合发展的阶段,信息消费具有良好发展基础和巨大发展潜力。与此同时,我国信息消费面临基础设施支撑能力有待提升、产品和服务创新能力弱、市场准入门槛高、配套政策不健全、行业壁垒严重、体制机制不适应等问题,亟需采取措施予以解决。加快促进信息消费,能够有效拉动需求,催生新的经济增长点,促进消费升级、产业转型和民生改善,是一项既利当前又利长远、既稳增长又调结构的重要举措。为加快推动信息消费持续增长,现提出以下意见:

一、总体要求

(一)指导思想。以邓小平理论、“三个代表”重要思想、科学发展观为指导,以深化改革为动力,以科技创新为支撑,围绕挖掘消费潜力、增强供给能力、激发市场活力、改善消费环境,加强信息基础设施建设,加快信息产业优化升级,大力丰富信息消费内容,提高信息网络安全保障能力,建立促进信息消费持续稳定增长的长效机制,推动面向生产、生活和管理的信息消费快速健康增长,为经济平稳较快发展和民生改善发挥更大作用。

（二）基本原则。

市场导向、改革发展。加快政府职能转变和管理创新，充分发挥市场作用，打破行业进入壁垒，促进信息资源开放共享和企业公平竞争，在竞争性领域坚持市场化运行，在社会管理和公共服务领域积极引入市场机制，增强信息消费发展的内生动力。

需求牵引、创新发展。引导企业立足内需市场，强化创新基础，提高创新层次，鼓励多元发展，加快关键核心信息技术和产品研发，鼓励业务模式创新，培育发展新型业态，提升信息产品、服务、内容的有效供给水平，挖掘和释放消费潜力。

完善环境、有序发展。建立和完善有利于扩大信息消费的政策环境，综合利用有线无线等技术适度超前部署宽带基础设施，运用信息平台改进公共服务，完善市场监管，规范产业发展秩序，加强个人信息保护和信息安全保障，建设安全诚信有序的信息消费市场环境。

（三）主要目标。

信息消费规模快速增长。到2015年，信息消费规模超过3.2万亿元，年均增长20%以上，带动相关行业新增产出超过1.2万亿元，其中基于互联网的新型信息消费规模达到2.4万亿元，年均增长30%以上。基于电子商务、云计算等信息平台的消费快速增长，电子商务交易额超过18万亿元，网络零售交易额突破3万亿元。

信息基础设施显著改善。到2015年，适应经济社会发展需要的宽带、融合、安全、泛在的下一代信息基础设施初步建成，城市家庭宽带接入能力基本达到每秒20兆比特（Mbps），部分城市达到100Mbps，农村家庭宽带接入能力达到4Mbps，行政村通宽带比例达到95%。智慧城市建设取得长足进展。

信息消费市场健康活跃。面向生产、生活和管理的信息产品和服务更加丰富，创新更加活跃，市场竞争秩序规范透明，消费环境安全可信，信息消费示范效应明显，居民信息消费的选择更加丰富，消费意愿进一步增强。企业信息化应用不断深化，公共服务信息需求有效拓展，各类信息消费的需求进一步释放。

二、加快信息基础设施演进升级

（四）完善宽带网络基础设施。发布实施“宽带中国”战略，加快宽带网络升级改造，推进光纤入户，统筹提高城乡宽带网络普及水平和接入能力。开展下一代互联网示范城市建设，推进下一代互联网规模化商用。推进下一代广播电视网规模建设。完善电信普遍服务补偿机制，加大支持力度，促进提供更广泛的电信普遍服务。持续推进电信基础设施共建共享，统筹互联网数据中心（IDC）等云计算基础设施布局。各级人民政府要将信息基础设施纳入城乡建设和土地利用规划，给予必要的政策资金支持。

（五）统筹推进移动通信发展。扩大第三代移动通信（3G）网络覆盖，优化网络结构，提升网络质量。根据企业申请情况和具备条件，推动于2013年内发放第四代移动通信（4G）牌照。加快推进我国主导的新一代移动通信技术时分双工模式移动通信长期演进技术（TD－LTE）网络建设和产业化发展。

（六）全面推进三网融合。加快电信和广电业务双向进入，在试点基础上于2013年下半年逐步向全国推广。推动中国广播电视网络公司加快组建，推进电信网和广播电视网基础设施共建共享。加快推动地面数字电视覆盖网建设和高清交互式电视网络设施建设，加快广播电视模数转换进程。鼓励发展交互式网络电视(IPTV)、手机电视、有线电视网宽带服务等融合性业务，带动产业链上下游企业协同发展，完善三网融合技术创新体系。

三、增强信息产品供给能力

(七)**鼓励智能终端产品创新发展**。面向移动互联网、云计算、大数据等热点，加快实施智能终端产业化工程，支持研发智能手机、智能电视等终端产品，促进终端与服务一体化发展。支持数字家庭智能终端研发及产业化，大力推进数字家庭示范应用和数字家庭产业基地建设。鼓励整机企业与芯片、器件、软件企业协作，研发各类新型信息消费电子产品。支持电信、广电运营单位和制造企业通过定制、集中采购等方式开展合作，带动智能终端产品竞争力提升，夯实信息消费的产业基础。

(八)**增强电子基础产业创新能力**。实施平板显示工程，推动平板显示产业做大做强，加快推进新一代显示技术突破，完善产业配套能力。以重点整机和信息化应用为牵引，依托国家科技计划(基金、专项)和重大工程，大力提升集成电路设计、制造工艺技术水平。支持地方探索发展集成电路的融资改革模式，利用现有财政资金渠道，鼓励和支持有条件的地方政府设立集成电路产业投资基金，引导社会资金投资集成电路产业，有效解决集成电路制造企业融资瓶颈。支持智能传感器及系统核心技术的研发和产业化。

(九)**提升软件业支撑服务水平**。加强智能终端、智能语音、信息安全等关键软件的开发应用，加快安全可信关键应用系统推广。面向企业信息化需求，突破核心业务信息系统、大型应用系统等的关键技术，开发基于开放标准的嵌入式软件和应用软件，加快产品生命周期管理(PLM)、制造执行管理系统(MES)等工业软件产业化。加强工业控制系统软件开发和安全应用。加快推进企业信息化，提升综合集成应用和业务协同创新水平，促进制造业服务化。大力支持软件应用商店、软件即服务(SaaS)等服务模式创新。

四、培育信息消费需求

(十)**拓展新兴信息服务业态**。发展移动互联网产业，鼓励企业设立移动应用开发创新基金，推进网络信息技术与服务模式融合创新。积极推动云计算服务商业化运营，支持云计算服务创新和商业模式创新。面向重点行业和重点民生领域，开展物联网重大应用示范，提升物联网公共服务能力。加快推动北斗导航核心技术研发和产业化，推动北斗导航与移动通信、地理信息、卫星遥感、移动互联网等融合发展，支持位置信息服务(LBS)市场拓展。完善北斗导航基础设施，推进北斗导航服务模式和产品创新，在重点区域和交通、减灾、电信、能源、金融等重点领域开展示范应用，逐步推进北斗导航和授时的规模化应用。大力发展地理信息产业，拓宽地理信息服务市场。

(十一)**丰富信息消费内容**。大力发展数字出版、互动新媒体、移动多媒体等新兴文化产业，促进动漫游戏、数字音乐、网络艺术品等数字文化内容的消费。加快建立技术先进、传输便捷、覆盖广泛的文化传播体系，提升文化产品多媒体、多终端制作传播能力。加强数字文化内容产品和服务开发，建立数字内容生产、转换、加工、投送平台，丰富信息消费内容产品供给。加强基于互联网的新兴媒体建设，实施网络文化信息内容建设工程，推动优秀文化产品网络传播，鼓励各类网络文化企业生产提供健康向上的信息内容。

(十二)拓宽电子商务发展空间。完善智能物流基础设施，支持农村、社区、学校的物流快递配送点建设。各级人民政府要出台仓储建设用地、配送车辆管理等方面的鼓励政策。大力发展移动支付等跨行业业务，完善互联网支付体系。加快推进电子商务示范城市建设，实施可信交易、网络电子发票等电子商务政策试点。支持网络零售平台做大做强，鼓励引导金融机构为中小网商提供小额贷款服务，推动中小企业普及应用电子商务。拓展移动电子商务应用，积极培育城市社区、农产品电子商务。建设跨境电子商务通关服务平台和外贸交易平台，实施与跨境电子商务相适应的监管措施，鼓励电子商务“走出去”。

五、提升公共服务信息化水平

(十三)促进公共信息资源共享和开发利用。制定公共信息资源开放共享管理办法，推动市政公用企事业单位、公共服务事业单位等机构开放信息资源。加快启动政务信息共享国家示范省市建设，鼓励引导公共信息资源的社会化开发利用，挖掘公共信息资源的经济社会效益。支持电信和广电运营企业、互联网企业、软件企业和广电播出机构发挥优势，参与公共服务云平台建设运营。加快推进国家政务信息化工程建设，建立完善国家基础信息资源和政府信息资源，建立政府公共服务信息平台，整合多部门资源，提高共享能力，促进互联互通，有效提高公共服务水平。

(十四)提升民生领域信息服务水平。加快实施“信息惠民”工程，提升公共服务均等普惠水平。推进优质教育信息资源共享，实施教育信息化“三通工程”，加快建设教育信息基础设施和教育资源公共服务平台。推进优质医疗资源共享，完善医疗管理和服务信息系统，普及应用居民健康卡、电子健康档案和电子病历，推广远程医疗和健康管理、医疗咨询、预约诊疗服务。推进养老机构、社区、家政、医疗护理机构协同信息服务。建立公共就业信息服务平台，加快就业信息全国联网。加快社会保障公共服务体系建设，推进社会保障一卡通，建设医保费用中央和省级结算平台，推进医保费用跨省即时结算。规范互联网食品药品交易行为，推进食品药品网上阳光采购，强化质量安全。提高面向残疾人的信息无障碍服务能力。大力推进广播电视“户户通”工程，提升广播电视公共服务水平。推进地理信息公共服务平台建设。完善农村综合信息服务体系，加强涉农信息资源整合。大力推进金融集成电路卡(IC卡)在公共服务领域的一卡多应用。

(十五)加快智慧城市建设。在有条件的城市开展智慧城市试点示范建设。各试点城市要出台鼓励市场化投融资、信息系统服务外包、信息资源社会化开发利用等政策。支持公用设备设施的智能化改造升级，加快实施智能电网、智能交通、智能水务、智慧国土、智慧物流等工程。鼓励各类市场主体共同参与智慧城市建设。在国务院批准发行的地方政府债券额度内，由各省、自治区、直辖市人民政府统筹考虑安排部分资金用于智慧城市建设。鼓励符合条件的企业发行募集资金用于智慧城市建设的企业债。

六、加强信息消费环境建设

(十六)构建安全可信的信息消费环境基础。大力推进身份认证、网站认证和电子签名等网络信任服务，推行电子营业执照。推动互联网金融创新，规范互联网金融服务，开展非金融机构支付业务设施认证，建设移动金融安全可信公共服务平台，推动多层次支付体系的发展。推进国家基础数据库、金融信用信息基础数据库等数据库的协同，支持社会信用体系建设。

(十七)提升信息安全保障能力。依法加强信息产品和服务的检测和认证，鼓励企业开发技术先进、性能可靠的信息技术产品，支持建立第三方安全评估与监测机制。加强与终端产品相连接的集成平台的建设和管理，引导信息产品和服务发展。加强应用商店监管。加强政府和涉密信息系统安全管理，保障重要信息系统互联互通和部门间信息资源共享安全。落实信息安全等级保护制度，加强网络与信息安全监管，提升网络与信息安全监管能力和系统安全防护水平。

(十八)加强个人信息保护。落实全国人大常委会关于加强网络信息保护的决定，积极推动出台网络信息安全、个人信息保护等方面的法律制度，明确互联网服务提供者保护用户个人信息的义务，制定用户个人信息保护标准，规范服务商对个人信息收集、储存及使用。

(十九)规范信息消费市场秩序。依法加强对信息服务、网络交易行为、产品及服务质量等的监管，查处侵犯知识产权、网络欺诈等违法犯罪行为。加强从业规范宣传，引导企业诚信经营，切实履行社会责任，抵制排挤或诋毁竞争对手、侵害消费者合法权益等违法行为。强化行业自律机制，积极发挥行业协会作用，鼓励符合条件的第三方信用服务机构开展商务信用评估。完善企业争议调解机制，防止企业滥用市场支配地位等不正当竞争行为。进一步拓宽和健全消费维权渠道，强化社会监督。

七、完善支持政策

(二十)深化行政审批制度改革。严格控制新增行政审批项目。对现有涉及信息消费的审批、核准、备案等行政审批事项评估清理，最大限度缩小范围，着重减少非行政许可审批和资质资格许可，着力消除阻碍信息消费的各种行业性、地区性、经营性壁垒。在已取消部分行政审批项目的基础上，年底前再取消或下放电信资费、计算机信息系统集成企业资质认定、信息系统工程监理单位资质认证和监理工程师资格认定等一批行政审批事项和行政管理事项。优化确需保留的行政审批程序，推行联合审批、一站式服务、限时办结和承诺式服务。按照“先照后证、宽进严管”思路，加快推进注册资本认缴登记制度，降低互联网企业设立门槛。

(二十一)加大财税政策支持力度。完善高新技术企业认定管理办法，经认定为高新技术企业的互联网企业依法享受相应的所得税优惠税率。落实企业研发费用税前加计扣除政策，合理扩大加计扣除范围。积极推进邮电通信业营业税改增值税改革试点。进一步落实鼓励软件和集成电路产业发展的若干政策。加大现有支持小微企业税收政策落实力度，切实减轻互联网小微企业负担。研究完善无线电频率占用费政策，支持经济社会信息化建设。

(二十二)切实改善企业融资环境。金融机构应当按照支持小微企业发展的各项金融政策，对互联网小微企业予以优先支持。鼓励创新型、成长型互联网企业在创业板等上市，稳步扩大企业债、公司债、中期票据和中小企业私募债券发行。探索发展并购投资基金，规范发展私募股权投资基金、风险投资基金创新产品，完善信息服务业创业投资扶持政策。鼓励金融机构针对互联网企业特点创新金融产品和服务方式，开展知识产权质押融资。鼓励融资性担保机构帮助互联网小微企业增信融资。

（二十三）改进和完善电信服务。建立健全基础电信运营企业与互联网企业、广电企业、信息内容供应商等合作和公平竞争机制，规范企业经营行为，加强资费监管。基础电信运营企业要增强基础电信服务能力，实现电信资费合理下降和透明收费。鼓励民间资本参与宽带网络基础设施建设，扩大民间资本开展移动通信转售业务试点，支持民间资本在互联网领域投资，加快落实民间资本经营数据中心业务相关政策，简化数据中心牌照发放审批程序，鼓励民间资本以参股方式进入基础电信运营市场。完善电信、互联网监管制度和技术手段，保障企业实现平等接入，用户实现自主选择。

（二十四）加强法律法规和标准体系建设。推动修订商标法、消费者权益保护法、标准化法、著作权法等法律，加快修订互联网信息服务管理办法、商用密码管理条例等行政法规。加快重点及新兴信息消费领域产品、服务标准体系建设，发挥标准对产业发展的支撑作用。加大知识产权保护力度，引导标准、专利等产业联盟健康有序发展。

（二十五）开展信息消费统计监测和试点示范。科学制定信息消费的统计分类和标准，开展信息消费统计和监测。加强信息平台建设，保证统计数据的可用性、可信性和时效性。加强运行分析，实时向社会发布相关信息，合理引导消费预期。在有条件的地区开展信息消费试点示范市（县、区）建设，支持新型信息消费示范项目建设，鼓励地方各级人民政府因地制宜研究制定促进信息消费的优惠政策。

各地区、各部门要按照本意见的要求，进一步认识促进信息消费对扩大内需的积极作用，切实加强组织领导和协调配合，明确任务落实责任，尽快制定具体实施方案，完善和细化相关政策措施，扎实做好相关工作，确保取得实效。

国务院

2013 年 8 月 8 日

资料来源：温战强，房桂喜，杨道玲．2013．信息化法规政策选编．北京：中国林业出版社．

《国务院办公厅关于政府向社会力量购买服务的指导意见》（国办发〔2013〕96 号）、《财政部关于做好政府购买服务工作有关问题的通知》（财综〔2013〕111 号）等文件，则进一步完善了我国信息资源开发利用的政策保障体系，为深化数据挖掘、促进政府购买信息服务等提供了政策依据（专栏 9-6、9-7）。

专栏 9-6

国务院办公厅关于政府向社会力量购买服务的指导意见

国办发〔2013〕96 号

各省、自治区、直辖市人民政府，国务院各部委、各直属机构：

党的十八大强调，要加强和创新社会管理，改进政府提供公共服务方式。新一届国务院对进一步转变政府职能、改善公共服务做出重大部署，明确要求在公共服务领域更多利用社会力量，加大政府购买服务力度。经国务院同意，现就政府向社会力量购买服务提出以下指导意见。

一、充分认识政府向社会力量购买服务的重要性

改革开放以来，我国公共服务体系和制度建设不断推进，公共服务提供主体和提供方式逐步多样化，初步形成了政府主导、社会参与、公办民办并举的公共服务供给模式。同时，与人民群众日益增长的公共服务需求相比，不少领域的公共服务存在质量效率不高、规模不足和发展不平衡等突出问题，迫切需要政府进一步强化公共服务职能，创新公共服务供给模式，有效动员社会力量，构建多层次、多方式的公共服务供给体系，提供更加方便、快捷、优质、高效的公共服务。政府向社会力量购买服务，就是通过发挥市场机制作用，把政府直接向社会公众提供的一部分公共服务事项，按照一定的方式和程序，交由具备条件的社会力量承担，并由政府根据服务数量和质量向其支付费用。近年来，一些地方立足实际，积极开展向社会力量购买服务的探索，取得了良好效果，在政策指导、经费保障、工作机制等方面积累了不少好的做法和经验。

实践证明，推行政府向社会力量购买服务是创新公共服务提供方式、加快服务业发展、引导有效需求的重要途径，对于深化社会领域改革，推动政府职能转变，整合利用社会资源，增强公众参与意识，激发经济社会活力，增加公共服务供给，提高公共服务水平和效率，都具有重要意义。地方各级人民政府要结合当地经济社会发展状况和人民群众的实际需求，因地制宜、积极稳妥地推进政府向社会力量购买服务工作，不断创新和完善公共服务供给模式，加快建设服务型政府。

二、正确把握政府向社会力量购买服务的总体方向

（一）指导思想。以邓小平理论、“三个代表”重要思想、科学发展观为指导，深入贯彻落实党的十八大精神，牢牢把握加快转变政府职能、推进政事分开和政社分开、在改善民生和创新管理中加强社会建设的要求，进一步放开公共服务市场准入，改革创新公共服务提供机制和方式，推动中国特色公共服务体系建设和发展，努力为广大人民群众提供优质高效的公共服务。

（二）基本原则。

——积极稳妥，有序实施。立足社会主义初级阶段基本国情，从各地实际出发，准确把握社会公共服务需求，充分发挥政府主导作用，有序引导社会力量参与服务供给，形成改善公共服务的合力。

——科学安排，注重实效。坚持精打细算，明确权利义务，切实提高财政资金使用效率，把有限的资金用在刀刃上，用到人民群众最需要的地方，确保取得实实在在的成效。

——公开择优，以事定费。按照公开、公平、公正原则，坚持费随事转，通过竞争择优的方式选择承接政府购买服务的社会力量，确保具备条件的社会力量平等参与竞争。加强监督检查和科学评估，建立优胜劣汰的动态调整机制。

——改革创新，完善机制。坚持与事业单位改革相衔接，推进政事分开、政社分开，放开市场准入，释放改革红利，凡社会能办好的，尽可能交给社会力量承担，有效解决一些领域公共服务产品短缺、质量和效率不高等问题。及时总结改革实践经验，借鉴国外有益成果，积极推动政府向社

会力量购买服务的健康发展，加快形成公共服务提供新机制。

（三）目标任务。“十二五”时期，政府向社会力量购买服务工作在各地逐步推开，统一有效的购买服务平台和机制初步形成，相关制度法规建设取得明显进展。到2020年，在全国基本建立比较完善的政府向社会力量购买服务制度，形成与经济社会发展相适应、高效合理的公共服务资源配置体系和供给体系，公共服务水平和质量显著提高。

三、规范有序开展政府向社会力量购买服务工作

（一）购买主体。政府向社会力量购买服务的主体是各级行政机关和参照公务员法管理、具有行政管理职能的事业单位。纳入行政编制管理且经费由财政负担的群团组织，也可根据实际需要，通过购买服务方式提供公共服务。

（二）承接主体。承接政府购买服务的主体包括依法在民政部门登记成立或经国务院批准免予登记的社会组织，以及依法在工商管理或行业主管部门登记成立的企业、机构等社会力量。承接政府购买服务的主体应具有独立承担民事责任的能力，具备提供服务所必需的设施、人员和专业技术的能力，具有健全的内部治理结构、财务会计和资产管理制度，具有良好的社会和商业信誉，具有依法缴纳税收和社会保险的良好记录，并符合登记管理部门依法认定的其他条件。承接主体的具体条件由购买主体会同财政部门根据购买服务项目的性质和质量要求确定。

（三）购买内容。政府向社会力量购买服务的内容为适合采取市场化方式提供、社会力量能够承担的公共服务，突出公共性和公益性。教育、就业、社保、医疗卫生、住房保障、文化体育及残疾人服务等基本公共服务领域，要逐步加大政府向社会力量购买服务的力度。非基本公共服务领域，要更多更好地发挥社会力量的作用，凡适合社会力量承担的，都可以通过委托、承包、采购等方式交给社会力量承担。对应当由政府直接提供、不适合社会力量承担的公共服务，以及不属于政府职责范围的服务项目，政府不得向社会力量购买。各地区、各有关部门要按照有利于转变政府职能，有利于降低服务成本，有利于提升服务质量水平和资金效益的原则，在充分听取社会各界意见基础上，研究制定政府向社会力量购买服务的指导性目录，明确政府购买的服务种类、性质和内容，并在总结试点经验基础上，及时进行动态调整。

（四）购买机制。各地要按照公开、公平、公正原则，建立健全政府向社会力量购买服务机制，及时、充分向社会公布购买的服务项目、内容以及对承接主体的要求和绩效评价标准等信息，建立健全项目申报、预算编报、组织采购、项目监管、绩效评价的规范化流程。购买工作应按照政府采购法的有关规定，采用公开招标、邀请招标、竞争性谈判、单一来源、询价等方式确定承接主体，严禁转包行为。购买主体要按照合同管理要求，与承接主体签订合同，明确所购买服务的范围、标的、数量、质量要求，以及服务期限、资金支付方式、权利义务和违约责任等，按照合同要求支付资金，并加强对服务提供全过程的跟踪监管和对服务成果的检查验收。承接主体要严格履行合同义务，按时完成服务项目任务，保证服务数量、质量和效果。

（五）资金管理。政府向社会力量购买服务所需资金在既有财政预算安排中统筹考虑。随着政府提供公共服务的发展所需增加的资金，应按照预算管理要求列入财政预算。要严格资金管理，确保公开、透明、规范、有效。

（六）绩效管理。加强政府向社会力量购买服务的绩效管理，严格绩效评价机制。建立健全由购买主体、服务对象及第三方组成的综合性评审机制，对购买服务项目数量、质量和资金使用绩效等进行考核评价。评价结果向社会公布，并作为以后年度编制政府向社会力量购买服务预算和选择政府购买服务承接主体的重要参考依据。

四、扎实推进政府向社会力量购买服务工作

（一）加强组织领导。推进政府向社会力量购买服务，事关人民群众切身利益，是保障和改善民生的一项重要工作。地方各级人民政府要把这项工作列入重要议事日程，加强统筹协调，立足当地实际认真制定并逐步完善政府向社会力量购买服务的政策措施和实施办法，并抄送上一级政府财政部门。财政部要会同有关部门加强对各地开展政府向社会力量购买服务工作的指导和监督，总结推广成功经验，积极推动相关制度法规建设。

（二）健全工作机制。政府向社会力量购买服务，要按照政府主导、部门负责、社会参与、共同监督的要求，确保工作规范有序开展。地方各级人民政府可根据本地区实际情况，建立"政府统一领导，财政部门牵头，民政、工商管理以及行业主管部门协同，职能部门履职，监督部门保障"的工作机制，拟定购买服务目录，确定购买服务计划，指导监督购买服务工作。相关职能部门要加强协调沟通，做到各负其责、齐抓共管。

（三）严格监督管理。各地区、各部门要严格遵守相关财政财务管理规定，确保政府向社会力量购买服务资金规范管理和使用，不得截留、挪用和滞留资金。购买主体应建立健全内部监督管理制度，按规定公开购买服务相关信息，自觉接受社会监督。承接主体应当健全财务报告制度，并由具有合法资质的注册会计师对财务报告进行审计。财政部门要加强对政府向社会力量购买服务实施工作的组织指导，严格资金监管，监察、审计等部门要加强监督，民政、工商管理以及行业主管部门要按照职能分工将承接政府购买服务行为纳入年检、评估、执法等监管体系。

（四）做好宣传引导。地方各级人民政府和国务院有关部门要广泛宣传政府向社会力量购买服务工作的目的、意义、目标任务和相关要求，做好政策解读，加强舆论引导，主动回应群众关切，充分调动社会参与的积极性。

国务院办公厅

2013 年 9 月 26 日

资料来源：温战强，房桂喜，杨道玲．2013. 信息化法规政策选编．北京：中国林业出版社．

专栏 9-7

财政部关于做好政府购买服务工作有关问题的通知

财综〔2013〕111 号

国务院各部委、直属各机构，各省、自治区、直辖市、计划单列市财政厅（局），新疆建设兵团财务局，财政部驻各省、自治区、直辖市、计划单列市财政监察专员办事处：

为贯彻落实党的十八届三中全会精神和《国务院办公厅关于政府向社会力量购买服务的指导意见》(国办发〔2013〕96号，以下简称《指导意见》)，加快推进政府购买服务工作，现就有关事项通知如下：

一、充分认识推进政府购买服务工作的重要性和紧迫性

推进政府购买服务是新时期全面深化改革的必然要求。当前，我国发展进入新阶段，社会结构、利益格局、思想观念发生了深刻变化，人民群众日益增长的公共服务需求对政府管理和服务模式提出了新要求。在全面深化改革的关键时期，大力推进政府购买服务，逐步建立健全政府购买服务制度，是正确处理政府和市场、社会的关系，建设服务型政府，推进国家治理体系和治理能力现代化的客观要求；是创新公共服务供给方式、提高公共服务供给水平和效率的迫切需要；是培育和引导社会组织、加快服务业发展、扩大服务业开放、引导有效需求的重要举措，对于深化社会领域改革，推动政府职能转变，整合利用社会资源，增强公众参与意识，激发经济社会活力，提高财政资金使用效益，为人民群众提供更加优质的公共服务具有重要意义。

党中央、国务院高度重视政府购买服务工作，做出了一系列部署和要求。党的十八大强调要改进政府提供公共服务方式，新一届国务院明确要求在公共服务领域更多利用社会力量，加大政府购买服务力度，党的十八届三中全会通过的《中共中央关于全面深化改革若干重大问题的决定》明确提出，推广政府购买服务，凡属事务性管理服务，原则上都要引入竞争机制，通过合同、委托等方式向社会购买。国务院领导多次做出重要批示，要求财政部会同有关部门抓紧推进政府购买公共服务改革。

当前和今后一个时期，大力推进政府购买服务是贯彻落实三中全会精神和《指导意见》的一项重要工作任务。《指导意见》是推动我国政府购买服务工作的重要指导性文件，各地区、各部门要认真学习领会、准确把握精神，将思想和行动统一到党中央、国务院的决策部署上来，统一到《指导意见》的精神上来，将推进政府购买服务工作摆在发展改革的重要位置，增强紧迫感、使命感和责任感，按照中央的部署和要求，积极稳妥、扎实有效地开展工作，确保《指导意见》顺利实施。

二、积极有序推进政府购买服务工作

《指导意见》的基本定位是注重原则性、方向性、统筹性和指导性，既鼓励支持地方和部门先行先试，发挥做好政府购买服务工作的主动性、积极性和创新精神，也明确了工作的总体目标和基本要求。根据《指导意见》的精神，目前，为进一步做好顶层设计，财政部正抓紧研究政府购买服务管理办法以及相关预算、政府采购、税收等具体政策措施。各地区、各部门要结合实际，积极行动起来，主动部署开展工作，抓紧制定相关政策文件，尽快形成中央和地方共同推进购买服务工作的氛围和机制。

(一)坚持正确方向，积极探索创新。开展政府购买服务工作要以改革的决心和勇气，正确处理当前和长远、全局和局部的关系，正确对待利益格局调整，不拖不等不靠，积极创新，大胆探索。要根据《指导意见》精神，抓紧制定本地区、本部门政府购买服务的实施意见、办法和具体措施，尽快形成中央与地方衔接配套、操作性强的政府购买服务政策体系。已经出台相关文件的，要对照《指

导意见》进一步细化和完善相关政策措施，不断健全与本地经济社会发展相适应的政府购买服务制度体系。尚未出台政策性文件的，要按照《指导意见》要求，结合工作实际，在调查研究基础上，抓紧研究针对性的政策措施和办法，积极探索试点，积累经验，逐步推开。

(二)坚持突出重点，稳妥有序推广。要结合实际，在准确把握公众需求的基础上，全面梳理并主动提出购买服务的内容和事项，精心研究制定指导性目录，明确购买的服务种类、性质和内容。在公共服务需求日趋多样化的形势下，应突出公共性和公益性，重点考虑、优先安排与保障和改善民生密切相关的领域和项目，把有限的财政资金用到人民群众最需要的地方。对于政府新增的或临时性、阶段性的公共服务事项，凡适合社会力量承担的，原则上都按照政府购买服务的方式进行。看得准、拿得稳的先推下去，一时看不准、有疑问的要深入研究，条件成熟了再推进。要通过购买服务，推动政府简政放权，防止"大包大揽"。要确保政府全面正确履行职能，防止"卸包袱"，将应当由政府直接提供、不适合社会力量承担的公共服务事项推向市场。购买服务的范围、内容和目录应倾听群众呼声，反映群众意愿，根据经济社会和政府职能的发展变化，及时进行动态调整。

(三)坚持规范操作，完善购买程序。要按照公开、公平、公正的原则，完善政府购买服务的各项程序规定，建立以项目申报、项目评审、组织采购、资质审核、合同签订、项目监管、绩效评估、经费兑付等为主要内容的规范化购买流程，有序开展工作。要将政府购买服务资金纳入预算，并严格资金管理，加强绩效评价。要及时充分地向社会公开购买服务的项目内容、承接主体条件、绩效评价标准等信息，确保社会力量公平参与竞争，严禁层层转包、豪华购买、暗箱操作等违规违法行为，筑牢预防腐败的制度防线。

(四)坚持政策衔接，注重建章立制。要处理好积极推进和制度建设的关系，做好相关政策的完善和相互衔接。既要考虑当前政府购买服务工作的重点是鼓励和推进改革，在坚持大的原则不变和透明预算的前提下，注重研究解决现行政府采购、预算编制、会计处理等技术性管理难题，必要时可适当做出政策调整，为政府购买服务工作的顺利推进创造条件；又要兼顾长远，在实践中不断总结经验，注重体制机制建设，为将来建立购买服务制度打基础。同时，要做好政府购买服务与事业单位分类改革、行业协会商会脱钩等相关改革的衔接，按照国务院关于"财政供养人员只减不增"的要求，在有效增加公共服务供给的同时，积极研究探索通过政府购买服务方式支持改革的政策措施，实现"费随事转"。要通过政府购买服务，推动公办事业单位与主管部门理顺关系和去行政化，推进有条件的事业单位转为企业或社会组织，坚决防止一边购买服务，一边又养人办事、"两头占"的现象发生。

三、切实加强对政府购买服务工作的组织实施

推广政府购买服务是一项新的综合性改革工作，是全面深化改革的重要举措和方向，政策性强，涉及面广，任务艰巨，要用发展的眼光、改革的理念切实加强对这项工作的组织实施。

(一)加强组织领导。各地区、各部门要按照政府主导、部门负责、社会参与、共同监督的要求，切实加强对政府购买服务的组织和指导。要尽快建立工作机制，制定工作计划和实施方案，扎实推进。同时，加强对下一级政府购买服务的指导，督促其积极开展工作。

(二)发挥牵头作用。各地区、各部门财政(务)部门要切实履行职责，发挥好牵头作用，当好参

谋助手，加强沟通协调，形成工作合力。各地财政部门要尽快明确牵头处室，明确分工，落实责任。中央国家机关各部门要尽快明确牵头司局和责任处室，积极支持配合财政部统筹推进政府购买服务工作，并主动做好本部门、本行业、本系统相关工作。

（三）加强培训宣传。各地区、各部门要切实加大宣传和培训力度，确保广大干部群众及相关社会力量负责人、工作人员了解、熟悉和掌握有关背景知识、政策措施及操作规范。要充分利用广播、电视、网络、报刊等媒体，广泛宣传实施政府购买服务工作的重要意义、指导思想、基本原则和主要政策措施，为推进工作营造良好的舆论环境。

各地区、各部门要按照党的群众路线教育实践活动要求，切实加强调查研究，认真总结好经验、好做法，及时发现并解决实施过程中出现的问题，逐步完善政策措施和制度设计，确保近期工作取得实质性进展，中长期形成比较完善的政府购买服务制度体系。各地区、各部门的工作进展情况、工作中遇到的新情况和重大问题，以及有关意见和建议，请及时报财政部，以便统筹研究解决。

财政部

2013 年 12 月 4 日

资料来源：财政部．2013－12－09．财政部关于做好政府购买服务工作有关问题的通知．http：//www．gov．cn/gzdt/2013－12/09/content_ 2545041．htm．

我国是世界上第一个提出信息消费概念的国家，这反映出党和政府对信息化认识的新的跃升，必将对推进云计算、物联网、移动互联网、大数据等新一代信息技术应用，挖掘“数据金矿”、调整产业结构、壮大信息产业、提升综合国力产生深远影响（专栏 9-8）。

专栏 9-8

信息消费是新增力量

中国工程院院士、中国互联网协会理事长　邬贺铨

信息消费不可能代替实体经济，所以它也不可能是最重要的拉动力量，但会成为 GDP 里最重要的新增力量。

自 2013 年国家提出信息消费的概念后，信息消费对国民经济的拉动作用逐渐被人们关注。作为世界上第一个提出信息消费概念的国家，虽然全世界的国家都在发展此类消费，但中国的信息消费对于 GDP 有着独特的拉动作用。

2013 年 8 月 14 日，国务院印发《关于促进信息消费扩大内需的若干意见》，除了制定到 2015 年信息消费规模超过 3.2 亿元的目标外，还首次提出将完善 7 大类支持政策，进一步促进相关产业的健康发展。业内预计，到“十二五”末，我国信息消费市场规模有望突破 5 亿元大关，信息消费将成为新的经济增长点。

中国工程院院士邬贺铨在接受《中国经济和信息化》记者采访时表示，信息消费虽然不足以成为

最重要的拉动力量，但一定会成为日后越来越重要的新增力量。

CEI：信息消费目前在国内的定义还不够清楚，许多消费者会认为网购就是信息消费，你如何定义信息消费？作为全世界第一个提出此概念的国家，提出信息消费是出于怎样的考虑？

邬贺铨：从信息消费本身的界限来看，实际上这个定义并不清楚。所谓消费是说产品和服务，消费什么样的东西才是信息消费，我认为买信息产品的消费才是信息消费。买手机、电视、电脑、平板电脑等各种信息产品是信息消费。这种消费原本就有，但是现在单独拉出来，这是信息消费的重要部分。

当然，还有服务性的消费。比如打电话、上网，这些服务都是需要用户支付给运营商一定的费用。而这部分服务原来也有，现在也被算进信息消费。它是消费里面的一个组成部分，但这样的定义也有不准确的地方。

除此之外，对于电子商务是不是信息消费一直有争议。用户在网上订购手机、计算机都是信息消费，因为最后购买的是信息产品，但是并不是所有的电子商务都是信息消费。电子商务是一种以信息技术的方式购买的消费，可消费者买的不一定是信息产品。在网络上购买衣服、买鞋，这些不是信息产品的购买行为，就不能纳入范围，因为它们只是用了信息消费的手段购买。如果所有网购都是信息消费的话就夸大了。

中国之所以提出来信息消费，是因为我们想扩大、增加此类消费的规模。过去，拉动消费的是住房、汽车。可现在住房属于调控，汽车的发展在有些地方被限号，另外，受到交通和 pm2.5 的压力，汽车的发展也受到了很多限制。所以这两方面就没有再像以前那么大的拉动能力，于是政府就想在信息消费上重点发展。

信息消费的体量不小，如今 4G 牌照发放又带来了很好的发展机遇。中国的互联网用户有 11 亿左右，如果一半的人都用 4G 手机，一部手机是 2000 元的话，就是十万亿元的规模。从体量上考虑，政府认为应该加大信息消费，这是从本身带动消费考虑的。另外，政府拉动信息消费是为了提升全社会的信息化水平。它会带动其他产业的发展，比如有了很好的信息终端，会给学习生活带来更多方便。一般认为技术本身带动的间接效益会比大多数行业更大。所以在这点上，政府发布关于促进信息消费的意见，出台一些促进信息消费的政策，符合现在社会信息化潮流，也是抓住了信息发展的一个很重要的因素。这是信息化发展的趋势，是一举几得的行为。

国家提出来这个概念是很好的事情。很多人在问外国为什么不提，因为从国外来看，信息上消费的比例已经很多了。国内网民抱怨网费贵、通讯贵。我们国家通讯上的支出在人均上的比率是 6% 到 8%，而美国只有 4%，但是国外整个电信的服务额度比我们高得多，又因为价格便宜，导致国外的使用频繁度很高。所以在这个问题上，中国的用量还是比较小的，还有要拉动的空间。国家这么做的另一个原因是因为中国人口众多。如果每个人都增加使用和购买力，信息消费的总量就上去了。尽管中国的汽车普及率不及美国高，但是中国的增长空间受到城市的限制，不如美国增长快。虽然美国汽车多，并且在不断地更新。双方的国情不同，在中国，提信息消费就很有自身的道理和发展意义。

CEI：信息消费在很早以前就已经出现，这么多年的发展中，信息消费有没有遇到哪些瓶颈？为了迎接未来更快的发展，有哪些问题是需要现在开始着手解决？

邬贺铨：瓶颈是有的。现在卖得最好的是手机终端，我们希望拉动效果最显著的是手机。因为手机的更换速度很快，一年多就会更换一次。但是电视机就换得非常慢，因为在家庭电视机达到了一定技术标准后，基本上短期内再换就很困难了。虽然现在电视产业也做了很多创新，比如LED等，未来的清晰度可能也会翻一倍，但是网络的发展很快，年轻人基本不看电视，所以我们不指望电视机有大的发展。

计算机也一样，因为计算机的使用需要具备一定的文化素养，不像手机是所有人都可以用的，更新换代也没有那么快。所以，目前最大的期望是在手机上。而且随着4G的发放，手机的换代也迎来了一个机会，只是换代的时间还有很多年，而且4G发放也遇到了很多的瓶颈。

另外，消费者用手机并不是为了打电话，更多的是为了移动互联网。因为这里面涉及很多安全问题，而我们的手机操作系统，核心芯片基本都是国外的，因此也有很多安全的风险。如果不解决这个问题，大家也不会那么放心地去使用，这是个难题。

对于企业来说，要开发一些能使用户增值的服务。由于4G的使用，会让流量消耗变快，以前3G一个月包月的流量，在使用4G后可能十天就用完了。用户需要降价，但是运营商不喜欢降价。所以在这个问题上，我们就要思考，4G要靠什么来吸引用户使用。因此我们想到，能不能给用户产生增值服务，所以这里面有很多的开发需要做。

只是这类的开发工作不是提前想好就可以了，而是在应用的过程中慢慢持续地创新。这些都是信息消费发展中遇到的瓶颈和问题。

CEI：信息消费既然是拉动国民经济很重要的一个力量，这些瓶颈就需要解决。针对你提到的这些问题，有哪些工作是现阶段必须要做的？

邬贺铨：体制问题必须健全，而且必须是政府解决。频率700M能不能释放，谁说了都不算，必须是政府。一个地方宽带能不能进小区，老百姓是有疑惑的，这些都需要地方政府考虑。

发展移动互联网，包括大数据应用，很重要一点是数据能不能开放。政府是拥有数据最多的，因此政府一定要努力。十八届三中全会说企业是主体，但是政府也要引导。另外，我们要让企业去做创新，因为移动互联网不是预设好的，而是需要创新的，这些创新一般来说都是中小企业为主体。国内的中小企业没有担保，发展程度不够。中小企业资金也会遇到困难，用什么方式支持中小企业发展，这里面当然有政府的力量。可究竟怎么支持？

没有大批的中小企业很难真的发展信息消费，很难创新。而且在新一轮信息消费中，运营商能不能成为推动力量而不仅仅是旁观者，这也涉及运营商自身的改革。还有很重要的一点，互联网是个新兴产业，很多的法律是不完善的，也很难把实体的物理环境法律带进虚拟环境。毕竟虚拟环境与实体环境不一样，怎么界定什么可以做，什么不可以做，这里面既有政府的问题也有企业的问题。现在我们的法律很多，但是唯独没有电信法，没有网络法，没有广电法，因此，网络还是无法无天的。

我们很难去界定什么是用户数据，什么是隐私。不是所有的用户数据都是隐私，如果所有都是隐私，那么我们就空有数据而不能挖掘。如果屏蔽掉个体的数据，只把群体的行为推出来，这个跟隐私就没有关系。新出台的互联网金融，都是过去没有的。金融监管的体质怎么放到互联网金融里，这些都是我们在信息消费里需要思考，需要解决的。信息消费也可以和工业结合，怎么把信息技术用到产业上，两化融合很重要，只是现在并没有把这块放到信息消费里，它只是个工具。所以信息消费并不是信息化的全部。但是归根到底都是如何发展产业的问题，没有供给就没有需求。

CEI：虽然国家支持，消费者愿意买，但是信息消费的前景依然是模糊的，在未来几年中，信息消费的发展趋势如何？业内是否有过相关的预测？在如今的利好形势下，未来是否会出现企业一拥而上的局面？政府是否应该提前做好规范？

邬贺铨：立足在现阶段，我们很难去预测信息消费的前景。但是有一点可以肯定，随着信息化深入、信息化发展、人们收入的逐步增加，信息消费一定会继续发展。只是这个产业什么时候可以达到巅峰，什么时候会掉下来，无法判断。我认为信息消费这些年不会有太大的变化，既不会太快发展，也不可能停步不前。一定会发展，只是发展的快与慢的问题，信息消费一定会逐步增长，拉动 GDP 的比率也会越来越大。现在信息消费对于 GDP 的拉动是百分之二点几，这是直接拉动，间接拉动的比率就会更高。而且信息消费对于整个 GDP 的拉动力量会逐渐变大。至于以后的发展，企业一拥而至是很正常的，但是不用担心，因为市场会淘汰劣势企业，当然前提是政府不要过分地干涉。政府需要选择性地扶持，但是不要什么都扶持。从实际情况来看，已经有不少企业受到了国家的政策支持。如果政府要补贴，就要选择性补贴，选择部分企业，而非整个行业都得到补贴。

资料来源：邬贺铨. 2014－03－04. 信息消费是新增力量. http：//www. chinainfo100. net/document/ 201403/article12766. htm.

对我国林业来说，首先要从保护地球生态系统、维护国家生态安全的战略高度和发展生态林业、民生林业的全局角度，以及积极顺应信息时代发展潮流和公众民主意识、法制意识、经济意识、参与意识不断上升的视角，充分认识加强林业信息资源管理、深化林业数据挖掘、提升林业信息服务能力的重要性、必要性和紧迫性，摒弃落后保守的行业观念、部门利益等本位主义，然后采取法律、行政、经济、技术的等综合性政策措施加以推进。

要建立信息共享机制。信息交流是人类认识和改造世界的重要手段，没有信息交流就不会有今天的人类文明。一项事业、一个单位、一个人都是在与周围世界不断发生信息交互的过程中，不断汲取发展营养的，林业也不例外。因此，首先要广泛开展调研，梳理信息资源目录，建立信息资源目录体系，明确利益相关方的数据源、数据属性和交换共享需求。其次，要建立数据共享交换平台，借助信息化的手段，打通数据交换与共享的技术瓶颈。第三，要制定林业信息资源管理、信息资源目录建设管理、信息资源共享交换管理、信息资源开发利用管理等规章制度，明确工作边界和规则，将转变职能、转变作风，服务大局、服务基层、互利互惠等原则要求制度化、机制化。要认真落实“五个统一”原则，进一步明确由各级林业信息化主管部门负责统一管理公共基础数据、林业基础数据、政务管理数据以及各类业务成果数据，并按照相关规章制度和使用权限提供数据支持与共享交换服务。在这方面，北京、浙江、福建等地的相关制度可以作为参考（专栏9-9、9-10、9-11、9-12）。

专栏 9-9

北京市政务信息资源共享交换平台管理办法(试行)

(北京市信息化工作办公室　京信息办发〔2008〕13 号)

第一章　总则

第一条　为促进本市政务信息资源共享，规范北京市政务信息资源共享交换平台(以下简称市共享交换平台)的建设和管理工作，根据《北京市信息化促进条例》和《关于印发〈国家电子政务总体框架〉的通知》及相关政策的有关精神，结合本市的实际情况，制定本办法。

第二条　市共享交换平台是管理全市政务信息资源目录、支撑全市各政务部门开展政务信息资源共享交换的核心基础设施，具有目录管理与服务、基础信息资源共享服务、交换管理与服务、认证授权服务、共享监管服务等功能。

市共享交换平台由一个目录中心、多个目录节点和一个交换中心、多个交换节点构成。目录中心是市共享交换平台的目录管理中枢，具有管理目录节点，实现政务信息资源目录的管理与服务等功能。目录节点具有政务信息资源目录的登记、更新、发布和检索等基本功能。交换中心是市共享交换平台的交换管理中枢，具有管理交换节点和交换流程，实现政务信息资源的交换及监控管理等功能。交换节点具有政务信息资源的适配、转换和传输等功能。

第三条　市共享交换平台目录节点、交换节点的建设及其与目录中心、交换中心的对接与管理活动，以及区、县政务信息资源共享交换平台(以下简称区、县共享交换平台)与市共享交换平台的对接与管理活动，适用于本办法。

第四条　市和区、县共享交换平台的建设和管理应当遵循应用导向、逻辑集中、物理分散、安全可靠的原则。

第五条　市信息化主管部门负责市共享交换平台的统筹规划、组织建设和监督管理工作。

市信息资源管理中心负责市共享交换平台目录中心和交换中心的建设、对接与运维管理工作，以及市级国家机关交换节点软件的管理工作。

市级国家机关负责本部门目录节点和交换节点的建设、对接与运维管理工作。

各区、县信息化主管部门负责本区、县共享交换平台的统筹规划、组织建设、监督管理、运行维护及与市共享交换平台的对接工作。

第二章　平台管理要求

第六条　市级国家机关应当按照《政务信息资源共享交换平台技术规范》建设目录节点。目录节点应当与市目录中心实现对接。

第七条　市级国家机关应当按照《政务信息资源共享交换平台技术规范》建设交换节点。交换节点应当通过统一的交换节点软件与市交换中心实现对接。

第八条 各区、县共享交换平台建设的规划、设计和实施应当遵循《政务信息资源共享交换平台技术规范》，并与市共享交换平台实现对接。

第九条 市级国家机关和各区、县信息化主管部门应当按照《北京市政务信息资源共享交换平台对接工作流程》的相关要求开展对接工作。根据对接需要填写正式书面申报材料报市信息化主管部门，市信息化主管部门应当在10个工作日内答复。

第十条 市级国家机关应当在市共享交换平台登记其目录节点的在线链接地址信息，并按照《北京市政务信息资源目录建设管理办法(试行)》相关要求在市共享交换平台上登记、更新目录数据。

各区、县信息化主管部门应当在市共享交换平台登记本区、县共享交换平台目录中心的在线链接地址信息，并参照《北京市政务信息资源目录建设管理办法(试行)》相关要求在市共享交换平台上登记、更新目录数据。

第十一条 人口、法人、自然资源和地理空间等基础信息资源库的建设部门应当通过市共享交换平台为各级国家机关提供基础信息资源共享服务。

第十二条 市级国家机关间的政务信息资源共享交换应通过市共享交换平台进行。跨层级的政务信息资源共享交换应通过市和区、县两级共享交换平台进行。

市级国家机关应当负责本部门对外共享政务信息资源在交换节点的部署、管理、更新和安全保障等工作。各区、县信息化主管部门应当负责本区、县对外共享政务信息资源的部署、管理、更新和安全保障等工作。

市共享交换平台对政务信息资源共享交换实现情况进行记录，记录数据保留时间为两年。

第十三条 市级国家机关应当通过市共享交换平台的授权服务或本部门业务应用系统的授权功能，实施本部门对外共享政务信息资源的授权管理。

第十四条 通过市共享交换平台开展政务信息资源共享交换的需求方(以下简称需求方)和提供方(以下简称提供方)应当达成政务信息资源共享协议。

提供方应当按照政务信息资源共享协议确定的共享内容、更新频率等，通过市共享交换平台及时对外共享政务信息资源。

需求方应当按照政务信息资源共享协议的限定范围，使用通过市共享交换平台获取的政务信息资源，未经提供方允许不得共享给其他部门和个人。

第十五条 市共享交换平台实行信息安全等级保护制度，市共享交换平台目录中心和交换中心安全保护等级为第三级。

市级国家机关应当按照国家和本市信息安全等级保护相关规定进行目录节点和交换节点的安全定级，并根据要求配备相应的安全保障措施。

各区、县信息化主管部门应当按照国家和本市信息安全等级保护相关规定进行区、县共享交换平台的安全定级，并根据要求配备相应的安全保障措施。

第十六条 市共享交换平台的运行维护经费纳入市级财政相关部门预算，区、县共享交换平台的运行维护经费纳入区、县财政预算。

第十七条 市级国家机关目录节点和交换节点的建设与管理工作，以及各部门目录登记与更新情况、政务信息资源共享交换情况等依法纳入各部门的电子政务绩效考核。

各区、县共享交换平台建设与管理工作以及各区、县目录登记与更新情况、政务信息资源共享交换情况等依法纳入各区、县的电子政务绩效考核。

第三章 平台运行维护要求

第十八条 市信息资源管理中心应当确定专人负责目录中心、交换中心的日常运行工作，确保目录中心、交换中心正常运行。发生人员变更时，应当提前5个工作日通知市级国家机关和各区、县信息化主管部门。

市信息资源管理中心如需开展网络改造、服务器升级等工作，可能影响目录中心、交换中心正常运行时，应当提前5个工作日通知市级国家机关和各区、县信息化主管部门。

第十九条 市级国家机关应当确定专人负责目录节点、交换节点的日常运行工作，确保目录节点、交换节点正常运行。发生人员变更时，应当提前5个工作日通知市信息资源管理中心。

市级国家机关如需开展网络改造、服务器升级等工作，可能影响目录节点、交换节点正常运行时，应当提前5个工作日通知市信息资源管理中心。

第二十条 各区、县信息化主管部门应当确定专人负责区、县共享交换平台的日常运行工作，确保区、县共享交换平台正常运行。发生人员变更时，应当提前5个工作日通知市信息资源管理中心。

各区、县信息化主管部门如需开展网络改造、服务器升级等工作，可能影响区、县共享交换平台正常运行时，应当提前5个工作日通知市信息资源管理中心。

第四章 附则

第二十一条 市级国家机关可结合本部门实际，参照本办法制定本部门目录节点和交换节点管理办法。

各区、县信息化主管部门可结合本区、县实际，参照本办法制定本区、县共享交换平台管理办法。

第二十二条 承担行政管理职能的市级事业单位目录节点和交换节点的建设及其与市共享交换平台目录中心、交换中心的对接管理活动，参照本办法执行。

第二十三条 本办法自2008年8月1日起实施。

资料来源：温战强，房桂喜，杨道玲．2013．信息化法规政策选编．北京：中国林业出版社．

专栏 9-10

北京市政务信息资源目录建设管理办法(试行)

(北京市信息化工作办公室　京信息办发〔2008〕12 号)

第一章　总则

第一条　为加强本市政务信息资源管理，促进政府信息公开和政务信息共享，根据《北京市信息化促进条例》，制定本办法。

第二条　政务信息资源目录是以数据电文或纸质文档为载体，按照一定格式和标准，对国家机关在履行职责过程中制作或者能够获取的政务信息资源的基本情况进行描述的目录。

第三条　本办法适用于本市各级国家机关进行政务信息资源目录建设、使用以及相关管理活动。

第四条　市和区、县信息化主管部门负责指导、组织、协调、监督同级国家机关政务信息资源目录建设工作。

各国家机关应当加强政务信息资源目录建设工作，并明确政务信息资源目录建设的单位主管领导和具体实施部门。

第五条　根据政务信息资源的应用属性，政务信息资源目录以政务基础信息共享目录、部门政务信息资源目录、政务主题应用信息共享目录和政府信息公开目录的形式组织编制和展示。

第二章　目录建设责任

第六条　政务基础信息共享目录是涉及人口基础信息、法人基础信息、地理空间基础信息和宏观经济基础信息的目录。

市政务基础信息共享目录的建设工作由市信息化主管部门和基础数据库建设项目主责单位共同承担。

区、县政务基础信息共享目录的建设工作由区、县信息化主管部门和相关单位共同承担。

第七条　部门政务信息资源目录是各级国家机关的政务信息资源目录，部门政务信息资源目录由各级国家机关负责组织建设。

第八条　政务主题应用信息共享目录是与电子政务重点应用项目相关的共享信息资源的目录。政务主题应用信息共享目录的建设工作由电子政务重点应用项目的建设单位和相关部门共同承担。

第九条　政府信息公开目录是包括政府公开信息的索引、名称、内容概述、生成日期等内容的目录。政府信息公开目录的责任单位和建设要求按照国家和本市有关法规、文件的要求执行。

第三章　目录管理要求

第十条　各级国家机关应当对政务信息资源目录的应用、目录覆盖范围、目录内容构成和目录系统建设等内容进行统筹规划。

第十一条　各级国家机关在进行政务信息资源目录管理系统的建设、使用和维护中，应遵循《政务信息资源目录体系》(GB/T21063－2007)、《政务信息资源目录体系》(DB11/T337－2006)和政务信息资源共享交换平台技术规范的要求。

第十二条 各级国家机关应当按照《政务信息资源标识符编码方案》的要求，对本单位政务信息资源进行编码。

各级国家机关参照市信息化主管部门组织编制的有关政务信息资源目录的编目指南进行政务信息资源目录内容的编制。

第十三条 各级国家机关按照《中华人民共和国保守国家秘密法》和本市有关规定，对政务信息资源目录的发布进行保密审查。

第十四条 市级国家机关应将本单位所负责编制的政务信息资源目录及时在市政务信息资源共享交换平台登记，不宜登记的政务信息资源目录须向同级信息化主管部门予以说明。

区、县国家机关应将本单位所负责编制的政务信息资源目录及时在区、县政务信息资源共享交换平台或以其他形式登记，不宜登记的政务信息资源目录须向同级信息化主管部门予以说明。

各级国家机关应当在目录登记之前，将已有的各种形式的目录整合到部门政务信息资源目录中。

各级信息化主管部门指定本级政务信息资源目录登记受理单位进行技术标准和格式的检查，并将检查结果反馈给信息资源目录申请登记部门。

第十五条 各级国家机关应当通过同级政务信息资源共享交换平台或其他规定的形式发布政务信息资源目录。各级国家机关负责确定本单位政务信息资源目录的使用范围和使用者，并对使用者授权，使用者应当在授权范围内使用。

第十六条 各级国家机关负责对本单位发布的政务信息资源目录每半年进行一次目录内容更新、维护和整合，根据市信息化主管部门的要求调整目录的细化程度，对重要政务信息资源目录内容要做到及时更新。

第十七条 政务信息资源目录的归档参照档案部门的归档要求执行，其中电子文档依据《北京市国家机关电子文件归档工作规定(试行)》的要求执行。

第十八条 各级国家机关应当建立本单位政务信息资源目录管理制度。

第四章　附则

第十九条 市和区、县信息化主管部门会同相关部门依据《北京市信息化促进条例》相关规定，对同级国家机关政务信息资源目录的建设与使用进行监督检查。

第二十条 各区、县信息化主管部门可以结合本区、县实际，参照本办法制定本区、县政务信息资源目录管理办法。

第二十一条 承担行政管理职能的事业单位和法律、法规授权的具有管理公共事务职能的组织的政务信息资源目录建设活动，参照本办法执行。

第二十二条 本办法自2008年8月1日起施行。

附件：北京市政务信息资源标识符编码方案(略)

附录A：前段码管理机构代码(略)

附录B：市级国家机关前段码(略)

资料来源：温战强，房桂喜，杨道玲．2013．信息化法规政策选编．北京：中国林业出版社．

专栏 9-11

浙江省地理空间数据交换和共享管理办法

（2010 年 5 月 4 日浙江省人民政府令第 271 号公布
自 2010 年 7 月 1 日起施行）

第一条　为了加强地理空间信息资源管理，规范地理空间数据交换和共享行为，促进地理空间信息资源开发和利用，提高经济社会信息化水平，根据《中华人民共和国测绘法》、《浙江省测绘管理条例》和其他有关法律、法规，结合本省实际，制定本办法。

第二条　在本省行政区域内开展地理空间数据交换和共享及相关活动，应当遵守本办法。

第三条　本办法所称的地理空间数据，是指以数字形式表示的与地理空间位置及其时态有关的自然、经济、社会等信息。

第四条　政府有关部门、有关国有企业事业单位在履行公共管理和公共服务职责过程中或者由政府为主投入产生的地理空间数据，应当实行交换和共享。

前款规定的部门、单位（以下简称有关部门和单位）应当充分利用已有适宜的地理空间数据，避免重复投入。

鼓励其他单位将合法拥有的地理空间数据参与交换和共享。

第五条　县级以上人民政府应当加强对地理空间数据交换和共享工作的领导和协调，建立地理空间信息资源共建共享机制，加强相关基础设施建设，促进地理空间信息资源的开发和利用，提高地理空间信息资源的共享水平。

第六条　省测绘与地理信息管理部门主管全省地理空间数据交换和共享工作，负责组织采集和更新基础地理空间数据，会同有关部门制定全省地理空间数据交换和共享规划，建设、管理省地理空间数据交换和共享平台（以下简称共享平台），指导市、县共享平台建设。

市、县测绘与地理信息管理部门主管本行政区域内地理空间数据交换和共享工作，负责组织采集和更新基础地理空间数据，会同有关部门根据全省地理空间数据交换和共享规划以及本地区经济社会发展需要，建设、管理本地区的共享平台。

县级以上人民政府其他有关部门负责组织采集、更新和管理与履行公共管理及公共服务职责有关的专题地理空间数据，做好地理空间数据交换和共享相关的工作。

第七条　省、市、县测绘与地理信息管理部门承担测绘成果管理服务工作的机构（以下简称服务机构）负责有关部门和单位提交的地理空间数据的处理、集成、整合、管理，以及共享平台的运行、维护和其他相关服务工作。

第八条　共享平台应当具备以下功能：

（一）联通政府及有关部门和单位的相关信息系统和上、下级共享平台；

（二）处理、集成、整合有关部门和单位提交的地理空间数据；

（三）通过政务专网或者互联网提供在线服务；

（四）共享平台建设方案确定的其他功能。

第九条 省、市、县共享平台建设纳入基础测绘项目，并按照全省地理空间数据交换和共享规划及省测绘与地理信息管理部门制定的总体设计要求组织实施。

第十条 有关部门和单位应当按照本办法所附《浙江省地理空间数据交换和共享目录》的要求，向相应的服务机构提交地理空间数据（包括目录、元数据和相关资料，下同）；依法应当保密或者按照规定限制使用的，应当注明。具体提交办法由省测绘与地理信息管理部门会同省有关部门和单位规定。

《浙江省地理空间数据交换和共享目录》的具体范围和内容需要调整的，由省测绘与地理信息管理部门商省有关部门和单位提出调整意见，报省人民政府批准。

第十一条 有关部门和单位提交的地理空间数据的内容因建设、管理和专项工作或者自然作用等发生变化的，应当及时更新，并将更新后的数据按季度向相应服务机构提交。

第十二条 采集和更新地理空间数据应当使用国家规定的定位基准，执行国家和省规定的地理空间数据标准。

省地理空间数据标准由省测绘与地理信息管理部门会同有关部门和单位组织起草，经省质量技术监督主管部门审批后发布实施。

省测绘与地理信息管理部门根据工作需要可以会同有关部门和单位依法制定相应的地理空间数据交换技术规范。

第十三条 有关部门和单位提交的地理空间数据应当合法、准确、规范。

服务机构应当对有关部门和单位提交的地理空间数据进行核查，对不符合质量要求的，可以退回并要求修改、补充后重新提交。

第十四条 省服务机构应当在收到符合规定的地理空间数据之日起2个月内，以1∶10000（城市规划区1∶5000）及以小比例尺地理空间框架数据为基础，完成省有关部门和单位提交的地理空间数据的集成、整合工作。

市、县服务机构应当在收到符合规定的地理空间数据之日起2个月内，以1∶500至1∶2000及以小比例尺地理空间框架数据为基础，完成市、县有关部门和单位提交的地理空间数据的集成及整合工作。

服务机构因特殊情况不能在规定期限内完成地理空间数据的集成、整合工作的，经本级测绘与地理信息管理部门同意，可以适当延长工作期限，但最长不得超过1个月。

第十五条 服务机构应当加强对地理空间数据的存储管理和档案建设，保障数据资料安全。

第十六条 测绘与地理信息管理部门应当会同有关部门和单位，加强地理空间信息历史资料的收集、整理、加工、保护和开发利用。

第十七条 服务机构应当在测绘与地理信息管理部门的门户网站公布地理空间数据目录、元数据和其他依法应当公开的地理空间数据，以及用户权限、获取途径等事项，供用户浏览、查询，并按规定提供下载服务。

服务机构应当建立公众地图网，并通过互联网提供公益性地图服务。

第十八条　服务机构对用户提出的地理空间数据共享需求，应当及时给予响应和回复。

地理空间数据的提供，按照国家和省有关测绘成果管理的规定执行。

第十九条　服务机构应当自有关部门和单位提交的地理空间数据集成、整合工作完成之日起30日内，向有关部门和单位返回其所需要的地理空间数据。

第二十条　有关部门和单位开发应用地理空间数据中需要服务机构提供相关技术支持的，服务机构应当予以支持。

第二十一条　测绘与地理信息管理部门应当会同有关部门建立应急测绘保障机制，根据处置突发公共事件的需要，及时组织整合或者采集地理空间数据并提供相应的技术服务。

第二十二条　依法应当予以保密的地理空间数据的传输、处理、提供、利用和管理，按照有关法律、法规、规章的规定执行。

第二十三条　服务机构不得利用有关部门和单位提交的地理空间数据以及经集成、整合后的地理空间数据从事经营性活动。

第二十四条　测绘与地理信息管理部门应当会同有关部门建立完善地理空间数据交换和共享的运行机制，加强对服务机构的管理和监督，确保共享平台稳定、安全、有效运行。

服务机构应当建立健全工作规范、服务标准和管理制度，按规定做好数据处理、集成、整合、管理，以及共享平台的运行、维护和相关服务工作。

第二十五条　省测绘与地理信息管理部门应当会同有关部门定期对全省地理空间数据交换和共享情况进行检查、评估，督促、指导相关部门和单位做好地理空间数据交换和共享工作。

第二十六条　服务机构及其工作人员违反本办法规定，有下列情形之一的，由测绘与地理信息管理部门责令改正，通报批评；情节严重的，对负有直接责任的主管人员和其他直接责任人员依法给予处分：

（一）未采取有效的安全和保密措施，致使地理空间数据丢失、损坏或者失密泄密的；

（二）未按规定完成地理空间数据集成、整合、更新的；

（三）未按规定公布信息、提供服务的；

（四）利用地理空间数据及其相关资料从事经营性活动的；

（五）对用户提出的共享需求未及时给予响应和回复的；

（六）其他依法应当给予处分的情形。

第二十七条　有关部门和单位及其工作人员违反本办法规定，有下列情形之一的，由测绘与地理信息管理部门责令改正；拒不改正的，暂停向其提供地理空间数据；情节严重的，由有权机关对负有直接责任的主管人员和其他直接责任人员依法给予处分：

（一）未按规定的时间和范围提交地理空间数据，影响共享的；

（二）未按规定组织采集、更新专题地理空间数据的；

（三）未使用国家规定的定位基准或者未执行国家和省规定的标准采集和更新地理空间数据的；

（四）将获得的地理空间数据用于履行公共管理、公共服务职责以外的活动的；

(五)其他依法应当给予处分的情形。

第二十八条 测绘与地理信息管理部门及其工作人员违反本办法规定，不依法组织采集和更新基础地理空间数据，或者不履行监督管理职责，造成严重后果的，由有权机关对负有直接责任的主管人员和其他直接责任人员依法给予处分。

第二十九条 本办法自2010年7月1日起施行。

资料来源：温战强，房桂喜，杨道玲．2013．信息化法规政策选编．北京：中国林业出版社．

专栏9-12

福建省政务信息共享管理办法

(2010年11月12日福建省人民政府办公厅闽政办〔2010〕280号文印发)

第一章　总则

第一条 为推动政务信息资源开发、优化配置和有效利用，促进信息共享和业务协同，改进政务活动，提高行政能力和效率，根据有关法律法规、政策和技术标准，结合本省实际，制定本办法。

第二条 本办法适用于本省各级国家机关，以及行使行政职能的相关事业单位和社会团体(以下统称机关单位)之间共享政务信息资源的活动。

第三条 福建省数字福建建设领导小组办公室(以下简称省数字办)负责规划、组织、指导、协调和考核全省政务信息共享工作。福建省空间信息工程研究中心(以下简称省空间中心)作为政务信息资源服务中心，负责福建省政务信息共享平台建设和运行，提供政务信息资源目录服务、交换服务与共享应用服务；协助开展信息共享评测和绩效考核工作。设区市数字办负责市级政务信息共享平台建设和运行。各机关单位按照本办法具体开展信息共享活动。

第四条 政务信息共享应当遵循以下原则：

(一)共享为原则、不共享为例外。政务信息在机关单位之间应以共享为基本原则；不能提供共享的和只能提供受限共享的，应向省数字办提供相关法律法规依据。

(二)分工采集、及时提供。机关单位应依据职能，分工采集相关政务信息；及时响应其他机关单位依据履职需要提出的信息共享需求，并配合提供相关信息。

(三)统一标准、统一平台。机关单位要按照国家、行业和数字福建的相关标准规范，组织政务信息的编目、采集、交换、使用；各类业务应用系统要基于统一的政务信息共享平台开展政务信息共享应用。

(四)保障安全、无偿共享。按照“谁使用、谁管理；谁管理、谁负责”的要求，做好信息共享全过程的安全保障工作；政务信息在机关单位之间应实行无偿共享。

第五条 机关单位在政务信息共享管理中享有的权利和应当履行的义务包括：

(一)各机关单位有权利依据履行职能需要，共享其他机关单位的政务信息。

(二)有义务依据职能和有关标准采集、更新相关政务信息资源，完整、准确、及时地发布和提供可共享的政务信息。

(三)有义务依据履行职能需要主动提出共享需求，通过信息共享实现流程优化和业务协同。

(四)有义务配合省数字办和省空间中心开展信息共享协调和实施。

第二章　信息采集

第六条　机关单位应根据履行职能要求和信息共享原则，编制本机关单位《政务信息采集目录》(以下简称《采集目录》)，并报省数字办。

省数字办按照国家电子政务总体框架等有关规定，明确机关单位信息采集权责，统筹确认和调整《采集目录》，形成省级政务信息采集总体目录。

第七条　因职能调整，需要调整信息采集范围的，应及时修订《采集目录》，并向省数字办报备。

第八条　机关单位要按照《采集目录》组织信息采集工作。凡是《采集目录》已确定采集责任单位、能够通过共享获得的政务信息不再重复采集。除法律法规有规定外，不得超范围采集信息。

第九条　机关单位应完整、准确、及时地采集相关政务信息；采集过程应主动通过政务信息共享平台与其他机关单位的相关政务信息进行比对，发现数据不一致时应按《采集目录》进行核对，必要时由同级数字办协调。

第十条　机关单位应以数字化方式采集、记录和存储政务信息；非数字化信息应按照相关技术标准开展数字化改造。

需要下级单位采集或提供业务信息的，要与下级对口部门和数字办衔接，不得直接部署下级对口部门重复采集可以从其他部门共享的、依《采集目录》采集的信息。原则上，信息应优先从市或县统一的政务数据中心提取。

第十一条　省数字办统一组织建设人口、法人、自然资源和地理空间、宏观经济等基础数据库，并通过政务信息共享平台向各级机关单位提供服务。

机关单位应从基础数据库共享基础信息，避免重复采集。

基础信息指标由牵头建设基础数据库的单位会同同级数字办发布。

第十二条　机关单位未经同级数字办审核，不得随意向下级对口部门部署信息采集终端；经审核部署的信息采集终端应与下一级统一的政务数据中心对接，开放数据接口，实现数据交换汇交，满足下级机关单位的信息需要。

第十三条　机关单位应建立健全信息更新机制，及时维护相关政务信息，确保政务信息的完整性、准确性、时效性，并同步共享信息。

第十四条　机关单位应按照标准规范，搭建统一支撑的数据环境，建设业务数据库以及证照信息、统计信息等专题数据库。主要业务对象的基础信息要统一标识、一数一源，从相关基础数据库获取或比对相关信息指标。

第三章　信息目录

第十五条　机关单位应按照 GB/T 21063《政务信息资源目录体系》国家标准，编制政务信息资源目录，确保目录内容的完整性、逻辑的一致性、命名的规范性。

第十六条 机关单位应在政务信息共享平台开通本机关单位的目录系统，按照目录标准，及时逐条登记、审核相关政务信息资源，并负责发布本机关单位的政务信息资源目录。

第十七条 机关单位要及时更新政务信息资源目录；原则上，每年对本机关单位目录内容进行一次全面的更新、维护和整合。

第十八条 机关单位要建立本机关单位目录管理制度，指定本机关单位目录系统的目录登记和审核人员，加强对本机关单位政务信息资源目录登记、审核、发布、更新等工作的管理。

第十九条 机关单位应充分利用信息目录，加强政务信息资产管理，制定数据标准，规划信息化项目，开展信息协同应用。

第四章 共享应用

第二十条 机关单位要按照交换系统技术要求，部署本机关单位的前置交换系统，确保业务数据库与前置交换系统的有效连通和所发布的政务信息的同步更新。

第二十一条 机关单位数字化政务信息均应通过交换系统发布。发布信息要标注受限和非受限的特征。不能发布的，应逐项提供法律法规依据，编写说明送同级数字办审定。

第二十二条 信息共享服务模式：

数据查询模式：数据提供方通过交换系统将共享信息发布为数据查询服务模式；非受限信息可直接查询使用；对于受限共享的信息，获得授权的政务用户和应用系统由空间中心配置访问权限，通过调用数据查询服务接口，获得满足条件的查询结果。

直接交换模式：数据提供方通过交换系统将共享信息发布为数据下载服务模式；获得授权的政务用户或应用系统由空间中心配置访问权限，直接下载共享数据。

定制处理模式：政务信息共享平台提供过滤、比对、清洗等功能，在上述两种模式的基础上，按需开展数据定制处理服务。

第二十三条 机关单位工作人员通过目录服务系统，检索、发现、定位和选取履行职能所需要的政务信息；通过交换服务系统，选择共享模式，说明信息使用目的和共享时限，并向本机关单位的信息管理员提交共享审核。

第二十四条 机关单位应指定信息管理员负责审核共享申请。信息管理员应向同级数字办备案。

审核要以履行职责需要为主要依据，核定应用业务、使用对象、所需信息、共享模式、截止时间等要素，确保按需共享、安全共享。

第二十五条 机关单位审核通过共享信息申请后，通过交换服务系统在线向省数字办、信息发布单位、空间中心发出《政务信息共享实施申请书》备案。

《政务信息共享实施申请书》由省数字办统一设计。

第二十六条 信息发布单位对《政务信息共享实施申请书》如有异议，应在五个工作日内向信息使用单位、同级数字办和空间中心反馈意见。如信息发布单位和信息使用单位不能取得一致意见，数字办应在五个工作日内进行协调。

第二十七条 空间中心应在收到《政务信息共享实施申请书》且无异议反馈意见五个工作日内完

成共享信息的授权访问配置。

若共享信息尚未发布，信息发布单位应在收到《政务信息共享实施申请书》五个工作日内通过前置系统完成共享信息发布。

第二十八条　机关单位应利用基础数据库或其他部门相关数据库，清洗比对本部门业务数据库。

对不一致数据或错误数据，要追溯到业务经办单位和经办人，进行核查或纠错，并在规定时间内向比对方反馈信息，确保业务数据准确。

第二十九条　机关单位应主动通过政务信息共享平台，以联机方式实现与其他机关单位的信息共享与业务协同，实现精细化服务和管理，提升公共服务、社会管理和联合监管的能力。

第三十条　共享信息原则上只能用于《政务信息共享实施申请书》约定的用途，共享信息提供方有权了解共享信息使用情况。

第五章　共享安全

第三十一条　使用共享信息的机关单位负责管理共享获得的信息，并对共享信息的滥用、非授权使用、未经许可的扩散以及泄密等行为负责。信息发布单位不对信息在其他机关单位使用安全问题负责。

第三十二条　机关单位要建立健全信息共享安全管理制度，指定信息管理员负责共享信息的管理工作，不断完善安全技术保障体系，确保共享信息的安全。出现安全问题应及时向同级数字办和相关信息安全主管部门报告，并配合相关职能部门处置。

第三十三条　政务信息网络和政务信息共享平台安全应严格执行信息网络安全和保密有关法律法规，不得涉及国家秘密信息，相关职能部门在各自的职责范围内负责监督管理。

第三十四条　省空间中心应建立健全政务信息共享平台运行管理维护制度和应急处置预案，确保平台安全、稳定、可靠运行。

第三十五条　申请使用共享信息的政务人员统一使用数字证书验证身份。数字证书的使用按照《福建省政务数字证书管理暂行办法》执行。

使用共享信息的各类应用系统要在数字福建服务资源目录登记和识别。

第三十六条　任何机关单位或者个人不得有下列危害政务信息安全的行为：

(一)未经授权，对政务信息共享平台的应用程序和共享数据库进行删除或者修改；

(二)利用政务信息网络以及相连的网络系统窃取或者破坏他人信息；

(三)故意制作、复制、传播计算机病毒或者以其他方式攻击他人的信息系统；

(四)其他违反信息安全规定和危害信息安全的行为。

第六章　监督和责任

第三十七条　机关单位信息共享工作纳入机关单位电子政务绩效考核内容。

第三十八条　机关单位如违反本办法，其他机关单位有权向省效能办或省数字办投诉。有关部门接到投诉后，应当及时调查处理，并将处理结果反馈投诉单位。

第三十九条　省发展改革委、省数字办和省财政厅要把机关单位信息共享绩效作为规划和安排机关单位信息化建设项目和运行维护经费的重要依据；对于不响应信息共享的机关单位，酌情暂停安排新的建设项目和已建项目的运行维护费用。

第四十条 有下列情形之一的，由省数字办会同有关单位责令改正并通报批评；情节严重的，提请有关部门对直接负责的主管人员和其他责任人员依法给予处分。

(一)未按照要求建立和更新维护相关政务信息资源目录的；

(二)未部署前置交换系统和未及时发布、更新共享政务信息的；

(三)不共享其他部门政务信息、随意扩大信息采集范围，造成重复采集信息，增加社会成本、给社会公众增加负担的；

(四)对已经发现不一致的数据，不进行核对和纠错，造成社会公众不便或业务失误的；

(五)对共享获得的信息管理失控，致使出现滥用、非授权使用、未经许可的扩散以及泄漏的；

(六)未与信息发布单位签订共享信息许可协议，擅自将共享获得的信息转让给第三方或利用共享信息开展经营性活动的；

(七)对于监督检查机关责令整改的问题，拒不整改的；

(八)其他违反政务信息共享管理办法的行为。

第七章 其 他

第四十一条 全省目录系统和交换系统分省和设区市两级建设部署。市级目录系统和交换系统作为省级目录系统和交换系统在设区市的节点。省、设区市两级系统要按照标准进行无缝对接。

县和县以下政务信息在市级目录系统登记发布；通过市级交换系统实现数据交换。

机关单位不得另行开发部署跨部门使用的目录系统和交换系统。

第四十二条 采购不涉及国家秘密、商业秘密和个人隐私的信息应与信息销售单位签订许可协议，允许在政务网络环境共享。基础性、公共性的信息资源应由同级数字办统一组织采购或开发。

第四十三条 信息发布单位应对共享信息提供必要的技术支持，不得设置技术障碍，影响信息共享，或借此获取额外收益。

第四十四条 设区市和县数字办负责组织本级政务信息共享工作，建设管理本级目录系统和交换系统，进一步细化信息共享制度，推动本级电子政务深化应用。

第八章 附 则

第四十五条 本办法中有关术语定义如下：

(一)政务信息。指机关单位在履行职责过程中制作或获取，并记录、保存的信息。

政务信息分三类：可供机关单位无条件共享的称为非受限共享类政务信息；因涉及敏感内容只能按照特定方式或提供给指定对象共享的称为受限共享类政务信息；法律法规规定不能共享的称为非共享类政务信息。

(二)政务数据库。包括政务基础数据库、专题数据库和业务数据库。基础数据库是指提供基础性、基准性、标识性信息服务的数据库，包括人口、法人单位、自然资源和地理空间、宏观经济等等基础数据库。专题数据库指根据某一特定领域需要，组织建设的政务信息数据库。业务数据库指支撑部门政务应用系统运行的数据库。

（三）政务信息资源目录。指以列表、图形等方式，用于记录、保存政务信息资源属性和结构的数据组织体系。包括政务用户目录、政务信息目录、政务信息采集目录、政务应用系统目录、政务数据库目录、证照目录等。

（四）政务信息共享平台。指连接各类政务数据库和业务应用系统的枢纽软件平台，按照政务信息共享技术标准和规范，实现政务信息资源的标准化、系统化共享和应用。共享平台包括政务信息资源目录系统（简称目录系统）和政务信息资源交换系统（简称交换系统）。

目录系统包括目录管理系统和目录服务系统，目录管理系统提供政务信息资源的登记、更新、审核及发布服务；目录服务系统提供政务信息资源的组织和展现，以及查询、发现、定位和浏览服务。

交换系统包含交换实现系统和交换服务系统。交换实现系统由部署在机关单位并与业务数据库对接的前置交换系统和部署在空间中心的中心交换系统组成，提供信息共享、数据交换、应用集成和业务协同的支撑服务。交换服务系统提供共享申请、审核、通知、监管等功能。

第四十六条　本办法由福建省数字福建建设领导小组办公室负责解释。

第四十七条　本办法自印发之日起实施。

资料来源：温战强，房桂喜，杨道玲．2013．信息化法规政策选编．北京：中国林业出版社．

要建立多方协作机制。林业数据挖掘和信息服务不是哪一个部门、哪一个单位所能独立完成的，必须建立跨行业、跨部门、跨专业、跨层级的多方协作机制，协同开展工作，方能达到预期目标。林业信息化主管部门在其中要发挥组织协调和技术保障作用，相关业务部门要提出明确的业务需求和专业支持。要充分利用行业内外两种资源，建立相对稳定的数据挖掘和信息服务队伍。就林业系统本身来说，要充分利用调查规划设计单位和科研单位的专业技术力量，加强高技能型、复合型人才培养，形成稳定的支撑团队。就林业系统外来说，要加强与国土、农业、水利、环保、海洋、气象、商务、质检、海关、旅游、统计等相关行业的业务主管部门、技术支撑单位，以及各类教学科研单位、ICT 企业等的合作，根据不同的业务组建不同的工作团队，开展数据交换、数据挖掘、知识共享、信息服务等工作。要积极培育和开拓行业内外两个市场，以市场为导向促进各方协作，提升服务水平。

要建立激励保障机制。林业大数据作为林业信息化的前沿技术，是新一代信息技术的集中反映，是颇具潜力的新兴科技产业领域。要善于运用市场经济的两只手——市场之手和政府之手的作用，通过建立完善的激励保障机制，使市场在资源配置中起决定性作用和更好地发挥政府作用，吸引各类社会主体积极参与林业数据挖掘和信息服务，带动林业信息消费。要建立科学合理的财政支持政策，对政府性的工作，所需经费要纳入财政预算予以有效保证；对面向市场的经营性的工作，应以社会资金投入为主，政府可给予一定的财政补贴。要加强林业政务信息资源开发利用，对有益的和有重要经济、科学研究价值的林业政务信息资源，除了政府部门进行有组织的开发外，还要积极引导和规范社会化增值开发利用。要加强林产品生产、流通、销售以及林权交易、碳汇交易、林业旅游与休闲服务等商务信息资源的采集与开发利用，促进林业产业持续健康发展。要完善知识产权保护制度，大力发展以数字化、网络化、智能化为主要特征的现代信息服务业，优化林业资源配置，调整林业产业结构，促进林业转型升级。

要建立安全责任机制。安全无小事。作为一种新兴科技产业领域，必须牢固树立安全第一理念。要加强组织领导，完善相关制度和技术标准，科学引导林业数据挖掘和信息服务业态健康发展。要依据相关法律法规和政策制度，明确责任主体，落实岗位责任，加强监督检查，严格责任追究。

（二）创新工作方式方法。政府的职能主要是四大方面：经济调节、市场监管、社会管理、公共服务。林业数据挖掘和信息服务工作首先要支持政府正确履职、有效履职，其次是支持社会公众发展经济、改善生活，二者最终又统一于经济社会的可持续发展。要做好这项工作，必须顺应时代变化，紧密结合林业实际，创新工作方式方法，充分利用两个市场两种资源。

要加快数据库建设。林业数据库分为公共基础数据库、林业基础数据库、林业专题数据库、林业综合数据库、林业信息产品库等类型，它们是各类林业信息的集合，是开展数据交换、数据挖掘和信息服务的基础。虽然林业信息化水平在近些年已有较大幅度的提高，但数字化的任务依然十分艰巨，数据库建设依然是林业信息化发展中的短板。因此，一定要集全系统之力，加快包括网站数据库在内的各类林业数据库和知识库建设，提高数据采集、处理、存储、检索等管理能力，夯实数据挖掘和信息服务的根基。在当今数据为王的时代，建好和管好数据库也是各级林业信息化主管部门彰显其作用和价值之关键所在。

要加快技术团队建设。数据是死的，分析才是王道。只有经过人的归类整理和统计分析，才能为静态的数据赋予生命力，使数据产生新的价值。所以，人是林业数据挖掘和信息服务中最活跃的要素，必须加强团队建设，提升人员素质。林业调查规划设计单位和科研单位是系统内可以倚重的力量，要充分发挥他们的技术支撑作用。也可以采用聘用制，面向社会挑选优秀人才，组建稳定的数据挖掘和信息服务队伍。还可采用服务外包的方式，充分利用行业内外已有的技术团队。在加强岗位培训的同时，要更多地通过以项目带培训的方式，加快高技能型、专业型和复合型人才培养。

要加强先进信息技术应用。现代信息服务业必须要由现代信息技术来支撑。云计算、大数据、移动互联网、并行计算、虚拟现实、新媒体以及微博、微信等自媒体，在林业数据挖掘和信息服务中都有着巨大的应用潜力，先进的数据共享交换技术将会显著提高工作效能。要通过应用先进信息技术，深挖网站等数据库的潜在价值，促进信息资源共享。依托中国林业网和国家林业局办公网，建设全国林业政务数据统一发布平台

(data. forestry. gov. cn)，整合多部门资源，促进政务数据挖掘和共享利用，有效提高公共服务水平。实施"信息惠民"工程，充分利用各类载体，加大向农村、欠发达地区和社会困难群体提供林业公益性信息服务的力度。

要坚持有所为有所不为。按照国家有关要求，林业政府网站重点是要实现信息发布、在线办事、互动交流三大功能。在网站内容建设上，要以政务信息和公共服务为主，不要贪大求全，眉毛胡子一把抓。在产业发展方面，网站要着重发布经济运行监测和公共商务信息，助力政府宏观调控和公共服务，对自身不擅长且没有精力做的微观商务信息，可以通过服务外包或合作的形式予以解决。在数据挖掘方面，既要发挥自身优势和长项，也要通过借助外力，弥补自己的弱项和不足。开展林业政务信息共享国家示范省市建设，鼓励引导公共信息资源的社会化开发利用，挖掘公共信息资源的经济社会效益。支持有实力的企事业单位发挥优势，参与林业公共服务云平台建设运营。

三、发展林业电子商务

电子政务、电子商务、电子林区是林业信息化建设的三大主要内容。发展林业电子商务既是社会信息化和信息网络化的时代要求，也是林业产业转型升级和加快发展的形势需要。要充分发挥政策的扶持导向作用和市场的资源配置作用，促进林业电子商务科学发展。

(一)加强政策引导和标准指导。我国对培育和发展电子商务高度重视，党中央、国务院在《2006～2020年国家信息化发展战略》中指出：大力发展电子商务，降低物流成本和交易成本。此后，又相继做出了一系列重要决策和部署。电子商务是利用微电脑技术和网络通讯技术进行的商务活动，是传统商业活动各环节的电子化、网络化。近年来我国电子商务异军突起，发展迅速，成为现代服务业中最耀眼的明星。根据《2014～2020年中国电子商务行业发展趋势与投资决策分析报告》最新数据显示，2013年中国电子商务交易额超过10万亿元，仅"双十一"这一天，淘宝和天猫就贡献了350亿元。其中，B2B依旧是主力，2013年B2B交易额电子商务交易额就超过了2012年中国电子商务交易总额(8万亿元)。电子商务已经从部分行业的经济现象，比如服装、家纺等扩展到了全行业的现象，现状可谓是全行业电商化，从制造业扩展到了服务业，再扩展到了金融业。2013年6月13日，余额宝上线，不到半年时间，规模就超过2500亿元。互联网金融无疑成为了电子商务未来最热的领域，是一个新的掘金点。而紧随余额宝之后，"百发"、"现金宝"、"零钱宝"、"理财通"、"百度钱包"等纷纷上线，互联网金融大战不断升级。电子商务正深刻改变着人们传统的思想观念、生产方式和消费模式。

林业产业既是绿色产业，又是富民产业。加快绿色富民产业发展，是我国增加绿色资产、创造绿色就业、推动绿色增长的优势和潜力所在。我国林业产业总产值已由2002年的4634亿元增加到2013年的4.46万亿元，十年增长近9倍，为经济社会发展做出了重大贡献。党中央、国务院一直十分重视林业产业发展，先后做出了一系列重要指示，出台了多个重要政策文件。2014 年 2 月 19 日，国务院副总理、全国绿化委员会主任汪洋在全国绿化委员会全体会议上要求，大力发展绿色产业，拓展农民就业增收渠道，努力满足社会对绿色产品的巨大需求。2014 年 4 月 29 日，《国家林业局关于推进林业碳汇交易工作的指导意见》(林造发〔2014〕55 号)印发，为林业电子商务开展新的交易活动提供了政策依据。2014 年 5 月 4 日，《国家林业局关于进一步改革和完善集体林采伐管理的意见》(林资发〔2014〕61 号)印发，这不仅是我国集体林经营利用管理方面的一项重大改革，同时也蕴含着巨大的电子商务商机。应该说，国家、行业和社会已经为林业电子商务发展提供了良好的外部环境和基础条件，但受产品属性、人力资源、经费投入、思想认识以及公众对林业缺乏了解等多种因素的制约，林业电子商务发展目前仍处于起步探索阶段，商务规模不大，经营品种单一，产业链过短，影响力不够，发展思路不清晰，缺乏龙头企业带动。在国家大力培育和发展现代服务业的新形势下，亟待出台相关政策和标准，导引林业电子商务加快发展。

国家发展改革委在《关于进一步促进电子商务健康快速发展有关工作的通知》(发改办高技〔2013〕894 号)中指出，要促进林业电子商务发展，国家林业局负责研究推进林业电子商务发展的相关政策，研究制定基于电子商务的森林资产评估、地区性的森林资源转让、林权交易等管理办法，依托电子商务拓展林产品销售，支撑林区、林场发展转型，促进农民增收；会同国家工商总局研究建立林产品交易诚信体系；制定林产品的分类定级、网络交易等标准规范，推进林产品、林权交易的规范化与网络化，开展林产品、林权交易电子商务试点工作(专栏 9-13)。全行业要认真领会和落实这些工作要求，营造有利环境，完善相关政策，发挥企业主体作用，大力推进林业电子商务。要研究制定林业电子商务分工协作、技术研发、投融资、人才培养等政策，完善鼓励创新、引导投资和消费的财税支持政策，引导林业电子商务平台向提供涵盖信息流、物流、资金流的全流程服务发展。要编制发展规划，注重特色优势，科学合理布局。要加快建立有利于电子商务发展的行业标准和重要产品技术标准体系，充分发挥标准对产业发展的支撑作用。要制定林业公共商务信息资源开放共享管理办法，加快建立和完善林业商务信息资源采集管理与开发利用体系。要集中有限力量，扶持发展若干林业电子商务龙头企业，组织开展农村林业商务信息服务试点，加快培育农村林业电子商务市场。要探索有效监管模式，建立规范有序的电子商务市场秩序。

专栏 9-13

关于进一步促进电子商务健康快速发展有关工作的通知

发改办高技〔2013〕894 号

各省、自治区、直辖市及计划单列市、副省级省会城市人民政府办公厅：

为进一步促进电子商务健康快速发展，国家发展改革委、财政部、农业部、商务部、人民银行、海关总署、税务总局、工商总局、质检总局、林业局、旅游局、邮政局、国家标准委等部门研究决定，继续加快完善支持电子商务创新发展的法规政策环境，现将有关工作通知如下：

一、统筹推进电子商务发展环境建设。国家发展改革委会同相关部门进一步完善促进电子商务健康快速发展的跨部门工作协调机制，继续推进国家电子商务示范城市创建工作，支持相关部门和地方围绕完善电子商务法规政策环境开展试点工作，并对有关部门和地方推进电子商务示范城市建设，开展电子商务试点工作等进行咨询指导、监督与评价。

二、推动电子商务企业会计档案电子化试点工作。财政部会同有关部门，组织开展会计档案电子化管理试点工作，修订完善《会计档案管理办法》，研究完善电子会计档案管理制度，推进电子会计档案在电子商务领域中的应用，充分发挥电子会计档案在电子商务领域会计信息数据管理、利用等方面的作用，推动电子商务领域会计信息化，提高会计信息质量。

三、推进商贸流通领域电子商务创新发展。商务部会同相关部门进一步完善电子商务交易、物流配送、网络拍卖等领域电子商务应用的相关政策、管理制度及标准规范；研究制定电子商务统计指标相关标准，加快建立健全统一高效的商贸流通业统计体系和电子商务统计体系，推进信用监测体系建设；促进商品现货市场电子商务规范发展，鼓励综合性批发市场、旧货流通市场、专业化市场发展线上、线下协同的电子商务应用体系，支持外贸电子商务、农产品电子商务、社区电子商务发展，密切产销衔接，推进电子商务示范基地建设，加强电子商务人才培训。

四、完善跨境贸易电子商务通关服务。海关总署会同商务部、税务总局、工商总局、质检总局、邮政局、国家标准委等部门在已有工作基础上，进一步完善跨境贸易电子商务通关服务环境，共同研究制定相配套的管理制度及标准规范，推进外贸电子商务企业备案信息共享，探索多部门联合推动跨境贸易电子商务通关服务的综合试点工作。

五、加快网络(电子)发票推广与应用。财政部、税务总局负责研究跨境贸易电子商务适用的税收政策及相关管理制度和标准规范。税务总局会同财政部继续加强电子商务企业的税收管理制度研究，完善网络(电子)发票的管理制度和信息标准规范，建立与电子商务交易信息、在线支付信息、物流配送信息相符的网络(电子)发票开具等相关管理制度，促进电子商务税务管理与网络(电子)发票的衔接，继续推进网络(电子)发票应用试点工作，推广网络(电子)发票在各领域的应用。

六、深入推进电子商务可信交易环境建设工作。工商总局负责加强网络商品交易及有关服务行为的规制建设，会同有关部门研究建立网络经营者信用指标体系，推动网络经营者交易信用信息采集与管理服务，鼓励社会中介机构开展网络经营者信用评价活动，研究制定跨境贸易电子商务企业主体身份标识管理制度，推动电子商务市场主体、客体及交易过程基础信息的规范管理与服务，组织电子商务服务企业开展电子商务可信交易保障服务试点工作。

七、建立完善电子商务产品质量安全监督机制。质检总局会同工商总局等有关部门，研究推进电子商务产品质量诚信体系建设，研究建立电子商务交易产品基础信息规范化管理和基于统一产品编码体系的质量信息公开制度，推动以组织机构代码实名制为基础的企业质量信用档案在电子商务领域的应用；会同邮政局探索建立跨境贸易电子商务邮件快件的检验检疫监管模式；会同有关部门研究建立跨境贸易电子商务产品质量安全监督和溯源机制，支持跨境贸易电子商务发展。

八、推动移动电子商务支付创新发展。人民银行负责研究制定金融移动支付发展政策，推进金融移动支付安全可信服务管理体系建设，建立移动支付信息安全保障体系；引导商业银行、支付机构实施移动支付金融行业标准，推动移动支付联网通用、业务规范发展；以金融IC卡应用为基础开展移动支付技术创新应用试点工作，探索符合市场要求的移动支付技术方案、商业模式和产品形态，为产业发展提供示范效应，促进移动电子商务支付创新发展。

九、完善电子商务快递服务制度。邮政局负责探索建立重点地区快递准时率通报机制，健全旺季电子商务配送的保障措施，创新城市电子商务快递服务机制；配合海关总署、质检总局等部门推进完善跨境贸易电子商务邮件快件管理。

十、推进电子商务标准化工作。国家标准委会同相关部门改组电子商务标准化总体组，建立完善电子商务国家标准体系，协调电子商务标准制定，会同有关部门和地方依托国家电子商务示范城市建设和电子商务试点工作，开展电子商务主客体的信息描述、电子商务交易过程监管、电子商务支付等关键环节的标准研制、验证、完善和推广工作。

十一、促进农业电子商务发展。农业部负责研究制定农产品分类定级等标准规范，与相关部门共同研究探索推进以农业产业化龙头企业、农民专业合作社、家庭农场等新型农业经营主体为纽带的农产品质量安全追溯体系、诚信体系建设，加强农业电子商务模式研究，规范农业生产经营信息采集，推动供需双方网络化协作，完善农业电子商务体系，推进农业领域电子商务应用并开展相关试点工作。

十二、促进林业电子商务发展。林业局负责研究推进林业电子商务发展的相关政策，研究制定基于电子商务的森林资产评估、地区性的森林资源转让、林权交易等管理办法，依托电子商务拓展林产品销售，支撑林区、林场发展转型，促进农民增收；会同工商总局研究建立林产品交易诚信体系；制定林产品的分类定级、网络交易等标准规范，推进林产品、林权交易的规范化与网络化，开展林产品、林权交易电子商务试点工作。

十三、促进旅游电子商务发展。旅游局负责研究制定旅游电子商务管理办法及相关推进政策；建立旅游电子商务公共服务和监管机制，推动旅游在线服务模式创新；研究建立重点旅游景区游客流量等相关信息的在线发布机制；会同工商总局推动旅游电子商务可信交易体系建设及旅游服务电子合同应用，开展集游客流量预警发布、即时投诉服务、电子合同签订、游客在途在线即时服务等功能的旅游综合电子商务服务试点工作。

十四、各地区加快支持电子商务发展环境建设。各地方要重点支持符合本地区发展实际需求的电子商务企业发展，配合中央部门落实相关重点工作，建立完善本地区跨部门的电子商务工作协同机制，加快完善地方性电子商务政策体系，进一步加强电子商务基础设施建设，为电子商务企业创新发展提供良好的环境。深圳市、北京市等23个国家电子商务示范城市要继续深入推进创建工作，落实创建工作方案各项任务，加快推进国家电子商务试点工作，探索支持电子商务发展的新机制和新政策，为国家制定电子商务相关法规标准提供实践依据。

国家发展改革委办公厅
财政部办公厅　农业部办公厅
商务部办公厅　人民银行办公厅
海关总署办公厅　税务总局办公厅
工商总局办公厅　质检总局办公厅
林业局办公室　旅游局办公室
邮政局办公室　国家标准委办公室
2013 年 4 月 15 日

资料来源：温战强，房桂喜，杨道玲．2013．信息化法规政策选编．北京：中国林业出版社．

（二）发挥市场机制的作用。《2006～2020 年国家信息化发展战略》在阐述我国信息化发展的战略方针时指出，要以需求为主导，充分发挥市场机制配置资源的基础性作用，探索成本低、实效好的信息化发展模式；要以人为本，惠及全民，创造广大群众用得上、用得起、用得好的信息化发展环境。党的十八届三中全会指出，实践发展永无止境，解放思想永无止境，改革开放永无止境；紧紧围绕使市场在资源配置中起决定性作用深化经济体制改革，加快转变经济发展方式，推动经济更有效率、更加公平、更可持续发展。这些为科学推进林业电子商务发展提供了重要思想武器。

展望未来，“网络定制、网络中介、网络集市、网络贸易”将是电子商务产业发展的主流方向；电子商务环境下消费方式将向全时空、个性化方向发展，流通方式将向集中化、直接化方向发展，生产方式将向定制化、专业化、分散化方向发展。各级林业部门要充分认识林业电子商务发展面临的重大历史机遇和巨大市场空间，充分认识市场在林业资源配置中的决定性作用，准确把握国际国内两个市场，正确处理好政府与市场的关系。要在充分发挥政府扶持引导作用的同时，更加注重发挥市场在促进资源、信息、人才、资金等要素集聚，推动林业电子商务发展方面的决定性作用，既用好“有形的手”，又用好“无形的手”。要以企业信息化为基础，以大型重点企业为龙头，通过供应链、客户关系管理等，引导中小企业、林业经济合作组织以及广大林农积极参与，形成完整的林业电子商务价值链。要加快信用、认证、标准、支付和现代物流建设，完善结算清算信息系统，注重与国际接轨，探索多层次、多元化的林业电子商务发展方式。要制定和颁布涉林中小企业、林业经济合作组织信息化发展指南，分类指导，择优扶持，建设面向中小企业和林业经济合作组织的公共信息服务平台，鼓励他们利用信息技术开展灵活多样的电子商务活动。

第十章　强化业务应用和创新能力建设

林业信息化，建设是基础，投入是关键，应用是核心，培训是纽带，创新是动力。第三届全国林业信息化工作会议开启了智慧林业建设的序幕，明确了智慧林业建设的目标和任务。当前和今后一个时期，林业系统要以建设生态文明为总目标，以改善生态改善民生为总任务，以推进林业治理体系和治理能力现代化为总要求，围绕电子政务、电子商务、电子林区三大应用领域，进一步加强重要业务应用系统建设，充分发挥先进典型的示范引领作用，着力增强原始创新、集成创新和引进消化吸收再创新能力，促进智慧林业平衡、协调、可持续发展，为大幅提升国家信息化水平做出积极贡献。

一、加强重要业务应用系统建设

业务应用系统建设是林业信息化建设的重点，是转变林业政府职能、规范林业监管行为、提升林业公共服务水平的关键。要把制度创新与技术创新放在同等重要的位置，通过完善体制机制，转变发展思路，不断深化信息技术与林业业务的有机融合。

(一)强化共性业务系统的统一开发。开展共性业务系统的统一开发和分级部署，是统一技术架构、增进业务协同、促进信息共享、节约建设投资的重要手段，“金关”、“金审”、“金税”、“金土”等“金”字号电子政务工程实践已经充分证明了这一理念。《国家卫生计生委 国家中医药管理局关于加快推进人口健康信息化建设的指导意见》(国卫规划发〔2013〕32 号)、《国家食品药品监督管理局关于进一步加强食品药品监管信息化建设的指导意见》(国食药监办〔2013〕32 号)等近年发布的信息化指导文件，也充分吸收和借鉴了这一理念。林业行业要把这一理念融会贯通到信息化建设的各方面和全过程，为实现林业信息化的集约式和跨越式发展提供理论基础。

深刻领会党的十八大和十八届二中、三中全会精神，以及生态林业民生林业建设对信息化提出的新期待、新要求，围绕转变政府职能、提高行政效率、规范监管行为、提升服务水平的需求，深化相应林业业务系统建设。要统筹规划，分类指导，不断强化共性业务系统的统一开发，有序推进相关业务系统之间、中央与地方之间的信息共享，促进各部门、各层级间业务协同，减少重复开发和信息孤岛，缩小区域间和层级间的数字鸿沟。

要着力推进森林资源监管、湿地资源监管、荒漠化和沙化土地监管、生物多样性监管等林业资源监管系统建设，形成“全国林业资源一张图”，改变我国林业资源监管工作中传统落后的人工监管方式，实现对林地、湿地、沙地和野生动植物等林业资源的实时有效监管，为提高宏观决策的科学性和有效性提供技术保障。

要着力推进林木种苗管理系统、重点生态工程营造林管理系统、林业应对气候变化管理系统等营造林管理系统建设，实现全国造林规划设计一体化，加强对林业重点生态工程的全过程监管，及时获取林地真实情况，减少重复造林现象的出现，为掌握生态状况、正确评估生态建设效益提供科学方法，为实施生态工程精细化管理、提高管理效率提供有效手段。

要着力推进森林防火监测预警和应急指挥系统、林业有害生物防治管理系统、野生动物疫源疫病监测管理系统、沙尘暴监测预警和应急指挥系统等林业灾害监控与应急系统建设，提高林业应对各类灾害的能力，有效保障公民、法人的生命财产安全。

要着力推进集体林权制度改革监管系统、林农信息服务系统、林权交易系统、林业电子商务系统、国有林场改革管理系统等林业改革业务系统建设，为深化集体林权制度改革、国有林场改革、重点国有林区改革以及建立国家公园制度、调整林业产业结构、激发林业发展活力等提供技术支撑。

要着力推进木材经营加工管理、重点企业运行监测、林产品市场动态监测、林产品国际贸易监测、林业产业分析评价、林业产业公共服务、林业远程教育培训等林业产业发展与林业经济运行监测系统建设，提高林业经济监测、预测、预警和服务能力，增强宏观调控决策的有效性和科学性。

要加快建设智慧林业立体感知体系，着力打造智慧林业管理协同体系，全面完善智慧林业民生服务体系，积极构建智慧林业生态价值体系，努力实现林业立体化感知体系全覆盖、林业智能化管理体系协同高效、林业一体化服务体系更加完善、林业生态化价值体系不断深化、林业规范化保障体系支撑有力的发展目标。

（二）建立行之有效的资金保障机制。与金融、公安、商务、交通、国土、农业、水利、海洋等行业相比，林业信息化发展水平明显落后。在诸多主客观的限制因素中，长期资金投入不足是关键影响因素。因此，必须解放思想、深化改革、广开思路，加快构建行之有效的资金支持机制。

要积极争取各级政府财政投资。要建立健全林业信息化预算定额标准体系，确保项目有投入、运维有资金、应用有保障，通过完善财政预算管理制度，建立林业信息化长效投入机制。要建立健全相关部门和单位合力共建的投入机制，通过共同筹资，解决资金难题。要明晰中央和地方在林业信息化建设与应用中的事权、财权划分，做到权责对称并兼顾区域发展水平差异。属于中央和地方共同管理的事务，应区别不同情况，明确各自的权责范围和筹资责任。中央财政要加大对西部地区林业信息化建设的转移支付力度，支持这些地区尽快缩小与中东部的差距。要加大林业建设项目中信息化投资的整合力度，各地各单位要在现有林业建设项目总投资中，特别是育林基金、生态补偿金和重点生态工程建设投资中，提取一定比例成立林业信息化发展基金，专项用于林业信息化建设和推广应用。

要积极吸收社会资本参与建设。对经营性的信息化建设项目，如林业旅游休闲信息化、林业产权交易信息化、林业电子商务、林业信息开发与服务、林业物流信息化等，鼓励探索多方合作的新机制，充分发挥市场在资源配置中的决定性作用，积极支持和引导社会力量投资林业信息化建设，不断赋予林业信息化建设新的生机与活力，实现优势互补、互利共赢。要着力完善市场准入、技术培训、财政补贴、税收减免、投融资等优惠政策，为社会资本参与林业电子商务、信息资源开发利用、关键技术及设备研发、信息技术推广应用等营造良好的创业环境。

要强化"一把手"责任意识。要高度信息化资金投入问题，主要负责人要亲自过问，分管负责人要直接负责，逐级落实责任，确保各项资金纳入预算、落实到位、管好用好。要进一步加强和完善项目建设招标制、资金使用报账制、建设施工监理制和建管并举长效制，切实提高林业信息化资金的使用效益。

二、发挥先进典型的示范引领作用

林业信息化建设是一项极富开拓性的工作，既需要汲取外部经验、借助外部力量，更需要自力更生、艰苦奋斗。开展示范建设是内挖潜力、积累经验的有效方式，是推动林业信息化事业科学发展的重要手段，要完善制度，精心组织，统筹推进。

(一)推进示范省(市、县)建设。要完善工作制度，加强技术指导。充分认识开展示范省(市、县)建设的重大意义，加强组织领导和支持保障。根据几年来第一批、第二批全国林业信息化示范省(区、市)建设工作情况以及第一批全国林业信息化示范市、示范县建设工作情况，及时修订《全国林业信息化示范省(区、市)主要指标》、《全国林业信息化示范市主要指标》和《全国林业信息化示范县主要指标》，引导示范省(市、县)建设科学有序开展。要制定抽查和验收工作制度及技术指南，加强示范省(市、县)建设的动态化管理，对抽查或验收不合格者要予以警告和限期整改，直至取消示范资格。要深入开展技术指导，及时解决示范建设过程中遇到的各种问题，总结示范经验和先进理念，充分发挥"点亮一盏灯、照亮一大片"的示范引领作用，辐射带动全国林业信息化工作。各省级林业主管部门可参考国家林业局的相关制度和工作机制，有序推进本省示范市、示范县、示范林场等示范点建设。

要创新工作方法，提高示范成效。各示范单位要对照示范主题和示范方案，认真组织开展全国林业信息化示范省、示范市和示范县建设，确保工作进度和质量。既要强调典型应用和技术突破，又要注重理念创新、政策创新、管理创新、制度创新和机制创新。各级财政要加大对示范工作的政策、技术和资金支持，加强检查指导和总结推广，完善动态评估与激励机制，切实提高示范成效。鼓励各省(区、市)结合本辖区实际，推进或扩大林业信息化示范点建设。

(二)开展先进信息技术应用示范。不可否认，虽然我国现在已跃升为世界第二大经济体，但仍有很多核心信息技术受制于人。在日趋激烈的全球信息化竞争中，我们必须正视现实、承认差距、密切跟踪、迎头赶上，方能赢得未来发展先机。开展先进信息技术应用示范是实现弯道超车的重要途径之一。

要建立有效的财政支持和激励机制，并充分发挥有关专家的支撑作用。建立林业信息化发展基金，科研资金和重大生态工程建设资金也要向信息化适当倾斜，支持新一代信息技术在林业主体业务中的应用示范，带动智慧感知体系、智慧协同体系、智慧生态体系、智慧民生体系和智慧保障体系建设。要建立健全和充分发挥各级林业信息化专家咨询委员会的作用，为示范方案编制、示范工程实施、示范成效分析等提供技术支持。

要统筹推进先进信息技术应用示范。以实施国家物联网应用示范工程为契机，推动林业物联网应用，逐步建设实用先进的中国林业物联网。以实施国家林业云计算平台建设项目为切入点，深化林业云计算技术应用，推动绿色节能数据中心建设，逐步建成统一高效的中国林业云。以实施国家林业北斗应用示范工程为先导，带动国产对地观测系统和卫星通信系统等在林业行业的广泛应用。抓住国家开展 IPv6、三网融合、电子商务等试点建设的机会，推动大数据、移动互联网等新一代信息技术的集成应用。各级林业部门要多渠道积极争取各类信息化应用示范项目，不断提高先进信息技术对林业改革发展的贡献率，助力生态林业民生林业建设，促进生态文明发展。

三、着力增强创新发展能力

信息化本质上是一场管理思想、理念和方式的变革，是一场破除等级文化、改变信息不对称、实现信息共享的自我革命。融合与创新是林业信息化发展的灵魂，要从“软”、“硬”两方面着手，坚持不懈地推进原始创新、集成创新和引进消化吸收再创新。

(一)推进关键技术研发和成果转化。林业工作涉及千山万水、千家万户，环境恶劣多变、基础设施落后、工作条件艰苦、专业人才不足，这给林业信息化建设带来了诸多困难和巨大挑战。同时，由于林业管辖地域广、业务十分繁杂、情况复杂多变、社会关注度不够、信息化水平比较落后，又给林业信息化建设带来巨大的发展空间，只要政策措施得当，突破关键技术瓶颈，极有可能实现弯道超车、后来居上。知名信息化专家、工业和信息化部副部长杨学山在 2013 年曾经指出，“我国信息化正进入机遇与挑战并存的拐点，有利条件归纳起来主要有两条：一是我们积累的信息技术能力与信息技术应用经验使得我们有可能少走弯路，能够真正发挥信息化在经济社会发展各方面的作用；二是庞大的市场，当 13 亿人口人均 GDP 与收入都上升时意味着庞大的市场，与此同时，我们拥有世界上最复杂的系统，比如我们的银行系统等主要领域都是世界上最复杂的，所以这样的情况下我们产生世界一流企业的市场基础就形成了。同时，我们也面临很大的挑战：第一，IT 技术创新不够；第二，无论从技术构成还是从价值构成来看，产业大而不强；第三，信息技术应用存在很多弊端，比如高成本低服务、硬件设施利用率不高、信息化发展与信息安全等问题。”他的精辟见解对我们准确把握当前我国林业信息化的发展形势，增强推进林业信息化的自觉性是十分有益的。

要按照《全国林业信息化建设纲要(2008～2020 年)》、《林业科学技术发展中长期规划(2006～2020 年)》等的要求，瞄准国际国内发展趋势，实施林业信息技术自主创新行动，加强林业信息技术创新体系建设，不断增强自主研发能力、集成创新能力和引进消化吸收再创新能力。特别是要紧跟云计算、物联网、大数据、移动互联网、IPv6、LTE、高分卫星、北斗卫星等前沿信息技术应用，推进关键技术研发和成果转化，提高林业工作效能，促进政府职能转变，维护国家生态安全，推动生态文明建设。

要依托具有较强创新研发实力的教学科研单位，推进林业信息化工程技术研究中心、研究所和重点实验室建设。支持有关 IT 企业、教学科研单位、技术测评单位等联合组建林业信息化产业技术创新联盟。充分发挥林业科学数据中心的作用，为林业信息化科技创新和成果推广转化提供支撑。强化政、产、学、研、用间的密切协作机制，相互取长补短，提高林业信息产品研发的针对性和实用性。

要加强科研力量的组织协调，围绕智能感知、快速传输、智能分析、共享交换、辅助决策等关键领域，开展关键技术研发与产业化。研究推进 LTE、卫星等新一代通信技术在林区的规模化应用。研制适应野外恶劣环境的林木二维码标签、权证二维码标签、可读写 RFID 专用标签，解决高含水量、高密度介质中信息传输困难问题。加强生物特征识别与身份认证技术的研发与应用，研制具有身份识别、北斗定位、体征传感、信息传输等功能的专用终端。研制适应野外恶劣环境的手持式、固定式智能读写终端。按照低成本、低功耗、微型化、高可靠性的要求，研制适应野外恶劣环境的温度、湿度、光照、空气质量、碳汇计量、水文、水质等各类传感器，以及集成传感技术、RFID 技术、定位技术并支持多种通信传输方式的智能手持终端、车载终端、游客便携式终端等。研制林火视频监控专用设备以及适用于林区环境的通信技术和传感器网络通信产品，突破野外风光互补供电、故障智能诊断等关键技术。研究林业海量信息处理与分析、分布式文件系统、实时数据库、智能视频图像处理、大规模并行计算、数据挖掘、可视化数据展现、虚拟现实、智能决策控制、信息安全等关键技术。加强科研成果推广，提高现代信息技术应用水平。

(二)加强林业信息化软科学研究。当今世界，信息化和经济全球化相互促进，互联网已经融入社会生活的方方面面，深刻改变了人们的生产和生活方式。我国林业正处在这个大潮之中，受到的影响越来越深，各种新理论、新技术、新方法、新应用、新政策、新制度层出不穷，给林业信息化既带来了机遇，也提出了挑战。林业信息化必须在重视“硬技术”的同时，不断加强软科学研究，为完善法律法规、发展战略、政策制度和体制机制等提供决策支持(专栏 10-1、10-2)。

专栏 10-1

信息化与中国产业升级

北京大学政府管理学院教授　路风

信息化，不是做数据中心或者搞 ERP 系统，而是一定要从“全局”和“创新”层面用信息技术彻底改变自己。对企业而言是如此，对国家而言更是如此。

对信息化的理解，可以从一个大问题开始：未来的中国经济发展靠什么？有观点认为是城镇化，也有观点认为是市场化、私有化。我以为，未来中国经济增长最主要的源泉应该是产业升级。理由就是经济学最基本的规律——长期经济增长的动力是生产率的提高。

改革开放 30 多年来的发展使中国拥有了非常庞大的产业基础。但是，现在中国还远未完成工业化的任务，改善人民生活的空间巨大，无论是交通基础设施对国土空间距离的改变，还是能源革命和生态建设对生存环境的改进，乃至城乡差距的消除和收入水平的提高，等等，信息化对中国工业生产效率的影响还远未发挥出来。

尤其是中国制造业在国民经济中所占比重之大，更加大了这种影响的潜力。从这个角度看，信息化在支持中国产业升级方面有巨大的空间。需要指出，产业升级是中国工业的整体升级，它远比仅仅发展几个高新技术产业的作用更大，更具有战略意义。

“信息化”如何发挥作用

目前大部分人对信息化的理解过于简单，认为有一个现成的“信息化”，只要拿来应用在传统产业部门，就会发生奇妙的变化。对此笔者一直怀疑，因为这没有讲明信息化是如何工作并产生作用的。在调研中发现的案例表明，只有当传统工业中的企业利用高新技术开发产品、改变流程和组织时，信息技术才可能发挥作用，才能引起这种结构性的变化。

2000 年左右，我国橡胶轮胎行业基本上被外资控制，属于一个即将“沦陷”的行业。但是十年后，这个行业完全翻转回来了，中国成为世界最大规模的橡胶轮胎生产和研制国。2004 年，中国占美国进口份额的 14.4%，五年之后的 2009 年变成 36.5%。这才会引起 2009 年美国特保案，对中国轮胎征收特别关税。

为什么十年间这个行业能够整体翻盘？在找这个行业翻盘原因的时候，笔者发现了一个幕后“黑手”——青岛软控。这是一家从青岛科技大学校办企业发展出来的民营企业，搞软件设计。其第一个产品——上辅机就用在生产橡胶轮胎的第一道工序。

原来橡胶轮胎生产系统的设备完全进口，其缺陷就是所有配料都是工人手工操作，很不准确。青岛软控首先开发了一个系统控制软件，可以把配料实现自动化。但软件卖不出去，这家企业就不得不自己设计生产机器。今天，大概80%以上国内橡胶行业的上辅机都是这个企业所提供。

这是一个很信息化的思维：用一套控制软件改造了一个关键工序，进而设计制造这一工序的设备。他们想到，既然这一台设备能做，橡胶生产流程的所有设备就都可以做。于是，青岛软控就做出了世界上第一个橡胶工业的Windows，即操作系统。整个生产流程所有地方都用这个系统控制，从基础数据的采集一直到怎样处理，全都变成了信息化。

同时，青岛软控也做硬件，因为仅有软件卖不出去，又变成了一个设备企业。最后的发展是这家最初的软件企业开始制造"工厂"：做出了一个工厂的整体解决方案，软件硬件全部都有，买来就可以投产。现在，民营企业只要兜里有钱，不管过去是挖煤的还是卖鞋的，只要买得起这个工厂，马上就能生产橡胶轮胎。如果没有厂长，它还利用在行业中的校友人脉关系帮助介绍厂长。青岛软控整体解决方案的输出大幅度拉低了行业进入门槛，催生了一大批民营橡胶轮胎企业，特别在山东，最近十年已经成为中国橡胶轮胎集中产地。这样就发生了整个橡胶轮胎工业翻盘的情况。

2011年，青岛软控在全球橡胶机械行业排名第二，与第一名的德国蒂森克虏伯属下H－F公司已经非常接近，五年前双方还有巨大差距。2012年5月，蒂森克虏伯公司总裁访问青岛软控时非常受冲击。他说，德国人做橡胶机械做了150年，从来没有想过要做一个轮胎制造厂，只卖单机，从没有想过要做一个系统。他说，虽然中国的机械和德国的质量还有一些差距，但是整体上的差距已变得很小了。

像青岛软控这样的企业，很大程度上更加接近信息化的实质，从最初做系统控制软件，后来做成了工厂系统，最后又改变了整个产业系统。

如何领导"信息化"

从青岛软控和其他一些企业的实践看，它们的创新起始于以系统性思维扩大战略视野，反过来以终端市场为起点思考自己的产品和服务。过去，企业首先考虑能生产什么产品，再去找市场；现在，企业首先要看客户到底需要什么，反过来再考虑自己能做什么、应该做什么？然后重新定义自己的产品和服务，改变流程，向客户提供整体解决方案。它们在这个过程中，很自然地利用信息技术抑或信息化手段来支持自己的创新。

因此，信息化也好，信息技术也好，对促进传统企业的系统思维大有作用，同时又提供了系统集成的手段。而且我发现，随着其产品形态的改变，从原来单一产品变成整体解决方案后，企业流程组织也发生了重大变化，向前深入客户，向后深入供应链，减轻了中央控制协调的难度。结果是，这些企业经济活动性质发生转变：原来只从事低端的制造，现在则囊括了高附加值的研发和服务，实现信息化的同时也实现了产业升级。

可见，无论是信息技术和产业部门，还是传统工业，只有想以创新改变什么的时候，才可能对新技术产生需求。信息化是信息技术产业和传统产业之间互动的过程，不是买了微软和英特尔的产品就能实现。中国有庞大的传统产业，只要开始有创新的动力，立刻就会产生对信息技术的需求。对中国的信息技术和产业部门而言，其本身也得创新，就是抓住中国市场特点需求并去满足这种需求。

那么，如何领导信息化？首先从政策上讲，不管产业升级的任务与信息化有没有关系，我都不太同意“腾笼换鸟”的思维。这其实是一种站不住脚的逻辑，中国当前需要的是“乌鸦变凤凰”，任何一个很“土”的公司和行业，只要找到创新需求的关键点，都可以变成高技术含量的企业和行业。而“乌鸦变凤凰”的实质，就是需要用信息化来支撑，这是政策制定过程中考虑信息化的第一点。

近年来，政策所支持的战略性新兴产业，很大程度上根本就不是产业。比如，某省在规划发展新型电子信息产业时，要重点发展新型显示器、下一代网络、软件与集成设计、物联网，等等。不管罗列什么，这些“重点”都不是独立的产业，只不过是已有产业的关键环节或者说新技术领域，其产业化也离不开现有产业。

这种总想着把这些领域发展了就可以换掉传统产业的“腾笼换鸟”思维，在实践中会产生难以估计的危害。把基本产业基础换掉，很可能会突然发现没有饭吃了。信息化的实质是传统产业的高技术化，对中国的现实和未来而言，这是更有意义的一件事。

“信息化”政策做什么

首先，可以从历史上研究分析铁路对美国经济发展产生过什么样的作用。1850～1860年间，美国经济规模比意大利还小。40年后，就成为全球第一。期间所发生的最重要变化，就是美国大规模铁路建设，使美国形成大陆级的统一市场，而不是原来的地方性市场。

美国企业史学家艾尔弗雷德·D. 钱德勒也称，从铁路开始，才出现了大规模生产方式和美国大企业，导致生产力迅猛提高，对美国长期经济增长发挥了至关重要的作用。铁路是一百多年前的事情，今天信息化社会，同样应该大规模建设像铁路那样发挥基础作用的信息基础设施。

政策需要研究的是，在信息技术方面也应该有这样一个基础设施，并能够对整个经济增长产生全局性的影响。同时需要考虑的还包括，建设怎样的基础设施可以促进中国企业的创新，可以给企业带来更多机会，使传统企业产生更多的需求。信息化又是一个过程，一个全局性的自主创新政策对信息化至关重要。它不仅仅局限于信息产业部门，而且包括在所有的产业中。

目前，需要做的工作就是赋予信息化以实质内容，说清楚这里面到底是什么。信息化肯定起源于信息技术对社会经济发展的渗透和影响，但是这个效果不仅取决于信息技术和产业的发展，也取决于其他部门的创新。对于长期经济增长来说，信息化的作用应该是在促进产业升级上，不是说信息化自己能起什么作用，而是促进了产业升级所以起作用了。

如果政府要有一个信息化的政策，这个政策需要考虑四个字“全局、创新”。信息化一定要放在全局的语境来讲，对中国发展最关键的问题有什么作用。关于创新，其意义肯定不是大家应用现在已有技术。比如，过去做信息化可能是公司做一个数据中心，或者ERP系统，现在一定要用信息技术改变自己，有创新才会有突破。

资料来源：路风．2013－09－11．信息化与中国产业升级．http：//www.chinainfo100.net/document/201309/article12488.htm.

专栏 10-2

国家治理与现代信息技术

清华大学公共管理学院院长　薛澜

现代信息技术对现代社会广泛渗透给国家治理带来巨大挑战之时，大数据这样的先进信息技术也为国家治理体系提供了革命性的改造工具。

十二届全国人大一次会议上提出的国务院机构改革和职能转变方案中，加强国家行政体制的基础性制度建设被列为近期工作的重点。这是我国行政体制改革中第一次提出基础性制度建设。这项工作的持续开展，将对整个国家行政能力建设和现代公共治理体系的建设起到重要的作用。这项工作的意义何在？其与信息化有什么关系？落实这些政策有什么样挑战？这些问题的回答都需要多方位的思考和实践探索。

我国国家治理体系的成就与差距

改革开放三十多年来，中国的国家治理体系经历了巨大的转变，取得了重要的进步。中国的公共治理体系从以“个人魅力和权威”为基础转向以“提高效率＋广泛参与”为基础，在政府职能转变、加强公共服务和反腐倡廉等方面都取得了巨大成就；同时，社会组织蓬勃发展，社会管理体系不断健全。这些发展对中国改革开放的成功起到了重要的保障作用。尽管如此，中国的现代国家治理体系建设仍然任重道远，成为影响中国进一步发展的“掣肘”。

中国现代国家治理体系建设方面存在哪些差距？首先，我们要有一个清晰的整体目标。近年来，每一次政府换届都提出了很多行政体制改革的任务，在政府部门调整方面做了很多工作，但这些改革都是比较具体的工作，改革的整体目标比较抽象，不够清晰。未来中国应该有一个整体的现代国家制度建设的目标，每一届政府都朝着这个目标逐步迈进，所取得的进步和差距都能十分清晰地展现出来。

其次，从过去这些年来看，国家治理体系的改革总体来讲还是服从于经济体制改革，没有将国家治理体系本身作为非常重要的改革与建设内容来推进。国家治理体系的名实之间有巨大的差距，包括目前政府机构的资源和能力与所承担的各项公共职能之间的巨大差距。几个月前，美国哈佛大学肯尼迪政府学院的师生到清华大学公共管理学院进行交流，笔者让他们猜测中国的中央政府有多大？他们有的人猜 200 万人，有的人猜 400 万人，还有一个猜到 1000 万人。笔者后来告诉他们，中国的国务院中央政府部门人员不到 5 万人，他们没有一个人相信。笔者在此想表明，目前中国的中央政府承担的很多职责是不是真正能够有效地完成？需要做的政策分析是不是能够真正认真地去做？需要仔细反思。

与此同时，近几年，中国公共部门的社会信任基础在减弱，地方政府尤其明显。改革开放的前三十年，不管怎么说，大家对政府还是有很强的信任感或者说依赖感。但最近这些年，很多群体性事件背后最关键的问题是当地老百姓对政府不信任，这些问题需要我们去认真面对。

此外，我国公共治理的基础制度建设与一个现代化的公共治理体系相比差距很大。例如，公民及社会组织的基本信息的采集整理、身份认证、社会宏观信息的提供、基本信息的公开和保护等都存在很大问题，影响了很多相关产业的发展。例如，信息服务咨询业的原始资料就是这些基础信息。这些信息不完全、不公开，必将影响信息服务咨询业的发展。

这种差距也影响了政府的有效管理和政策的合理制定。我们国家的政策制定，最基本的前提就是要了解社会是如何运行的。其次，要掌握相关的信息。要识别个人与社会组织的权利和义务，知道其收入是多少，要不要交税。这些信息是很多微观公共政策执行的基础。同时，要对行业发展动态充分了解，比如高新技术产业或者战略性新兴产业如何发展，要不要进行补贴等。还有税收、社会低保的提供等都需要对个人身份的认证和对其经济收入的准确掌握，在此基础上才能去执行。

现代信息技术提供的机遇与挑战

现代信息技术为国家治理的基础性制度建设提供了非常好的技术条件。以大数据为例，大数据的产生有三种方式：一是被动产生，在系统运营阶段产生；二是主动产生，在用户原创阶段产生；三是自动产生，在感知式系统阶段产生。这也是大数据产生的根本原因。

就大数据引起的挑战而言：首先是大数据集成；其次是大数据分析，即对实时数据的需求分析。大数据到底大不大，跟处理能力是密切相关的。索引结构的局限和先验知识的缺乏都是面临的问题。再次是数据公开与隐私保护的矛盾。大数据中很多信息可能都与个人的生活方式、消费方式密切相关，所以在对其进行分析的时候，根据信息的整合就能准确地知道谁在做什么，这就涉及个人隐私的问题。此外，还有大数据处理硬件的协同、管理、易用性等问题，都是面临的技术挑战。

大数据对于公共管理来说既是挑战也是机遇。首先，大数据时代政府管理的角色从数据收集者向数据分析者转变。在今天的中国，改革的政策分析不再是姓社姓资的争论了，而是如何更加有效地为推动改革，为公民提供更好的服务。公共政策的分析需要高度精细化。例如，在个人收入所得税率问题方面，起征点放在3000元还是2000元？会产生什么样影响？这些都需要有扎实的分析基础。

其次，现代社会对政务公开的要求也会推动政府从数据管理者向数据提供者转变。刚才谈到信息服务业中的咨询业，最基本的原材料就是这些数据。如果没有这些数据，中国的信息服务业很难发展起来。大数据在电子政务领域也能发挥重要的作用，包括推进政府信息资源的开放和利用的效率，推动跨越政府内部协调的鸿沟，促进政务公开，提高政府决策的科学性和准确性等。

在关于大数据时代到来的讨论中，技术问题是大家普遍关心的。但作为公共管理学者来看，最大的问题还是相关制度建设的挑战。以个人信息为例，有很多制度建设的问题亟待解决。例如，到底什么是个人信息？现有研究认为个人信息是指一切与个人有关的、能使他人或计算机系统从众多个体中识别出该个体的信息资料。凡是可以用来识别具体个人的信息，诸如健康、财产、婚姻、经历、通信、日记、住所地址和私人文件等都构成个人数据。

从政府行使公共管理的职能来讲，可能需要用到个人信息。所以从个人来讲，向政府有关部门提供个人信息是公民的基本义务，但是个人信息的权利也应该进行明确。这其中包含了政府和个人的契约关系，包含了个人与社会、政府在信息的权利和义务方面的约定，尤其是政府对个人隐私权的尊重与保护。

从目前的研究来看，隐私权的体现形式分成四类：第一是知情权。即知晓个人相关数据收集者的权限范围、收集目的，以及本人能够查询自己的信息；第二是控制权。即个人有权决定是否提供个人数据信息，提供哪些方面的信息；第三是使用修改权；第四是安全保障权。数据主体有权要求管理部门采取必要的、合理的措施以保障个人数据的安全性，防止不当泄露。其中知情权是电子政务中数据主体最重要的权利，也是行使其他权利的基础。

从国外来看，政务公开和隐私保护是一种平衡。1966 年，美国首先制定《信息自由法》，1974 年颁布《个人隐私法》。这二者之间有一个平衡，美国很多的立法和判例是在二者之间进行平衡。

目前，中国在信息化制度建设过程中，相关法律法规分成计算机类、互联网类，信息类和政务公开类等四类。有相关学者评论认为，我国信息化领域的立法存在问题：没有纲领性立法，仅有一些具体的法规，立法的原则不清楚；有效的立法评价监督机制还不健全；许多法规的效率层次比较低，大部分还是部门规章。

完善信息化相关制度建设

如何能够完善信息化制度方面的建设？从政策制定和执行的过程来看，要明确区分不同政策目标、手段和作用主体。

推进信息化需要技术手段，包括更广泛的信息系统使用以及信息的公开等。隐私保护可能与推动信息公开存在矛盾，所以首先要明确不同的政策目标，以及由于政策目标不同所带来的政策权衡的不同。

另一方面，中国目前很多事情往往容易采用各种不同的政策手段来同时推进，有点像“鸡尾酒疗法”。这种情况往往效率比较低，如何把相关政策从“鸡尾酒”转向“点菜式”政策就是很大的挑战。现在，很多政策笼统地混在一起，都是推进信息化的，现在需要进一步去区分哪些是推进信息公开的，哪些是推进隐私保护的，要研究通过什么方式使得这两种政策得到很好的平衡。

其次，要加强政策研究和政策评估，把握科学规律。在大数据的环境和技术条件下，提供了很多新的手段，但是这些数据的应用会有什么样的影响？能够发挥什么样的作用？这需要去加强研究，真正把握科学规律，使得政策有很强的针对性。

在相关的政策制定过程中，需要加强政策协调，改善体制机制。因为信息化涉及面非常广，很多部门都会涉及。尤其在基础制度建设方面，很多部门都收集个人信息，但相互之间如何很好地协调，使得数据能够有效整合，可能还存在较大的问题。在对信息的使用方面，除了个人，还有企业和其他相关利益主体，如何确保政策目标，手段与效果的一致，通过什么样的方式来解决，都有很多问题需要好好研究。

最后，要完善决策机制，提高效率、降低风险、平衡利益。这也是在相关制度建设中需要充分考虑的。

资料来源：薛澜 . 2014 -05 -22. 国家治理与现代信息技术 . http：//www. chinainfo100. net/document/ 201309/article12490. htm，

要高度重视软科学研究在林业信息化持续协调健康发展中的重要作用，不断加大政策资金扶持力度。在林业行业公益性研究项目中，应包含信息化软科学研究项目。要把"推进林业信息化，带动林业现代化"纳入林业年度重大政策调研范畴，长期坚持。要及时分析总结各地的先进经验和成功做法，并上升到理论和政策制度层面。

要以林业信息化发展战略为指导，围绕规划、设计、政策、措施、制度、人才培养、交流合作、绩效评估等议题，深入开展研究工作。当前和今后一个时期应以《国家林业局关于进一步加快林业信息化发展的指导意见》和《中国智慧林业发展指导意见》为指导，把编制林业信息化"十三五"规划以及修订完善林业信息化工作制度作为研究重点。要以中央网络安全和信息化领导小组的相关决策部署为指导，以完善顶层设计、促进整体发展为目标，推动各地持续开展战略需求、规划设计、推进路线图等研究，为林业信息化发展提供理论指导和政策支撑。

第十一章　加快标准建设和技术推广

标准是国家的基础性制度，是经济社会活动的技术依据。标准化对加强宏观调控、建立统一市场、优化公共服务、促进技术进步、保护生态环境等具有重要意义。统一标准是林业信息化建设的基本原则，是破解互联互通难题的金钥匙。在全国着力推进智慧林业建设的新形势下，要进一步加快林业信息化标准体系建设，加大标准解读和宣传贯彻力度，创新标准管理体制和运行机制，充分发挥林业信息化标准化技术委员会的技术支撑和桥梁纽带作用。

一、加快标准规范体系建设

林业信息化标准体系以国家标准和行业标准为主体、地方标准和其他标准为补充。要在充分调研和科学论证的基础上，积极有序地加以推进，逐步建成各类标准协调配套、符合林业信息化发展需要的新型技术标准体系。

（一）加强标准规范体系研究。与森林资源管理、林木种苗培育等传统的林业业务领域相比，当前全国林业信息化建设面临的一个不争事实是：大家都认为标准很重要，标准建设很滞后，标准需求很迫切，但一旦问到到底需要哪些标准，急需制定哪些标准时，很多人都说不出个所以然。这说明，整个行业对林业信息化标准还缺乏深入的研究，没有系统地思考标准体系的构成。

为了扭转这一不良局面，2009 年初国家林业局信息办甫一成立，就组织有关单位开展了林业信息化标准体系研究。项目组在全面梳理现行信息化国际标准、国家标准、行业标准和地方标准的基础上，首先提出了推荐使用标准 152 项、参考使用标准 113 项、要遵循的标准编写规则和标准化法律法规 32 项（林信发〔2009〕311 号）。2013 年 11 月，《林业信息化标准体系》正式印发（林信办字〔2013〕4 号），明确标准体系由总体标准、信息资源标准、应用标准、基础设施标准、管理标准等五大类组成，标准体系表包括了 225 项标准。这是林业信息化在 30 多年的发展史上第一次发布标准体系，对指导和规范全国标准建设、深化对外交流合作等具有重要意义。

然而，林业业务是十分复杂的，随着经济全球化的深入推进和生态安全问题的日益突出，林业的职责功能也在不断拓展变化，这对林业信息化标准建设必然会提出新的要求。比如，近年来我国林业“走出去”的步伐不断加快，对外合作和国际贸易日趋活跃，应对全球气候变化正变得炙手可热，成为林业新的重要任务和重大使命。同时，随着信息技术的加快渗透和广泛应用，林业新的业务模式和管理方式不断涌现，对林业信息化标准建设也将提出新的需求。比如，林业电子商务、电子林区建设以及新媒体技术应用是最近几年才出现并日益受到重视，物联网、云计算、大数据、LTE 等新一代信息技术正在改变着林业信息化的发展理念和建设思路，如何让林业实现智慧的感知、智慧的传输、智慧的应用、智慧的交互并保证信息安全，进而全面提升林业决策管理和公共服务水平，都需要标准来提供技术依据。这些新情况新问题都要求我们继续深入系统地开展标准体系研究，同时加强对重大复杂标准的预研究，为标准立项和编制工作提供扎实基础。可以说，林业信息化标准体系研究永远在路上。

当前和今后一个时期，应在已发布的《林业信息化标准体系》的基础上，遵循总体把握和解剖麻雀相结合的原则，分别不同的业务领域，逐一开展更加细致的标准体系研究工作，不断丰富标准体系表，动态调整标准制修订项目储备库。特别是要按照智慧林业建设的总体要求，以“林业一张图”建设为抓手，加快完善标准体系框架，加强重大复杂标准预研究。要开门搞研究，充分利用行业内外两种研究资源，优势互补，协同推进。要建立科学的项目管理和评价机制，加强项目过程管理，坚决摒弃小部门、小团体的传统狭隘思想。

（二）加快标准规范的制修订。党的十八届三中全会明确要求，要加强标准制定和实施。国务院机构改革和职能转变方案也提出，要加强标准体系建设，充分发挥标准化在服务经济社会科学发展、推进国家治理体系和治理能力现代化中的支撑作用。为落实三中全会精神和国务院工作部署，更好地支撑生态林业民生林业发展，加快林业信息化标准制修订势在必行。

要强化标准项目储备库建设。建设项目储备库是从源头上提高标准立项和编制质量，科学推进林业信息化标准建设的基础性工作。要依据《林业信息化标准体系》，按照急用先行、成熟先行、协调配套的原则，公开征集、科学遴选标准制修订储备项目。要重点围绕数据中心、数据库、应用系统、信息安全、网络、网站建设储备标准项目，不断提高标准的实用性。做好与标准主管部门的工作衔接，凡是未进入储备库、未通过专家出库审查的项目一律不予立项。要细化已颁布标准的复审评估制度，适时开展复审工作，对失去效能的标准要及时废止，需要修订的标准要及时纳入储备库，申请修订立项。要完善政府部门、行业协会、企事业单位、技术组织等相关方的协作推进机制，多渠道争取标准编制项目。

要加强标准制修订项目管理。综合考虑各方面的人才技术需求，建立林业信息化标准专家库，作为专业标准化技术委员会的有效补充力量，为标准编制工作提供技术支撑，包括承担标准编制任务、提供技术指导、审查标准文本等。坚持公平公开的原则，根据与制修订标准项目相关的研究和技术基础，择优确定标准项目承担单位。标准编制要有广泛代表性，参与起草的单位数量原则上不能少于 3 个，其中标准实际应用单位所占比例应不低于 1/3，以切实避免目前标准编制工作中存在的编用两张皮现象。要坚持开门编标准，鼓励行业内外的政府机关、企事业单位、行业协会、相关专业标准团体承担或参与标准起草工作，共同推进标准建设。要加强标准制定过程管理，实时披露标准制定过程信息，充分听取各方意见，确保标准制定公开透明，利益相关方广泛参与。要认真落实《国家标准管理办法》、《林业标准化管理办法》等法规政策制度的规定，严格标准编制质量审查，建立质量责任倒查追究机制，切实加强标准质量监督管理。

要加大标准项目的资金投入。国家财政要加大对公益类推荐性标准制定以及参与国际标准化活动的支持。大胆吸收、鼓励和支持有关企业、社会团体等参与林业信息化标准建设，在提高标准科学性、针对性和实用性的同时，弥补人力和财力不足。建立科技促进标准水平提升、标准服务科技成果转化的合作机制，盘活资金存量，挖掘资金增量。加大国家科技重大计划、科技专项、示范工程支持标准研制力度。鼓励和引导有关企事业单位将自主创新技术融入林业信息化标准。

二、以标准宣贯助推技术应用

标准是重要的技术依据，其能否发挥预期的作用，一看质量，二看宣贯。必须高度重视林业信息化标准解读和宣贯工作，加强舆论引导和技术指导，发挥示范试点的辐射带动作用，以有力措施推动标准和先进信息技术应用。

（一）加强标准规范解读和宣贯工作。要建立标准公开解读制度。各级林业信息化主管部门应承担起标准解读的组织协调责任。标准正式发布后，标准编制单位应积极配合主管部门的安排，通过集中面授或在线讲座等形式，全面解读标准内容和技术要领。各级林业主管部门在举办研修班、培训班或在线学习时，要统筹安排标准解读工作。信息化主管部门应结合日常工作，及时收集标准应用过程中提出的各种疑问，邀请标准编制单位通过门户网站、QQ、微博、微信等及时给予解答。

要使标准宣贯工作制度化。各级林业信息化主管部门应建立常态化的标准宣贯工作机制。国家林业局信息办要定期梳理国际国内信息化相关标准，建立林业信息化标准参考目录。依托中国林业网和国家林业局办公网，建立全国统一的标准信息库，实时汇集各类标准信息，提供一站式查询服务，免费公开强制性标准和公益类推荐性标准全文信息。建立重要标准新闻发布制度，加大标准宣传贯彻力度。各级林业主管部门要把信息化标准宣贯列入林业科技推广范畴，在制定法规规章和政策时要积极引用标准，运用标准推动信息技术应用，促进政府职能转变，提高政府行政效能，改进事中事后监管。要加大业务系统统一开发力度，避免低水平重复开发等造成的标准不统一问题。要加强标准应用过程中的技术指导、信息反馈和跟踪评价，不断改进标准宣贯工作。完善标准化统计制度和指标体系。鼓励政府部门、企事业单位、社会组织、专家学者、消费者广泛参与标准推广应用。

（二）开展信息标准化示范试点建设。以示范单位和示范项目建设为标准宣贯的重要载体。标准来自于实践并指导实践。在林业信息化示范省、示范市、示范县建设工作中，要注意归纳总结技术要领和管理经验，按照标准制定程序形成具有普遍指导意义的国家标准、行业标准或地方标准。加强有关标准在示范省市县建设中的推广应用，充分发挥标准化示范试点的提升和辐射带动作用。在开展云计算、物联网、大数据、移动互联网、下一代互联网、新一代移动通信、电子商务等示范试点项目中，要加强林业信息化标准研制，支持相关标准先行先试，对发现的问题及时整改及时完善，着力构建标准宣贯和信息技术应用相互促进、协同发展的良好机制。

以林业核心业务的信息化为标准宣贯的重要载体。结合“金林工程”实施，组织开展林业资源监管、林业灾害监测预警与应急防控、集体林权制度改革和林业经济运行监测信息化标准化试点，完善林业信息化标准体系，推动新一代信息技术应用，促进资源整合、互联互通和业务协同。开展标准化示范试点效益评价，完善相关管理制度。

三、加强标准化技术委员会建设

专业标准化技术委员会是在一定专业领域内，从事国家标准的起草和技术审查等标准化工作的非法人技术组织。为了更好地满足林业信息化全面加快发展的形势要求，必须大力加强林业信息化标委会的建设与管理，充分发挥其技术支撑和桥梁纽带作用。

（一）完善体制机制。国家标准化管理委员会专门制定了《全国专业标准化技术委员会管理规定》，这为林业信息化标准化技术委员会建设和开展工作提供了权威指导（专栏11-1）。

专栏11-1

全国专业标准化技术委员会管理规定

为加强全国专业标准化技术委员会（以下简称技术委员会）的管理，科学公正开展各专业技术领域的标准化工作，根据《中华人民共和国标准化法》、《中华人民共和国标准化法实施条例》等有关规定，制定本规定。

一、管理职责

（一）国家标准化管理委员会（以下简称国家标准委）统一规划、协调、组建和管理技术委员会，履行下列职责：

1. 统一规划技术委员会；

2. 协调和决定技术委员会的组建、换届、撤销等管理事项；

3. 监督检查技术委员会的工作；

4. 直接管理综合性、基础性和涉及部门较多的技术委员会；

5. 组织技术委员会相关人员的培训；

6. 其他与技术委员会管理有关的职责。

（二）国务院有关行政主管部门、具有行业管理职能的行业协会、集团公司受国家标准委委托，分工管理本部门、本行业的技术委员会，履行下列职责：

1. 提出本部门、本行业技术委员会规划、组建和管理建议；

2. 组织或者参与本部门、本行业技术委员会的组建、换届和监督检查等工作；

3. 指导本部门、本行业技术委员会的国家标准立项、报批以及国际标准化等业务工作；

4. 协调本部门、本行业技术委员会的工作；

5. 推荐本部门、本行业专家参加技术委员会；

6. 定期向国家标准委报告本部门、本行业技术委员会的工作情况；

7. 其他与技术委员会管理有关的职责。

（三）省、自治区、直辖市人民政府标准化行政主管部门受国家标准委委托，协助国家标准委管理本行政区域内的技术委员会，履行下列职责：

1. 组织或者参与国家标准委委托的技术委员会的组建、换届和监督检查等工作；

2. 为本行政区域内技术委员会开展工作创造条件；

3. 推荐本行政区域内专家参加技术委员会；

4. 定期向国家标准委报告协助管理的技术委员会的工作情况；

5. 其他与技术委员会管理有关的职责。

二、技术委员会工作职责

技术委员会是在一定专业领域内，从事国家标准的起草和技术审查等标准化工作的非法人技术组织，应当科学合理、公开公正、规范透明、独立自主地开展工作。其工作职责包括：

1. 分析本专业领域标准化的需求，研究提出本专业领域的国家标准发展规划、标准体系、国家标准制修订计划项目和组建分技术委员会的建议；

2. 按国家标准制修订计划组织并负责本专业领域国家标准的起草和技术审查工作；

3. 对所组织起草和审查的国家标准的技术内容和质量负责；

4. 负责本专业领域国家标准的复审工作，提出国家标准继续有效、修订或者废止的建议；

5. 参与强制性国家标准的对外通报、咨询和国外技术法规的跟踪及评议工作；

6. 受国家标准委的委托，负责国家标准起草人员的培训，开展本专业领域内国家标准的宣讲、解释工作；

7. 对本专业领域国家标准的实施情况进行调查研究，对存在的问题及时向国家标准委提出处理意见，并向国务院有关行政主管部门、具有行业管理职能的行业协会、集团公司及时通报有关情况；

8. 根据国家标准委的有关规定，承担本专业领域的国际标准化工作；

9. 建立和管理国家标准立项、起草、征求意见、技术审查、报批等相关工作档案；

10. 每年至少召开一次全体委员会工作会议。及时向国家标准委、国务院有关行政主管部门、具有行业管理职能的行业协会、集团公司报告工作，每年1月15日前应当报上年度工作报告和《全国专业标准化技术委员会20××年度工作报表》(附件1)(略)。由省、自治区、直辖市人民政府标准化行政主管部门协助管理的技术委员会应当同时向省、自治区、直辖市人民政府标准化行政主管部门报送年度工作报告；

11. 负责管理分技术委员会，国家标准委另有规定的，按国家标准委有关规定执行；

12. 承担国家标准委、国务院有关行政主管部门、具有行业管理职能的行业协会、集团公司以及省、自治区、直辖市人民政府标准化行政主管部门委托的其他工作；

分技术委员会工作职责参照技术委员会工作职责执行。

三、技术委员会的组建

(一)组建原则及条件

1. 技术委员会组建应当遵循市场需要、科学合理、公开公正、国际接轨的原则。

2. 组建技术委员会应当符合以下条件：

(1)涉及的专业领域为国民经济和社会发展的重要领域；

(2)专业领域和标准体系框架明确，有较多的国家标准制修订任务；

(3)业务范围清晰，与其他技术委员会原则上无业务交叉；

(4)专业领域原则上应当与国际标准化组织/国际电工委员会(ISO/IEC)及其认可的其他国际组织已设立的技术领域相对应。

3. 技术委员会设秘书处，负责日常工作。秘书处承担单位应当符合下列条件：

(1)在我国境内依法设立的法人组织；

(2)有较强的技术实力和影响力；

(3)有标准化专业技术人员和专职工作人员；

(4)有开展工作所需的资金和办公条件，有依照有关法律法规设置的会计机构及具有会计从业资格的财会人员；

(5)能够将秘书处工作纳入本单位工作规划和日常工作；

(6)国家标准委规定的其他条件。

(二)组建程序

技术委员会的组建程序应当包括提出筹建申请、公示、批复筹建、筹建、批复成立。

1. 国务院有关行政主管部门、具有行业管理职能的行业协会、集团公司以及省、自治区、直辖市人民政府标准化行政主管部门可以单独或者联合向国家标准委提出技术委员会的筹建申请，并报送《全国专业标准化技术委员会筹建申请书》(附件2)(略)；

2. 拟筹建的技术委员会由国家标准委对外公示，公示期为1个月；

3. 对符合要求并协调一致的筹建申请，国家标准委予以书面批复，明确技术委员会的名称、专业领域、对口的国际组织、筹建单位、秘书处承担单位。对无法协调一致，但经济社会发展确需组建的，由国家标准委组织有关专家进行论证，根据论证结果决定并予以批复；

4. 筹建单位应当在6个月内完成技术委员会的委员征集、组成方案拟定、标准体系表建议等工作，并报送组建方案。组建方案应当包括：

(1)技术委员会章程草案，应当规定工作原则、范围、任务、程序，秘书处职责，组成人员、顾问、观察员的条件和职责，经费管理等；

(2)秘书处工作细则草案，应当规定工作原则、组成人员条件和职责、会议制度、文件制度、档案制度、财务制度等；

(3)标准体系表草案、工作规划；

(4)《技术委员会登记表》(附件3)(略)；

(5)《技术委员会委员登记表》(附件4)(略)。

两个以上单位联合筹建的，牵头单位负责组织协调并主动征求参与单位的意见和建议，负责报送组建方案；参与单位应当配合牵头单位做好相关工作。

5. 国家标准委负责组建方案的审查，符合要求的予以书面批复；不符合要求的，责成筹建单位在规定期限内调整；调整仍不符合要求的，国家标准委可以更换筹建单位、秘书处承担单位，也可撤销该技术委员会的筹建；

6. 筹建单位应当在国家标准委批复成立后30天内启动技术委员会的工作。

(三)其他规定

1. 专业领域较宽的技术委员会可以组建分技术委员会。分技术委员会的组建参照技术委员会的组建执行。由国家标准委直接管理的技术委员会可直接提出分技术委员会的筹建申请。

2. 根据工作需要，技术委员会、分技术委员会可以组建承担某项具体国家标准起草任务的标准制定工作组，工作完成后工作组自动撤销。

3. 技术委员会的顺序号由国家标准委统一编注。技术委员会、分技术委员会代号分别为TC×××、TC×××/SC××。

4. 技术委员会、分技术委员会及其秘书处的印章由国家标准委统一制发。

四、技术委员会的组成

(一)委员

1. 技术委员会由委员组成，设主任委员和副主任委员。技术委员会的委员应当具有广泛的代表性，可以来自企业、科研机构、检测机构、高等院校、政府部门、行业协会、消费者等。

2. 委员应当具备如下条件：

(1)具有中级以上(含中级)专业技术职称，或者具有与中级以上专业技术职称相对应的职务；

(2)熟悉并愿意从事标准化工作，具有相关领域的专业知识；

(3)在我国境内依法设立的法人组织任职的人员；

(4)技术委员会章程规定的其他条件。

主任委员、副主任委员应当具有高级工程师以上专业技术职称，或者具有与高级工程师以上专业技术职称相对应的职务。

技术委员会的委员人选应当公开征集并由国家标准委对外公示。对无异议的委员人选，由国家标准委审核批准，技术委员会聘任。委员聘书由国家标准委统一规定。

3. 委员在本技术委员会内有表决权，并有权获得所在技术委员会的资料和文件。

委员应当积极参加技术委员会的活动，履行以下职责：

(1)参加标准制修订工作，提出国家标准立项、起草、技术审查等方面的意见和建议；

(2)监督主任委员、副主任委员、秘书长、副秘书长及秘书处的工作；

(3)监督技术委员会秘书处经费的使用；

(4)参加国家标准委及技术委员会组织的培训；

(5)技术委员会章程规定的其他职责。

4. 技术委员会和分技术委员会的委员应当为单数，分别不少于25人和15人，其中主任委员1名，秘书长1名。技术委员会副主任委员和副秘书长各不超过5名，分技术委员会副主任委员和副秘书长各不超过3名。

分技术委员会的主任委员或者秘书长应当是技术委员会的委员。

主要负责组织起草产品类国家标准的技术委员会，来自企业的委员不得少于1/3。同一单位在同一技术委员会任职的委员不得超过三名，主任委员和秘书长原则上不得来自同一单位，主任委员和副主任委员不得来自同一单位，秘书长和副秘书长不得来自同一单位。

同一人不得在三个以上技术委员会担任委员。

标准化行政管理机关工作人员不得在技术委员会、分技术委员会和标准制定工作组担任委员等任何职务。

(二)秘书处

技术委员会秘书处设秘书长、专职秘书，可以设副秘书长。秘书长、副秘书长由委员兼任。秘书长原则上应当是秘书处承担单位技术专家。副秘书长可以由相关单位技术专家担任。

秘书处在主任委员和秘书长领导下负责技术委员会日常工作，具体职责和工作制度由技术委员会章程和秘书处工作细则规定。

技术委员会秘书处可以由两个以上单位联合承担。秘书处工作由主要承担单位牵头负责。

(三)顾问和观察员

1. 根据工作需要，技术委员会可以设顾问(不超过5人)，顾问应当为本专业领域的专家或者学者，由技术委员会聘任，无表决权。

2. 根据工作需要，技术委员会可以设观察员，无表决权。观察员由技术委员会批准，报国家标准委备案。观察员条件由该技术委员会的技术委员会章程规定。

(四)联络员

1. 专业领域相关的技术委员会应当互派委员作为联络员。联络员可以参加其负责联络的技术委员会的活动，无表决权。

2. 国家标准委、国务院有关行政主管部门、具有行业管理职能的行业协会、集团公司及省、自治区、直辖市人民政府标准化行政主管部门应当有专人与技术委员会保持联系。

（五）换届

1. 技术委员会每届任期不得超过5年。届满前6个月，由国家标准委公布即将换届的技术委员会名单。

技术委员会应当在任期届满前3个月，按照职责分工，由有关单位提出并报送以下换届材料：

(1)换届申请书；

(2)《技术委员会登记表》(附件3)(略)；

(3)《技术委员会委员登记表》(附件4)(略)；

(4)新一届技术委员会章程、秘书处工作细则、工作计划等。

国家标准委按照技术委员会应当履行的职责对换届申请进行审核，对符合要求的，批复准予换届；对不符合要求的，根据情况，可以做出限期调整换届方案或者对技术委员会限期整改、重新组建、调整秘书处承担单位、暂停、撤销等处理。

2. 根据工作需要，经全体委员表决，技术委员会可以提出增补、解聘委员，调整委员职务等建议，并报国家标准委批准，原则上每年不得超过一次。

（六）分技术委员会的组成参照技术委员会的组成执行。

五、工作程序

（一）表决制度

1. 技术委员会应当在全体委员充分协商的基础上，实行主任委员领导下的集体表决制度。

2. 下列事项应当由秘书处负责形成提案，提交全体委员表决：

(1)技术委员会章程和秘书处工作细则；

(2)工作计划；

(3)本专业领域标准体系表；

(4)国家标准制修订立项建议；

(5)国家标准草案技术审查；

(6)委员和机构的调整建议；

(7)工作经费的预、决算及执行情况；

(8)技术委员会章程规定应当表决的其他事项。

提案应当获得全体委员3/4以上同意，方为通过。

（二）标准制修订工作程序

1. 技术委员会提出的国家标准制修订立项建议经国务院有关行政主管部门、具有行业管理职能的行业协会、集团公司审核同意后，由国务院有关行政主管部门、具有行业管理职能的行业协会、集团公司报国家标准委。国家标准委直接管理的技术委员会，直接向国家标准委报送国家标准制修订立项建议。

分技术委员会和标准制定工作组向技术委员会提出国家标准制修订立项建议，技术委员会按规定程序上报国家标准委。

分技术委员会和技术委员会的主管部门不一致的，由技术委员会将国家标准制修订立项建议报送分技术委员会的主管部门，并抄送技术委员会的主管部门。由分技术委员会的主管部门将立项建议报送国家标准委。

2. 标准主要起草单位或者标准制定工作组承担标准起草工作，在调查研究、试验验证的基础上，提出标准征求意见稿，经技术委员会主任委员同意，由起草单位向有关行业部门、协会以及相关生产、销售、科研、检测和用户等单位广泛征求意见。征求意见时间一般为一个月。

3. 标准主要起草单位或者标准制定工作组根据征求意见情况，修改国家标准征求意见稿并形成标准送审稿，经主任委员同意后，采取会议或者函审方式，由秘书处组织提交全体委员审查，有全体委员的四分之三以上同意，方为通过。对强制性国家标准以及技术、经济和社会意义重大，涉及面广，分歧意见较多的国家标准送审稿应当进行会议审查。秘书处应当至少在审查前半个月，将标准送审稿送达全体委员。

会议审查时未出席会议，也未说明意见者，以及函审时未按规定时间投票者，按弃权计票。

对有分歧意见的标准或者条款，秘书处应当完整保存不同意见的材料。

秘书处应当将审查标准的投票情况和不同意见的材料以书面形式记录在案，作为标准审查意见说明的附件。

4. 标准主要起草单位或者标准制定工作组根据审查意见对标准草案进行修改，按要求提出标准草案报批稿及其附件，经秘书处复核，主任委员或者其委托的副主任委员审核后按《国家标准管理办法》规定的报批程序办理。

5. 分技术委员会负责的国家标准草案征求意见、技术审查和报批程序参照技术委员会的工作程序执行。

分技术委员会审查通过的标准报批稿还应当报技术委员会秘书处，由技术委员会秘书处按规定的报批程序办理。技术委员会对分技术委员会审查通过的标准报批稿，有权提出复议和修改意见。

6. 国家标准制修订的其他程序按照有关规定执行。

（三）其他工作程序

技术委员会、分技术委员会承担的国际标准化等其他工作的工作程序，按照有关规定执行。

六、经费

（一）经费来源

技术委员会、分技术委员会的工作经费主要来自以下几方面：

1. 国家标准制修订补助经费；

2. 国务院有关行政主管部门、具有行业管理职能的行业协会、集团公司以及地方政府等提供的经费；

3. 秘书处承担单位提供的经费；

4. 委员和观察员按技术委员会章程交纳的费用；

5. 开展本专业领域标准化的咨询、服务等工作的收入；

6. 其他合法经费来源。

技术委员会、分技术委员会不得采取摊派、有偿署名等各种巧立名目的方式收取不合理费用。

（二）经费支出

技术委员会、分技术委员会的工作经费主要用于以下几个方面：

1. 编写、审查国家标准草案；

2. 召开会议；

3. 秘书处开展日常工作；

4. 参与国际标准化活动；

5. 与职责相关的其他工作。

（三）经费管理

1. 国家标准制修订补助经费按照财政部有关规定进行列支。任何单位和个人不得截留或者挪用国家标准制修订补助经费。技术委员会、分技术委员会秘书处承担单位应当接受国家标准委对国家标准制修订补助经费使用情况的监督检查，应当接受审计机关的审计。截留或者挪用国家标准制修订补助经费的，按照有关规定处理。

2. 技术委员会、分技术委员会秘书处承担单位应当严格按照国家有关财务制度的规定，将技术委员会、分技术委员会的工作经费纳入单位财务统一管理，单独核算，确保专款专用。技术委员会、分技术委员会秘书处根据财务制度的相关规定对经费进行管理。经费的预、决算应当由技术委员会、分技术委员会审定，秘书处执行。秘书处应当每年向全体委员报告经费收支情况。

七、监督检查

（一）监督职责

1. 国家标准委、国务院有关行政主管部门、具有行业管理职能的行业协会、集团公司和省、自治区、直辖市人民政府标准化行政主管部门对技术委员会负有监督职责，对其进行定期、不定期的检查。

国务院有关行政主管部门、具有行业管理职能的行业协会、集团公司以及省、自治区、直辖市人民政府标准化行政主管部门应当将其受托管理的技术委员会的监督检查情况及处理建议报国家标准委。

2. 技术委员会应当建立内部监督检查制度，加强自律管理，接受管理单位和社会的监督。

技术委员会应当定期对分技术委员会和标准制定工作组进行监督检查，并负责其提交的年度工作报告的审查。

（二）社会监督

任何单位和个人对技术委员会、委员和秘书处违反本规定的行为，可以向国家标准委、国务院有关行政主管部门、具有行业管理职能的行业协会、集团公司及省、自治区、直辖市人民政府标准化行政主管部门举报，国家标准委、国务院有关行政主管部门、具有行业管理职能的行业协会、集团公司及省、自治区、直辖市人民政府标准化行政主管部门应当及时调查。国务院有关行政主管部门、具有行业管理职能的行业协会、集团公司和省、自治区、直辖市人民政府标准化行政主管部门应当将调查处理建议报国家标准委，由国家标准委做出处理决定。

（三）表彰和奖励

国家标准委对做出突出成绩的技术委员会及承担单位和个人予以表彰和奖励。

（四）限期整改

技术委员会违反本规定，有下列情形之一的，国家标准委责令其限期整改，并予以公布：

1. 起草的国家标准重要技术内容错误或者内容不明确引起歧义的；

2. 起草的国家标准文本严重不符合《标准化工作导则》等相关要求的；

3. 不按规定程序制修订国家标准的；

4. 不存在无法预见、避免和克服的情况，未按计划完成国家标准制修订和复审任务、对口国际标准化工作的；

5. 对分技术委员会及其他单位报送的应当申报国家标准制修订项目的建议故意压制，不予申报的；

6. 对分技术委员会和标准制定工作组管理上失察的；

7. 不按规定使用和管理工作经费的；

8. 存在其他违规行为，情节较轻的。

限期整改期间，国家标准委不再向其下达新的工作任务。

（五）重新组建

技术委员会违反本规定，有下列情形之一的，由国家标准委重新组建，并予以公布：

1. 排斥利益竞争者参与国家标准制修订活动、为少数利益相关方谋取不正当利益，严重影响国家标准制修订的公正、公开、公平的；

2. 在工作中有弄虚作假行为的；

3. 长期无法正常开展工作的；

4. 在限期内未整改或者整改不符合要求的；

5. 存在其他重大违法违规行为的。

技术委员会重新组建参照组建相关要求进行。重新组建期间，该技术委员会停止活动。

（六）调整秘书处承担单位

技术委员会秘书处违反本规定，有下列情形之一的，国家标准委对秘书处承担单位进行调整，并予以公布：

1. 对秘书处工作支持不力，或者秘书处工作不力，致使技术委员会无法正常开展工作的；

2. 利用技术委员会工作为本单位或者利益相关方谋取不正当利益的；

3. 违反规定使用技术委员会经费，逾期未改正的；

4. 存在其他重大违规行为的。

秘书处承担单位提出不再承担秘书处工作的，也可以进行调整。秘书处承担单位的调整参照技术委员会组建相关要求执行。

（七）暂停

2 年内没有国家标准制修订和国际标准化工作任务的技术委员会，国家标准委可以暂停其工作。

暂停工作期间，技术委员会停止一切活动。因工作需要，经相关主管部门申请和国家标准委批准，暂停工作的技术委员会可以恢复工作。

（八）撤销

有下列情形之一的技术委员会，国家标准委予以撤销：

1. 标准质量出现严重问题的，或者连续整改达不到要求的；

2. 因工作不负责任，标准内容出现重大错误，造成严重后果的；

3. 连续3年没有国家标准制修订和国际标准化工作任务的；

4. 本专业领域标准制修订工作需求很少或者没有需求的；

5. 其他原因。

被撤销的技术委员会的工作并入国家标准委指定的技术委员会。

（九）委员解聘

有下列情形之一的委员，由技术委员会报国家标准委批准后予以解聘：

1. 未履行国家标准委规定和技术委员会章程规定的职责的；

2. 利用委员身份为本人或者他人谋求不正当利益的；

3. 其行为使技术委员会不能正常工作的；

4. 存在其他违法违纪行为的。

（十）其他规定

技术委员会、委员和秘书处，未经授权，擅自开展需经授权或者委托的活动，国家标准委对责任人予以通报批评。造成恶劣影响的，可以解聘委员、调整秘书处承担单位、重新组建或撤销技术委员会。

分技术委员会和标准制定工作组的整改、重新组建、调整、暂停、撤销以及委员的解聘等参照技术委员会的规定执行。

资料来源：国家标准委．2013－10－14．全国专业标准化技术委员会管理规定．http://www.mlr.gov.cn/ kj/tzgg_8225/201310/t20131014_1281130.htm.

按照《全国专业标准化技术委员会管理规定》，技术委员会每届任期不得超过5年；届满前6个月，由国家标准委公布即将换届的技术委员会名单。全国林业信息数据标准化技术委员会于2009年4月成立，到目前为止，已满5年，但还没有启动换届工作。标委会主任委员、部分副主任委员、秘书长、副秘书长以及多位委员，或因工作调动离开原单位原岗位，或因年龄到岗退休而无法履职，已经严重影响到标委会的正常运转。尽快完成换届工作，重新确定秘书处挂靠单位，完善标委会管理体制和运行机制已成当务之急。

借鉴国土、审计等行业的信息化标委会称谓及负责的专业范围，建议把全国林业信息数据标准化技术委员会名称更改为全国林业信息化标准化技术委员会。基于国家林业局当前的机构设置和职能划分，林业信息化标委会在管理体制上，宜实行双重管理，即：在标委会工作上，接受国家林业局科技司的领导；在标准化业务上，接受国家林业局信息办的指导。标委会秘书处挂靠单位应按照有利于开展工作的原则来确定。

标委会换届工作要严格遵循《全国专业标准化技术委员会管理规定》，在国家林业局科技司的组织指导下进行。换届后，要选举新一届标委会领导班子，讨论确定新一届标委会章程、秘书处工作细则、工作计划等，形成健全的体制机制。

（二）加强能力建设。新一届标委会能否正确履职和发挥作用，关键看委员的能力。因此，要把委员的能力建设作为标委会秘书处工作的重要内容之一，切实抓紧抓好。

按照《全国专业标准化技术委员会管理规定》，标委会的主要工作职责是：研究提出本专业领域的标准建设建议，组织并负责标准的起草和技术审查工作；负责标准复审工作，提出标准继续有效、修订或者废止的建议；开展标准宣讲、解释工作；承担本专业领域的国际标准化工作等。因此，能力建设要重点围绕这几个方面来开展，以不断提高委员们的正确履职能力。

标委会秘书处要加强协调和管理能力建设，增强凝聚力，做好各项对内对外服务工作，积极扩大对外合作交流，多渠道争取标准建设经费，加强标准项目储备库管理，促进信息共建共享，打造灵活务实高效的运行机制，推动林业信息化标准化工作又好又快发展。

第十二章　建立健全信息安全保障体系

随着信息技术的快速发展和广泛应用，信息已经成为国家的重要战略资源，信息安全已经成为国家安全的关注焦点和战略重心。林业信息化和信息安全事关林业改革发展大局，事关林区林农和谐稳定，必须高度重视，周密部署，一以贯之，全力抓好。要按照国家林业局关于智慧林业建设的总体要求，建立健全信息安全责任体系，加强组织领导，强化安全检查，严格责任落实。要增强风险意识，加强安全防护，实施分类管理，落实等保制度。要提高监测预警水平，完善安全应急预案，加强灾备体系建设，增强应急处置能力。

一、建立健全协调管理责任体系

林业信息安全工作涉及林业工作的方方面面和各业务环节，只有提高认识，加强领导，群策群力，警钟长鸣，才能防患于未然。

（一）提高信息安全危机意识和责任意识。信息是物质世界的一种普遍属性，是物质的存在方式和运动规律的反映，是事物的动向、情况或动态的表达，是物质与意识的中介。信息是人类生存的先导要素，是现代社会发展的核心资源，它的普遍性、共享性、增值性、可处理性和多效用性特征，使其对人类具有特别重要的意义。信息安全的实质就是要保护信息系统或信息网络中的信息资源免受各种类型的威胁、干扰和破坏，即保证信息的安全性。根据国际标准化组织的定义，信息安全性的含义主要是指信息的完整性、可用性、保密性和可靠性。

蓬勃发展的当代信息革命，正在推动着人类从工业社会快步迈入信息社会，信息成为继物质和能量资源之后人类新的战略资源，由此也引发了各种日益严重的信息安全问题，导致了或大或小的政治影响、经济损失或精神伤害。随着互联网的高速发展和广泛渗透，网络安全问题日益成为国际社会的焦点问题。网络和信息技术产品是否安全、是否可控，事关国家安全，事关经济社会健康发展，事关广大人民群众合法权益不受侵犯。美、英、法、德、俄等主要国家都制定了网络空间安全战略，把网络空间安全提升到国家安全战略高度。目前，已有50多个国家发布了网络安全战略。1994年4月20日，我国首次接入国际互联网，成为国际互联网大家庭中的第77个成员，而今已走过20个年头。据统计，我国网民超过6亿，网站近400万家，互联网企业总市值超过3000亿美元，有3家网络企业进入世界前10强，我国俨然已成为世界互联网大国。而从另一方面看，我国是网络攻击的主要受害国，网络安全形势非常严峻。近年来，我国政府部门、机构、企业、大学及电信主干网络遭受大规模的侵入、监听，深受其害。特别是2013年6月初发生的“斯诺登事件”，为世界各国敲响了警钟，充分印证了“没有网络安全就没有国家安全”这一深刻的道理(专栏12-1)。

专栏12-1

维护网络安全必须有过硬技术

中国工程院院士、中国互联网协会理事长　邬贺铨

当今世界，信息科技革命日新月异，互联网已经融入经济社会发展的方方面面，信息化进入了一个“大智移云”的新阶段。2014年是我国接入国际互联网20周年。据统计，到2013年底，我国互联网上网人数6.18亿人，普及率已达45.8%，手机网民5亿人。2013年8月我国发布“宽带中国”战略及实施方案，要求到2015年固定宽带家庭普及率和3G/LTE(第三代移动通信及其长期演进技术)用户普及率分别达到50%和32.5%，2020年分别达到70%和85%；2015年城市和农村家庭宽带接入能力分别达到20Mbps(兆比特每秒)和4Mbps，2020年分别达到50Mbps和12Mbps。毫无疑问，拥有6亿多网民的中国已经是网络大国，同时也是信息窃取、网络攻击的主要受害者，面临着巨大的网路安全压力。

信息化新阶段使网络安全问题越来越突出，也使网络安全内涵不断扩展。过去，人们通常把网络基础设施的安全称为网络安全，把数据与内容的安全称为信息安全。但从2011年以来，美国、英国、法国、德国、俄罗斯、澳大利亚、加拿大、韩国、新西兰等国家纷纷制定国家Cyberspace战略或Cyber Security战略(Cyberspace目前尚无普遍认可的中文翻译，有人称为网络空间，但更多的人称为赛博空间)，以争取和保持在信息化新阶段国家安全的战略优势地位。Cyberspace(赛博空间)包含网络基础设施、数据与内容以及控制域，即覆盖传输层、认知层和决策层，其范围还将从目前的互联网拓展到各类网络、各类数据链和所能链接及管控的各类设备。Cyber Security(赛博安全)的含义不仅是传统的网络基础设施安全，还包括信息层面即数据或内容的安全以及执行决策层面的安全，即与信息化有关的非传统安全的综合。

信息化新阶段网络安全面临的主要挑战

移动互联网面临严重安全问题。根据思科公司统计，2013年全球移动数据流量增长了81%，预计到2018年还将较2013年增长11倍，其中半数流量卸载到WIFI(无线保真)。2013年底我国4G牌

照的发放加快了移动互联网的发展。按照工信部统计，截至2014年1月，我国移动互联网用户数占移动电话用户的67.8%，移动互联网接入流量同比增长46.9%，户均移动互联网接入流量达到165.1MB，其中手机上网流量占比提升至80.8%。大量移动互联网用户的增加导致了移动终端设备越来越多样，这也意味着管理起来将更加困难。移动终端受功耗等限制，无法像个人计算机那样内置功能强大的防火墙。安卓移动操作系统尽管已经使用了针对应用软件的签名系统，但黑客仍然能使用匿名的数字证书来签署他们的病毒并发放。安卓4.0版本中内置的无线通信接入的密码远程备份功能可被用来定位用户，苹果公司的手机云计划能够读取用户在手机云中所存的信息。基于智能终端的移动支付方便了用户，但传统的账号+密码+短信的身份验证方式存在安全风险，手机卡可能被复制，验证短信有可能被劫持，支付指令在传输中也可能被篡改。可见，移动互联网的安全问题是当前网络安全面临的一个重要挑战。

大数据、云计算也是网络安全防御的新重点。伴随移动互联网等的发展，大数据近年受到越来越多关注。据BBC公司统计，2013年全球互联网流量每天为2.7EB，全球新产生的数据年增40%，每两年就可以翻番。大数据的挖掘可应用到经济、政治、国防、文化等各领域。大数据是信息化新阶段的特征，也是网络安全防御的新重点。我国对大数据的存储、保护和利用重视不够，导致信息丢失或不完整，同时存在信息被损坏、篡改、泄露等问题，给国家的信息安全和公众的隐私保护带来了隐患。此外，宽带化以及信息化应用的深入推动了云计算发展。个人的云存储、企业的云制造以及云政务等在近年迅速发展。据统计，到2015年全球数据中心的一半都会基于云计算技术。与全球云计算行业的复合年增长率23.5%相比，我国云计算市场增长更快，年增长率超过40%。云计算能力的分布化、虚拟化、服务化是云计算的技术基础，但云计算平台如果被攻击，出现故障，就会导致大规模的服务器瘫痪。

物联网的安全问题不容忽视。物联网节点数很多，不易于管理，节点的数据可能被篡改或者假冒。这是物联网安全的重大隐患。比如，现在物联网已经应用到了医疗设备上，如果像心脏起搏器这样的设备被黑客攻击，将直接影响到人的生命安全。黑客还能够通过智能电视、冰箱以及无线扬声器等发起攻击。在全球首例物联网攻击事件中，10余万台互联网"智能"家电在黑客的操控下构成了一个恶意网络，并在两周时间内向那些毫无防备的受害者发送了约75万封网络钓鱼邮件。

此外，工业控制系统的安全也需要加强。如黑客入侵美国的智能电表系统并修改了电表数据，给我们敲响了警钟。还有一些国家刻意准备网络战，目的是破坏对方的信息系统，进而摧毁能源、交通等基础设施。著名的案例是2010年伊朗的核设施被"震网"病毒攻击而瘫痪。这些都值得我们警惕。

从技术层面维护网络安全的基本思路

提高技术自主创新能力。当前，我国所用的个人计算机和手机的操作系统几乎都是国外的，核心芯片依赖进口，这是很大的隐患。在网络安全方面，如果自己没有过硬的技术，就很难实现安全可控的管理。斯诺登事件爆出美国大规模入侵华为服务器就是一例。外国的核心技术是买不来的，也是市场换不来的，但我国的市场对培育自主创新的技术和产品具有十分重要的作用。这就要求我们在培育网络核心技术方面也要发挥市场在资源配置中的决定性作用和更好发挥政府的作用。

加快建设网络人才队伍。建设网络强国，维护网络安全，需要建设一支政治强、业务精、作风好的强大人才队伍。要培养造就世界水平的科学家、网络科技人才、卓越工程师、高水平创新团队。

在国际互联网治理中积极发挥作用。建设网络强国，需要我们有与网络大国相适应的国际互联网治理的话语权。当前，尤其要抓住向IPv6(互联网协议第六版)转换的机会极力争取根服务器落户我国，积极宣传我国发展互联网的政策，共同维护国际互联网秩序。

资料来源：邬贺铨．2014－05－22．维护网络安全必须有过硬技术．http：//www.chinainfo100.net/ document/201405/article12814.htm.

我国对信息安全工作高度重视，在国家政治体制中，公安、安全、工业和信息化、保密、密码管理等部门在各自职责范围内，都在维护着国家信息安全。《中华人民共和国保守国家秘密法》、《全国人民代表大会常务委员会关于维护互联网安全的决定》、《全国人民代表大会常务委员会关于加强网络信息保护的决定》、《中华人民共和国计算机信息系统安全保护条例》、《最高人民法院 最高人民检察院关于办理危害计算机信息系统安全刑事案件应用法律若干问题的解释》，以及近期刚刚修订发布的《中华人民共和国保守国家秘密法实施条例》等，为维护我国信息安全提供了法律依据和有力武器。党中央、国务院高度重视信息安全问题，先后做出了一系列重要决策和部署。例如，在《2006～2020年国家信息化发展战略》中明确指出，“要高度重视信息安全，正确处理安全与发展之间的关系，以安全保发展，在发展中求安全。”在《国务院关于大力推进信息化发展和切实保障信息安全的若干意见》(国发〔2012〕23号)中开宗明义指出，“大力推进信息化发展和切实保障信息安全，对调整经济结构、转变发展方式、保障和改善民生、维护国家安全具有重大意义”，“必须进一步增强紧迫感，采取更加有力的政策措施，大力推进信息化发展，切实保障信息安全。”2013年11月，党的十八届三中全会通过的《中共中央关于全面深化改革若干重大问题的决定》中强调，“加大依法管理网络力度，加快完善互联网管理领导体制，确保国家网络和信息安全”。习近平总书记在就《决定》向全会做说明时明确指出，网络和信息安全牵涉到国家安全和社会稳定，是我们面临的新的综合性挑战。加大依法管理网络力度，完善互联网管理领导体制，目的是整合相关机构职能，形成从技术到内容、从日常安全到打击犯罪的互联网管理合力，确保网络正确运用和安全。2014年2月27日，习近平总书记在中央网络安全和信息化领导小组第一次会议上发表重要讲话，他强调，没有网络安全就没有国家安全，没有信息化就没有现代化，网络安全和信息化是事关国家安全和国家发展、事关广大人民群众工作生活的重大战略问题，要从国际国内大势出发，总体布局，统筹各方，创新发展，努力把我国建设成为网络强国。这是新一届中央领导集体对信息安全和信息化工作做出的最高指示，我们一定要认真学习，深刻领会，全面贯彻。

在国民经济体系中，林业是重要的基础产业，是吸纳社会劳动力特别是农村劳动力就业的重要领域。林业又是一项十分重要的公益事业，为社会持续不断地提供着大量不可替代的生态产品，是国家生态建设的主阵地和生态安全的主要守护者。森林资源监管、生物多样性保护、植树造林、湿地保护、防治荒漠化、林业有害生物防治、应对气候变化等林业主体业务的影响，早已超出一个领域、一个行业、一个国家，而成为国与国之间博弈的政治和外交问题。林业资源信息、林业经济运行信息、林业宏观政策信息、林业经营管理信息等非实体性信息，都有其直接或间接的多重价值，因而也都面临着信息安全问题，很多信息甚至关系到国家安全。根据2005年国家林业局会同国家保密局确定的林业工作国家秘密范围，共有15类内容，这些是林业信息安全的重点保护对象。总之，信息安全无小事，面对国际国内日益复杂严峻的安全形势，我们一定要大力加强信息安全教育，切实增强安全意识、危机意识、责任意识，始终绷紧信息安全这根弦，确保林业改革发展大业安全有序推进。

（二）加强信息安全协调管理和责任落实。相对而言，信息安全工作是近年来日益凸显的一件新生事物，由于其涉及面广、专业性高、时效性强，因此在实践中必然会遇到许多难以想象的困难和挑战。为此，必须加强统筹协调，强化组织领导，层层落实责任，汇众人之力，集众人之智，共同构筑网络信息安全保护网。

近年来，国家林业局党组不断加大信息化的推进协调力度，成为林业信息化全面加快发展的重要法宝。特别是2009年首届全国林业信息化工作会议后，按照局党组的要求，各司局、各直属单位和各省级林业主管部门均组建或调整充实了林业信息化工作领导小组，部分市、县级林业主管部门也成立了领导小组，在包括信息安全在内的信息化建设和应用方面，开展了很多卓有成效的组织协调工作。下一步，各级林业主管部门要按照中央网络安全和信息化领导小组第一次会议精神，以及2012年10月18日召开的全国林业信息安全工作电视电话会议精神要求，继续加强领导小组及其办公室建设，完善跨部门、跨层级、跨行业的会商决策机制，强化“一岗双责”，构建“一把手”负总责、分管领导在职责范围内各负其责的信息安全管理责任体系，把信息安全工作纳入重要议事议程，加强信息安全日常和应急协调，统筹推进林业信息安全建设。

要按照“五个统一”的要求，继续加强林业信息化管理机构建设，发挥其在信息安全中的统一管理作用。目前，还有个别省级林业主管部门没有建立信息中心或信息办，信息安全工作十分薄弱，要尽快改变这一不良局面。还没有成立信息化机构的市、县级林业主管部门，要加强沟通汇报，争取尽早成立管理机构，并明确专人负责信息安全管理工作。其他林业部门也要加强信息安全管理工作，明确分管领导，安排专人负责，严格落实岗位安全目标责任制。要进一步明确信息安全管理部门、运营部门和应用部门的信息安全管理职责分工，科学制定安全规划，有效组织实施安全策略，加大安全监督检查工作力度。要加强信息安全与安全保密部门的协作联动，完善规章制度和日常巡检机制，强化重点领域、关键岗位、敏感环节的安全保密专项检查，切实执行信息安全“一票否决制”。通过这些工作，在全行业形成抓领导、领导抓，抓具体、具体抓的信息安全工作机制，将信息安全各项措施落到实处，不断提高林业信息安全管理水平。

要把信息安全人才队伍建设摆在重要位置，切实抓紧抓好。各级林业部门要选拔素质高、技能强、具有一定管理经验的人才从事信息安全工作，并结合新技术新形势变化，开展信息安全知识培训，提高信息安全意识和保障能力。林业信息化运行维护队伍是开展信息安全工作的一线人员，是落实信息安全法律法规、标准规范、政策制度的直接责任人员，十分重要，必须加强管理，提升素质，保持稳定。目前，受编制和经费等因素所限，各级林业信息化机构普遍存在运维人力不足的问题，为此，不少单位都采用服务外包的方式，将运维服务外包给直属事业单位或专业 IT 公司，全国没有形成规范的运行维护体系。不管是用系统内还是系统外的力量，建立一支专业水准较高、政治意识较强、人员相对稳定的运行维护队伍，同时完善相关信息安全制度，建立标准统一的服务管理流程，保证信息安全维护经费投入，都是下一步亟待加强的工作。唯有如此，才能形成决策、管理、执行“三位一体”的林业信息安全保障体系，切实做到“让标准说话、以制度管人、按制度办事、照制度奖惩”，确保林业信息安全万无一失。

二、落实风险评估和等级保护制度

林业信息安全工作必须做到时刻“箭在弦上”。要增强风险意识、防范意识，加大安全资金投入，加强防护能力建设，实施分类分域管理，落实等级保护制度。

(一)加强信息安全防护能力建设。2014 年 5 月 22 日，国家互联网信息办公室发布消息，为维护国家网络安全、保障中国用户合法利益，我国即将推出网络安全审查制度。该项制度规定，关系国家安全和公共利益的系统使用的重要技术产品和服务，应通过网络安全审查。审查的重点在于信息技术产品的安全性和可控性，旨在防止产品提供者利用提供产品的方便，非法控制、干扰、中断用户系统，非法收集、存储、处理和利用用户有关信息，对不符合安全要求的产品和服务，将不得在中国境内使用。网络安全审查制度的出台，将成为维护国家网络安全最有效的法理依据，对于网络强国建设具有重大推动作用。

林业系统要按照国家总体部署，学习借鉴国内外信息安全审查制度，加强林业信息安全风险评估，及时研究整改发现的问题。尤其是在积极推进物联网、云计算、移动互联网、大数据等新一代信息技术应用的同时，要同步加强林业信息安全防护能力建设，为智慧林业提供强有力的安全保障(专栏 12-2、12-3)。

专栏 12-2

国外的信息安全审查制度建设

中国信息安全测评中心主任　吴世忠

近年来，信息安全问题凸显，西方国家高度关注供应链安全，纷纷确立了安全审查制度，对产品安全、技术转移、企业并购和敏感投资实施安全测试、风险评估等涉及国家安全事项的调查。我国联想公司2005年并购IBM个人电脑业务，华为、中兴公司近年来在美国的多宗收购、投资及市场业务，均遭遇美国"外国投资委员会"的安全审查。

国外安全审查制度的兴起为了保持科技领域的优势地位，西方国家历来重视对技术转移的安全控制，从"巴统"到"瓦约瑟尔协议"，再到GATT和WTO，对战略高新技术的管控一直事关国家和国际安全。美国较早采用法规、管理和技术等综合手段，先是防控"技术流出"，后是防范"技术渗入"。"911"后更形成严格的审查制度。其他一些国家效仿跟进，使得安全审查渐成气候。

美国加强国家安全审查，建立信息安全壁垒。上世纪80年代，美国出台信息设备政府采购法，并制定信息安全测试评估的技术标准，授权国家安全局等部门联合执行。"911"事件后，美国扩大了对政府采购信息设备审核监督的权力及范围，形成了一套严格的国家安全审查制度。一是出台相应的立法或规章。《政府采购条例》从程序、评标到内容，都对外国采购行为做出了明确规定。《联邦财产和行政管理服务法》《外国人合并、收购和接管规定》《WTO政府采购协议》等，以及《电信法》310条款、《1997年外商参与指令》、《奥姆尼伯斯贸易和竞争法》，2007年《外国投资和国家安全法案》(简称FINSA)的出台和《国防生产法》的修订，构成了美国信息安全审查的一整套法律法规。二是建立权威性审查机制。国会授权美国总统设立包括外国投资委员会(CFIUS)负责国家安全审查工作。外国投资委员会负责组织调查活动，并决定是否提请总统审议或采取一定措施；总统享有较大自由裁量权和最终决定权，当其判断交易可能危及美国国家安全时，可中断、禁止这些交易；国会对外资交易拥有判断和监督的管辖权，外国投资委员会需要及时向国会提交审查情况和相关报告。三是拟定主要审查内容。根据逐案审查原则，以威胁国家安全为由，依法进行个案审查。审查标准主要是《埃克森－弗罗里奥修正案》和《外国投资和国家安全法》中的多项规定，但细节并不完全明确透明。整个程序自企业申报起，最长不超过90天，分为审查、调查和总统裁决三个阶段。四是发挥相关行业力量。美国充分发挥信息安全行业和专业测试机构的力量，凭借经济、技术优势，跟踪相关国家标准化战略和政策动向，控制国际标准主导权，确保本国企业及其技术的国际竞争力。五是强制签署安全协议。对于通过外国投资委员会审查的交易，外国企业必须与美国的安全部门签署安全协议。协议包含公民隐私、数据和文件存储可靠性以及保证美国执法部门对网络实施有效监控等条款。

其他国家纷纷效仿，建立安全审查制度。针对美国的做法，不少国家从维护自身国家安全出发，纷纷跟进。俄罗斯：产业和产品相结合。2008年，俄批准多部联邦法律，确立了对外资进入其战略性产业的安全审查制度。由俄工业和贸易部接受申请，征询俄联邦安全局和国家保密委员会的审核评估意见，确定交易是否存在风险。加拿大：确立"净利益"审查标准。涉及外资的活动，根据金额高低等不同情况，分为备案制和审批制。审查事宜由加拿大投资审查局负责，总督享有最终决定权。澳大利亚：注重国家安全和经济利益。联邦财政部长负责对外国投资的审查，主要依据《外资收购法》《外资收购规定》等法律法案。审查和批准的基本依据是，不得损害和背离澳大利亚的“国家利益”。印度：重点审查通信产品。印度电信部对电信设备采购进行严格的安全审查，要求国外企业向第三方检查机构提交设备和网络源代码，并要求运营商制定明确的安全政策和网络安全管理措施，对整个网络安全负责。日本：严格限制外资进入敏感行业。日本《外汇及外贸法》和《促进进口好对日投资法》，与产业政策法规相呼应。财政部外资审议会作为国家安全审查机构，通过提前申报、咨询机制等措施，对外资进行严格管制。

国外安全审查制度的特点美国等其他国家在安全审查制度方面的一些政策措施，在保障国家利益，维护信息安全等方面已经发挥作用，值得借鉴。

明确相应的法律法规。多数国家在信息安全审查制度的建立过程中，明确了所依据的法律条款，包括主要的法律法案和相关的辅助条款。尤其是美国，围绕信息技术产品的采购、使用、运维、管理，形成了一套相对严密的法律法规。

设立专门的审查机构和程序。多数国家明确了专门的安全审查机构，规定了审查程序。既明确了日常审查程序，也包括出现危及国家安全情况时，需要采取的流程和具体的仲裁措施。此外，确立国家认证标准，要求外资产品进入本国市场时，需在国家指定的第三方专业测评机构取得国家标准合格证书。特别是指定政府资助的半官方机构行使监管职能，既可提高测试机构的专业水平和权威性，又对涉及外资的信息技术产品，进行严格的、统一的、标准化的安全审查。

明确针对性和目的性。多数国家突出“国家利益”，将信息安全纳入国家安全的考虑范畴。同时，设置快速审查程序。根据不同时期的不同形势和关注点，进行适时的调整。多数国家对涉及本国关键行业的外资活动，进行了严格的限制。重点控制外资及信息技术产品进入金融、能源、交通等基础设施领域，避免因此带来安全隐患和漏洞，危及国家安全。

建立灵活性强、适用度高的评估审查制度。多数国家建立了多层次、多领域的安全审查制度。针对信息技术产品的安全审查制度，以“国家利益”为核心，技术测评与行政管理相结合，灵活性强，同时适用于其他领域。有的国家，对信息技术产品进行统　的安全审查，但在执行过程中，对涉及外资、外国政府背景的产品，进行特别严苛的审查。有的国家，外资进入初期看似无强制性要求，一旦涉及国家安全领域则进入严格的审查环节，且审查时间旷日持久或完全不可预控。多数情况下，一旦外资申请因国家安全因素被拒绝，即使无明确的技术细节和取证，也难以更改审查结果。

资料来源：吴世忠．2014-01-12．国外的信息安全审查制度建设．http://www.chinainfo100.net/ document/201401/article12660.htm.

专栏 12-3

大数据时代安全风险及政策选择

中国信息安全测评中心主任　吴世忠

安全问题将成为大数据应用的一大瓶颈，没有安全保障，大数据必将成为大问题。大数据的未来发展，有赖于一个科学、合理的信息安全政策，而信息安全政策需要有网络思维和国际视野。

大数据给人类呈现的是一幅既美好又可怕的未来图景：美好之处在于，它将给我们带来更大的视野和更新的发现，进而改变我们的生活、工作和思维方式；可怕之处在于，它给我们带来更多的风险和更大的挑战，除了数据本身的安全之外，它更多地关乎人们的隐私。因而，在围绕大数据的众多问题中，安全风险一直是一个焦点。

与此同时，信息安全政策或许在目前的公共政策中最为复杂而又至为敏感。在研究和制定大数据发展的政策中，需要打破思想上的束缚，做到与时俱进，与网俱进；需要有一个强有力的集中统一指挥与协调机制和好的顶层设计，来理顺“九龙治水”的乱象，避免政出多门；需要处理好发展与安全的辩证关系，摆布好自主、可控的轻重缓急；需要主动平衡全球治理的责权利。

世界大事，必涉中国，中国之事，必顾全球，我们要有一个宽阔的国际视野，习惯以大国的责任和态度与国际社会共同治理日益技术化、数据化的世界。要主动平衡责权利，以国际通行方式，打好“中国牌”，以我们在市场、人口、发展阶段等方面的比较优势，求取我们最大的发展和安全利益。

直面五大安全挑战

大数据是社会高度信息化的必然产物，其安全风险是信息安全的组成部分。由于大数据主要来源于大联网、大集中、大移动等信息技术的社会应用，大数据已经成为网络社会的重要战略资源。它将网络空间与现实社会连在一起，将传统安全与非传统安全熔于一炉，将信息安全带入到一个全新、复杂和综合的时代。

大数据事关国民经济运行。大数据堪称智能交通、智能电网、智慧城市等国民经济运行和社会发展高度依赖的信息基础设施“血液”，这些重要的信息系统、基础设施网络化智能化程度越高，安全也就越脆弱；速度越快，风险也就越大。只有健康发展，才会能力无限，一旦安全无法保障，定会造成巨大灾难。

数据事关社会政治稳定。我国网民已近 6 亿，每时每刻都在产生着、消费着大量的数据。网络的放大效应，传播速度和动员能力越来越大，各种社会矛盾碰头叠加，致使社会群体性事件越来越频繁，社会维稳压力不断增大。这些群体性事件的爆发非常快，预测非常难，给国家的管控带来很大的冲击。对群体性事件的预防、疏导和处置，同样是一场越来越大数据化的挑战。

大数据事关个人隐私保护。在信息时代，我们可以利用的信息技术工具无处不在，有关我们的各种信息也同样无处不在。在网络空间里身份越来越虚拟，但是隐私越来越重要。哈佛大学近期的一项研究显示，只要知道一个人的年龄、性别和邮编，从公开的数据库中便可识别出该人 87% 的身份。

大数据事关国家安全利益。网络空间信息安全问题的严重性、紧迫性，在很大程度上已超过其他传统的安全问题。在高度不确定的网络空间里，风险越来越多样，防不胜防。放眼世界，从“9·11”之后的反恐，东欧的颜色革命，再到中东、北非的茉莉花革命……当今主权国家所面对的非传统安全威胁，总是面临着“沧海一粟”的困境，政府要找的那根针，总是沉没在浩瀚数据的大海里。

大数据事关国家秘密保护。举世瞩目的阿桑奇和斯诺登事件生动昭示着大数据的严酷挑战。“维基解密”几次泄露美国军事外交等机密，规模之大，影响之广，震惊全球。斯诺登打开的“棱镜门”向全世界折射出网络空间国家与个人，控制与反控制，渗透与反渗透的奇异色彩。美国国家安全局与九大网络巨头的关系正是计算能力与海量信息的结合。

信息安全政策的主要内容

与传统的公共政策相比，信息安全政策要更加复杂、综合和多元。网络的开放性、渗透性越广，决定着信息安全政策的外部性越强；网络的连接性、交互性越大，又使得信息安全政策的利益相关方越多。所以信息安全政策的制定需要考虑的方面和问题更多。从我国信息化发展的现状看，需要考虑以下四个层面。

战略与法律层面。网络空间是人类社会的自然延伸，西方大国纷纷制定战略与法规，对其加以规范，从它们的做法中不难看出，技术发展日新月异，管理必须与时俱进。政策考虑的范畴和管理的内容要能有效包容网络化生活及智能型生产的进步和创新。但基本的法律关系、法制理念不会因为网络的虚拟和数据的集中而发生根本改变。换言之，这里要处理好“变”和“不变”的关系。“变”的是管理方式方法，只有不断创新，才能更加适应网络形态；“不变”的是安全责任，数据拥有权，司法管辖权，安全管理要求等，这些法律关系不会因为网络的虚拟而改变。

产业和市场层面。总体上看，我国的信息产业还需要更加开放，但条件是安全必须确实保障，这就是发展与安全的辩证关系。发展是目的，安全是前提，这应是信息安全政策的基本着眼点，所以，有关市场开放与产业发展的管理政策需要在企业的安全义务，行业的社会责任，政府的采购政策和依法的安全监管等方面有制度性的安排和技术性的保障。

技术与风险层面。信息技术是典型的两用技术，云计算、物联网、大规模存储等技术进步，都具有“双刃剑”的两用特性。有效管理风险才能趋利避害。社会上对技术和产品是自主还是引进议论颇多，这也要辩证地看，关键在于可控，可控之后才有可信。这应是信息安全政策在技术层面的落脚点。所以，在技术水平总体上“西强我弱”的情势下，可适度将“可控”优先于“自主”，目前的当务之急是要加强国家对信息技术漏洞隐患的分析与发现能力，对技术产品和系统运用的风险评估能力，对新技术新应用采取“先审后用、能控则放、用中管控，安全审计”等方法，供应链的安全应有技术标准的支持和国家政策的保证。

用户与使用层面。众所周知，谷歌发端于判断出网络上一个页面与另一个页面连接的途径，“脸谱”有彼此相连的人员和组织“社交图”。这种圈子连圈子的能力十分强大。作为用户，唯一的权力是选择联还是不联，一旦联网，你便不再是你自己，转而成为网络空间数据库里一个统计学上的你。与此相关的各种数据会在你肉身无法干预的情况下用于商业、事业或正当或不正当的目的，用户立即从具有选择权的强者变为无力回天的弱者。这给政策提出的要求是：用户有选择的权利，同时必须有知情的权利。提供技术、产品、服务的企业应有主动及时向用户告知和提示的责任与义务。

大数据安全政策需关注五重点

数据治理问题。大数据时代，数据存储和应用方式出现新的变化，有的是跨地域甚至是跨国界的。数据治理问题既十分突出，又特别重要。对此，政策制定需要处理好三个"权益"：一是要正视霸权，即要清醒地认识到我国在网络控制权、关键技术和高端设备等方面，还受制于西方。这是客观条件也是大的背景；二是要明确主权，数据作为一种重要的战略资源，无论是个人拥有还是国家拥有，都要纳入到主权范围里面来考虑；三是关键要有治权。因为有主权不一定能够管治。比如：数据存到国外，云计算跨越国境，可能不在你的主权范围之内。权力如何让渡？要区别对待不同的数据，对确需保护的数据，必须有切实可靠的手段进行有效管理。如果做不到对数据的有效管理，大数据就必然面临大失控的危险。

用户权利问题。这一问题涉及网络空间的民生，是用户对数据的所有权问题，也就是说用户能不能对自己的数据做主的问题，涉及个人隐私如何保护，网络信任如何保证，每个人对自己的信息所拥有的权利如何保障。不难想象，如果一个人的信息与众多人的信息混在一起，进入一个由商家管控的、涉及用户意图、行为、爱好等内容的庞大数据库，个人权利会发生什么变化？所以，需要有相应的政策和措施，与社会对大数据的分析处理能力及方式相匹配。

责任分担问题。这一问题涉及安全风险的分散。信息安全风险存在于数据的全生命周期之中，从技术思路、产品开发、用户使用、服务管理，各个环节均要分担相应的安全责任。大数据的安全问题涉及政府、相关企业、网络运营商、服务提供者，以及数据产生者、使用者等方方面面，必须对各自的安全责任有明晰的政策界定。

基础设施问题。大数据的发展离不开电信网络、IDC，甚至工控系统等关键基础设施，其安全可靠同样依赖于这些基础设施，受供应链全球化、产业私有化的影响，网络与关键基础设施间的安全日趋复杂，一国的大数据可能存放在别国的网络中，一国的基础设施可能同时服务于多个国家，高度的全球相互依赖性，挑战着原有的国家主权观念。所以，关键基础设施的安全监管体系十分重要，在我国，需要尽快确立对供应链的实质性国家安全审查和对基础网络的常态化安全监管。

冲突管理问题。这一问题关乎网络大数据的利益博弈。大数据的资源价值越来越高，围绕大数据的争夺和冲突就越来越激烈。大数据的生成、处理和利用方式，将极大改变各种冲突的表现方式和破坏烈度。内容包括知识产权的保护、网络犯罪的处置、网络破坏活动特别是网络恐怖主义的打击以及网络战争的威胁应对。

资料来源：吴世忠．2013－09－11．大数据时代安全风险及政策选择．http://www.chinainfo100.net/ document/201309/article12491.htm.

当前和今后一个时期，林业系统要根据国家风险评估有关标准，采取以自评估为主、委托评估和检查评估为辅的方式，在信息系统方案设计、建设上线和运行维护各个阶段实施必要的风险评估，加强对信息系统上线运行和重大应用变更前的风险评估。要综合运用评估工具，在常规评估内容的基础上，加强渗透性验证测试和密码脆弱性测试，重视对系统结构与配置的安全评估。要适时、有效开展风险评估，重要信息系统至少每年进行一次评估，根据评估结果，及时采取整改措施，实施安全加固。要严格控制风险评估过程，规避评估风险，采取预防性应对措施，做好评估全过程的安全保密工作。

要加强服务外包风险管理与防范，涉密系统不得外包。建立并严格执行信息技术外包服务安全管理制度，综合考虑自我能力、价值成本和风险控制等因素，合理引入服务外包机制。要加强服务外包全过程的跟踪管理，适时对外包服务的实施过程风险和完成情况进行评估，确保实现预期工作目标。根据国家信息安全的相关规定，审慎选择外包服务商，与服务商签订信息安全和保密协议，并将信息技术外包服务安全管理纳入年度信息安全检查范围。

要加强安全保密技术综合应用，提高信息安全防护能力。随着智慧林业建设进程的推进以及云计算、物联网、移动互联网、大数据等新一代信息技术的广泛应用，各种新的信息安全风险会不断出现。为此，必须根据国家信息安全相关管理规定，合理运用密码和其他信息安全先进技术及产品，规范和加强以身份认证、授权管理、跟踪审计等为主要内容的网络信任体系建设，科学解决新技术、新应用带来的安全问题。为了达到信息安全的目标，各种信息安全技术的使用必须遵守一些基本的原则，包括最小化原则、分权制衡原则、安全隔离原则、分域保护原则、动态保护原则、多级保护原则、信息流向原则等。对重要信息的传输、存储要采取严格的加密措施，规范和强化密钥管理。通过身份认证、访问控制、内容过滤、信息加密、网络隔离等措施，防范来源于内部和外部的网络威胁。严格网络安全配置管理，制定合理的网络服务策略和强制路径策略，强化外部连接用户认证，加强远程诊断接口的保护，利用国际互联网提供服务的信息系统要与办公网实现安全隔离。优化网络结构，加强网络边界防护，保证重要信息不被泄露、篡改或非法利用。充分应用密码保护、身份认证、内容过滤、跟踪审计等安全防护技术，科学划分网络安全域，有效规避信息安全漏洞。要采取主动预防措施，加强日常巡检，定期进行重要设备的深度可用性检查，关键运行设备应从高可用性要求上升到高可靠性要求，合理确定淘汰预期。要实施自动化管理，加强系统及网络的安全审计，实现数据中心各项操作的有效稽核，提升操作控制力，减少人为误操作，实现管理制度的强制执行。要集中监控数据中心的运行状况，实现对全局的准确把握和有效指挥。要从信息系统立项规划开始，使信息系统与安全防护做到同步规划、同步建设、同步验收、同步应用的“四同步”，有效提升网络与信息系统的安全保障水平。

要充分发挥有关专家和专业技术机构的支撑作用。鉴于林业信息安全工作技术性和专业性较强，各级林业部门可根据实际工作需要，聘请专家或专业的安全技术公司协助开展相关工作，如开展信息安全规划设计、信息安全检查、信息安全风险评估、信息化项目安全测评、信息安全技术培训、信息安全事件应急演练、信息安全事故应急处理等技术咨询和服务工作，有效提升整体信息安全防护能力。

（二）落实信息安全等级保护制度。信息安全等级保护是对信息和信息载体按照重要性等级分级别进行保护的一种工作，是在中国、美国等很多国家都存在的一种信息安全领域的工作。2007 年颁布施行的《信息安全等级保护管理办法》（公通字〔2007〕43 号）第一条指出，为规范信息安全等级保护管理，提高信息安全保障能力和水平，维护国家安全、社会稳定和公共利益，保障和促进信息化建设，根据《中华人民共和国计算机信息系统安全保护条例》等有关法律法规，制定本办法；第四条指出，信息系统主管部门应当依照本办法及相关标准规范，督促、检查、指导本行业、本部门或者本地区信息系统运营、使用单位的信息安全等级保护工作；第五条指出，信息系统的运营、使用单位应当依照本办法及其相关标准规范，履行信息安全等级保护的义务和责任。因此，各级林业部门必须自觉、主动地落实国家信息安全等级保护制度。

当前，林业系统实施信息安全等级保护工作正处于起步探索阶段，需要做的工作很多。首先，要加强知识培训，让有关人员吃透《信息安全等级保护管理办法》等政策法规的精神实质。其次，要活学活用，组织开展重要信息系统调查工作，编制林业信息安全等级保护专项规划，解决重要信息系统安全保护中存在的突出问题。第三，要研究出台林业信息系统安全定级指导意见，组织开展系统定级及备案。第四，要按照国家有关规定，组织开展第三级以上信息系统等级测评，对测评中发现的安全问题及时整改。

要根据信息资产重要程度合理定级，实施信息安全等级保护。对于新建信息系统，应按照国家等级保护的管理规范和技术标准，进行规划设计、建设施工；对于已有信息系统，应采购和使用相应等级的信息安全产品，建设安全设施，落实安全技术措施，完成系统整改；对于包含多个子系统的信息系统，在保障信息系统安全互联和有效信息共享的前提下，按照信息系统内各子系统的不同重要程度，分别确定安全保护等级；对于跨地域的大系统，实行纵向保护和属地保护相结合的方式。

三、提高监测预警和应急处置能力

信息安全是任何国家、政府、部门、行业都必须十分重视的问题，是一个不容忽视的国家安全战略。要综合应用技术的、管理的、行政的手段，大力提高林业信息安全事件监测预警和应急处置能力，为保障国家信息安全做出应有的贡献。

（一）提高信息安全事件监测预警能力。信息安全工作，重在预防。只有将一切不安全的因素消灭在萌芽状态，才能实现林业信息化的安全发展。为此，各级林业信息化主管部门要切实按照国家有关规定，建立健全信息安全监测预警体系，加强运维人员安全技术培训，大力提高监测预警能力。要遵循集约化建设和精细化扁平化管理的原则，加快建立或完善本单位、本辖区信息安全集中监控体系，抓紧完善数据中心运营规范，充分发挥专业技术团队的作用，有效提高信息安全事件监测与预警能力，努力做到早发现、早报告、早处置。

网络环境下的信息安全体系是保证信息安全的关键，包括计算机安全操作系统、各种安全协议、安全机制(数字签名、信息认证、数据加密等)，直至安全系统，其中任何一个安全漏洞便可以威胁全局安全。要加大信息安全资金投入，综合应用各种先进安全技术，构建网络信息安全监测预警系统，实时监测网络上发生的外部黑客穿过网络安全防护屏障和绕过网络身份认证系统后在网络内部的活动，通过收集到的目前国内外黑客攻击主机系统、数据库系统的方法与手段，建立网络违规模式和未授权的系统访问行为分析系统。一旦监测到网络上的网络违规模式和未授权的系统访问时，监测预警系统能马上根据设定的系统安全策略做出反应，包括实时报警、事件记录、阻断黑客的网络连接等，以有效保障网络系统的安全性。要加强对内外网网站和重要信息系统运行状况的监测，对异常情况应进行实时监控和报警。要对干部职工开展防病毒、木马和漏洞检测、黑客攻防等实用技能培训，以保证网络和信息系统持续动态安全。

(二)增强信息安全事件应急处置能力。发生在2013年的美国“斯诺登事件”为我们上了极为深刻的一课：信息安全风险就在身边，加强信息安全管理、提高应急处置能力刻不容缓。要根据智慧林业建设的新要求，通过体制创新、机制创新、管理创新和技术创新，不断提升信息安全事件的应急响应能力，有效降低信息安全事故造成的损失。

要实施流程化管理，借鉴信息技术基础框架库等国际管理规范，做到“事前有计划、事中有管控、事后有评估”，严格过程控制和操作规程，完善信息安全内控机制。要坚持预防与应急并重、常态与非常态结合，着力加强“预防控制、预案管理、应急处置、应急保障”四大能力建设。要完善信息安全应急预案体系，做好应急物资储备保障，规范应急值守和信息报送工作，加强值班备勤与应急演练，特别是在重大节庆和会议期间，要严格落实“双岗双责”机制，提高突发安全事件应急处置能力，确保信息安全不出大的问题。

要加强灾难恢复系统建设，各单位应同步规划、同步建设、同步运行灾难恢复系统。灾难备份中心的规划建设应综合考虑风险与成本、运维管理与灾难恢复力量等因素，可采取自建、联合共建或利用外部组织的灾难备份设施等方式。国家级林业数据中心原则上应同时采用同城和异地灾难备份与恢复策略，省级林业数据中心可采用同城或异地灾难备份与恢复策略。对于核心业务系统，应实施应用级备份，以保证灾难发生时能尽快恢复业务运营；对于其他应用系统，可实施系统级或数据级备份。灾难备份中心的选址要从国家整体安全出发，合理规划布局，不要过度集中于个别地区。

要适时备份和安全保存业务数据，定期对冗余备份系统、备份介质进行深度可用性检查，建立应急预案演练制度，定期组织开展有关业务部门参与的桌面演练和实战演练，定期对双机热备系统进行切换演练。已建立灾难备份系统的单位，原则上备份系统与运行系统的切换至少每年要演练一次。

参考文献

1.《中国林业信息化发展报告》编纂委员会. 中国林业信息化发展报告2010[M]. 北京：中国林业出版社，2010.

2.《中国林业信息化发展报告》编纂委员会. 中国林业信息化发展报告2011[M]. 北京：中国林业出版社，2011.

3.《中国林业信息化发展报告》编纂委员会. 中国林业信息化发展报告2012[M]. 北京：中国林业出版社，2012.

4.《中国林业信息化发展报告》编纂委员会. 中国林业信息化发展报告2013[M]. 北京：中国林业出版社，2013.

5. 北京市园林绿化局. 北京市园林绿化局(首都绿化委员会办公室)关于加强园林绿化行业信息化建设的意见[EB/OL]. http://www.bjyl.gov.cn/zwgk/fgwj/qtwj/201108/t20110805_93776.html，2011-08-02/2012-03-06.

6. 财政部. 财政部关于做好政府购买服务工作有关问题的通知[EB/OL]. http://www.gov.cn/gzdt/2013-12/09/content_2545041.htm，2013-12-09/2013-12-15.

7. 曹善寿. 云南林业信息化建设和森林资源管理[J]. 云南林业科技，2003(3)：59-63.

8. 陈江岚，李农，丁波涛，等. 上海城市信息化发展战略研究[M]. 上海：上海交通大学出版社，2011.

9. 陈玮. 基于SAP的国有林区区域信息化模式研究[M]. 北京：中国林业出版社，2011.

10. 陈星，肖胜. 福建省数字林业工程建设模式及应用研究[J]. 地球信息科学，2007，9(5)：1-6.

11. 窦含章，李未柠. 政府如何开微博[M]. 北京：中共中央党校出版社，2011.

12. 杜栋. 信息管理学[M]. 北京：清华大学出版社，2004.

13. 杜平，于施洋. 中国电子政务十年(2002-2012年)[M]. 北京：社会科学文献出版社，2012.

14. 杜治洲. 电子政务与政府管理模式的互动[M]. 北京：中国经济出版社，2006.

15. 范爱军. 各国信息产业发展战略比较研究[M]. 北京：经济科学出版社，2008.

16. 方陆明，陈勤娟，周友法. 中国数字林业的构建与展望[J]. 浙江林学院学报，2002，19(2)：222-226.

17. 冯琰. 辽宁省林业信息化建设探讨[J]. 农业科技与装备，2008(3)：115-116.

18. 高彦. 辽宁省林业信息化建设的现状与思考[J]. 绿色科技，2010(5)：85-87.

19. 工业和信息化部电子科学技术情报研究所．2011 世界信息化发展年度报告(内部资料)．2011.

20. 工业和信息化部信息化推进司．跨越与融合—中国信息化发展报告[M]．北京：电子工业出版社，2009.

21. 郭春侠，谢阳群．美国信息产业发展机制和模式研究[J]．现代情报，2005，25(7)：216－219.

22. 郭作玉．中国农业网站发展报告(2009)[M]．北京：中国农业出版社，2009.

23. 国家标准委．全国专业标准化技术委员会管理规定[EB/OL]．http://www. mlr. gov. cn/ kj/tzgg_8225/201310/t20131014_1281130. htm，2013－10－14/2013－10－16.

24. 国家科技基础条件平台中心，财政部科教文司，科技部发展计划司．整合共享创新[M]．北京：中国科学技术出版社，2009.

25. 国家林业局．发展现代林业 促进绿色增长——学习胡锦涛主席在首届 APEC 林业部长级会议上讲话体会文集[C]．北京：中国林业出版社，2011.

26. 国家林业局．国家林业局关于进一步改革和完善集体林采伐管理的意见[EB/OL]．http://www. forestry. gov. cn/portal/main/govfile/13/govfile_2086. htm，2014－05 －12/2014－05－15.

27. 国家林业局．国家林业局关于推进林业碳汇交易工作的指导意见[EB/OL]．http://www. forest-ry. gov. cn/portal/main/govfile/13/govfile_2088. htm，2014－05－05/2014－05－08.

28. 国家林业局．国家林业局关于印发《中国智慧林业发展指导意见》的通知[EB/OL]．http://www. forestry. gov. cn/portal/main/s/72/content－623867. html，2013－08－26 /2013－09－09.

29. 国家林业局．林业发展"十二五"规划[EB/OL]．http://www. forestry. gov. cn/ uploadfile/main/2011－11/file/2011－11－1－4b12d4c81c4f4851a94a7aecd73a69b7. pdf，2011－11－01/2012－05/08.

30. 国家林业局．全国林业信息化发展"十二五"规划[EB/OL]．http://www. forestry. gov. cn/uploadfile/main/2011－4/file/2011－4－2－a8854542cc2b4c8592cbf866462240f9. pdf，2011－04－02/2012－05－08.

31. 国家林业局．全国林业信息化建设纲要(2008－2020 年)[EB/OL]．http://www. forestry. gov. cn//portal/main/s/495/content－24057. html，2009－02－18/2012－03－06.

32. 国家林业局．全国林业信息化建设技术指南(2008－2020 年)[EB/OL]．http://www. for-estry. gov. cn//portal/main/s/495/content－24057. html，2009－02－18/2012－03－06.

33. 国家林业局科技司．我国的"数字林业"建设与规划[J]．林业科技管理，2001(2)：26－30，33.

34. 国家食品药品监督管理局．国家食品药品监督管理局关于进一步加强食品药品监管信息化建设的指导意见[EB/OL]．http://www. sda. gov. cn/WS01/CL0852/78458. html，2013－02－08/2013－06－18.

35. 国家卫生和计划生育委员会．国家卫生计生委 国家中医药管理局关于加快推进人口健康信息化建设的指导意见[EB/OL]．http://www. moh. gov. cn/guihuaxxs/s10741/ 201312/09bce5f480e84747aa130428ca7fc8ad. shtml，2013－12－09/2013－12－15.

36. 国家信息化领导小组．国家电子政务总体框架[EB/OL]．http://www. miit. gov. cn/ n11293472/n11295327/n11297127/11741734. html，2008－11－12/2011－10－08.

37. 国脉物联网技术研究中心．物联网 100 问[M]．北京：北京邮电大学出版社，2010.

38. 国务院．国务院关于加快培育和发展战略性新兴产业的决定[EB/OL]．http://www. gov. cn/zwgk/2010－10/18/content_1724848. htm，2010－10－18/2011－10－08.

39. 国务院办公厅．国务院办公厅关于政府向社会力量购买服务的指导意见[EB/OL]．http: //

www. gov. cn/zwgk/2013 - 09/30/content_2498186. htm, 2013 - 09 - 30/2013 - 10 - 10.
40. 国务院信息化工作办公室政策规划组．国家信息化发展战略学习读本[M]．北京：电子工业出版社，2007.
41. 何谦．顶层设计在林业信息化建设中的重要作用[J]．中国科技纵横，2010(18)：260.
42. 洪毅，王长胜．中国电子政务发展报告(2011)[M]．北京：社会科学文献出版社，2011.
43. 洪毅．中国电子政务最佳实践案例集[M]．北京：国家行政学院出版社，2012.
44. 湖南省林业厅．湖南省林业厅关于加快林业信息化建设 推进现代林业发展的决定[EB/OL]．http://www. forestry. gov. cn/portal/xxb/s/2522/content - 497095. html，2011 - 08 - 18/2012 - 03 - 06.
45. 吉林省林业厅．吉林省林业厅关于印发《加快吉林省林业信息化发展的实施意见》的通知[EB/OL]．http://bgs. jlforestry. gov. cn/gzdt/gcgl/201312/t20131213_8205. html，2013 - 12 - 13/2013 - 12 - 16.
46. 贾治邦．生态文明建设的基石——三个系统一个多样性[M]．北京：中国林业出版社，2011.
47. 贾治邦．新中国成立 60 周年重要林业文献选编[M]．北京：光明日报出版社，2009.
48. 江源富，赵经纬，程德林．电子政务[M]．北京：国家行政学院出版社，2005.
49. 江源富．中国政府 CIO 机制分析[EB/OL]．http://cio. chinabyte. com/27/ 11962527. shtml，2011 - 04 - 14/2012 - 05 - 08.
50. 江泽民．论中国信息技术产业发展[M]．北京：中央文献出版社，2009.
51. 金锋．创新机制 集约化推进全省电子政务建设[J]．行政管理改革，2011(增刊)：66 - 70.
52. 柯平，高洁．信息管理概念[M]．北京：科学出版社，2002.
53. 李斌，高田和彦．计算机在林业中的应用[J]．世界林业研究，1988，1(4)：48 - 53.
54. 李道亮．中国农村信息化发展报告(2009)[M]．北京：电子工业出版社，2009.
55. 李德毅，林润华．云计算技术发展报告(2011)[M]．北京：科学出版社，2011.
56. 李琨．安徽省林业信息化建设综述[J]．安徽农学通报，2011，17(16)：32 - 33.
57. 李世东，陈幸良，马凡强，等．新中国生态演变 60 年[M]．北京：科学出版社，2010.
58. 李世东，樊宝敏，林震，等．现代林业与生态文明[M]．北京：科学出版社，2011.
59. 李世东，林震，杨冰之．信息革命与生态文明[M]．北京：科学出版社，2013.
60. 李世东．从“数字林业”到“智慧林业”[J]．中国信息化，2013(20)：64 - 67.
61. 李世东．大数据时代中国智慧林业门户网站建设[J]．电子政务，2014(3)：111 - 117.
62. 李世东．加快信息进程 建设生态文明[J]．防护林科技，2013(4)：1 - 3，18.
63. 李世东．建设政府网站 打造电子政府——中国林业政府网站发展回顾与展望[J]．电子政务，2012，(1)：96 - 101.
64. 李世东．林业信息化“十二五”规划解读[J]．中国信息化，2012(2)：66 - 67.
65. 李世东．林业政府网站的整合与提高[J]．信息化建设，2012(1)：36 - 38.
66. 李世东．论政府网站的集约化管理——中国林业网的创新与发展[J]．电子政务，2013(1)：102 - 106.
67. 李世东．生态文明是社会历史发展的必然[J]．国土绿化，2007(12)：18 - 19.
68. 李世东．着力管理创新 提升网站水平 推动林业发展[J]．信息化建设，2012(6)：44 - 46.
69. 李世东．着力管理创新 提升网站水平[J]．中国林业，2012(11)：16 - 17.
70. 李世东．中国林业电子政务[M]．北京：中国林业出版社，2007.

71. 李世东．中国林业信息化顶层设计[M]．北京：中国林业出版社，2012.
72. 李世东．中国林业信息化决策部署[M]．北京：中国林业出版社，2012.
73. 李世东．中国林业信息化政策制度[M]．北京：中国林业出版社，2012.
74. 李世东．中国林业信息化建设成果[M]．北京：中国林业出版社，2012.
75. 李世东．中国林业信息化示范案例[M]．北京：中国林业出版社，2012.
76. 李世东．中国林业信息化发展战略[M]．北京：中国林业出版社，2012.
77. 李世东．抓好等级保护 确保信息安全 为实现林业转型升级保驾护航——在首届信息安全等级保护技术培训班上的讲话[J]．林业建设，2012(3)：15－19.
78. 李增元，张怀清，陆元昌．数字林业建设与进展[N]．中国农业科技导报，2003，5(2)：7－9.
79. 联合国经济和社会事务部．2012 年联合国电子政务调查报告(内部资料)．2012.
80. 林业科学数据中心．林业科学数据库和数据共享技术标准与规范(第一辑)[M]．北京：中国林业出版社，2004.
81. 林业科学数据中心．林业科学数据库和数据共享技术标准与规范(第二辑)[M]．北京：中国林业出版社，2006.
82. 刘红军．信息管理基础[M]．北京：高等教育出版社，2004.
83. 刘惠军．青岛市电子政务“十一五”成果和“十二五”规划设想[J]．行政管理改革，2011，(电子政务增刊)：47－50.
84. 刘世洪．农业信息技术与农村信息化[M]．北京：中国农业科学技术出版社，2005.
85. 刘新胜，韩朝新，罗刚．湖北数字林业体系建设途径探讨[J]．湖北林业科技，2002(4)：13－17.
86. 刘云浩．物联网导论[M]．北京：科学出版社，2013.
87. 刘志英．信息是人类文明赖以发展的基础[J]．科技情报开发与经济，2003，13(3)：24－25.
88. 卢卫东．金融业信息化战略规划展望[J]．金融电子化，2011(1)：38－39.
89. 陆元昌，雷相东，李增元．数字林业信息分类体系与编码研究[J]．林业科技管理，2002(2)：22－27.
90. 路风．信息化与中国产业升级[EB/OL]．http://www.chinainfo100.net/document/201309/article12488.htm，2013－09－11/2013－10－28.
91. 罗雳．贵州省林业信息化建设探讨[J]．贵州林业科技，2010，38(2)：62－64.
92. 马费成．信息资源开发与管理[M]．北京：电子工业出版社，2004.
93. 毛太田，陈银平．政务微博的舆论引导机制构建研究[J]．电子政务，2014(3)：62－66.
94. 穆勇，李德彩，刘守华，等．政府信息化建设体制问题研究[J]．信息化建设，2011(7)：19－22.
95. 穆勇，彭凯．政务信息资源目录体系建设理论与实践[M]．北京：北京大学出版社，2009.
96. 穆勇．欧美政府信息资源再利用及相关产业发展[J]．信息化建设，2010(3)：48－50.
97. 倪光南．新技术发展环境下的电子政务建设趋势[J]．行政管理改革，2011(电子政务增刊)：25－30.
98. 宁家骏．关于“十二五”电子政务规划与建设的刍议[J]．行政管理改革，2011(电子政务增刊)：35－39.
99. 农业部．农业部关于进一步加强政府信息公开完善新闻发布制度的意见[EB/OL]．http://www.moa.gov.cn/govpublic/BGT/201312/t20131212_3713041.htm，2013－12－12/2014－01－08.
100. 潘柱廷．源自未雨绸缪，贵在风雨同舟——解读网安小组成立[EB/OL]．http://

www. chinainfo100. net/document/201404/article12791. htm, 2014 - 04 - 04/2014 - 05 - 20.
101. 钱海燕. 从以政府为主导到以公民为中心的公共服务[J]. 行政管理改革, 2011(电子政务增刊): 71 - 76.
102. 人民日报社理论部. 深入学习习近平同志系列讲话精神[M]. 北京: 人民出版社, 2013.
103. 任锦华. 新一代电子政务系统规划与建设初探[J]. 行政管理改革, 2011(电子政务增刊): 40 - 46.
104. 山东省林业局. 山东省林业局关于加快林业信息化建设的指导意见[EB/OL]. http://www. sdly. gov. cn/channels/ch00163/201203/80982916 - e300 - 4f0d - a41e - 21773ad57d23. htm, 2012 - 03 - 27/2012 - 04 - 06.
105. 商务部. 商务部"十二五"电子商务发展指导意见. http://www. mofcom. gov. cn/ aarticle/b/d/201110/20111007788024. html, 2011 - 10 - 07/2012 - 03 - 08.
106. 商务部. 商务部 2013 年政府信息公开工作年度报告[EB/OL]. http://www. gov. cn/ xinwen/2014 - 03/28/content_2648983. htm, 2014 - 03 - 28/2014 - 04 - 08.
107. 商务部电子商务和信息化司. 中国政府网站实践者丛书·商务部卷[M]. 北京: 人民出版社, 2011.
108. 上海市经济和信息化委员会. 2010 上海产业和信息化发展报告[M]. 上海: 科学技术文献出版社, 2010.
109. 尚敬敏, 王向军, 薛莉. 吉林省林业信息化建设与展望[J]. 吉林林业科技, 2011, 40(1): 37 - 41.
110. 沈大风, 周民, 沈解伍. 电子政务发展前沿(2011)[M]. 北京: 社会科学文献出版社, 2011.
111. 沈大风, 周民, 沈解伍. 电子政务发展前沿(2012)[M]. 北京: 中国经济出版社, 2012.
112. 石军南, 唐小明. 湖南数字林业浅论[J]. 中南林业调查规划, 2003, 22(2): 21 - 23.
113. 四川省林业厅. 四川省林业厅关于进一步规范发展林业信息化的指导意见[EB/OL]. http://www. greenchina. tv/news - 8968. xhtml, 2014 - 05 - 30/2014 - 06 - 01.
114. 宋玲. 信息化水平测度的理论与方法[M]. 北京: 经济科学出版社, 2001.
115. 谭运德. 河南省林业信息化发展现状与对策研究[J]. 安徽农业科学, 2007, 35(27): 8761 - 8762.
116. 田景熙. 物联网概论[M]. 南京: 东南大学出版社, 2010.
117. 汪玉凯, 李金兆. 中国电子政府模式与选择——基于 U 型政府门户网站的探索[M]. 北京: 国家行政学院出版社, 2010.
118. 汪玉凯. 电子政务在中国——理念、战略、过程[M]. 北京: 国家行政学院出版社, 2006.
119. 王积鹏. 信息化建设的顶层设计方法[J]. 中国电子科学研究院学报, 2011, 6(5): 457 - 460.
120. 王景光. 信息资源组织与管理[M]. 北京: 清华大学出版社, 2002.
121. 王静, 张百顺. "数字林业"建设的现状与思考[J]. 长春大学学报, 2003, 13(2): 25 - 28.
122. 王岚生. 电子政务运行机制的最佳实践——记北京市高级人民法院电子政务运维服务外包实践[J]. 行政管理改革, 2011(增刊): 60 - 65.
123. 王鹏. 云计算: 中国未来的 IT 战略[M]. 北京: 人民邮电出版社, 2010.
124. 王雪峰. 林业物联网技术导论[M]. 北京: 中国林业出版社, 2011.
125. 王长胜, 张新红, 于施洋. 中国电子政务发展报告(2008)[M]. 北京: 社会科学文献出版社, 2008.
126. 王长胜, 许晓平, 张新红, 等. 中国电子政务发展报告(2009)[M]. 北京: 社会科学文献出版社, 2009.

127. 王长胜, 许晓平, 张新红, 等. 中国电子政务发展报告(2010)[M]. 北京: 社会科学文献出版社, 2010.

128. 温战强, 房桂喜, 杨道玲. 信息化法规政策选编[M]. 北京: 中国林业出版社, 2013.

129. 邬贺铨. 维护网络安全必须有过硬技术[EB/OL]. http://www.chinainfo100.net/ document/201405/article12814.htm, 2014-05-22/2014-05-25.

130. 邬贺铨. 信息消费是新增力量[EB/OL]. http://www.chinainfo100.net/document/ 201403/article12766.htm, 2014-03-04/2014-03-08.

131. 巫莉莉, 章潜才, 张波, 等. 试论云计算在林业信息化建设中的应用[J]. 热带林业, 2011, 39(2): 10-13.

132. 吴发云, 吴保国, 张旸. 数字首都林业建设现状与基本框架的探讨[J]. 农业网络信息, 2005(3): 22-24.

133. 吴江, 李志更, 乔立娜. 我国政府首席信息官制度的建设需求与构想[J]. 中国行政管理, 2007(11): 58-62.

134. 吴江, 李志更. 电子政务与服务型政府建设[M]. 北京: 国家行政学院出版社, 2011.

135. 吴世忠. 大数据时代安全风险及政策选择[EB/OL]. http://www.chinainfo100.net/ document/201309/article12491.htm, 2013-09-11/2013-10-18.

136. 吴世忠. 国外的信息安全审查制度建设[EB/OL]. http://www.chinainfo100.net/ document/201401/article12660.htm, 2014-01-12/2014-01-18.

137. 吴艺辉, 李昀, 翁卫松等. 浙江林业信息网络建设的探讨[J]. 农业网络信息, 2006(5): 71-73.

138. 肖化顺, 徐国祯, 张贵. 广州市林业信息化建设初探[J]. 林业调查规划, 2004, 29(2): 19-22.

139. 肖文海, 张宠平. 信息化、制度创新与转变增长方式的路径选择[M]. 北京: 中国言实出版社, 2007.

140. 辛仁周. 德国信息化战略的主要特点及对我国的启示[J]. 通信世界, 2005(41): 55-56.

141. 许欢. 大数据: 完善电子政务建设的有力推手[J]. 电子政务, 2014(3): 126-129.

142. 薛澜. 大数据将推动政府角色转变[EB/OL]. http://www.chinainfo100.net/ document/201306/article12438.htm, 2013-06-04/2013-08-15.

143. 薛澜. 国家治理与现代信息技术[EB/OL]. http://www.chinainfo100.net/document/ 201309/article12490.htm, 2014-05-22/2014-05-25.

144. 严志业. 区域数字林业绩效评价研究[M]. 北京: 中国农业出版社, 2008.

145. 杨宽宽, 刘建生. 我国信息及相关产业发展研究——兼与经济合作与发展组织(OECD)比较[M]. 北京: 中国统计出版社, 2008.

146. 杨学山. 推进电子政务 促进管理创新 加快服务型政府建设[J]. 行政管理改革, 2011(电子政务增刊): 15-19.

147. 杨学山. 我国信息化进入机遇与挑战并存的拐点[EB/OL]. http://www.chinainfo100.net/document/201303/article12261.htm, 2013-03-25/2013-05-18.

148. 杨云飞. 政府服务评价——中国电子政务发展水平测评[M]. 北京: 清华大学出版社, 2010.

149. 姚国章. 中国电子政务案例[M]. 北京: 北京大学出版社, 2007.

150. 于施洋，杨道玲．电子政务绩效管理[M]．北京：社会科学文献出版社，2011.

151. 虞拥国．中国政府网站实践者丛书·上海卷[M]．北京：人民出版社，2011.

152. 张春华．广东林业信息化现状及对策建议[J]．广东林业科技，2005，21(4)：94－96.

153. 张铎．物品编码标识[M]．北京：清华大学出版社，2013.

154. 张建波，胡启萍，郭建强．美国信息产业发展战略对我国的启示与借鉴[J]．生产力研究，2008(4)：93－95，98.

155. 张建辉．中国政府网站实践者丛书·综合卷[M]．北京：人民出版社，2011.

156. 张明，王连印．现代质检的信息化力量——我国质检信息化建设十年回眸[J]．信息化建设，2012(2)：30－33.

157. 张为民，唐剑峰，罗治国，等．云计算深刻改变未来[M]．北京：科学出版社，2009.

158. 张向宏，张少彤．服务型政府与政府网站建设[M]．北京：清华大学出版社，2010.

159. 张新红，于凤霞，刘厉兵，等．信息化城市建设的推进策略[J]．电子政务，2012(2)：31－37.

160. 张新红．中国信息化值得期待——中央网络安全和信息化领导小组新政解析[J]．电子政务，2014(3)：44－48.

161. 张新红．中国信息社会测评报告[M]．北京：经济管理出版社，2011.

162. 张玉伟，刘全来，高明楣．对辽宁林业信息化的思考[J]．辽宁林业科技，2004(3)：27－28.

163. 赵树丛．创新治理体系 提高治理能力 为生态林业民生林业建设注入强大动力[EB/OL]．http://www.forestry.gov.cn//portal/main/s/72/content－660288.html,2014－02－28/2014－3－02.

164. 赵巍，曾晓宁，裴彩燕，等．加快林业信息化建设的思考与建议[J]．河北林业科技，2009(2)：53－54.

165. 赵祥好，吴斌．关于党校信息化发展战略的研究[J]．理论建设，2011(5)：96－101.

166. 中共中央，国务院．中共中央 国务院关于全面推进集体林权制度改革的意见[EB/OL]．http://news.xinhuanet.com/newscenter/2008－07/14/content_8544121.htm,2008－07－14/2012－04－26.

167. 中共中央办公厅，国务院办公厅．2006－2020年国家信息化发展战略[M]．北京：中国法制出版社，2006.

168. 中共中央办公厅，国务院办公厅．中共中央办公厅、国务院办公厅关于转发《国家信息化领导小组关于我国电子政务建设指导意见》的通知[EB/OL]．http://www.110.com/ fagui/law_79.html，2002－08－05/2011－10－08.

169. 中国工程院信息与电子工程学部．中国信息化持续发展战略研究[M]．北京：科学技术文献出版社，2005.

170. 中国科学院信息领域战略研究组．中国至2050年信息科技发展路线图[M]．北京：科学出版社，2009.

171. 中国可持续发展战略研究项目组．中国可持续发展林业战略研究(总论)[M]．北京：中国林业出版社，2002.

172. 中国可持续发展战略研究项目组．中国可持续发展林业战略研究(战略卷)[M]．北京：中国林业出版社，2003.

173. 钟明．浅谈林业信息产业化的建设[J]．林业图书情报工作，1999(4)：17－19.

174. 周德铭. 跟踪业务发展 动态顶层设计 注重审计实效[J]. 行政管理改革, 2011(电子政务增刊): 56-59.
175. 周宏仁. 信息革命与信息化[M]. 北京: 人民出版社, 2001.
176. 周宏仁. 信息化论[M]. 北京: 人民出版社, 2008.
177. 周宏仁. 信息化概论[M]. 北京: 电子工业出版社, 2009.
178. 周宏仁. 中国信息化进程(上、下册)[M]. 北京: 人民出版社, 2009.
179. 周宏仁. 中国信息化形势分析与预测(2010)[M]. 北京: 社会科学文献出版社, 2010.
180. 周宏仁. 中国电子政务发展的回顾和展望[J]. 行政管理改革, 2011(电子政务增刊): 20-24.
181. 周洪波. 物联网技术、应用、标准和商业模式[M]. 北京: 电子工业出版社, 2010.
182. 朱近之. 智慧的云计算物联网平台[M]. 北京: 电子工业出版社, 2011.
183. 朱炎. 中国政府网站实践者丛书·北京卷[M]. 北京: 人民出版社, 2011.

后　记

信息化是当今世界发展的大趋势，是推动经济社会变革的重要力量。党的十八大明确把“信息化水平大幅提升”纳入全面建成小康社会的目标之一，并提出走工业化、信息化、城镇化、农业现代化道路，促进“四化”同步发展。这充分反映出在我国进入全面建成小康社会的决定性阶段，党中央对信息化的高度重视和认识的进一步深化。信息化已不只是一种手段，而成为现代化建设的核心内容和目标。

林业信息化是国家信息化的重要组成部分，是生态林业和民生林业建设的重要支撑，是缩小城乡“数字鸿沟”的重要突破口。20 世纪 70 年代以来，林业信息化从无到有、从点到面、从弱到强，走过了 30 多年的风雨历程，既有对前进方向的迷茫，也有对美好未来的憧憬，既有因坎坷而来的挫折，也有因成功而生的喜悦。吸取失败的教训，总结成功的经验，积极学习借鉴先进国家、先进地区、先进行业、先进部门的好理念和好做法，对新时期进一步加快林业信息化发展无疑是裨益良多。

政策研究是林业信息化建设的重要方面。良好的管理体制和高效的运行机制对林业信息化科学发展至关重要。30 多年来，我国在林业信息化管理体制和运行机制建设方面做出了很多探索，积累了不少有益的经验，但仍然存在很多问题，难以适应信息化快速发展的形势，某些方面甚至严重制约了林业信息化发展。加强林业信息化发展的体制机制研究，找到破解困难和问题的良策，完善林业信息化发展政策，成为摆在各级林业信息化主管部门面前的一项紧迫课题。

2009～2011 年，国家林业局信息化管理办公室组织开展了中国林业信息化发展战略研究，曾涉及体制机制的问题。但由于该研究的重点主要集中在战略层面，对具体的政策措施没有做深入的分析，还不能满足实际管理工作的需求。为此，在国家林业局科学技术司的支持下，国家林业局信息化管理办公室于 2011～2013 年，联合复旦大学国际关系与公共事务学院的专家，开展了中国林业信息化体制机制专题研究。研究工作由国家林业局信息化管理办公室主任李世东主持，主要研究人员有温战强、郑磊、白莹等同志。研究报告于 2013 年基本成稿，其主要研究成果提炼形成了几份政策文件，作为特辑一并收录。本项研究得到了国家林业局有关司局、有关直属单位以及各省级林业信息化主管部门的大力支持，中央编办事业发展中心的房桂喜和国家信息中心信息化研究部的杨道玲同志也提出了宝贵的修改意见，在此一并表示感谢。由于研究人员水平有限，不足之处尚请各界指正。

课题组

2014 年 6 月